谢林著作集

先刚 主编

神话哲学（上卷）

Philosophie der Mythologie I

〔德〕谢林 著 先刚 译

图书在版编目（CIP）数据

神话哲学 . 上卷 /（德）谢林著；先刚译 . —— 北京：北京大学出版社，2025.5. ——（谢林著作集）. —— ISBN 978-7-301-36072-9

Ⅰ. B516.34

中国国家版本馆 CIP 数据核字第 20253KC644 号

书　　　名	神话哲学（上卷） SHENHUA ZHEXUE（SHANGJUAN）
著作责任者	〔德〕谢　林（F.W.J.Schelling）著　先　刚　译
责任编辑	王晨玉
标准书号	ISBN 978-7-301-36072-9
出版发行	北京大学出版社
地　　　址	北京市海淀区成府路 205 号　100871
网　　　址	http://www.pup.cn　新浪微博 @ 北京大学出版社
电子邮箱	编辑部 wsz@pup.cn　总编室 zpup@pup.cn
电　　　话	邮购部 010-62752015　发行部 010-62750672 编辑部 010-62752025
印　刷　者	北京中科印刷有限公司
经　销　者	新华书店
	890 毫米 ×1240 毫米　16 开本　25.25 印张　420 千字 2025 年 5 月第 1 版　2025 年 5 月第 1 次印刷
定　　　价	118.00 元

未经许可，不得以任何方式复制或抄袭本书之部分或全部内容。
版权所有，侵权必究
举报电话：010-62752024　电子邮箱：fd@pup.cn
图书如有印装质量问题，请与出版部联系，电话：010-62756370

目 录

中文版"谢林著作集"说明 1

神话哲学(上卷)(1842) 1

人名索引 379
主要译名对照 387

中文版"谢林著作集"说明

如果从谢林于1794年发表第一部哲学著作《一般哲学的形式的可能性》算起,直至其1854年在写作《纯粹唯理论哲学述要》时去世,他的紧张曲折的哲学思考和创作毫无间断地延续了整整60年,这在整个哲学史里面都是一个罕见的情形。① 按照人们通常的理解,在德国古典哲学的整个"神圣家族"(康德—费希特—谢林—黑格尔)里面,谢林起着承前启后的关键作用。诚然,这个评价在某种程度上正确地评估了谢林在德国古典哲学的发展过程中的功绩和定位,但另一方面,它也暗含着贬低性的判断,即认为谢林哲学尚未达到它应有的完满性,因此仅仅是黑格尔哲学的一种铺垫和准备。这个判断忽略了一个基本事实,即在黑格尔逐渐登上哲学顶峰的过程中,谢林的哲学思考始终都处于与他齐头并进的状态,而且在黑格尔于1831年去世之后继续发展了二十多年。一直以来,虽然爱德华·冯·哈特曼(Eduard von Hartmann)和海德格尔(Martin Heidegger)等哲学家都曾经对"从康德到黑格尔"这个近乎僵化的思维模式提出过疑问,但真正在

---

① 详参先刚:《永恒与时间——谢林哲学研究》,第1章"谢林的哲学生涯",北京:商务印书馆,2008年,第4—43页。

这个领域里面给人们带来颠覆性认识的,乃是瓦尔特·舒尔茨(Walter Schulz)于1955年发表的里程碑式的巨著《德国唯心主义在谢林后期哲学中的终结》。① 从此以后,学界对于谢林的关注度和研究深度整整提高了一个档次,越来越多的学者都趋向于这样一个认识,即在某种意义上来说,谢林才是德国古典哲学或德国唯心主义的完成者和终结者。②

我们在这里无意对谢林和黑格尔这两位伟大的哲学家的历史地位妄加评判。因为我们深信,公正的评价必须而且只能立足于人们对于谢林哲学和黑格尔哲学乃至整个德国古典哲学全面而深入的认识。为此我们首先必须全面而深入地研究德国古典哲学的全部经典著作。进而,对于研究德国古典哲学的学者来说,无论他的重心是放在四大家的哪一位身上,如果他对于另外几位没有足够的了解,那么很难说他的研究能够多么准确而透彻。在这种情况下,对于中国学界来说,谢林著作的译介尤其是一项亟待补强的工作,因为无论对于康德、黑格尔还是对于费希特而言,我们都已经拥有其相对完备的中译著作,而相比之下,谢林著作的中译仍然处于非常匮乏的局面。有鉴于此,我们提出了中文版"谢林著作集"的翻译出版规划,希望以此推进我国学界对于谢林哲学乃至整个德国古典哲学的研究工作。

---

① Walter Schulz, *Die Vollendung des deutschen Idealismus in der Spätphilosophie Schellings*, Stuttgart 1955; zweite Auflage, Pfullingen 1975.

② 作为例子,我们在这里仅仅列出如下几部著作:Axel Hutter, *Geschichtliche Vernunft: Die Weiterführung der Kantischen Vernunftkritik in der Spätphilosophie Schellings*, Frankfurt am Main 1996; Christian Iber, *Subjektivität, Vernunft und ihre Kritik: Prager Vorlesungen über den Deutschen Idealismus*, Frankfurt am Main 1999; Walter Jaeschke und Andreas Arndt, *Die Klassische Deutsche Philosophie nach Kant: Systeme der reinen Vernunft und ihre Kritik (1785-1845)*, München 2012.

中文版"谢林著作集"所依据的德文底本是谢林去世之后不久，由他的儿子（K. F. A. Schelling）编辑整理，并由科塔出版社出版的十四卷本《谢林全集》（以下简称为"经典版"）。① "经典版"分为两个部分，第二部分（第11—14卷）首先出版，其内容是晚年谢林关于"神话哲学"和"天启哲学"的授课手稿，第一部分（第1—10卷）的内容则是谢林生前发表的全部著作及后期的一些手稿。自从这套全集出版以来，它一直都是谢林研究最为倚重的一个经典版本，目前学界在引用谢林原文的时候所遵循的规则也是以这套全集为准，比如"Ⅵ, 60"就是指所引文字出自"经典版"第六卷第60页。20世纪上半叶，曼弗雷德·施罗特（Manfred Schröter）为纪念谢林去世100周年，重新整理出版了"百周年纪念版"《谢林全集》。② 但从内容上来看，"百周年纪念版"完全是"经典版"的原版影印，只不过在篇章的编排顺序方面进行了重新调整，而且"百周年纪念版"的每一页都标注了"经典版"的对应页码。就此而言，无论人们是使用"百周年纪念版"还是继续使用"经典版"，本质上都没有任何差别。唯一需要指出的是，"百周年纪念版"相比"经典版"还是增加了新的一卷，即所谓的《遗著卷》（*Nachlaßband*）③，其中收录了谢林的《世界时代》1811年排印稿和1813年排印稿，以及另外一些相关的手稿片段。1985年，曼弗雷德·弗兰克（Manfred Frank）又编辑出版了一套六卷本《谢

---

① F. W. J. Schelling, *Sämtliche Werke*, Hrsg. von K. F. A. Schelling, Stuttgart und Augsburg: Cotta'sche Buchhandlung, 1856-1861.
② *Schellings Werke. Münchner Jubiläumsdruck, nach der Originalausgabe (1856-1861) in neuer Anordnung*, Hrsg. von Manfred Schröter, München 1927-1954.
③ F. W. J. Schelling, *Die Weltalter: Fragmente. In den Urfassungen von 1811 und 1813*, Hrsg. von Manfred Schröter, München: Biederstein Verlag und Leibniz Verlag 1946.

林选集》①，其选取的内容仍然是"经典版"的原版影印。这套《谢林选集》因为价格实惠，而且基本上把谢林的最重要的著作都收录其中，所以广受欢迎。虽然自1976年起，德国巴伐利亚科学院启动了四十卷本"历史—考据版"《谢林全集》②的编辑工作，但由于这项工作的进展非常缓慢（目前仅仅出版了谢林1801年之前的著作），而且其重心是放在版本考据等方面，所以对于严格意义上的哲学研究来说暂时没有很大的影响。总的说来，"经典版"直到今天都仍然是谢林著作的最权威和最重要的版本，在谢林研究中占据着不可取代的地位，因此我们把它当作中文版"谢林著作集"的底本，这是一个稳妥可靠的做法。

目前我国学界已经有许多"全集"翻译项目，相比这些项目，中文版"谢林著作集"的主要宗旨不在于追求大而全，而是希望在基本覆盖谢林各个时期的著述的前提下，挑选其中最重要和最具有代表性的著作，陆续翻译出版，力争做成一套较完备的精品集。从我们的现有规划来看，中文版"谢林著作集"也已经有二十二卷的规模，而如果这项工作进展顺利的话，我们还会在这个基础上陆续推出更多的卷册（尤其是最近几十年来整理出版的晚年谢林的各种手稿）。也就是说，中文版"谢林著作集"将是一项长期的开放性的工作，在这个过程中，我们也希望得到学界同人的更多支持。

---

① F. W. J. Schelling, *Ausgewählte Schriften in 6 Bänden*, Hrsg. von Manfred Frank, Frankfurt am Main: Suhrkamp 1985.

② F. W. J. Schelling, *Historisch-kritische Ausgabe, im Auftrag der Schelling-Kommission der Bayerischen Akademie der Wissenschaften*, Hrsg. von Jörg Jantzen, Thomas Buchheim, Jochem Hennigfeld, Wilhelm G. Jacobs und Siegbert Peetz, Stuttgart-Band Cannstatt: Frommann-Holzboog 1976 ff.

本丛书得到了国家社科基金项目"德国唯心论在费希特、谢林和黑格尔哲学体系中的不同终结方案研究"(项目批准号20BZX088)的支持,在此表示感谢。

先　刚

北京大学外国哲学研究所

北京大学美学与美育研究中心

谢林著作集

神话哲学(上卷)

1842

F. W. J. Schelling, *Philosophie der Mythologie*, in ders. *Sämtliche Werke*, Band XII, S. 1-349. Stuttgart und Augsburg 1856-1861.

目 录 ①

第一卷　一神论

第一讲　一神论的概念及其与有神论的区别　　7
第二讲　上帝作为存在者本身　　29
第三讲　存在者的三个潜能阶次　　56
第四讲　有神论、泛神论和一神论的关系　　78
第五讲　神谱过程中的潜能阶次的分离　　93
第六讲　神谱过程与人的意识的关系　　123

第二卷　神话

第七讲　异在的可能性作为神话的出发点　　151
第八讲　佩耳塞福涅作为异在的可能性　　169
第九讲　星辰宗教或萨比教　　188

---

① 以下各讲的标题是译者自拟的。——译者注

第十讲　女性神祇的出现：米特拉、米利塔和乌拉尼娅 ……… 208

第十一讲　波斯神话中的米特拉和密特拉斯………………… 225

第十二讲　巴比伦神话中的米特拉和阿拉伯神话中的
　　　　　狄奥尼索斯……………………………………… 259

第十三讲　狄奥尼索斯作为更高的第二位神………………… 280

第十四讲　腓尼基神话中的克罗诺斯………………………… 309

第十五讲　关于赫拉克勒斯的插叙…………………………… 353

第一卷
一神论

第一讲
一神论的概念及其与有神论的区别

"神话哲学"这个术语预先把神话归入这样一类对象，它们既不是单纯偶然地存在着，也不是仅仅由人制造出来的（factitii quid），而是伴随着一种必然性而存在着。比如当我说"自然哲学"，就已经预设了自然界的某种必然的存在，同理当我说"历史哲学""国家哲学""艺术哲学"时，也是如此。尽管我们看到，国家是某种由人**制造出来**的东西，艺术也无疑是某种由人去践行的东西，但我还是预设国家和艺术具有一种不依赖于人的任意的实在性，二者之内仍然有一些不同于人的任意的力量起着支配作用，或者说，至少在二者之内，人的任意仍然从属于一个更高的法则和一个凌驾于任意本身之上的本原。如果要选择一个最普遍的表述，我们希望这样说："在任何一个按照上述方式与哲学的概念相联系的对象里，我们都必须预设一种**真理**；这类对象不可能是某种单纯由人制造出来的主观的东西，毋宁必须像自然界那样是一种真正客观的东西。"因此我们在谈到一种神话哲学时，必须判定神话也具有一种客观的真理。但在这件事情上，我们恰恰觉得自己是无能为力的，甚至可以说，我们在神话里看到的是真理的反面。起初在我们看来，正如人们常说的那样，神话是一个纯粹的虚构世界，我们只能要么把它设想为一个纯粹的虚构，要么至少把它设想为一种扭曲的真理。但哲学对于这样的产物是无计可施的。因此只要我们还没有通过一种持续的批判做到清除和剥离迄今的理解方式和解释方式里的一切单纯猜想，从而掌握神话的**纯粹事实性因素**，我们就不能揭示出哲学与神话的真实关系。只要人们（如同早先的一切解释那样）假设神话是以单纯**主观的**方式产生出来的，只要人们认为，神话可能包含着一个单纯错乱的——宗教的或哲学的——体系，他们就会命令哲学做一些次要的事情，比如在神话里面搜寻这个据说深埋着的、仿佛已经湮沉的体系，然后用它的碎片将其重新拼凑起来。但正如我们现在看到的，哲学的使命是一个全然不同的使命。

我在早先的授课里已经指出，相比任何一个科学体系或宗教体系，神话是一种完全不同的客观事物。我们已经认识到，神话和自然界一样，本身是一个实在的、必然的和普遍的现象。神话产生于一个神谱过程（theogonischer Prozeß），这个过程不是遵循着意识的一个特殊法则，而是遵循着一个普遍法则，甚至可以说遵循着一个**世界法则**——这个过程具有宇宙论的意义；因此，它的内容是一种普遍的内容，它的环节是一些真正客观的环节，它的各种形态所表达出的是一些必然的概念，而在这个意义上，这些概念就不是某种飘忽不定的概念，而是永远常驻的概念。"神谱过程"本身是一个普遍的概念，也就是说，它在不依赖于人的意识并且位于人的意识之外的情况下也具有意义。只有在一种拓展的经验里，哲学才能够取得实在的进步（这一点必须区别于那些仅仅随后出现的形式上的改良）；所谓"拓展的经验"，并不是指总是有新的事实显露出来，而是指人们被迫在熟知的事物里看到某种与惯常所见不同的东西。比如,且不考虑康德的批判贡献,仅仅从质料上看,他就拓展了哲学的世界;而这是因为,康德是如此重视就连莱布尼茨这样的杰出人物都不太关注的人类自由的事实,以至于他宣称自己宁愿放弃一切别的东西。而众所周知,在他之后没多久,一切别的东西真的被放弃了。尽管如此,由于人类知识的不同方面总是自行重新进入平衡状态(这就以最佳的方式证明了,这些方面的系统性联系不是由哲学制造出来的,而是一种客观的和自然的东西),所以人类知识的另一个方面只会更强烈地显露出来。只要人们把自然界看作一个单纯被动的本质,一个只知道把自己创造出来并且维系自己的存在的本质,他们就一方面满足于"创世"(Schöpfung)这个晦涩的概念,另一方面满足于一种纯粹形式上的关于自然界的知识。但在与一种片面的唯心论哲学的对立中,人们已经认识到自然界不是单纯的非我或非存在者,毋宁本身也是一个肯定的东西,是一个自我,一个主体-客体,从此以后,自然界就必定作为一个必然的因素出现在哲学里,而只有在这种情况下,哲学才在自己的内核里发生如此之大的改变,以至于它再也不能返回到早先的立场。

XII, 5

无论人们如何断然拒绝拓展那些已经固化的概念,在认识到的事实面前,还没有哪一种根深蒂固的思维方式能够坚持长久的抵抗。可以确定的是,任何被一个时代当作哲学的东西,都只是把各种事实囊括进来之后得出的结果,或者说都是以这些事实为根据;凡是位于这个有限范围之外的东西,人们都予以无视或讳莫如深,要不然就是试图通过一些肤浅程度不同的猜想将其草率处理。诚然,当一种长期占据主导地位的思维方式看到它不予理睬的一些事实得到重视，哪怕这些事实仅仅获得了一个比它迄今为止乐意施舍给它们的意义更重要的意义，它肯定也是不甘不愿的。就连歌德也只是慢慢地才说服自己去承认，新的地质学发现所要求的可能是另外一些解释，而不是他一直以来坚持的那些解释。①

那种对费希特亦步亦趋的哲学所使用的概念是以它**认识到的**东西为准绳，而且直到现在仍然有很多人不明白，现在的世界已经不同于这种哲学在50年前给他们展示出的那个世界。除了那个世界之外，还有一个同样实实在在的世界，而我们的课程就是以展示这个世界为开端。当然，那些在这门课程里期待着一种单纯的历史学研究的人，大概就和赫拉克利特所说的落入阴间者差不多，也就是说，他们在其中看到的并不是他们所期待的和原本意谓的东西(Ἄσσα οὐκ ἔλπονται οὐδὲ δοκέουσιν)。②

当务之急是从非自然的东西和流于形式的自吹自擂回归自然界和一种健康而饱满的知识，对此人们不妨回忆一下苏格拉底在某些柏拉图对话录里采取的方式。在那里，苏格拉底从一些普普通通的，甚至乍看起来风马牛不相及的契机出发，通过提出一些在我们看来无比幼稚的问题，把他的学生从虚假哲学的夸夸其谈中解放出来，而当这种夸夸其谈像云雾一样被吹得无影无踪之后③，苏格拉底又通过一个出乎意料的转折让学生直接面对那些最高对象，以至

---

① 歌德：《遗著》第十一卷，第190页。——谢林原注
② 亚历山大里亚的克莱门：《杂记》(*Stromata*)，IV, 26。——谢林原注（译者按，克莱门 [Titus Flavius Clemens, 150—215]，基督教哲学家）
③ 转引自普鲁塔克在《论苏格拉底的神》(*de Deo Socratis*) 里的表述。——谢林原注（译者按，普鲁塔克 [Plutarch, 45—120]，罗马帝国时期的希腊作家和哲学家，代表作为《希腊罗马名人传》）

于那些仿佛遥不可及的东西突然变得近在眼前，并且如此清晰地显现出来，而这种清晰性的不可磨灭的印象可以使学生永远能够安然面对一切狂妄自大和空洞的无稽之谈。虽然苏格拉底式对话已经不再适合我们这个时代，但从神话出发仍然具有类似的意义，而当我开始讲授这门课程的时候，我也是以类似的方式从一个伟大而普遍的，并且对于每一个人而言都显而易见的现象出发。如果说在某些偶然情况的庇护下，一种枯燥无味的形式主义能够获得成功，却堵塞了真正的知识的源泉，并且在一段时间里使哲学处于一种麻痹瘫痪的状态（stuporem philosophiae inducere），那么人们可以指望，只要接触到一种清新的、直到现在都被哲学置之不理的事实，哲学本身就将获得一个新的运动。哲学内部的狭隘观点和门户之见已经导致一种同样狭隘的、禁止任何争辩的**语言**，这种语言把仅仅适合于特定领域的公式和说话方式应用到一切东西上面，最终蜕化为一种真正意义上的胡言乱语。尽管如此，只要我们的研究有着坚实的基础，并且指向一个要求新的理解手段的对象，那么我们已经是有所收获的，因为这个对象不再容许使用那些混乱的陈旧公式，而是迫使我们做出自由的和清楚的表达。

XII, 7

正因如此，我们更加觉得有必要从我们的止步之处出发，进一步探究我们在这门课程的导论部分已经尝试加以论证的神话事实。无论如何，早先的研究已经把我们带到一个我们不可能止步不前的结果。

我们已经认识到，神话是一个神谱过程的产物，而且人类的内心伴随着最初的现实意识已经处于这个过程之中；但神谱过程这个概念本身仅仅是一个通过（而且无可置疑的）推论得出的概念，而不是一个**从自身出发**，**从它自己的前提**出发而被发现和被认识到的概念。这个概念仅仅是我们沿着历史学-哲学研究的道路而达到的界限，仅仅是我们暂时中断这个研究的地方。我们必须承认，当前的哲学不可能提供任何手段，让我们理解这样一个以人类意识与上帝之间的实在的、不依赖于理性的关系为基础的过程；正是出于这个考虑，我们曾经在一段时间里离开神话这一直接的对象，过渡到纯粹的哲学发展过程，阐述整个唯理论哲学，以便表明这种哲学本身最后如何终结于肯定哲学的诉求。就此而言，我们现在本来可以详细展开这个诉求，从而尝试着直接从肯定哲学的开端出发，首先达到神谱过程的**一般**概念，然后达到**意识**之内的这样一个神谱过程。但这并不是我们现在的意图；我们把这条道路留给另一次授课，但现在却回到我们早先所走的（分析的）道路，重新去追溯这个最终找到的结果的各种前提。

实际上，我们已经阶段性地在**一般**的意义上找到了神谱过程的第一个前提。这个前提就是那种和人类的本质一起被设定的、潜在的一神论。因此，在意识的这种据说自然而然的一神论里，在意识自在地具有的、不可能摆脱的这种一神论里，必定包含着意识的神谱运动的根据。以此为前提，不难看出**"一般意义上的一神论"**这个概念必定包含着神谱运动的**解密钥匙**，即这个运动的**法则**。我们必须从这个概念出发找到神谱过程的各种因素和整个内容。

因此接下来的研究必须针对"一般意义上的一神论"这个概念，而且我们现在不是采取从头开始的方式（亦即从普遍的本原推导出这个概念本身），而是像过去对待神话那样把**这个概念当作一个事实**来对待，并且仅仅追问，**它意味着什么**，**它的真正内容是什么**，而在这样做的时候,我们唯一预设的是,它具有一个内容和一个意义。

按照这个方式把一神论的概念仿佛当作事实来对待,不会遭遇多大的困难,正如在诸多哲学概念**或**宗教概念里面,我们也会承认一个普遍的概念是完全**真实的**概念,哪怕它的意义或真正内容绝不可能得到明确的公认。1)这个概念是神话宗教和启示宗教的共同核心:它在启示宗教里无疑是最高的概念,而神话宗教如果不是以一神论为根据,那么也不是真正的多神论。2)甚至所谓的理性宗教至少也愿意包含着这个概念,因为任何一个没有公然标榜自己是无神论者的人都不希望被看作多神论者,而是希望被看作一神论者。至于他是否因此真的是一个一神论者,当然还是一个问题。

XII, 9

因此,只要承认这个概念的真正内容将会得到详细的规定(这恰恰是我们的意图),**每一个人**就会认可这个概念,而且没有任何研究能够从一开始就比这个研究获得更为普遍的认同。

为了对这条延伸到远处的道路获得一个概观,1)我们必须探究概念的意义或具体内容,无论后面可能出现什么观点,都不能让我们偏离这项工作。在研究多神论的时候,只要人们尚未完全确切地认识到多神论的反面意味着什么,一切就必然是动摇不定的。诚然,在早先的研究中,我们已经一方面把这个概念与那种单纯的有神论对立起来(它仅仅一般地或以不确定的方式设定了**上帝**),另一方面把它与那种单纯相对的一神论对立起来(它在根本上已经是多神论),在前一个关联中把它规为**真实的**上帝的特定概念,在后一个关联中把它规定为绝对唯一者或真正唯一者的概念。目前看来这些已经足够了。但我们还没有回答这个问题,即上帝的**真实的**统一体是立足于什么东西,以及总的说来,上帝的真理是立足于什么东西?尽管在迄今的推演过程中，我们已经煞费苦心，但还是留下了一些晦涩的或不确定的东西，不能加以清除，而这些东西恰恰与我们对于这个问题的答复联系在一起。当前的研究方式是从不确定的东西出发，通过一系列前后相继的规定而达到真相，而按照这个方式，只有最终的和最后的结果才能够提供完满的答复。在这里，教师必须获得学生的信任，即他不会带领他们徒劳地兜圈子。2)假若我们已经理解了一神论的概念，并且在其中找到了一些要素（我们有一万个理由相信这一点），从而能够理解**一般意义上的神谱过程**，我们也就有办法认识到**意识**的神谱过程是一个**可能的**并且在某种前提下甚至是必然的过程。3)只有给出了意识之内的一个神谱过程的可能性，我们才可以指望在神话自身那里去证实意识的这样一个神谱运动的**现实性**。最后的这种情况才会成为直接的解释，成为**神话哲学**本身。

* * *

简言之，现在我们假定一神论的概念是一个**现成的**概念，因此只需要追问它包含着什么内容。这里的任务不是去发现或制造出一个尚且无影无踪的概念，而是只需要意识到，在一个现成已有的和已经得到普遍承认的概念里面，什么是可以思考的，什么是不可以思考的。诚然，在我们辨析一神论概念的时候，人们可能立即会质问，对于这个只要是接受过基督教教育的儿童都很熟悉的简单概念，何必大费周章去辨析。针对这个质问，我愿意首先加以回答。

一切概念辨析的前提都是去怀疑概念的科学意义或内容。但是，如果我们在整体上是生于和成长于一个概念，而且必须把它看作我们的整个精神文化和伦理文化的最终基础，那么它的内容怎么会变得可疑呢？哪怕别的概念都会变得可疑，**这个**概念也必须是无可置疑的（至少看起来是这样），更何况它不是属于单纯的学派，而是属于人类，不只是一个科学概念，而且是一个具有世界史意义的概念。——首先我并不否认，按照通常的解释，一神论的概念是一个在某种程度上自明的概念，因此也可以说是一个完全清楚的概念。但在这里，概念的这种自明性恰恰是存疑的。为了确立这个概念，人类经历了如此漫长的争斗，大概只有近1500年以来，这个概念才成为占据支配地位的概念，而且直到现在，它虽然掌控着人类更好和更文明的一部分，但这仍然只是小半部分；既然如此，人们就更应当相信，这样一个概念必定是一个具有**特殊内容**的概念，而不是一个直接的和自明的概念。这个概念愈是变得重要，愈是通过其世界史范围内的成功而获得更大意义，我们就愈是有权利去怀疑，它的那些内容究竟是不是一种真实的和现实的内容。诚然，人们可以反驳道，如果这个概念的真实内容没有被理解，它怎么可能掌控人类的那个更有见识的、通过科学而得到教化的部分呢？但一般说来，人类中的许多事情本身都是先于事情的科学概念而出现，比如君主制自远古以来就存在于世界上，但今天的人们如果去追问君主制的真正基础和真实意义，就会得到最为悬殊的答复。——同样，最初的那个伟大过渡，即从多神论过渡到承认唯一的上帝，不管是以科学为中介，还是总的说来按照当时的人类所理解的一个方式，都不是人为造成的；就此而言，当后来的人们去反思过渡的真正原因，去反思那个造成伟大变化的概念的真实内容，便很容易出现错误。当然，如果现在确立的局面是一个众人期待的愉悦状态，人们就不必再追问这个状态的起源，而是安心享受和利用这个状态，不管其基础是怎样的,甚至在很长一段时间里,人们都不敢带着自由的目光去观察这个基础,因为他们害怕这样做会动摇整座由假设的学说和概念搭建起来的大厦。总的说来,即使一个概念得到普遍的承认,也不会为这个概念的科学论证提供稳妥的保障,毋宁说,人们可以顺理成章地宣称,在大多数情况下,一个概念愈是得到普遍的使用,就愈是缺乏科学的论证。通常说来,恰恰是每一个人都拿来标榜自己并且不断使用的那些概念,是最盲目地被使用的概念;每一个人都信赖别人的判断,并且认为这样一个普遍使用的概念必定是无可置疑的。

人们尤其可能感到惊讶的是,直到今天,仍然有一些神学家在哲学里面高谈阔论和虚张声势,仿佛对此还意犹未尽,而在他们中间,任何一个人(包括道普先生①)都没有想到,在他们完全迷失于荒诞事物之前,首先应当澄清"一神论"这个最初的并且看起来最简单的概念。但众所周知,人类常见的一个错误就是在遥远的地方和离奇的东西里面寻找原本近在咫尺的东西,并且在掌握最简单的概念之前就妄图探究最复杂的东西。

人们原本最为期待的是,这些理性主义神学家完全清楚地掌握了这个概念,但就他们的学说而言,我必须坦率地承认,我翻遍了老的和新的神学教科书,都找不到一个令人满意的对于这个最初概念的解释。而在哲学教科书那里,我注意到,它们绝大多数都是试图蹑手蹑脚地从上帝的"统一体"概念旁边走过,仿佛这是一个本身就自明的概念,一个太过于清楚的概念,以至于完全没有必要在它

---

① 道普(Carl Daub, 1765—1836),德国新教神学家。——译者注

那里停留。至于实定主义神学家(不仅是近代的,甚至古代的也是如此),任何一个不带偏见的人都能够察觉到,他们在处理这个概念的时候明显带着一种迟疑心态,甚至在表述上也动摇不定——比如德语学界的神学家不知道应当说上帝的"统一体"(Einheit)还是"唯一性"(Einzigkeit)——并且带着一种令人怀疑的敷衍态度试图逃离这个最初的概念,仿佛这个概念经受不住任何长久的暴露,或者会给那些深入的考察者带来危险似的。①

这个尴尬局面的原因其实是显而易见的;因为众所周知,人们是用这样一个公式去表述上帝的统一体的概念和学说:**上帝之外没有别的上帝**。我的概念批判就是从这个公式出发,同时我希望你们全都扪心自问,除了这个解释之外,你们是否想到过另一种关于一神论概念的解释。

也就是说,当我们观察这个解释,马上就会发现,"上帝之外没有别的上帝"这一命题真正说来是一个纯粹多余的保证。因为我当然可以尝试,除了假设一个上帝之外,再去思考**另一个**或另一些上

---

① 整个基督教教义学为这个概念提出的不同**位置**,已经可以被看作那种迟疑心态的证据。人们当然期待,这个概念,这个仿佛把两个世界或历史的两个方面(异教的方面和基督教的方面)彼此分割开的概念,从一开始就先于所有别的概念而被确立为全部概念的基础,进而被确立为一个绝对独立的概念。旧的神学教科书在讨论上帝的所谓的个别属性之前,还会用专门的一章去讨论神性本质的统一体,比如约翰·格尔哈特(参阅其《神学要义》第三卷,第六章)无疑就觉得,随后将要谈到的一切东西,按照正确的方式而言,只能用来谈论唯一的**上帝**。但后来的教科书就完全不是这样了。在这些教科书里,统一体或唯一性仿佛已经不再是一种特殊学说的对象,不再被单独加以强调,而是包含在一种关于上帝属性的普遍学说里,仿佛隐藏在其他属性的旁边或下面,而那些属性(比如永恒性、独立存在、无限性等)则被看作某种程度上预先(本身就)自明的属性。——谢林原注(译者按,格尔哈特 [Johann Gerhard, 1582—1637],德国新教神学家,其于1610—1622年发表的九卷本《神学要义》[Loci Theologici]是路德宗最重要的教义著作)

帝。但如果我设定的根本不是**一个**上帝，而是绝对的上帝，我就完全看不出，还有什么契机或哪怕是可能性让我再一次或多次设定上帝；这是一种纯粹的胡闹。但是，如果说"除了设定一个上帝之外，再设定一个或多个上帝"的做法不是一个可能的谬误，而是一种纯粹的胡闹，那么相反的保证，作为明确说出来的保证和主张，本身也是一种胡闹。这大概足以解释为什么神学家为唯一的上帝或一神论的概念所做的辩护是愚蠢的。因为，谁会去证明任何人都不曾想到要否认的东西，或去反驳任何人都不曾想到要主张的东西呢？假若我在上帝之外还能够思考另一个上帝，我就没有把他设定为上帝，而是仅仅把他设定为**一个**上帝。反过来，如果我否认上帝之外还有另一个上帝，那么我在这种情况下仅仅把他设定为**上帝**，而不是设定为唯一的上帝，因为"唯一的"这个表述在这里是完全的冗余。在某种意义上，不同于在那些极端晦涩的教义里，神学在这里所遭遇的是相反的情况，因为在这里毋宁是一种巨大的清晰性让神学陷入尴尬局面；人们仿佛羞于宣称一个本身完全自明的命题是特殊学说，甚至是教义。

　　过去的沃尔夫主义者不懂得从他们所谓的Pricipium indiscernibilium [不可区分者原理] 出发去证明，我们其实可以思考上帝之外的上帝，或者说即使再次设定上帝，也仅仅是在思考唯一的上帝（不是真的去思考第二个本质，而是仅仅再次思考同一个本质）①；但他们至少应当从一开始就指出，为什么人们能够在上帝之外再次思考上帝。除此之外，不可区分者原理的这个应用也表明，人们只能在这

---

① 参阅康茨：《莱布尼茨和沃尔夫的哲学在神学中的应用》（*Usus philosophiae Leibnitianae et Wolfianae in Theologia*），第275页。——谢林原注（译者按，康茨 [Israel Gottlieb Canz, 1690—1753]，德国哲学家和神学家）

个意义上去理解关于上帝的统一体的学说，舍此别无他法。如果A虽然意味着上帝（真正的**上帝**，而不是一个上帝），但还是可以设定A+A+A……，那么在这个意义上，就绝不可能有多神论；反过来说，在同样的意义上，也不可能有一神论。因为，要么我根本不思考上帝，而这就是无神论，要么我思考上帝，这样我就已经把他思考为绝对唯一的上帝。这里没有给多神论留下任何余地。就此而言，当赫尔曼①把多神论看作不可能的东西，并且致力于至少在源头上为一切既有的历史事物寻找另一种非本真的意义，这就是完全有道理的。但是，如果多神论是不可能的东西，那么一神论作为一个特殊概念同样是不可能的东西。这两个概念是休戚与共的。

XII, 15

  我要提醒你们，按照一种古老的，但正因如此已经没有人去思考的必然性，如果谈论的是唯一的上帝，那么人们通常都要给他加上"真实的"这一修饰语，亦即"唯一真实的"上帝。由此可以推知，"真实的上帝"和"唯一的上帝"是相同意思的概念，上帝的真实性恰恰在于他的唯一性，反过来，他的唯一性同时就是他的真实性。按照这个规定，前面那个命题就应当这样表述："除了唯一的、真实的上帝之外没有别的上帝。"但这个命题所谈论的上帝究竟是谁呢？换言之，这个命题的主词究竟是谁呢？答案是：命题的主词本身已经是唯一的上帝。这个陈述本身已经以唯一的上帝为前提，因为它仅仅说出：除了**唯一的**上帝之外，没有别的上帝。但究竟谁是这个唯一的上帝，以至于除了他之外没有别的上帝呢？莫非仍然是那个除了他

---

① 赫尔曼（Gottfried Hermann, 1772—1848），德国古典学家。谢林在《神话哲学之历史批判导论》里对赫尔曼的神话观提出了非常细致深入的批评。——译者注

之外没有别的上帝的上帝？不可能！因为这样一来，命题就成了："那个除了他之外没有别的上帝的上帝，就是那个除了他之外没有别的上帝的上帝。"这个同语反复比前面的那个同语反复更令人恼火。因此，命题的主词里已经设定的唯一性必须不同于真正的陈述所主张的唯一性。在这里，后者所指的是一种**向外的**唯一性，而这就表明，它所谈论的是一种在上帝**之外**不存在的东西。相应地，命题的主词里已经说出的唯一性不可能也是一种向外的唯一性，毋宁只能是一种内在的唯一性，即上帝与自身相关联时的唯一性，也就是**作为上帝**的上帝的唯一性。而只有这种唯一性才有可能预先包含着一神论的真正概念。

　　对于前面那个命题，人们已经提出各种**证明**；他们之所以需要证明，是为了制造出一种特殊学说的假象。关于上帝的统一体或唯一性（正如之前所说，人们甚至对于这些表述都没有完全达成一致），其中一种最常见的论证是基于"**最高原因**"这一概念。不可否认，最高原因**作为最高原因**始终只能是唯一的；但**这种**唯一性并不是那种与上帝的概念相结合的、完全无条件的唯一性；这种唯一性虽然可以与上帝在创造万物时具有的那种单纯的 Primat [首要权力] 或 Principat [最高权力] 相兼容，但并不能阻止上帝旁边出现第二个原因，后者甚至自在地（亦即在不考虑**作用**的情况下）就完全能够是上帝所是的那个东西，以至于我们现在称作"上帝"的那个上帝，就不是通过他的**本质**，而是仅仅通过他的**作用**的绝对优越性，在创造世界的时候有权利独霸"上帝"这个名称。人们不妨这样设想这个关系：假设那个是**最高**原因并且就此而言是**唯一**原因的上帝，只不过是**抢在**另一个上帝**之前**利用最初的材料进行了创造，于是另一个上帝就不可能再进行自己的创造（因为创造的全部可能性都已经通过前一个创造而得以实现），但我们不能因此就认为这个上帝在本性上是恶的，而如果他不想让自己处于完全和永远的无所作为的状态，他唯一还能够做的就是对前一个上帝的创造施加影响，而这样一来，前一个上帝的创造当然就遭到了扭曲；第一个造物主虽然竭尽全力去避免败坏的局面，但还是不能完全推翻一个**在本质上**或自在地看来与他同样强大的原因带来的影响；按照这个方式，就产生出这个混合的世界，在其中，万物持续地产生和消灭，每一个东西都与另一个东西相对立，每一个东西都不能达到完全的纯粹性，每一个东西都仿佛有一个隐蔽起来的敌人在削弱着它的生存；也就是说，通过这个方式，另一个上帝也**参与**到这个混合的世界中，这种参与虽然是否定的和次要的，但毕竟代表着他的参与。

就此而言，人们甚至不必推翻"**最高原因**"这个概念就可以在它旁边放置另一个上帝，一个对峙的上帝（Gegengott）。即便人们不想在最高原因旁边放置另一个**上帝**，这个单纯的概念至少也不排除一个较低地位的辅助原因，比如一个原初地反抗着全部秩序和全部规则的自然界。只有这样，在它之上才会出现一个类似于阿那克萨戈拉所说的νοῦς [努斯]的东西，即一个本身具有理智并且更为强大的原因①，这个原因教导秩序和理智，迫使那个反抗着的和不甘不愿的辅助原因去服从规则和形式。人们不能依据"最高原因"的单纯概念去反驳上述两个观点，更不能把**最高**原因理解为一个绝对地排斥

---

① 通常认为，Εἶτα νοῦς ἐπελθὼν αὐτὰ διεκόσμησεν [努斯参与进来并安排一切]这句话是阿那克萨戈拉说的。——谢林原注

任何辅助作用的原因，并且在**这个**意义上从世界本身的面貌出发去证明一个最高原因，因为很显然，世界给我们展示出两个就其作用而言彼此独立的本原，其中一个本原似乎反抗着一切形式和形态，而另一个本原则是不断地把一切东西重新带回到限制和尺度之中。至于是否一个本原按照我们的观点而言是更好的，另一个本原是不太好的（这些在任何情况下都很难加以解释），以及二者是否共同起源于一个更高的本原，二者是否从一开始就已经彼此独立地共同存在着，关于这些问题，至少世界不可能提供任何证据。最后，因为我们只能从世界出发推及原因，即便我们能够从世界的面貌出发以完全令人信服的方式推导出最初原因的一个完全不容许任何辅助作用的**绝对统一体**，这也像人们常说的那样，这个最高原因或上帝只不过从事实来看（ipso actu）是唯一的，而不是从本性来看是唯一的。神学家们把上帝的唯一性称作一种就**本性**或本质而言的唯一性，以至于真正说来，上帝之外不仅**没有**别的上帝（就像他们通常所说的那样），而且**不可能有**别的上帝，因此上帝通过他的本性就不可能具有某种位于他之外的东西，无论这些东西是与他等同的抑还是不等同的。①

XII, 18

---

① 魏斯曼在其《解经教义神学的产生》（*Institutio theologiae exegetico-dogmaticae*）第198页说："Deus autem et unicus non modo actu ipso, ut tamen plures Dii essent possibiles, sed quia contrarium ne fieri quidem potest. Unde patet (ut hoc obiter moneam) hanc unitatem non debere probari ex sufficientia unius Dei; ostenderet haec ratio, non opus esse, ut actu ipso plus quam unus existat Deus, non vero plurium possibilitatem refellit, utpote quae, si cetera essent paria, tamen locum habere posset [上帝之所以是唯一的，并非仅仅因为这是一个事实（否则也可能有多个上帝），而是因为相反的情况根本不可能发生。因此很明显（我可以顺带指出这一点），不应当用一个上帝的自足性来证明这个统一体；这个理由表明，事实上并不需要有多个上帝，但它并不否认多个事物的可能性，因为可以有多个彼此等同的事物]。"——谢林原注（译者按，魏斯曼 [Christian Eberhard Weissmann, 1677—1747]，德国虔敬派神学家）

看起来，直到现在为止，人们在推演一神论的概念时，总是只想到真正的多神论。但刚才阐释的体系并不能被看作**一神论**的直接对立面，因为它实际上不是多神论。人们不能说，这种学说与那种主张唯一的上帝的学说是直接对立的；因为对前者而言，善的上帝实际上就是唯一真实的上帝，而另一个上帝则是"非上帝"，即虚假的、不正确的上帝。尽管如此，我们曾经把这种学说看作一个与**真实的**宗教相对立的虚假体系。因为真正说来，二元论体系里的真实上帝仅仅偶然地是真实的上帝，同样也仅仅偶然地叫作**善**的上帝。也就是说，在二本原的体系里，另一个上帝被看作恶的本原或原因，并且被认为与前一个上帝具有完全同等的力量，因而也具有完全同等的权利去存在，亦即去外化自身并发挥作用，用一种存在把自己包围起来，为自己创造出一种存在、一个王国；换言之，这个上帝和前一个上帝一样，完全有权利把那种与**他**对立的东西，把那种阻挡和妨碍着**他的**存在的东西，或者说把他感觉到攻击和否定着他的东西，称作恶的——对我们这些生活在前一个上帝的创造里的人来说是善的东西，对他来说是恶的，反过来，对我们来说是恶的东西，对他来说是善的：一切仅仅取决于立场。正因如此，我们不能理解，一位近代的著述家（弗利德里希·施莱格尔）在激烈反对泛神论体系的时候怎么会走到如此偏激的地步，竟然去赞美二元论体系（其理由是，这个体系把善和恶的永恒区别确立为一个绝对的区别），并且把它当作一个更好的体系加以阐述。对此我们看到的正好相反，也就是说，二元论恰恰把这个对立转化为一个单纯相对的对立，一个无论什么时候都仅仅由一个局部的从而偏颇的立场造成的对立。

诚然，如果要完整地列举各种可能的宗教体系，那么二元论是

XII, 19

不可以被忽视的——众所周知，在那些属于同一个整体并且与同一个对象相关联的概念里面，任何个别概念都不可能脱离另一些概念而获得完整的规定——但除此之外，当我们这样考虑或提到二元论时，可能完全无法证明这个体系在当前所说的意义上是否在历史上真的存在过，尤其完全无法证明波斯的二元论按照其起源而言是否真的被看作二元论；我们只需要知道二元论作为一个同时区别于多神论和一神论的体系在各种可能的宗教体系当中具有一个特殊的地位，这就足够了。也就是说，一方面看来，二元论无疑是一个虚假的、应当遭到谴责的体系，但另一方面看来，它并不是一神论的直接对立面，因此必定是与**另一个**概念处于矛盾关系中，而这样一个概念是真实的体系亦即一神论所需要的，已经被一神论本身当作前提。因为无论在什么地方，真实的概念都是最后的、最终的和完整的概念，一个作为**目的**的概念，但正因如此，对它而言存在着一个出发点，而对于一神论而言，这个出发点只能是一种单纯的**有神论**。因此，如果我们说，多神论是与一神论相对立的，二元论是与有神论相对立的，这就完全正确地规定了其中关系。至于这种有别于一神论的单纯有神论是什么意思，进一步的反思将予以解释，而我们现在就过渡到这个反思。

通常用来陈述一神论的公式是一个空洞的、同语反复的公式。这是我们提出的第一个要点。现在我们提出第二个要点，即这个公式同时是一个虚假的公式。因为从神学家讨论上帝的统一体时所处的立场来看，当人们听到"上帝之外没有**别的上帝**"时，必定会很自然地想到一个问题，即除了上帝**之外**，是否还有**别的**某种东西。但神学家对这个问题只能矢口否认。因为在他们看来，"统一体"或"唯一性"是上帝在全部**活动**和行动**之前**mera natura [仅仅通过本性]就具有的那些属性之一。基于这个立场,神学家必须宣称上帝之外没有任何东西,因为他们仅仅是从上帝的自由的因果性里推导出一切位于上帝之外的存在,于是一切**先于**行动而在上帝**之外**存在着的东西,作为一种独立于上帝的现成东西,必定原初地**等同于**上帝,并且在这个意义上完全等效于上帝,以至于——同样基于这个理由——从当前的立场来看,"上帝之外没有别的上帝"这一命题仅仅意味着:除了上帝之外没有任何东西。但现在的问题是,如果除了上帝之外不仅没有别的上帝,而且没有任何东西,那么上帝就不是唯一的上帝,而是绝对唯一者,仅仅是ὁ μόνος [唯一者],但不是ὁ μόμος θεός [唯一的上帝]。在这里,如果神学家否定的不是另一个上帝的存在,而是**一切**存在,那么他们就不是在谈论**作为上帝**的上帝的唯一性,而是仅仅在谈论上帝的绝对唯一性。①——但为了制造出一个假象,仿佛那个仅仅是绝对唯一性的东西,就是唯一的作为上帝的上帝,神学家又添加了"没有别的上帝"这几个词,从而纠缠于那个同语反复或纯属多余的保证。

因此从根本上看,神学家——我指的不仅是通常所谓的神学家,也包括那些从事于思辨神学研究的哲学家——只知道这样一种唯一性,即我通过说"上帝"(而非"一个上帝")而表达出的唯一性。但如果人们追问这种绝对唯一性的意思,或者说,如果人们追问,为什么上帝不是"一个上帝",而是"上帝",我就不能又答复以

---

① 当神学家从上帝的本性出发(比如从无限性出发)去证明其唯一性时,也得出了这个结论,即除了上帝之外**没有任何东西**。他们全都证明了过多的东西,不仅证明了除了上帝没有别的上帝,而且证明除了上帝之外没有任何东西。——谢林原注

"因为除了他之外没有别的上帝",否则我就仅仅是在一个圈子里面打转;因此,上帝之所以是上帝,不可能是因为除了他之外没有别的上帝,而是仅仅因为除了他之外**没有任何东西**(当然,这个说法目前也还没有解释,上帝本身是什么东西)。反过来,因为除了上帝之外没有任何东西,所以我始终只能回到"**上帝**"或"绝对唯一者"的概念,而不是回到"唯一的上帝"的概念。诚然,我们可以很轻松地给予普通表述一个形式,让它确实陈述出**某些东西**,从而避免普通表述的同语反复。也就是说,人们必须这样陈述那个命题:"并非除了**一个**上帝之外,而是除了上帝之外,不可能有另一个或另一些上帝。"但在这个表述里,很显然,这个命题相比早先的"上帝存在"这一命题并没有包含着更多的东西;很显然,这个命题没有陈述出任何**关于**上帝的东西,亦即没有陈述出任何超出上帝的东西——它没有陈述出任何关于上帝的东西,而是仅仅重复了"**上帝**"概念本身;因此很显然,这个命题恰恰并未包含着一神论,而是包含着单纯的有神论。"**有神论**"(Theismus)这个词语足以表达出"并非除了一个上帝之外,而是除了上帝之外,不可能有另一个或另一些上帝"这一命题的内涵,反而"一神论"(Monotheismus)这个复合词语成了纯属多余。① 由此可见,传统的关于一神论概念的解释,如果恢复自己的真正价值,也就是说,如果摆脱它的单纯假象(真正说来仅仅是摆脱同语反复),就仅仅包含着有神论,而不是包含着一神论。这是一个

---

① 施莱尔马赫在其《基督教信仰》(*Christlicher Glaube*)第一部分,第306页说:"上帝的统一体和上帝的存在都是不能加以证明的,而这意味着,上帝的统一体相比单纯的有神论而言并没有包含着更多的东西。"这些言论表明他确实洞察到了事情的真实性质。——谢林原注

非常重要和重大的区别。

尽管如此,我并不否认,可能存在着这样一些人,他们宣称自己完全满足于这一点,并且认为,神学只需要单纯的有神论就足够了,而一个打着一神论旗号的特殊概念纯属多余。诚然,在过去的年代,人们并不认为"有神论"是一个最好的名称,当一个人被称作单纯的有神论者时,几乎等于被宣判为无神论者,即他所主张的不是**真实的**上帝,而是真实的上帝的一个单纯幻象或幻影。近代以来,"一神论"这个令人腻应的从属概念虽然经常与"有神论"这个词语联系在一起,但人们几乎已经完全想不到这一点。①看起来,正是因为基督教的信仰学说不能缺失一神论的概念,所以人们必须保留这个一直以来同语反复的概念。当人们解释基督教和异教的区别时,至少需要这个概念,而这个解释无论如何是不能回避的。但在迄今广为流行的那些关于多神论的意义的观点看来,这个**解释**就不是那么迫切的。因为人们可以直截了当地说:一神论原本只有在与多神论相关联并与之相对立的时候才具有意思和意义。当多神崇拜的危险乃至一切可能性都消失之后,就没有什么东西能够阻止人们起初悄悄地,最终公开地抛弃作为一个特殊概念的一神论;没有什么东西能够阻止人们把"唯一的上帝"这个同语反复的并且在根

---

① 或许人们会问,有神论怎么可能等同于无神论呢? 对此的答复是:如果人们真的在谈论上帝,就绝不可能谈论**一般意义上的**上帝。当一个人仅仅谈论一般意义上的上帝,他就不是在谈论真实的上帝,而是在谈论另外某种东西,只不过把这种东西冠名为上帝罢了。因此他的有神论等同于一种否定意义上的无神论。自在地看来,单纯的"**上帝**"(θεός)概念是一个空洞的概念,一个单纯的词语;为了谈论真正的上帝——他不是一般意义上的"上帝"(θεός),而是如希腊人区分的那样,是"真正的上帝"(ὁ θεός)或特定的上帝——必须补充一个规定。除此之外,人们也不说"上帝是唯一的",而是说:ὁ θεός εἷς ἐστιν[真正的上帝是唯一的]。——谢林原注

本上纯属多余的表述归结为一个更高的和更普遍的概念，即那个不需要前缀语的"上帝"概念。在人们看来，实际上只有两类人，即有神论者和无神论者。前者首先是犹太人（我们的信仰就是起源于他们），然后是我们基督徒，再然后是从我们和犹太人发源而来的伊斯兰教徒。在人们看来，实际上根本没有什么多神论。异教徒所谓的诸神仅仅偶然地获得了一种宗教意义，这些神自在地看来不是上帝，而是人格化的自然力量之类东西；异教徒观念包含的有神论因素仅仅是虚假的，原本并不具有任何宗教意义。因此真正说来，多神崇拜的信徒仅仅是无神论者。对于这个解释，即多神论者实际上仅仅是无神论者，人们甚至可以诉诸一位使徒的权威，他对以弗所人说："你们——作为无神论者——在世界上没有上帝（Ἦτε ἄθεοι ἐν τῷ κόσμῳ）。"① 以上所述已经表明一神论的概念对于我们的研究而言具有怎样的重要性，即它甚至能够判定神话的本真性或非本真性。

---

① 《新约·以弗所书》2: 12。——译者注

第二讲
上帝作为存在者本身

我回到之前的那个观点，即令人诧异的是，一神论的概念直到现在都还没有得到正确的规定。因此我们现在的任务是要用正确的规定去替代不正确的规定。为了做到这一点，我们只能遵循目前已经认识到的那个区分，即"上帝的绝对唯一性"（absolute Einzigkeit Gottes）和"作为上帝的上帝的唯一性"（Einzigkeit Gottes als solchen）之间的区分，尝试着按照它们各自的本真意义去准确地规定这两种唯一性。在这样做的时候，我们的出发点只能是那种呈现在每一个人面前的**绝对的**唯一性。因为每一个说出"上帝"这个词语的人都感觉到，他在这种情况下并不是说出了一种唯一性，而是预设了一种唯一性；他必须已经思考这种唯一性，**以便**去思考**上帝**（而非一个上帝），因此真正说来，单凭这种唯一性，他还没有思考上帝本身。假若除了上帝之外可能有（不是**真的**有）另一个上帝，那么上帝已经不是上帝，而是一个上帝。因此首先已经明确一件事情，即他在是上帝之前，是一个**不可能有同类者**（而非像人们通常说的那样，**没有同类者**）的东西。那么什么东西不可能有同类者呢？凡是有同类者的东西，都与同类者有某种共同点，哪怕这个共同点仅仅是存在：这样一来，无论是我们所谈论的这个东西本身，还是我们拿来与它进行比较或看作它的同类者的东西，都是一个存在。同样，如果上帝之外**存在着**某东西，那么上帝和这个东西都具有存在，也就是说，上帝和这个东西都存在着。因此，如果上帝之外**不可能**存在着任何东西，那么上帝本身也不可能是一个**存在**，也就是说，不可能是一个仅仅分有了存在的东西（与此相反，一个白色的、红色的或美的东西仅仅分有了"白""红"和"美"，但并不是"白""红"和"美"本身）。现在，如果上帝不是一个存在，不是一个仅仅分有了存在的东西，那么他只能是**存在者本身**（das Seyende selbst, ipsum Ens, αὐτὸ τὸ Ὄν）。这是上帝的必然的初步概念，而我们必须首先设定这个概念，然后才能够设定上帝（而非设定一个上帝）。

上帝是存在者本身。但"是存在者"这件事情并不是上帝自带的神性，毋宁只是他的神性的前提。只有一个是存在者本身的东西，才**能够**是上帝，但存在者本身并不因此也是上帝，而是必须加上"它是上帝"这一规定。①在逻辑的意义上，当一个东西接受规定或能够获得规定，就被称作质料，因此我们也可以说："是存在者"是神性的质料，但不是神性本身。假若上帝**无非**就是存在者，那么谈论"唯一的上帝"就是荒谬的做法。因为，正如我不会说那个是"白"或"红"本身的东西是唯一的白或红（这类说法始终仅仅适用于一个特定的白的东西或红的东西），同样我也不会说那个是存在者本身的东西是唯一的存在者。反过来，**正因为**"是存在者本身"或"是普遍的本质（Ens universale）"如同刚才所说的那样是神性的质料，所以虽然

---

① 这个补充的规定首先在于，上帝现实地（actu）是这样一个东西。——谢林原注

我不能说存在者本身是唯一的存在者,但我能够说**上帝**是唯一的上帝;我不能随口谈论上帝,仿佛他仅仅偶然地是唯一的,毋宁说我必须进一步思考,上帝并非仅仅偶然地是唯一的,而必然地是唯一的,但这一点不可能通过"上帝之外没有别的上帝"或"上帝**没有**同类者"之类命题表达出来,而施莱尔马赫就采用了后面这个说法。① 因为,虽然上帝与存在者本身(普遍的本质)是**区分开的**(换言之,我们在"上帝"概念里思考的内容**多于**单纯的"存在者"概念的内容),但上帝的唯一性却仅仅是从"他是存在者本身"**这件事情**推导出来的,而在这种情况下,这种唯一性仅仅是上帝的必然的唯一性,而这意味着,上帝之外**不可能**有别的上帝。这不是我们在一神论那里思考的那种**事实上的**唯一性,因为后者只不过是上帝的事实上的唯一性。假若我们在一神论那里思考的是一种必然的唯一性,那么人们如何解释,它只有凭借基督教,亦即大约自1500年以来,才成为一个得到普遍承认的概念?一神论所主张的唯一性必定是这样一种唯一性,人们只能说它**存在着**,不能说它绝不可能存在。但这不是一种自明的唯一性。

一位具有丰富经验和实践智慧的人士,著名的胡果·格劳秀斯②,也认识到了这一点,并且对于这种学说表达出了一个与施莱尔马赫正好相反的论点。正如前面已经指出的,施莱尔马赫说,上帝的唯一性和上帝的存在都是不需要解释的。反之胡果·格劳秀斯——不是如你们想象的那样在他的那部极为值得推荐的著作《论基督

---

① 施莱尔马赫:《基督教信仰》第一部分,第305页。——谢林原注
② 格劳秀斯(Hugo Grotius, 1583—1645),荷兰法学家。——译者注

教的真理》(De veritate religionis christianae)里,而是在他的同样著名的《论战争与和平的正当性》(De jure belli et pacis)这本书里①——说道:上帝的"统一体"概念比上帝的"存在"概念更缺少自明性(对于当时的哲学而言,凡是从一个概念里必然派生出的东西,都叫作"自明的",因此胡果·格劳秀斯在谈到上帝的统一体时,其思考的必定是某种不同于从上帝的概念里必然派生出的东西)。后来的一位以敏锐著称的神学家(斯托尔博士②)更为激进,甚至认为上帝的统一体只不过是人类的一个臆想(suspicio)或猜测,而这是因为他在关于唯一上帝的学说里看到的,比从上帝的**概念**里**必然**派生出的东西**更多**;也就是说,人们或许没有**思考**一个从存在者的概念里必然派生出的命题——这是可能的——但只要人们思考这个命题,那么这件事情就不再是单纯的臆想或猜测,毋宁说,人们可以确信它的相反情况是不可能的。

XII, 27

为了从这些插入的评论回到正题,我希望你们区分两种理解方式。第一,对于"上帝"这个词语,我可以在任何时候都仅仅想到存在者本身或普遍的本质。但在这种情况下,我绝不能把这个词语当作谓词来使用;正因为我说上帝是存在者本身,所以我不能说上帝是唯一的存在者;当我说上帝是存在者本身,我就必须也说上帝是唯一者本身,而这恰恰表明,"统一体"不是上帝的谓词,不是从上帝出发(亦即把上帝看作termimus a quo [出发点])去**陈述**他,毋宁

---

① 格劳秀斯:《论战争与和平的正当性》,第二卷,第47页。——谢林原注
② 斯托尔(Gottlob Christian Storr, 1746—1805),德国新教神学家,图宾根大学教授,谢林和黑格尔的老师,福音神学"早期图宾根学派"(超自然主义)的奠基人。——译者注

说，他本身是唯一者。①简言之，只要我不能把"统一体"当作谓词，那么任何关于唯一性的陈述都是不可能的，于是在这个立场上也不存在什么能够叫作一神论的东西。第二，我也可以区分上帝和单纯的存在者，也就是说，虽然我也把上帝看作存在者本身，但我在"上帝"概念里所思考的是某种不同于和多于存在者本身的东西。在这里，一个陈述是可能的，因为我可以说：上帝是唯一的上帝；但这个陈述的意思是，上帝**必然**是唯一的上帝。这个命题的意思，不是指上帝之外没有别的上帝，而是指上帝之外**不可能**有别的上帝。也就是说，当我把上帝与单纯的存在者或单纯普遍的本质区分开，我就已经把后者规定为上帝的神性的质料（前面已经指出，这里所说的不是任何形体性的东西，而是必须被理解为逻辑和形而上学意义上的质料）。

　　就此而言，命题"上帝是唯一的上帝"或"上帝之外**不可能**有别的上帝"的**真正意思**是，这里仿佛缺少一种导致另一个上帝出现的材料或质料；那个是存在者本身的东西，不可能多次存在，因为按照"多次存在"的唯一可能的意义，那个是存在者的东西根本不可能存在。但真实的上帝必须从一开始，仿佛自在地且先于自身（an und vor sich）②，亦即先于他的神性，已经是**存在者本身**或普遍的本质，也就是说，"他是普遍的本质"这一情况是他的神性的基础、ὑποκείμενον [载体]和质料。但是，如果"是普遍的本质"是神性的

XII, 28

---

① 在这个立场上，可以适用那句古老的谚语："不能在本质之上添加统一体"（unitas non superadditur essentiae），也就是说，"统一体"不可以被当作谓词；参阅格尔哈特：《神学要义》第一卷，第106页。——谢林原注
② 这里只能顺带指出，只有这个说法才是正确的，反之"自在且自为地"的说法却有可能导致各种颠三倒四的应用。——谢林原注

基础，那么普遍的本质（**它恰恰是唯一者本身**）的绝对统一体就会导致**不可能**有**一个**以上的上帝，因为现在已经没有第二个上帝的基础或材料，因此真正说来，这里所否定的不是另一个上帝（如同神学家说的那样），而是另一个上帝的可能性（前提、质料）。这个规定是很重要的，因为许多哲学家和神学家在这种学说里都觉察到了困难，并且试图以不同的方式逃避困难，比如他们企图这样去证明当前所说的上帝的**这种**唯一性，即如果要完满地解释世界，**不必**有**一个**以上的上帝，或者说**一个**上帝就足以完全充分地进行解释。但这样一来，概念的意思就被完全扭曲了。从神性的方面来看，确实可以假设有**一个**以上的上帝①，换言之，如果现象世界迫使我们假设有**一个**以上的上帝，那么从神性的方面来看，这种做法是无可厚非的。在这里，人们也看到一种想要摆脱**必然的**唯一者的努力，因为神学家已经觉察到，真正的一神论，真正的关于唯一上帝的教义，不可能包含在当我们说上帝（而非一个上帝）的时候表达出的那种必然的唯一性里面；同理，我之所以说上帝（而非一个上帝），或者换个同样意思的说法，我之所以表达出那种唯一性，是因为我所思考的"上帝"不是一个存在者，而是**存在者本身**。

因此，如果必然的唯一性是来自"上帝是存在者本身"，那么这种唯一性不是来自神性，不是来自上帝作为**上帝**所是的那个东西，而是来自上帝仿佛自在地且先于自身（亦即先于他的神性）所是的那个东西：这种唯一性来自上帝的基础或质料。在这种必然的唯一性里，我并没有特别地把**上帝**看作唯一的上帝，而是仅仅看作**一般意**

---

① 参阅本书第18页（XII, 18）引用的文本。——谢林原注

义上的唯一者，**不是**把他看作**就其神性而言**的上帝，而是看作单纯潜在的或实体意义上的上帝（substantia est id quod substat [实体是那种站在下面的东西]，因此实体与**基础**、载体是同一个东西）；我把他看作仅仅潜在唯一的上帝，而非就其神性而言唯一的上帝，也就是说，我在这种唯一性里所思考的根本不是一神论。如果一神论是一个教义，亦即一种必须被公开宣布出来的东西，那么其中被思考的唯一性就不可能是这种必然的唯一性（其相反情况是**不可能的**）；它本身只能是一种**事实上的**唯一性，因为真正说来，只有事实才被宣布出来。——这种来自上帝的单纯实体的必然的唯一性，仍然只是上帝的一般意义上的或**绝对**的唯一性：基于这种唯一性，我既可以说上帝之外不可能有别的**上帝**，也可以说上帝之外不可能有**任何东西**；或更确切地说，之所以上帝之外**不可能**有别的上帝，只不过是因为上帝之外绝不可能有任何东西，因为上帝之外没有存在的材料或可能性，因为上帝是普遍的本质。

因此现在的关键是，从这种绝对的唯一性出发，找到一条通往**作为上帝**的上帝的唯一性的道路。因为只有通过后者，我们才获得**第三个东西**，即一神论。但在走向终点之前，我们必须比此前更详细地规定我们的出发点。

我们的出发点是这个命题：上帝是**存在者本身**。请你们仔细思考一下这个概念。据说它是**全部概念之概念**，是一切事物由之出发的最高概念，正因如此也是全部哲学的最高概念。之所以说它是全部概念之概念，因为无论什么对象，只有当我思考它之内的存在者，我才思考这个对象，因此每一个概念的最终内容恰恰只是存在者或 Ens universale [普遍的本质]，而经院哲学已经认识到这一点。动物之所以并**不思考**，是因为它们没有掌握"存在者"的概念；人类掌握了"存在者"的概念，这构成了人类与动物的根本区别。正如你们首先看到的，这个概念在自身之内尚未包含着**现实的**存在；实际上我想说的是，它仅仅是一个头衔，是一个存在的普遍主体或普遍可能性，但它本身尚未在**自身之内**包含着现实的存在，而正是这个现实的存在使得推进过程成为可能；因为当我向着一个东西推进时，这个东西必须在我的出发点那里还没有被设定下来。我们的研究也必须沿着这个方向前进，因为正如前面说过的，我们的研究应当从绝对的唯一性（它恰恰只是以"上帝是存在者本身"为基础）出发，推进到作为上帝的上帝的唯一性。

除此之外，按照以上所述，人们会很自然地遇到这样一个问题：如果存在者本身仅仅是存在的单纯而普遍的可能性——古代的经院哲学将其称作aptitudo ad existendum [存在的能力]；但通过这个表述，存在者本身看起来是纯粹**被动的**，仅仅由现实的存在所支配的，而这并不是它的真实意思——我就不能把它本身思考为**存在着**（因为它仅仅是一个存在的头衔），既然如此，我应当**如何**思考它呢？正如刚才所说，我不能把它思考为存在着，但我也不可能把它思考为绝对不存在着，因为它即便是存在的单纯而普遍的主体，也必定以某种方式存在着。因此，这里必须区分两种意义上的**存在**：前者正如刚才已经指出的，是存在者本身，后者仅仅是存在的普遍的可能性。很显然，后面这种存在是一个后来才添附到存在身上的东西，因此从当前的立场来看是一个未来的东西。进而言之，因为它是**添附**到存在身上的，并且只有通过一个活动才能够**添附**到存在身上，所以它是活动的（现实的）存在；反之前一种存在（我们已经把它思考为存在者本身)仅仅是**概念**里的存在,而这恰恰表明,既然存在者**本身**在它的概念之外不具有任何存在,那么它本身仅仅**作为概念而实存着**,而人们在**这里**可以说,概念和概念的对象是合为一体的,而这句话的意思是,**对象**本身在这里除了概念的实存之外不具有任何实存;或按照人们通常的说法,在这里,概念和存在是合为一体的,而这句话的意思是,在这里,存在不是位于概念之外,而是位于概念自身**之内**。那个是存在者本身的东西在它的概念里已经具有它的存在,而不是在概念之外作为某种特殊的和区别于概念的东西。不言而喻,这个概念是非常枯燥和狭隘的,而且真正说来存在和概念的统一体根本不能作为开端,因为这个统一体实际上是一个纯粹否定的东西。

属于类似情况的还有哲学和神学里面的一个极为流行的说法,即在上帝之内(仅就他被思考为存在者本身而言),不能设想任何区别于本质并且超越了本质的存在,毋宁只能设想当上帝被规定为**存在者本身**时,即我们已经思考的那个东西。如果这个命题所指的是一般意义上的上帝(即他对于每一个可能的立场而言都是上帝),那么它就是完全错误的。正如刚才所说,它仅仅适用于那个实际上仅仅被思考为存在者本身的上帝。哲学的旨趣绝不在于停留在这个局促的状态里,否则的话,这就是一种可悲的和极为狭隘的哲学,它对于上帝只知道一点,即在上帝之内,存在和本质是合为一体的,或者说存在本身就是本质。毋宁说,哲学的旨趣在于带领上帝走出这种与本质同一的存在,进入一种区别于本质的存在,进入一种公开的、现实的存在,而这件事情才真正是哲学的胜利。如果人们希望把这种与本质同一的存在称作**必然的**存在,这没有什么可反对的。只不过这样一来，它就不是**作为上帝**的上帝的存在，仅仅是自在的且先于自身的上帝的存在。自在的且先于自身的上帝是必然的存在，也就是说，对于这样的上帝而言，存在又回到本质之内，并在这个意义上是他的本质性的存在，却不是现实的存在。

但正因为存在者本身起初仅仅是存在的普遍头衔，所以它绝不是无，或者说绝不是一个οὐκ ὄν [不存在的东西]。诚然，它不是一个已经**存在着**的东西，也就是说，如果"存在"被理解为一个添附到本质身上的东西，一个位于本质**之外**，因此还需要被专门设定的东西，那么我可以把它称作属性式的存在，即一个能够用来陈述或谓述本质的东西。反之，如果"存在"指的是一个真正说来并未**添附**到存在者本身里面，也不能与之并列的东西，我就不能把它称作属性式的存在，因为它绝不是什么不同于存在者本身的东西。简言之，存在者本身不是一个已经**存在着**的东西（在刚才规定的意义上），但并不因此就是无，而是一个**将要存在**的东西。最后这个规定将让你们完全看清楚整件事情。虽然一个**将要存在**的东西正因如此尚未**存在着**，但它毕竟不是无，同理，那个是存在者本身的东西，纯粹就其自身而言虽然尚未存在着，但并不因此就是无，因为它是一个**将要存在**的东西。就此而言，"上帝是存在者本身"这句话的意思是，那位自在的且先于自身的上帝就其纯粹本质而言仅仅是一个**将要存在**的东西。

这里我要再次提醒你们，在那份最古老的谈到真实的上帝的文献①里，这位上帝给自己取的名字是"我将存在"②；因此很自然地，

---

① 指《圣经》。——译者注
② 参阅谢林：《神话哲学之历史批判导论》，第171页以及第165页（XI, 171, 165）。——原编者注

当这位上帝以第一人称的方式谈到自己时,把自己称作Aejaeh,即"我将存在",反之当人们以第三人称的方式谈到他时,则是把他称作Jehwo或Jiwaeh,即"**他将存在**"。只有当上帝被规定为存在者本身,上述情况才真正引导我们走向他的最高概念。也就是说,我们看到这里表达出了上帝与存在的一个自由关系,即上帝被规定为一个**摆脱**了存在,没有与存在纠缠在一起的上帝(一切是**一个存在者**的东西,都仿佛臣服于存在,与存在纠缠在一起,只要它**是**一个存在,就不能选择是存在还是不存在,不能选择是这样存在还是不这样存在,而这个情况恰恰奠定了那个极为古老的观点,即一切存在都是不幸的,或者用一位法国哲学家的话来说,malheur de l'Existence[存在是痛苦的])①。在**这个**意义上,上帝位于存在之外,凌驾于存在之上,但他并非仅仅自在地作为纯粹的**本质**而**摆脱**了存在,而是也自由地**反对**存在,也就是说,他是一种纯粹的自由,即能够存在或不存在,能够接纳或不接纳一个存在,而这个意思也包含在"我将是将要存在的我"这句话②里面。人们可以把这句话翻译为"我将是**愿意**存在的我"——在这个意义上,我不是一个**必然的**存在者,而是存在的**主宰**(Herr)。由此可见,当上帝被解释为存在者本身,就同时被规定为**精神**;因为精神恰恰是一个将要存在和尚未存在的东西,一个能够外化自身或不外化自身,而非**必须**外化自身的东西,不像物体那样没有别的选择,只能去填满它**必须**填满的那个空间,比如我作为精神是完全自由的,可以外化自身或不外化自身,可以这样或用别

---

① 这句话出自法国哲学家达朗贝尔(Jean le Rond d'Alembert, 1717—1783)。——译者注
② 通行的中文版《圣经》把这句话翻译为:"我是自有永有的。"——译者注

的方式外化自身，可以用这个东西去外化自身，而用另一个东西就不外化自身。

正因如此，你们也看到，如果哲学回溯到存在者本身并且从这个东西出发，就已经直接通过自身导向一个自由的体系，并且摆脱了必然性，而这种必然性像一个噩梦那样死死压制着全部止步于单纯的存在、不能提升到**存在者本身**的体系，哪怕这些体系仍然在大谈什么**运动**。哲学真正追求的，就是超越存在，让自己与存在处于一种自由的关系。**自在地看来**，存在者本身也已经是一个摆脱了存在并且反对存在的东西，而总的说来，只有存在者本身对我们而言才是重要的。存在不包含任何东西，在任何情况下，存在都仅仅是一个附属品，一个添附到**存在者**（was Ist）身上的东西。我们想要认识的是**存在者**，而真正说来，哲学所寻求的就是对于存在者的知识。所有别的科学看起来都是与存在者打交道，但最终说来仅仅在研究存在，或至少没有研究存在者本身，因此哲学与所有别的科学的区别恰恰在于，哲学追问的是**存在者**（而非存在），哲学是关于本质的科学（因为我们把存在者或存在者本身称作本质），或者按照一种完全正确的解释，是关于存在者的科学（scientia Entis, ἐπιστήμη τοῦ Ὄντος），尽管我们随后将要看到，对此必须补充一个规定。让哲学从存在出发，恰恰意味着让哲学头足倒置，意味着诅咒自己现在和将来都永远不能触及自由。

但是，正因为存在者本身仅仅是一个普遍的头衔，仅仅是存在的普遍主体，所以我们有必要从它推进到存在。相对于这个存在而言，存在者本身表现为在先的东西，又因为我们是从**它**出发，所以我们在这种情况下与存在处于一个先天的关系，换言之，我们的任务

XII, 34

是要先天地规定这个存在。因为很显然，**一切**存在都只能是存在者本身或**存在者**（was Ist）的存在，所以当我们推导出存在者本身的一个或多个样态，我们也将推导出并规定**一切**存在的一个或多个样态。

至于那个是**存在者本身**的东西和存在之间的直接关系，我们唯一能够思考的是，前者是一个直接地、从自身出发（无需任何中介环节）就能够存在的东西，甚至可以说，"存在者本身"和"从自身出发就能够存在的东西"这两个概念是**直接地**合为一体的，以至于人们几乎不能把它们分开，并且可以立即用第二个概念去替换第一个概念。就此而言，我们其实也可以这样推导出上帝的**必然**的唯一性。众所周知，上帝是这样一个东西，在他之外**不可能**有任何东西**存在**，也就是说，任何东西都不具有存在的潜能。因此只有上帝才是存在的潜能。他是这样一个东西，只有在他那里，存在才存在（penes quod solum est Esse），因此他是存在的普遍本原，是普遍的potenita existendi [存在的潜能]，由此可以得出，**一切**存在都仅仅是上帝的存在。后面这个结论通常被称作泛神论。因此，当上帝被规定为一个直接地能够存在的东西（我想强调的是，这里不应当在那种被动的意义上去思考"能够存在"，比如我们说偶然的事物能够存在和不存在，而这是指在某些条件下，如果这些条件被给予，它们就能够存在；但这里所说的是一种无条件的"能够存在"，一种纯粹的走向存在的潜能和力量，因此当我们说"上帝是一个直接地能够存在的东西"时，我们想要表达的是，他能够通过他的单纯意愿就成为存在者，除了他的意愿之外，不需要任何别的东西）——当上帝被规定为一个无限地能够存在的东西，人们确实可以把这个规定看作泛神论

XII, 35

的**本原**，而如果神学家和哲学家只说出**这一点**，那么这是无可非议的。诚然，泛神论并非如人们通常想象的那样是基于"一切存在都仅仅是上帝的存在"这个说法。虽然通常说来，人们不愿意承认这就是他们的主张，但还没有人想出任何办法来否认这一点。实际上，泛神论不是在于上述说法，而是在于把一个**盲目的**并且在**这个**意义上必然的存在指派给上帝，在这样的存在里，上帝**没有他的意志**，并且被剥夺了全部自由，比如在斯宾诺莎的体系里就是如此。只有这种情况才能够被称作泛神论，如果人们终究愿意保留这个名称的话。总之我想说的是，只有在**这个**意义上，那个将上帝与存在的最初关系表达出来的本原才是泛神论的本原。

XII, 36　　此外也有人已经指出，泛神论体系在最为悬殊的时代（比如印度的佛陀时代和希腊的克塞诺芬尼时代）和最为悬殊的世界地区（比如巍峨的西藏和低矮的荷兰）都恒常地产生出自身，这种恒常性不允许我们把这个体系看作一个纯粹**偶然的**产物，毋宁说，它必定是一个自然的产物，而它的萌芽已经包含在一切存在的原初概念里面。而在这里，这一点恰恰**揭示**出自身。我们不可避免把上帝规定为直接的potentia existendi [存在的潜能]。现在，假若上帝无非是**这样一个东西**，那么这必然会导致泛神论，亦即导致一个盲目存在的体系，在其中，上帝本身仅仅是他的存在的潜能。Existentia sequitur essentiam (causa sui)—Deus non alio modo causa rerum quam suae Existentiae [存在来自本质（自因）——上帝只能是事物的存在和他的存在的原因]。因此人们可以说，"这是泛神论的**本原**"；但如果人们说，"这**是**泛神论"，这就言之过早了。因为我说的是：potentia existendi [存在的潜能]，一个直接地能够**存在**或能够过渡到存在的东西，作为一个**单纯的**、专门或单独设定下来的概念，将会导致泛神论。

接下来我会更详细地解释这一点。一个纯粹的potentia existendi [存在的潜能]不仅**能够**过渡到现实性或提升为存在，甚至是**自然地**过渡到现实性；它既然是这样一个东西，就直接地以自然的方式提升为现实的存在。因为真正说来，一切"能够"都仅仅是一个尚未实现的意愿，亦即一个安息的意愿。意志（Wille）是意愿（Wollen）的潜能或可能性，而意愿本身是现实性。但意志自然地会去意愿，好比一个具备自由的运动能力的事物自然地会去运动，也就是说（这是这个表述的真正意思），在这件事情上，它不需要任何特殊的意愿，而是只需要"非意愿"的反面，因此真正说来，它所需要的是一个相反的（更明确的）意志，即让自己**不**运动的意志。同样，那个包含在绝对的potentia existendi [存在的潜能]中的、安息的意志，为了过渡到存在，也只需要去**意愿**，而且不需要去意愿**某东西**（因为它的**面前**没有任何它能够意愿的东西，它是绝对地无对象的意志），而是只需要一般地去意愿。世间最困难的事情莫过于去理解存在的原初产生过程或原初生产过程。但许多事物之所以是难以理解的，只不过是**因为**它们离我们太近。实际上，每一个存在都是**现实性**，这在通常的哲学用语里也是得到承认的。但任何非原初的现实性，亦即任何以一个潜能为前提的现实性，都只能是**意愿**，因此存在的一切原初生产过程都仅仅是在意愿里面发生的。任何在我的此前安息的心灵里产生出来的意志，都是一个**存在**，而这个存在此前并不存在，仅仅立足于单纯的意愿。因此，**纯粹的**potentia existendi [存在的潜能]本身只是一个纯粹的、无意愿的意志，只有当它**去意**

XII, 37

愿，它才给予自己一个存在，或者说把一个存在吸引到自己身边；它在意愿里**存在着**，或者说意愿本身对它而言就是存在。对它而言，介于非存在和存在之间的，无非是一个单纯的意愿，亦即意志的一种单纯发挥作用的、肯定的、积极的转变，又**因为**这个意志面前没有什么它能够意愿的东西，所以真正说来，它不可能意愿**某东西**，而是只能沉醉于自身，转变为一个积极的东西。这里很容易看出，通过这个方式，通过直接 ex potentia in actum [从潜能提升为现实性]，这个已经存在着的潜能就不再是潜能，随之也不再是**意志**，而是一个无意志的并在这个意义上**必然的**存在者，一个已经被设定在自身**之外**、离开自身的潜能，而不再是一个凌驾于**存在**之上的存在者。

也就是说，它虽然现在也是存在者，但相比于我们此前把它称作存在者本身，意思正好相反。因为，此前我们是把它看作一个摆脱了存在并且**凌驾于**存在之上的东西，但现在它却是一个纠缠并束缚于存在的东西，因此臣服于存在 (existentiae obnoxium)；它不再像此前那样是存在的**主体**，而是一个单纯**客观的**存在者（正如人们一直以来所说的那样，尤其如费希特在谈到斯宾诺莎的实体时所说的那样，这是**单纯的客体**，亦即一个盲目地和必然地存在着的东西）。

XII, 38　诚然，它**是实存者**，但这个词语应当按照希腊语的 ἐξίσταμαι [站出]的意思去理解，而拉丁语的 existo [实存]显然是来自这个希腊词语。现在的存在者是 Ἐξιστάμενον [站出的东西]，一个被设定在**自身之外**、不再占有自身、不具有意识、并在**这个**意义上必然的，亦即盲目的存在者，它在存在**之内**不再是存在的源泉，并且转变为一个盲目的、无意志的实体，亦即转变为一个与上帝正好相反的东西，转变为真正的非上帝 (Ungott)；斯宾诺莎虽然把这个非上帝称作自因

(causa sui)，但它实际上已经不再是原因(causa)，仅仅是实体。

关于以上所述，我希望大家不要这样理解，仿佛那个现实地作为体系而出现的泛神论本身就一直回溯到纯粹的本质或绝对的potentia existendi [存在的潜能]。真正的泛神论所知道的无非是这个仿佛已经来到存在之内，并在其中消灭的potentia existendi [存在的潜能]。假若它认识到，这个盲目的、不能控制自身的且仅仅在这个意义上无限和无边界的存在**之前**还有某东西，也就是说，假若它在它的起源里理解自身，它就不会像现在这样成为一个盲目的体系。但实际上，它沾染了它的对象的盲目性。它完全没有预料到这个仿佛盲目地从天而降的存在，一下子变得手忙脚乱——它实际上根本不知道这个存在的**开端**，因此在它看来，这个存在**必定**是一个无开端的、永恒的存在，又因为这个存在实际上已经失去了自己的前提，所以必定是一个无根据的存在——于是在面对**这个**存在时，它失去了全部自由，仿佛必须盲目地任其摆布，而不是随后再做点什么。比如斯宾诺莎根本**不能**解释，为什么这个盲目的、就其本性而言无限的存在里面毕竟会出现各种限制、分殊和样式（知性的规定），而他必须接受这些东西，因为假若存在没有限制，他就不能思考个别的、有限的存在者。他的**本原**里面根本不包含这样一些样式的根据；虽然他断言，从上帝的本性派生出个别的有限事物，其方式如同从三角形的本性派生出三个角之和等于两个直角（在这种情况下，他假设上帝和事物之间是一种单纯**逻辑上的**派生关系），但这本身仍然只是一个断言。几何学可以**展示**从三角形的本性如何派生出那个命题，但斯宾诺莎却不能**展示**从他的实体的本性如何必然地派生出有限的事物——他只是**说说**而已。

当我们从这个关于泛神论的解释返回我们的整个推演过程，事情就是下面的样子。如果上帝是纯粹的本质和存在者本身，我们就不能把"能够直接从自身出发而存在"这个概念从他那里排除出去；因为本质是存在的前提，是先于存在而被思考的东西，因此它不是别的，只能是potentia existendi [存在的潜能]。正如刚才已经指出的，这个本原是泛神论的**可能的**本原。但泛神论的本原并不因此本身就是泛神论。当今的神学家们对泛神论抱着一种莫名其妙的恐惧，他们不是在泛神论的本原**之内**扬弃泛神论，而是企图无视这个本原本身，避之唯恐不及（正因如此，他们宁愿把**作为上帝**的上帝的唯一性或者说一神论归结为上帝的绝对唯一性）。但是，那个本原必须**现实地**展示自身，至少被认识到是一个**存在着的**、不可排除的东西，这样它才能够被**现实地**扬弃，并且在根本上被否定。人们不能仅仅沉默地将其置之不理。通过单纯的无视，这个本原并没有被克服。它必须明确地遭到反驳，因为它就其本性而言是一个不可排除的东西，一个不可回避的概念。正因为神学家们在这个本原面前闭上眼睛，所以他们的整个神学始终是摇摇欲坠的；因为那个本原**必须**得到满足。只有在上帝那里，存在才存在，并且**一切**存在仅仅是上帝的存在——这个思想既不能被理性扼杀，也不能被情感消除。只有为了这个思想，全部心脏才会跳动；斯宾诺莎的僵化而无生命的哲学之所以具有感染人心的力量（这种力量不是作用于最肤浅的心灵，而是恰恰作用于虔敬的心灵），也是完全并仅仅归功于它本身仍然包含着的那个基本思想。神学家不想要泛神论的**本原**（很显然这是因为他们不相信自己能够掌控这个东西），在这种情况下，他们就放弃了达到真正的一神论的手段。因为真正的一神论或许不是别的，恰恰是对于泛神论的克服。这里我们已经可以预先想到，一神论仅仅意味着把绝对的唯一性导向**作为上帝**的上帝的唯一性。①

现在我们来揭示这个过渡。也就是说，我们不能把直接存在的那个本原，把那个直接地**自行**提升为存在的潜能（这是存在者与存在的一切关系的开端）从上帝那里排除出去，**但是**，这个潜能在上帝自身之内不是上帝的一般意义上的存在的质料，而是**作为上帝的上帝的存在**的质料。因为，上帝是那个存在的直接的潜能，假若上帝真的出现在那个存在里，他在这个存在里就是盲目的存在，即非精神（因此也是非上帝），但是，**当他把自己作为非精神加以否定**，他就恰恰通过这个否定而把自己**设定为**精神，因此相对于**作为**上帝的上帝而言，那个本原本身必须扮演着存在的角色。也就是说，上帝既是存在者本身（这里也得出了我们曾经谈到的**那个**规定，它必须添加到"**存在者本身**"的概念里面，这样这个概念才和"上帝"的概念是完全同一的），也是那个**是**存在者本身的东西，亦即那个真正存在着的东西——他是 τὸ ὄντως ὄν [真正存在着的东西]，而这意味着，他作为存在者本身，即使在存在**之内**也仍然是存在者本身，亦即仍然是

XII, 41

---

① 如果一个命题仅仅陈述出本质或实体的唯一性，那么它本身并不是一神论，毋宁仅仅是一神论的**否定的**方面。假若一神论的内容是那种绝对的唯一性，那么斯宾诺莎也必须被看作一位一神论者，而不是说只有最坚定的基督徒才能够叫作一神论者。黑格尔在其《哲学科学百科全书》里面确实把埃利亚学派的体系、斯宾诺莎的体系和其他类似的体系都当作一神论的例子，甚至以复数的形式谈论一神论，而这就表明，他虽然企图把基督教教义和他的哲学联系在一起，却从来没有研究过这个最基本的概念。一方面，人们思考复数意义上的一神论，但另一方面，正如不存在多个唯一的上帝，也不存在多个一神论。这两件事情是相互矛盾的。当然，更值得注意的是，另一些人竟然把这个连"一神论"之类规定和包含着整个基督教教义的基本概念都搞不清楚的体系当作基础，随后借助这个体系而对基督教真理的整座大厦发起一种臆想中的具有颠覆力量的批判。——谢林原注

精神（他在存在之内也保持为本质，保持为存在者本身，亦即保持为精神）。这样一来，我们就可以轻松地揭示出向着一神论的过渡。

就上帝是存在者本身而言，他也是一个能够直接过渡到存在，将自身提升为存在的东西。有些人否认这一点，并且否认上帝能够直接地在存在里面显露出来，进而也否认上帝能够走出自身，但这样一来，他们恰恰剥夺了上帝的一切运动的可能性，并且（仅仅以不同于斯宾诺莎的方式）把上帝转化为一个静止不动的、绝对地无潜能的本质，然后不得不承认，任何真正的创造从理性的角度来看都是完全不可理解的。**通过这个方式**，产生出那种陈腐的、绝对无能的、不能解释任何东西的有神论或理神论（Deismus），而这就是那种自吹自擂的、以纯粹道德为标榜的宗教学说的唯一内容。能够直接存在，走出自身，转变为与自己不同，这种出离（Ekstasis）的潜能是上帝之内的真正的生产能力，而那些人在剥夺那个本原的**同时**，也剥夺了上帝的这种潜能。也就是说，正因为上帝是存在的直接潜能，上帝才不仅具有普遍的质料，而且具有他的神性的最切近的**材料**。诚然，当这个潜能指向**外部**时，它是非神性的，甚至反神性的存在的潜能，但正因如此，当它指向**内部**时，它却是神性存在的根据、开端和设定者，即上帝的το γόνιμον [生殖力]，或借用一位使徒的大胆说法，是τὸ σπέρμα τοῦ θεοῦ [上帝的精子]。① 上帝并非通过这个潜能才是上帝，但如果**没有**这个潜能，上帝也不是上帝。上帝的真正**概念**（请你们注意，这里尚未谈到他的现实性）是：这个本质只有通过否定相反的存在，才能够作为本质或作为精神而存在。也就是说，你们一旦拿

XII, 42

---

① 参阅《新约·约翰一书》3: 9。——译者注

走那个相反的存在的潜能，你们就剥夺了上帝**作为**精神而存在，把自己**作为**精神而加以设定并生产出来的可能性。相反的存在的可能性恰恰是在那个直接的"能够存在"里被给予的。上帝按照其概念而言是一个能够存在者，但他**不是**一个因为"能够存在"于是就存在着的东西（即盲目的存在者），而是**不去**成为这样的存在者，亦即在**自身**之内把这个存在当作单纯**可能**的存在，当作单纯的根据（一切仅仅是根据的东西，本身始终都是非存在着的），当作**他的**存在的单纯**开端**。

你们不要对我在这里谈到神性存在的一个开端感到惊讶；不过既然我在这里是第一次使用这个表述，我愿意略加解释。不言而喻，这里所说的不是神性存在的一个外在开端，而是一个**内在**开端，正因如此，它本身只能被看作一个**永恒的**（常驻的和恒久的）开端；它并非曾经是开端，后来就不再是开端，毋宁永远是开端，正如在无限的时间之前就是开端，今天也还是开端。神性存在的永恒的、恒久的开端——上帝不是曾经把自己设定在其中，然后就不再把自己设定在其中，而是在其中永恒地开始设定自身——就**是**那个被设定为单纯**根据**的直接潜能。人们通常说，上帝之内既没有开端，也没有终点。当人们把存在者本身看作一个抽离了存在的东西，那么对存在者本身而言，确实既没有开端，也没有终点。但当我们过渡到**存在**，也就是说，当我们**愿意**那个是存在者本身的东西也存在着，或这样去**思考**它，那么这个存在之内必然就有开端、中项和终点，但正如刚才所说，这是永恒的开端、永恒的中项、永恒的终点。针对神性的存在，"上帝之内既没有开端，也没有终点"这个命题仅仅意味着：在上帝之内，他的开端没有开端，他的终点没有终点。这才是永恒者和永恒性的肯定概念，而那个常见的公式，Aeternum est, quod fine et initio caret [永恒者是那种没有终点和开端的东西]，仅仅是永恒性的否定概念。当人们说，在"存在者本身"的纯粹概念里不能思考开端和终点，他们的意思仅仅是，开端和终点**尚未被**设定，也就是说，开端和终点的这种缺失状态不应当被看作某种肯定的或完满的东西，毋宁反过来只能被看作一种否定或缺陷，正如"存在者"的概念只有在"**上帝**"的概念之内才达到完满。"**没有开端和终点**"，这不是完满性，而是不完满的，是一切现实性的否定；因为只要有现实性的地方，就有开端、中项和终点。此外人们也把上帝规定为**绝对者**。但拉丁文的absolutum [绝对]无非是指**完成的终点**（das Voll-Endete），因此不是指那种在自身之内没有终点的、绝对无限的东西，而是指那种在自身之内完成的和完结的东西，而拉丁文也通过id quod omnibus numeris absolutum est [那个凌驾于全部数之上的东西]这个表述更完整地指出了这一点；在每一个现实性里，在每一个运动里，只有三个环节或三个数是**本质性的**，即开端、中项和终点；因此，那种在自身之内具有三个环节的东西，是**完全**完成的，或者说omnibus numeris absolutum [凌驾于全部数之上]。

如果要进一步加以解释，我们也可以说，直接存在的那个潜能是上帝之内的自然东西，或者说是上帝之内的**本性**，因为我们此前已经指出，那个存在**自然地**就过渡到上帝。"本性"这个概念只能让我们想到一种"能够"。一个存在者的本性，比如一株植物的本性，就是某种使植物**能够**是植物的东西。正因如此，一个存在者的本性仍然不同于**现实的**存在者本身：存在者的本性是在先的东西，现实的存在者是在后的东西。但上帝之所以是上帝,亦即超自然的东西,原因恰恰在于,他**不是**那种mera natura [仅仅凭借其本性]就完全以自然的方式存在着的东西。按照上帝的概念,上帝在那个潜能里把自己设定为非存在着(即上帝始终把那个潜能当作**单纯的**潜能,即单纯的可能性),因此那个潜能是由上帝的**概念**所规定的;但正如此前已经提醒的,我在这里根本没有讨论上帝的现实性,而是仅仅讨论上帝的概念(就上帝**存在着**而言)。这是我们提出的一个先天概念,也就是说,我们预先规定**哪一种**存在将是或能够是神性存在,然后指出,在"神性存在"的概念里,那个**直接的**存在,亦即那个通过a potentia ad actum [从潜能到现实性]的直接过渡而被设定的存在,被设定为**否定的东西**或单纯潜在的东西。因此上帝的概念本身就意味着,他在那个存在里把自己设定为**非存在着**;但为了在那个存在里把自己设定为非存在着,他必须在另一个存在里把自己设定为**存在着**,并且在这个存在里是**纯粹地**存在着,也就是说,无需a potentia ad actum [从潜能到现实性的]过渡就存在着。关于最后这个规定,我们暂且置之不理,留待后面再仔细加以解释。

XII, 44

到目前为止,关键仅仅在于**在总体上**或**一般地**澄清先行者和后继者之间的这个关系。按照上帝的概念,上帝**作为**上帝在那个存在里把自己设定为非存在着,但这仅仅是为了在第二个存在里把自己设定为纯粹地**存在着**。第一个存在作为否定的东西,是第二个存在的潜能或可能性,换言之,第二个存在把被否定的第一个存在当作它的潜能或可能性,也可以说当作它的**材料**。因此这两个东西,那里的非存在者和这里的纯粹存在者,是牢牢地衔接在一起的,不能脱离彼此。对此如果我们要问,究竟哪一个才真正是**作为上帝**的上帝,那么很容易看出,上帝既非单独地是那个被否定的存在(这里用1来标示它),也非单独地是这个肯定的存在(这里用2来标示它),他并非单独地作为二者之一就是上帝,毋宁说,他只有作为1+2才是上帝,亦即一个**通过**否定1而在2之内被设定为存在着的上帝;又**因为**他并非作为1或2就是上帝,而是只有作为1+2才是上帝,所以这里并没有设定两个上帝,而是只设定了**唯一**的上帝,虽然也设定了"二",但没有设定两个上帝。我们只能说,这里设定的是存在于1+2之内的唯一的上帝的两个**形态**。在这里,你们预先就可以看出(我暂时保留对2做出更具体的规定,仅仅专注于当前的讨论,因为当你们看到事情将走向何方时,会更愿意跟随我的步伐),确实有某个东西产生出来了,而我们可以说,这个东西包含着**作为上帝**的上帝(即就**神性**而言的上帝)的统一体,也就是说,这个东西真正把统一体或唯一性限制在神性上面。

除此之外,正如已经指出的,在那个不被认可的表述方式里,人们也认识到,"一神论"的概念包含着某种做出限制的、进行约束的东西。人们首先察觉到,仅仅**否认**上帝之外一般地存在着另外某种东西,仍然不足以达到一神论,因此他们又否认上帝之外有别的**上帝**,也就是说,他们把命题里的否定限制在神性上面。但这种做法的错误在于,仅仅**向外**思考唯一的上帝,而不是把唯一性拉回到上帝自身那里。人们不是把唯一的上帝的**概念**,而是把关于唯一性的**陈述**看作一神论的直接内容。现在,如果人们仅仅在**陈述**的方面寻找唯一性,那么陈述的主词方面就只剩下**上帝**这一无规定的、普遍的概念。但如果人们假设(而且人们必须这样假设),在唯一的上帝的

概念亦即一神论的概念里,不可能谈论上帝**之外**的某东西,而是只能谈论上帝**自身**,同时又认为这个概念必然包含着一个约束,亦即必须把唯一性限制在作为上帝的上帝上面,或者说限制在上帝的神性上面,那么就只剩下这样一个意义,即上帝只有作为**上帝**或从他的神性来看是唯一的,但从另一个角度来看,或者说在不考虑他的神性的情况下,上帝却不是唯一的,而是**多数的**(因为这里不可能思考另外的对立)。

XII, 46

在针对通常的一神论解释而提出的各种理由里,我们本来也可以从一开始就提出这个理由,即一神论作为教义,作为一种事实上别具一格的学说,必须具有一个**肯定的**内容,而不能像那种仅仅宣称上帝之外**没有**(或真正说来**不可能有**)另一个或另一些上帝的论断一样,基于一个单纯的否定。这种论断根本不是一个**立论**(Behauptung)。**一般而言**,一个立论不可能在于宣称上帝是唯一的;因为这始终只是说,上帝不是多数的,因此这是一个单纯的否定。实际上,真正的立论恰恰只能属于相反的情况,包含在这样一个陈述里,即上帝**不是**唯一的,而是多数的,尽管不是作为上帝而言或就他的神性而言。因此,通常说法的错误在于,人们以为一神论的概念所**直接**主张的是统一体,殊不知其直接主张的是多数性,而且只有通过间接的方式,亦即只有在与多数性的对立中,统一体(即**作为上帝**的上帝的统一体)才被主张。因此,按照一种最精确的表述,我们就必须说:正确的概念所**直接**主张的绝不是统一体,毋宁说,统一体是直接被驳斥的东西,我们否认上帝在唯一本原的**意义**上是唯一的,比如他并不是我们用1去标示的那个唯一本原。在**这个**意义上,上帝反而**不是**唯一的。很早以前的神学家,比如大马士革的约翰①——我们迄今的神学里的一切思辨因素几乎都是来自他——已经正确地觉察到了在**这种**意义（排他性意义）上**被否认的**唯一性，因此他说：上帝不是唯一的，而是超唯一的；上帝多于单纯唯一的上帝（unus sive singularis quis）。不是对于一般意义上的上帝而言，而是只有对于**作为上帝**的上帝而言，多数性才被否认。上帝只有**作为上帝**才是唯一的，也就是说，不是多数的，换言之，上帝仅仅不是多数**上帝**；但是，哪怕他实际上就是唯一的**上帝**，亦即就神性而言唯一的上帝，这个陈述也并不妨碍，反而**要求**从**另一个角度**来看，即就他不是上帝而言，是多数的。

只有当上帝**一般而言不是**唯一的，也就是说，只有当他**不是**作为上帝或在不考虑他的神性的情况下是**多数的**，作为上帝的上帝才是唯一的上帝，随之才能够成为一个论断的对象。一般而言，如果人们希望知道这样一个具有世界史意义的概念意味着什么，就千万不要去询问教科书和教义大纲。因为不管人们如何设想"唯一的上帝"这个概念在人类那里最初是如何产生出来的，总之它肯定不是通过单纯的反思和书本智慧产生出来的。更何况**我们这些近代人都知道**，这个概念根本不是由我们**发明**出来的，而是仅仅通过基督教而传承给我们。但确实可以解释，为什么人们随后认为最好是把这个概念的真正肯定因素隐藏起来，当作一个秘密来对待，而恰恰通过这个方式，这个肯定因素必定就消失了；同样也不难理解，这个概念一旦掌握某些力量，就立即被提升为全部高级研究的公理，成为一个不

---

① 大马士革的约翰（Johann von Damask, 650—754），叙利亚神学家，被后人称作"东方的托马斯·阿奎那"，主张上帝是不可理解和不可言喻的，甚至没有名字。——译者注

可触碰的前提，但恰恰因此逃脱了全部批判。因此，人们如果希望了解这样一个并非属于学派，而是属于全人类的概念的真实意义和现实意义，就必须去审视这个概念如何第一次在世界上展示自身。现在，关于上帝的统一体，最具有原始文献意义的话语莫过于那个重大而经典的对于以色列的训诫："听着以色列，耶和华你的以罗欣是唯一的耶和华。"① 这里并没有宣称上帝是"唯一的"或"绝对唯一的"，而宣称他是"唯一的**耶和华**"，也就是说，上帝只有作为耶和华，作为**真正的**上帝或就其神性而言，才是唯一的，而这就允许我们这样去理解，即如果不考虑他是耶和华，那么他能够是**多数的**。② 因此在**这里**，在一神论学说由之而透露出来的第一个词语里，我们已经用清楚明白的词语表达出那种在一神论的概念里必定会被思考的约束性。

---

① 参阅《旧约·申命记》6:4："以色列啊，你要听! 耶和华我们上帝是唯一的主。"——译者注
② 就我所知，无论是按照希伯来语的语法，还是按照希伯来语的精神，都没有什么东西能够阻止我们把这句话读作"耶和华你的上帝是唯一的"，而不是读作"耶和华你的上帝是唯一的耶和华"，因此人们必须假设，主词的那个重复是刻意为之。参阅《旧约·撒迦利亚书》14:9："耶和华必作全地的王，那日耶和华必为独一无二的，他的名也是独一无二的。"——谢林原注

第三讲
存在者的三个潜能阶次

到目前为止，我已经一般地大致展示出从绝对的唯一性到**作为上帝**的上帝的唯一性的过渡。正如你们看到的，那在上帝之内是绝对唯一性的根据的东西，本身成为作为上帝的上帝的唯一性的一个要素，也就是说，那个是泛神论的**本原**的东西，本身成为一神论的一个要素。接下来我将尝试更具体地解释多数性的那两个首先被找到的要素之间的特殊关系。

当存在者在第一个环节里向着**存在**推进时，仅仅是**能够存在者**，但这只是为了在第二个环节里成为**纯粹**存在者，亦即成为这样一种存在，其中没有丝毫的**能够**，正如起初的存在者那里没有丝毫的**存在**。存在者从这**两个**环节里来看，亦即作为1+2来看，是一个把无限的存在潜能**作为**单纯的潜能或单纯的能够而包含在自身之内的本质。它作为存在潜能的**包含者**，不可能是那个**被包含者**，正相反，为了去**包含**存在的那个潜能，它必须是一个充盈的存在者，而那个潜能则是一个无限的能够，亦即无限的**非存在**。一方之内的存在的无限欠缺，只有通过另一方之内的存在的无限充盈才能够得到满足，而恰恰通过这个方式，前者才保持为一个能够。因为，一个直接就能够存在的东西属于这种情况,即它"**保持**为能够"的可能性必须是被提供的或必须得到解释。

只要一个东西包含着另一个东西,前者就始终是后者的满足者。在拉丁语里,"包含"叫作continere,因此我们可以说:quod continent, contentum reddit id quod continet [包含者满足了那个被它包含的东西];而contentum esse aliqua re [被某东西包含着],则是意味着被某东西满足,平息下来。也就是说,第二个东西里的充盈存在让另一个东西里的自己的存在沉默下来,于是后者保持为pura potentia [纯粹的潜能]或纯粹的能够,不再要求过渡到自己的存在。①正如第一个东西是potentia pura [纯粹的潜能]或纯粹的能够,第二个东西则是actus purus [纯粹的现实性],也就是说,它不是一个后来才从潜能过渡到现实性的东西,而是**从一开始**就是现实性。存在者在其第一个环节里——注意我说的是**环节**(Moment),因为众所周知,这个词语和movimentum [移动者]是同样的意思,来自拉丁语的moveo [移动],而我们在**这里**考察的恰恰是存在者向着存在的推进或运动,因此那些区别实际上是神性存在的运动所经过的节点,于是我们也可以把它们称作环节,或者说,因为这些环节使神性存在成为可能,从而是神性存在的可能性,所以我们也可以把它们称作神性存在的**潜能阶次**——换句话说,存在者在它的存在的第一个潜能阶次是**纯粹的**能够或potentia pura [纯粹的潜能],而在第二个环节则是纯粹的存在或actus purus [纯粹的现实性],但只有当它在

XII, 50

---

① 在统一体里,1和2是永恒满足的东西:二者仿佛分别代表着匮乏和充盈,而柏拉图的那篇著名的诗作(《会饮篇》)就让厄若斯产生于它们的结合(来自另一份手稿)。——原编者注

第二个环节是纯粹的存在,它才在第一个环节是纯粹的能够,反过来,只有当它在第一个环节是纯粹的潜能,它才在第二个环节是纯粹的现实性。因此,尽管1是第一个东西或先行者,2是第二个东西或后继者,但这里并没有真正的先和后,毋宁说,我们必须认为二者是同时被设定的;直接不存在的东西并不是等到**纯粹**存在者被设定之后才被设定下来;二者之间之所以有一种最高的相似性(它们接纳彼此),是**因为**一方之内被否定的东西,在另一方之内被设定,反之亦然。

就此而言,那个表现为 potentia pura [纯粹的潜能] 的东西,仅仅是主体,但不是**它自己的**主体(否则它就同时是客体),而是第二个东西的主体,或者说对第二个东西而言是主体,因此它是一个不会客体化的主体。反过来,第二个东西(我们已经把它称作**纯粹的**或**无限的**存在者)是纯粹的客体,但不是它自己的客体(否则它也是主体),毋宁说,它对第一个东西而言是客体,因此是单纯的客体,不会成为主体。每一方在自己的**类属**里都同样是无限的,一个是**无限的主体**,另一个是**无限的**客体。在这里,我们立即看到一个有限的无限者,亦即一个有形的东西,这不是一个没有形式的无限者,而是一个有机的无限者(这是我想表达的意思),因为每一方相对于对方而言(就它不是对方而言)都是有限的,但在其自身之内看来却是无限的。

此前我们已经对"能够"的本性做出过评论,就此而言,我们可以把第一个东西(作为纯粹潜能的存在者)比拟为一个安息的,亦即无意愿的意志。反之我们必须说,存在者作为纯粹的**存在者**,等同于一个纯净的、仿佛无意志的意愿:作为这样一个无意志的意愿的例子，我们可以想到一个仿佛不能进行**反抗**的本质所流溢出的善。在二者当中，纯粹的潜能是一个能够进行反抗的东西；也就是说，假若它想要成为自己的主体、可能性、潜能，换言之，假若它欲求自己的存在或者说真的接纳了自己的存在，它就会恰恰因此反抗第二个东西，并且把后者从自己那里排除出去。纯粹的潜能是一个**能够**具有自主性的东西，但是，正因为它仅仅能够存在，所以它不是自主地存在着，从而毕竟是一个不自主的意志。反之第二个东西是一个根本不能进行反抗的东西，一个自在地不具有自主性的东西，只能听从于第一个东西。第一个东西是魔力或魔法，通过这种魔力或魔法，第二个东西超越了全部自主性，被规定为一个纯粹的、流溢式的存在。一方之内的自主性愈是遭到压制（亦即被否定），另一方就愈是遥遥超越于全部自主性之上。第一个东西必须是无（亦即不是它自己），这样那个充盈的存在者对它而言才成为某东西，反过来，第二个东西必须是无限的存在者，这样它才让第一个东西始终不是它自己。因此，二者之内都是一种无自主体的状态（Selbstlosigkeit），或者借用一个虽然已经过时，但却非常贴切的说法，二者之内都完全是一种不接纳自身的状态（Selbstunannehmlichkeit），而恰恰在这种情况下，二者做到了最大程度的**彼此**接纳，即第一个东西是对于"自身**外**存在"的绝对否定，而第二个东西是对于"自身**内**存在"的完全否定。第一个东西（纯粹的潜能）不**关注**①那个作为可能性而包含在它之内的存在，但正因如此，第二个东西不是为了**自己**，而是仅仅为了

---

① 需要提醒的是，谢林在这里及随后使用的"关注"（sich anziehen）一词，在字面上也意味着把某东西"拉到自己身边"，或把某东西"披在身上"。——译者注

第一个东西而存在着，甚至只能为了第一个东西而存在着，从而**预先**设定了第一个东西。

无论什么地方，第一个东西或开端都只能是**主体**。存在者不可能直接是客体，只有第二个东西才是客体，并且预先设定了**那个把它当作客体的东西**。因此存在者直接地只能是主体，而且是**纯粹的**、单纯的主体，也就是说，它不是**它自己的**主体，否则它**同时**就是它自己的客体。就此而言，作为主体的存在者必然不同于作为客体的存在者；这里是**同**一个存在者，但它作为1而言和作为2而言是两码事，因此这里有一种现实的**多数性**。它作为1是作为2的它自己的主体，换言之，虽然它是同一个存在者，但1和2却不是同一个东西，而是彼此不同的，因为每一方都排斥对方，不是对方。2仅仅是客体，但正因如此，它只能是2，只能secundo loco [处于第二的位置]，也就是说，它预先设定了另一个东西。与此相反，那个单纯的、无限的"**能够**"却**能够**是**开端**——尽管这首先只是一个内在的**开端**——而这恰恰是因为它把那个无限的存在者作为客体而加以**关注**。在这里，"**开始**"（Anfangen）或人们通常所说的"**凝视**"（Ansehen）和"**关注**"（Anziehen）是同一个词语。

开端包含在**关注**里，但关注者必定欠缺或没有掌握自己的存在；正如基督所说，"**精神**上贫穷的人有福了"①，因为这样他们才会关注精神。假若它完全掌握了自己的存在②，它就不可能关注任何

---

① 参阅《新约·马太福音》5：3："虚心的人有福了，因为天国是他们的。"以及《新约·路加福音》6：20："你们贫穷的人有福了，因为上帝的国是你们的。"通常认为，这些地方所说的"虚心的人"或"贫穷的人"是指"灵里贫穷的人"，即"精神上贫穷的人"。——译者注
② 假若它是自主的。——谢林原注

存在，而是会把存在推回去（你们自己就能察觉到，这些概念包含着何其深刻的伦理意义；但这同时恰恰是对于这些概念的真实性的最高证明，同时这个伦理意义也恰恰使得我们能够理解这些概念）。但"关注"这个词语还有另一个意思，即"**披在身上**"（bekleiden），而在**这个**意义上，第一个潜能阶次也把另一个潜能阶次披在身上；也就是说，当那个单纯的（被剥夺了全部存在）、赤裸的"能够"关注无限的存在，就仿佛把这个存在**披在身上**，或者说用其包裹自己，以至于我们只能看到**这个**存在，却看不到那个"能够"本身；"能够"是隐藏在深处的东西，是神性存在的真正的奥秘，它在自身**之内**缺乏全部存在，外在地却用无限的**存在者**掩饰自己，而正因为它对**自身**而言是无，所以它是**另一个**东西（亦即无限的存在者）。

这就是"**是某东西**"这个说法的真正意思。因为，当我们 cum emphasi[带着强调语气]说"是"的时候，那么所谓"**是某东西**"，就等于"是这个某东西的**主体**"。每一个命题（比如"A 是 B"）里的系词"**是**"，如果总的说来是有所指的、带着强调语气的，也就是说，如果是一个现实的判断的系词，那么"A 是 B"的意思就等于"A 是 B 的主体"，也就是说，A 并非本身和就其本性而言是 B（否则这个命题就是一个空洞的同语反复），毋宁说，A 也是一个能够不是 B 的东西。在刚才的例子里，假若处于命题的主体或主词位置的 A **只能是**处于谓词位置的 B，而非也能够不是 B，那么这个命题就是一个空无所指的、无意义的命题。我可以说一个人"**是健康的**"，但这不是因为我预设他完全摆脱或超越了生病的可能性（否则这就是一个空无所指的命题），而是仅仅因为我预设这个可能性在他之内居于从属地位，也就是说，这个可能性仅仅是主体，或者说是潜伏着的。当我否认他是生病的，我就同时让反面的可能性**透射出来**（durchscheinen）——这是"强调"（Emphasis）一词的真正意思。①同样，当我说一个几何形态（不管它是画在黑板上还是以立体的方式呈现出来）是一个圆或一个椭圆，这是一个判断。在这个命题里，主体或主词是我看到的东西，是使形态得以呈现出来的质料。当我做出"这是一个圆"或"这是一个椭圆"的判断，我想表达的意思是，我看到的这个东西，这个现在是圆的东西，也可能是另一个几何形态，甚至可能根本就不存在；只有当我预设了这一点，我才明确地或cum emphasi [带着强调语气]说：这**是**一个圆，或这**是**一个椭圆。正是在这个意义上，我们才在这里说：无限的"能够"或无限的非存在者**是**无限的存在或无限的存在者。

你们不要对我如此长篇累牍地解释这些潜能阶次及其相互之间的关系感到惊讶，因为这些潜能阶次恰恰是我们随后必须加以讨论的东西。我们必须把它们的意义和相互之间的关系牢牢看在眼里，这样才始终能够在它们的全部形态和包装里重新认识到它们。

现在显而易见的是，我们也不可能止步于二元性。因为真正说

---

① 对于"Emphasis"这个词语，人们不一定要依照现代的用法——比如法国人所说的"带着强调语气"（avec emphase）——去断定它的意思，因为这个意思已经是残缺不全的，而是应当依照昆提良的解释去断定它的意思。昆提良在其《修辞学研究》（Institutio Oratoria）里用plus quam dixeris significationem [意犹未尽]去解释这个词语（9, 2, 3），并且在别的地方说，non ut intelligatur effcit, sed ut plus intelligatur [不是促成理解，而是促成更多的理解]（8, 2, 11），或altiorem praebens intellectum, quam verba per se ipsa declarant [促成一个比词语本身表达出的思想更高的理解]（8, 3, 83）。至于前面使用的"潜伏着的"（latent）这个词语，我可以引用该书9, 2, 64的一个说法：Est emphasis, cum ex aliquo dicto latens aliquid eruitur [所谓强调，就是让某种潜伏着的东西浮现出来]。——谢林原注（译者按，昆提良 [Marcus Fabius Quintilianus, 35—约96]，罗马修辞学家和文学理论家）

来，这个发展过程的意图是为了揭示或表明，存在者本身是如何存在的。但真正说来，存在者本身始终是主体，是存在的潜能。正如我们现在看到的，仅仅以**直接的**方式，仅仅以primo impetu [一上来就动手]，我们并不能把存在的潜能也设定为**存在着**。因为，这里所指的存在是对象性的、客观的存在。但没有什么东西**直接地**就是对象，毋宁说只有对于另一个东西而言，也就是说，只有当预先设定了另一个东西，一个东西才是对象。因此，在第一个环节里，只有当存在者本身没有预设任何别的东西，它才能够被设定为纯粹的主体，被设定为存在的纯粹潜能，同时明确地被规定为"**非存在**"。正因如此，存在者在**第一个**环节里仅仅是potentia pura [纯粹的潜能]。在第二个环节里，它重新把自己设定为客体（因为它已经是主体），这样它就是一个完全而纯粹客观的主体，亦即一个被设定为自己的**反面**的主体。

XII, 55

在**实体**的意义上，就单纯的实体而言，2里面也有主体（因为除了主体之外，不可能有任何别的东西；主体和客体在**这个**意义上是同一个东西，即主体是仅仅被设定为主体的主体，客体是仅仅被设定为客体的主体），也就是说，单就实体而言，第二个环节里面也有主体，但这个主体已经完全翻转为客观东西，翻转为存在（亦即翻转为客体），以至于在它那里，主观东西同样是潜伏着的、隐藏着的、沉默不语的，正如在1那里，**存在**或客观东西已经被设定为潜伏着的和隐藏着的。我们可以说，正如在1那里，**存在**（这里所指的始终是属性意义上的、对象性的存在）是单纯的**可能性**，同样在2这里，主体或自主性也是单纯的可能性，从而是完全潜伏着的。诚然，我们在其中一方亦即1那里看到的是纯粹的"ON [存在者]，即主体意义上的纯粹存在者（das reine Ens），或者说那个**没有**任何存在、弃绝了全部存在的**存在者**（das was Ist），而我们在另一方亦即2那里看到的虽然也是纯粹的"ON [存在者]，但这是相反意义上的、单纯对象性的纯粹存在者，即一个完全注入存在、没有回归自身、不具有主体性或自主性的东西。现在很明显，二者单独而言都不是我们想要的东西，但我们不得不首先设定二者，看到我们真正想要的东西仅仅以分裂的方式摆在那里。因为我们真正想要的是主体，是存在的纯粹潜能，而且这个潜能是**作为潜能**而存在着；也就是说，我们想要的是这样一个**主体**，它**作为主体**并且在**始终**是主体的情况下，亦即在始终是存在的纯粹潜能的情况下，也是**客体**；或者说我们想要的是这样一个**客体**，它虽然作为客体而**存在着**，但始终是主体，始终是存在的纯粹潜能（potentia pura existendi）。然而这两个规定恰恰是**直接地**相互排斥的。直接地或在第一个环节（primo momento），我们只能设定一个没有存在的纯粹主体，而在第二个环节（secundo momento），我们只能设定一个没有主体性的纯粹存在，只有在第三个位置，只有作为被排除的第三者（exclusum tertium），我们才能够设定一个作为客体而言也是主体的客体，或者说设定一个作为主体而言也是客体（或也存在着）的主体。

　　刚才我说的是，"只有在第三个位置"，也就是说，只有**预先**设定前面二者，才会有第三者。请你们注意，当我们尝试从最后这个概念开始，它在我们面前就立即分裂了。这个概念就是：一个就其自身而言**被设定的**或**存在着的**主体。但一切存在都是一种"外置"（Hinaussetzen）或"暴露"（Exponieren），一种仿佛"站在外面"（Hinausstehen）的情况，正如拉丁语的Exstare [站出]所表达的那样，但由于我们并没有预先设定什么东西能够让主体**被外置**或站出去（存在着），主体重新落入它的单纯主体性的核心或深处，而在这种情况下，尽管我们希望从一个更高的或完满的概念开始，但我们看到的却是单纯的主体，而且这是一个非存在着的, non ex-stans, sed in-stans [不是站在外面，而是站在里面的东西]。这个始于非存在者的开端是一个不可绕过和不可避免的开端，它不是我们**想要**的东西，我们之所以设定这个开端，不是因为我们想要如此，而是因为我们别无他法。这个开端不是我们想要的东西（在后面的神话哲学里，它也将显现为这样一个开端），不是真正被设定的东西，毋宁仅仅是不得不设定的东西，不是真正的存在者，毋宁仅仅是不能不存在的东西，而我们除了去设定它之外，别无他法。

现在我们可以从这个点出发，继续前进，现在我们可以把**存在**设定下来，但这样一来就只有存在或客体，而主体已经消失了；我们现在掌握的是纯粹的、无限的存在者，但我们不是把它作为存在的潜能而加以掌握。因为存在的**潜能**也是不存在的潜能，但第二个东西仿佛震慑于这个**不**存在的潜能；第二个东西是一个不能进行反抗的东西，或者说是一个**只能**存在的东西，亦即一个必然的，同时又纯粹而无限的存在者；它是一个完全离心的东西，正如1是一个绝对向心的东西。只有在第三个位置，存在者才**不再**能够偏移——既不能偏向右，也不能偏向左——只有那个在第三个环节里面被设定下来的存在者，才既不可能是纯粹主体（因为纯粹主体的位置已经被1占据），也不可能是纯粹客体（因为2已经占据了这个位置），又因为这个存在者在与1对立或被1排斥的时候只能是客体，在与2对立或被2排斥的时候只能是主体，所以它必须保持为不可分裂的主体-客体，保持为一个在**存在**之内**存在着**的东西，也就是说，它在等同于2（第二个东西）的时候，保持为存在的潜能（从而摆脱了存在），因此保持为1，反过来，它在等同于存在的纯粹潜能亦即1的时候，也完完全全**存在着**，因此等同于2；正因为它在存在**之内**又始终**脱离**存在（保持为存在的潜能），所以它是一个能够掌控自身的东西，一个能够掌控自身的存在的潜能（我们说一个东西掌控着自身，意思是它作为主体，亦即作为掌控者，同时是客体，亦即它所掌控的对象）。我们也可以用另一些术语来说，它是恒久不止的现实性，同时始终是潜能（存在的源泉），它是一个在**存在**之内始终掌控着自身的东西，反过来，它在是潜能的时候，也完完全全是现实性——它是一个不可能迷失自身的东西，一个始终**安然于自身**（bei sich）的东西。

所谓"安然于自身"，包含两层意思。首先，它离开自身并存在于自身之外，就像2那样。凡是不能**离开自身**的东西，都不可能是离心的，而是**自在地**仿佛被束缚着的，就像1那样。对于那种仅仅自在地存在着，并没有离开自身的东西，我们根本不能说它是安然于自身。其次，"安然于自身"的意思是，一方面存在于自身**之外**，另一方面始终是**自在的**（始终立足于自己的本质），亦即一方面存在于自身**之外**，另一方面并没有失去自己的自在体（An-sich），并没有失去它的本质和它的自主体（Selbst）。对于这个掌控着自身、安然于自身的东西，这个在现实性或存在里保持为潜能的东西，我们的语言只有一个词语，即**精神**。唯有精神才有这个能力，在现实性里保持为潜能，在意愿**之内**保持为意愿的源泉，亦即意志，反过来，唯有精神能够在有所意愿的时候保持为纯净的**意志**。因此，只有伴随着第三个环节或第三个潜能阶次，我们才达到我们在开端那里想要的东西，即存在者**作为存在者**而存在着，但我们千万不要忘记，这个东西并非直接地就是可能的，而是只有通过从存在的一个形态到另一个形态的推进，只有通过一个（非外在的，而是内在的）运动才是可能的，在这个运动中，**单纯的**，因而**非存在着的**存在者是永恒的开端，**单纯地**（亦即纯粹地）存在着的，因而不能掌控自身的存在者是永恒的中介，至于那个在存在之内摆脱了存在，亦即保持为潜能的存在者，则是永恒的终点。

经过以上推演之后，我们必须回忆起我们从一开始就已经指出的一点，即到目前为止，都只是在谈论神性存在的**概念**，而不是在谈论一个现实的存在。目前推演出来的概念仅仅是神性存在的先天概念，亦即我们在现实的存在**之前**获得的这个存在的概念。到目前为止，我们能够说的是，**如果**上帝（不是那个自在地非存在着的上帝，而是那个作为纯净的自由，既能够存在也能够不存在的上帝，或像古人说的那样，那个**超存在的**上帝）存在着，那么他**能够**按照这种方式，在存在的这三个形式或形态里**存在着**；至于他真的**存在着**，这一点现在还没有谈到。如果我们把存在或现实性看作肯定的东西，随之把非存在或单纯的潜能看作否定的东西，并且把存在者本身称作A（这里我要再次提醒注意这些已知的符号），那么存在者在它的存在的第一个环节或第一个潜能阶次就是$-A$（我们希望以此表明，它在这里是非存在者，不是客体），而在它的存在的第二个潜能阶次则是$+A$（其中没有任何否定，只有一个纯粹而无限的存在者），最后在它的第三潜能阶次或形态里是一个能够作为存在者而存在的东西，一个作为存在者而存在着的存在的潜能，亦即±A。①为了在这里立即使用这些符号，我希望指出：迄今所说的一切只得出了神性存在的初步概念；到目前为止，上帝对我们而言只不过是一个仅仅**能够**在这三个形式里作为−A、+A和±A而存在着的上帝，尚且不是存在着的上帝或现实的上帝。目前只得出了神性生命的形式，还没有得出现实的生命以及活生生的上帝本身。但这个概念恰恰已经预先规定了后面将会存在的东西。

上帝的概念已经预先规定了他是存在的直接潜能，而非以不确定的方式表现为无规定的二元性或古人所说的ἀοριστὸς Δυάς [不定的二]。这个潜能的意思是，它既能够保持为潜能，也能够过渡到存在（亦即**不再**是潜能）。通过上帝的**概念**，或者换个同样意思的说法，通过上帝的**本性**，已经先天地规定了上帝只有**处于**内转状态、隐蔽状态或秘密状态的时候才是存在的直接潜能。因此，这个潜能是他的神性的原初的（**因为**这已经是由他的本性所设定的）、不可预思的奥秘，是在全部思维之前，已经由上帝的**本性**（在无关乎现实性的情况下）所设定的神性的居于从属地位的、潜伏着的方面；也就是说，神性这个东西**如果**要启示出来，那么它不是通过上帝的本性，而是只有通过上帝的**意志**才能够启示出来（你们在这里已经看到了一个通过我们的推演而成为可能的伟大结论）；换言之，不管我们**如何**看待那个潜能，我们随后都始终会把它看作一个通过上帝的本性而被规定为奥秘（被规定为潜能）的东西。

---

① 因此在这里，±A不是指自在的A在全部规定之前具有的那种**否定**的无差别，而是指那样一个东西的肯定的无差别，这个东西既不仅仅是−A，也不仅仅是+A，因此是第三者。这种**肯定**的无差别，这种肯定的**平衡**，就是我们在"绝对自由"的名义下必须思考的那个东西，即它既能够存在，也能够不存在，既能够外化自身，也能够不外化自身。——谢林原注

到目前为止，虽然我们只得到了一个概念，但这毕竟是上帝的概念，因此在这种情况下，我们也得到了我们在当前的场合唯一真正寻求的东西，即一神论的初步概念，而且这是一个完整的概念。也就是说，上帝只有按照这样的方式，只有作为−A、+A和±A才能够存在，而通过他的概念，存在的这些形式和形态已经在全部现实的存在**之前**就牢不可分地结合在一起，因此我们必须把这个上帝称作大全一体者（der All-Eine），而且他natura sua [就其本性而言]就是大全一体者。他是**大全一体者**。因为这些形式不是一种单纯无规定的多数性，而是一种在自身之内完结的多数性，也就是说，它们是一个真正的**大全**（πᾶν），而且我们已经预先看到这个概念的一个必然结论，即上帝**是**这样一个上帝，唯有在他那里，存在才存在着（penes quem solum est Esse），或者说我们已经认识到，"神性存在的样式必定是一切存在的样式"是这个概念的一个必然结论①：本来我

---

① 此处手稿的边缘写着："黑格尔《逻辑学》，第一部分，第393页。"该处的段落包含着黑格尔对潜能阶次学说的著名批评。为了便于参考比对，我把黑格尔的相关文字摘录如下：
　　"特别是**幂方比例关系**，在近代已经被应用于各种**概念规定**。据说，概念在它的直接性中，是'**第一个潜能阶次**'，在它的异在或差别中，在它的诸环节的定在中，是'**第二个潜能阶次**'，而在它的自身回归或总体性中，是'**第三个潜能阶次**'。——很显然，我们在这里使用的'幂方'，是一个范畴，而且在本质上属于定量；——在谈到这些幂方的时候，我们根本没有考虑亚里士多德所说的'潜能'（potentia, δύναμις）。所以，幂方比例关系所表达出的规定性是一个区别，但它强调的是这个区别在'定量'这一**特殊的概念**里如何达到它的真理，而不是它在概念本身那里就如何如何。定量包含着否定性，这个否定性属于概念的本性，但根本还没有设定在概念的独特规定之内；定量所具有的区别，对于概念本身而言是一些流于表面的规定；它们还远远没有被规定为它们在概念中的样子。在哲学思考的童年时期，比如在毕达哥拉斯那里，已经用数来标示一些普遍的、事关本质的区别，而且在这种情况下，第一个潜能阶次、第二个潜能阶次等等并没有什么优越于数的地方。这是纯粹的、思维着的理解把握的初级阶段；只有到了毕达哥拉斯的后人那里，人们才发明出思想规定本身，亦即意识到它们是**自为**的东西。（转下页）

XII, 61 现在就可以明确地证明这一点,但我还是打算把它留到后面再做讨论。尽管如此,如果你们假设存在的**全部**可能性或全部本原都包含在那三个形式里(实际上,那三个概念是真正的原初概念,是一切存在的原初潜能,其中蕴含着整个逻辑学乃至整个形而上学),那么在**这个**意义上,上帝也是**大全一体者**;他之所以是**大全一体者**,不是因为他如同在泛神论里一样把某东西排除在自身之外(泛神论**仅仅**把**上帝**认作盲目的存在者),而是因为他不排除**任何东西**;但他也不是**单纯的**大全,毋宁说,他之所以是**大全一体者**,正是因为他并非在其中一个单独的形式里就是上帝,并非作为−A或作为+A,甚至并非作为±A就是上帝。这些形式**仅仅**是他的存在的节点,因此他并非作为其中一个单纯的形式就是上帝,而是只有作为这些形式的牢不可分的(精神性的、人格性的)统一体和连贯体才是上帝;在这种情况下,上帝按照他的**概念**或他的**本性**而言就是**大全一体者**,正因如此,他在本质上坚定地和必然地就是大全一体者,而"他是大全一体者"**这件事情**,或者用我们在当前立场上必须采用的表述,"他是一个只能以大全一体的方式存在着的上帝"**这件事情**,恰恰也是一神论的**概念**的唯一真实的内容。这样一来,我们就掌握了我们此前寻求的东西,但因为我们目前仅仅认识到上帝按照其**概念**而言(在

(接上页)至于那种离开思想规定而退回到数的规定的做法,则是来源于一种自觉虚弱无力的思维,它与当前已经习惯于思想规定的哲学教养相对立,企图把那种虚弱确立为某种新颖的、高贵的东西,甚至确立为一个进步,而这只不过是徒增笑耳。"本书的第六讲在开篇就谈到了潜能学说的一般意义,此外也可以参阅谢林《神话哲学之哲学导论》第312页对于**数**在哲学里面的用法的评论。——原编者注(译者按,黑格尔的这段文本出自其《逻辑学》(大逻辑)第二篇"量",第三章"量的比例关系",参阅黑格尔:《逻辑学I》,先刚译,人民出版社,2019年,第311—312页。基于两位哲学家的不同立场,我在黑格尔那里没有把Potenz(potentia)这个概念译为"潜能"或"潜能阶次",而是译为"幂方")

本质上）是大全一体者，所以我们也仅仅掌握了作为概念的一神论或概念**之内**的一神论，而不是掌握了作为**教义**（Dogma）的一神论；这是一个需要前进才能够达到的目标；但我们毕竟掌握了作为概念的一神论。因为，唯一的**上帝**只能是那样一个上帝，他按照其概念而言就是大全一体者，而不是仅仅在否定的、排他的意义上是大全一体者。

因此，我们也可以把此前作为我们的出发点的绝对唯一性称作否定的唯一性，因为它根本没有把上帝的实际情况包揽进来。——如果神学只懂得用各种所谓的否定属性（即那些在全部行动之前和之外，从而在全部实际情况之前和之外归属于上帝的属性）去勾勒出一种关于唯一上帝的学说，如果神学通过这个方式让一神论的意义仅仅立足于这个否定的统一体，那么很明显，神学直到现在都还没有掌握一神论的真正概念。——众所周知，神学家把肯定属性与否定属性对立起来。否定属性和肯定属性之间的这个极为古老的区分无疑是基于一种还要更古老的教义传承，但这个传承在最初被阐述的时候就已经完全庸俗化了，已经失去自己的科学性质。人们可以说，在那些公认的上帝属性里面，否定属性仅仅是有神论意义上的属性，而肯定属性是一神论意义上的属性，或者说是一些只有通过一神论才可能的和添加进来的属性。正因如此，不难预料，那些在内心深处倾向于单纯的有神论的人，在绝大多数情况下都是用否定属性去标示上帝，比如法国人在称呼上帝的时候，就说他是"永恒者"（l'Eternel）、"无限的存在者"（l'etre infini）等等，这些说法对于上帝而言当然也是真实的，但完全没有表达出上帝的真正的神性。从来没有人注意到，否定属性不会过渡到肯定属性，比如从来没

XII, 62

有人能够成功表明，永恒性、无限性等本身就包含着智慧、善意和正义，反之从一个否定属性推导出另一个否定属性却是一件非常轻松的事情。

*＊＊＊*①

如果人们追随近代人的解释，那么他们所理解的否定属性无非就是这样一些谓词，这些谓词是在表述上帝的时候通过移除某种非完满性而产生出来的，比如不可见、无形体、不朽等等。但古代的神学家在把这个概念传承下来的时候，仍然在思考另外某种更深刻的东西。这方面至少是有迹可循的。比如一位神学家就说，那些以肯定的方式（καταφατικῶς）谓述上帝的东西，并非揭示出本性，而是揭示出那种围绕着本性的东西（τὰ περὶ τὴν φύσιν），亦即那种添加到本性之内，并且笼罩在本性之上，仿佛包裹着和遮掩着本性的东西。这位神学家所说的本性，在另一位神学家那里叫作本质，后者说：神圣和存在来自本性（παρέπεται τῇ φύσει），但并没有揭示出本质自身（οὐκ αὐτὴν δὲ τὴν οὐσίαν δηλοῖ）。②实际上，如果我们不考虑近代人做出的解释，而是考察他们分别把哪些属性算作否定属性和肯定属性，那么我们立即就会发现，他们无疑也是遵循一种传承，把单纯的有神论（以及泛神论）和一神论都同样承认的那些属性算作否定属性，

---

① 在一份**较早的**手稿里，谢林更深入地阐述了前文中的思想（关于否定属性和肯定属性的辩证法）。尽管这份手稿里的阐述不同于当前的阐述，但我相信，以下从中摘录出来的内容并不会对读者造成困扰。——原编者注（译者按，这部分内容以仿宋字体排印，以示区别）

② 参阅苏伊策尔：《文集》第一卷，第488页，标号1376。——谢林原注（译者按，苏伊策尔[Johann Kaspar Suicer, 1620—1684]，瑞士神学家）

比如基于自身（aseitas）、永恒性、无限性、唯一性等等，而斯宾诺莎在建立他的体系时，除了把这些属性肯定化和实在化之外，也不需要任何别的属性。反过来，他们把知性、自由意志以及二者派生出的智慧、善意、正义等算作肯定属性，简言之，把真正说来只有一神论才承认的那些属性算作肯定属性。

但他们又把这两类属性简单并列，却没有解释，究竟是肯定属性主宰着盲目的否定属性呢，还是否定属性过渡到肯定属性之内，并且作为否定属性而从属于它们。真正说来，这是迄今的神学的一个盲点。这就导致神学的科学精神是动摇不定的，而神学在反对单纯的有神论和泛神论的时候也是底气不足的。实际上，从否定属性到肯定属性的过渡无非是从有神论到一神论本身的过渡。如果只参看否定属性，那么就只有一个盲目的、没有开端和终点的、将一切东西吞噬的实体。问题在于，那个**基于自身**而只能是盲目的实体的东西，却不可能同样基于自身也是一个自由意愿着的主体、凝思的智慧、爱和善意。只有以第二个东西为中介，以下情形才是可能的，即同一个主体，在自在且先于自身的情况下或按照先行的方式（antecedenter, a priori）只能是盲目的存在者，但按照后继的方式（consequenter, a posteriori）是纯净的爱和绝对的理智。如果我们按照启示里的实际情况来看待这件事情，那么否定属性仅仅是父亲在抽离儿子的情况下具有的单纯本性，反之肯定属性是父亲作为父亲或在与儿子的关系中具有的属性，因为父亲只有与儿子相对立并且在儿子之内才是父亲。就严格的科学意义而言，这也是真实的，因为没有谁是无需儿子就成为父亲。

假若从第一类属性到第二类属性有一个直接的和必然的过渡，那么泛神论者恐怕也已经发现了这个过渡。

后来的神学家不再区分肯定属性和否定属性，而是在大致相同的意义上区分**静止**属性和**活动**属性或那些展示出一个作用的属性（attributa quiescentia et operativa）。①我们确实看不出，他们打算怎样去协调静止属性与"上帝是纯净的作用"这一定理，除非他们断定，上帝的这个作用就是那个作为静止属性根据的东西的一种静止的或不发挥作用的**造作**（Machen）。但这样一来，那些属性就不是代表着某种原初地不发挥作用的东西，而是仅仅代表着一种被压制着不发挥作用的东西，或者借用一个在我们德国非常流行，但既没有特别得到偏爱，作为糟糕的语言错误用法也不值得推荐的术语，一种"寂静化的"东西。

也就是说，否定属性是**现实的**上帝的属性，但它们只能借助于**实体**，亦即只能借助于那种否定的、单纯在本质上被设定的东西去谓述上帝。因此，**第一**，它们不是自在的上帝的属性，单纯的上帝不是唯一的、不是永恒的，如此等等，毋宁只有唯一者、永恒者等等，也就是说，那些后来在现实的上帝那里被设定为谓词或posterius [在后者]的东西，在单纯的上帝那里仍然被设定为主体或prius [在先的东西]。既然如此，它们在任何情况下当然都不可能作为肯定属性而进行谓述。因为，它们先前作为肯定的东西时，并不是谓词，而它们后来作为谓词时，与其说是被肯定，不如说是被否定。诚然，这些属性也可以从一开始就叫作肯定属性，但这不是基于一个现实的存在，而是基于这个存在的呼之欲出的**可能性**；它们之所以是否定的（尽管不是否定的属性），正是因为

---

① 我们很想知道，究竟是哪些神学家通过哪些解释第一次引入了这些术语。——谢林原注

它们之内没有设定一个现实的存在,好比一个命题里的主体之所以被称作否定的,正是因为它不是对象,不是我们真正想要的东西;简言之,它们是一种基于自身就呈现出来的东西,不需要现实性,不需要思维。但思维,以及上帝之内的意愿,都仅仅开始于把它们当作现实的属性而加以否定。它们可以在这个意义上叫作否定的,好比一个运动的出发点(terminus a quo)相对于这个运动而言可以叫作否定的,因为出发点本身并不是运动的产物,不是由运动所设定的,而是运动的前提。只有当它们被设定为谓词,它们才被设定为否定的,亦即真正作为肯定的东西而遭到否定。也就是说,它们在单纯的上帝那里不是属性,毋宁仅仅是一个绝对主体的不同观点或不同表述,因此它们才能够总是消解在彼此之中,又从彼此之中推导出来,正如各种所谓的证明展示的那样。但还没有谁认为能够从否定属性推导出肯定属性,也没有谁能够表明,那个是永恒者的东西,就其本性而言也必定是智慧的、善意的,如此等等。

第二,它们在现实的上帝那里成为属性,但这仅仅是因为上帝把它们作为实在的东西而加以否定,或者说把它们设定为这样的东西,他仅仅**自在地**具有它们,但在自身之内并没有把它们提升为现实性。现在,因为上帝只有征服了他的原初的排他性本质之后才是现实的上帝,所以这个本质是上帝之所以是上帝的永恒而恒久不止的前提,而不是一个**转瞬即逝**的前提。1)在现实的上帝之内,**基于自身的存在**被否定了,但既是被否定,也是被设定,亦即被设定为一种更高生命的基础,在这种生命里,他不是基于自身(即按照本性而言)就存在着,而是完全通过意愿和自由而存在着,作为**真正的**causa sui [自因]——那个在存在之内保持为原因的自因,而不是斯宾诺莎所说的那种在存在之内吞噬自身并转变为实体的自因①,位于**超本性或超自然的**存在里,而这个存在只能被思考为一个现实地凌驾于本性存在之上的东西,以至于真正说来,那里既不能思考本性(被克服的和居于从属地位的本性),也不能思考任何超本性的东西。因此,a se esse [基于自身的存在]和由此构成的粗俗词语aseitas [基于自身]都是错误的表述,并且实际上只是说出了它们想要表达的意思的反面。至于sponte, ultra, natura sua esse [自发地、超越地、按照他的本性就存在]倒可以说是一个正确的表述,但人们不可以在这个意义上说什么"自发性",因为这个词语至少在近代哲学的语言中有着完全不同的用法。2)自在且先于自身的上帝在本性上就不可能不存在,而当这种不可能性发挥作用,就是**永恒性**,因为那个始终已经存在着,并且在存在自身之内把开端和终点、原因和作用、本原和产物都缠绕在一起的东西,就是一个消灭了一切开端和终点的永恒者。但这种永恒性在现实的上帝之内也仅仅被设定为实体上的或本质上的永恒性,这种永恒性并非曾经存在过一段时间,而是**先于一切存在**就成为过去,它相对于更高的东西而言仅仅是一种本质上的转变,并且构成了出发点,而当人们说"上帝自永恒以来存在着",就是意指那个出发点。这是上帝的肯定的永恒性的表述,反之在"上帝是永恒的"这个表述里,永恒性只能在一种本质上的、否定的意义上来理解。同理,"基于自身的存在"(von-selbst-Seyn)是否定的东西,"从自身出发的存在"(von-sich-Seyn)则是肯定的东西。在这里,当上帝(即那个无

---

① 众所周知,柏拉图曾经说过:ἐργάζεται τὰ τε ἄλλα καὶ ἑαυτόν [他制造了他自己和其他东西]。后来的新柏拉图主义者则是以更明确的方式说道:"上帝并非碰巧就是这个样子,而是他愿意并且造成了这个样子。"——谢林原注(译者按,柏拉图的这句话出自《理想国》第十卷,596c)

实体的意志，唯有它才可以被称作上帝）把永恒性本身亦即本质上的永恒性当作他的现实的永恒性的根据，就让开端和终点保持分离，让自己成为他自己的永恒开端。3) 这一点也适用于**无限性**，因为上帝自在且先于自身而言或绝对地看来是一个无限者，而当他把自己带入三个形态，就使自己**相对于自己而言**成为有限的。4) 同理，**唯一性**也是现实的上帝的一个单纯的否定属性，因为上帝把绝对的、排他的唯一性当作一种完全不同的唯一性（即一个不排斥任何东西的上帝的唯一性）的根据，后者是一种**肯定的**唯一性，在它之外并不是没有任何东西**能够**存在，而是没有任何东西**存在着**。诚然，当这种排他的唯一性**被带入静止状态**，一神论也已经被设定下来，但一神论的内容并不是这种绝对地看来的唯一性，而且我们必须首先揭示出这种唯一性**如何**被带入静止状态，才能够在其中认识到一神论的根据。

第四讲
有神论、泛神论和一神论的关系

"一神论"**一般而言**已经是一个带有约束意义的概念。之所以这样说，是因为它并不主张一般而言只有唯一的东西（这样的东西也可能是一个单纯而僵死的实体），而是主张只有唯一的上帝。但正如我们此前已经看到的，它要么没有任何意义，要么**只有**一个特殊的意义，即上帝仅仅按照**他的神性**而言是唯一的上帝。我们已经坚定了这个信念，即只有在这个意义上，上帝才是唯一的**上帝**。现在，从我们提出的概念里同样可以完满地推导出这一点。因为按照这个概念，上帝并非**一般而言**仅仅是唯一的，毋宁也是多数的，他是1，他是2，他是3。但因为他并非专门作为1或2或3就是上帝，而是只有作为1+2+3才是上帝，所以他尽管是多数的，但毕竟不是多个上帝，毋宁只是唯一的上帝。①

这里设定的是**多数性**（Mehrheit），不是**多样性**（Vileheit）。所谓多样性，意思是说，当设定B, C, D之后，其中每一个都不是别的

---

① 这里也可以认识到"唯一性"和"统一体"之间的一个区别。也就是说，如果我们不把唯一性置于实体（上帝的质料，参阅本书第50页）之内，而是置于上帝之内，那么在这里，当考虑到那个**多数性**，我们就必须把唯一性称作**统一体**。——谢林原注

东西，但又是别的东西所是的**那个东西**（比如A），因此从这个角度来看，B+C+D = A+A+A；在这种情况下，因为A既非专门是B，也非专门是C或D，所以A相当于它们的共通概念或种属概念。但三个潜能阶次绝不可能从属于一个共通的种属概念，因为它们本身是存在的最高的种或类（summa genera或εἴδη），而上帝也不可能专门被称作它们的种属概念，因为每一个潜能阶次本身都是上帝，但它们不是在分离的情况下，而是只有合在一起或在统一体中来看，才是上帝，因此这里并非B+C+D=A+A+A，毋宁只是B+C+D=A（上帝）。也就是说，这里并没有设定三个本性或三个实体。虽然人们可以说这三个潜能阶次占据实体的位置，但它们毕竟只是同一个东西，因此本身不是实体，而是纯粹的现实性，因为它们离开现实性（统一体）就什么都不是，也就是说，每一个潜能阶次都不是**独自**（亦即与其他潜能阶次分离的情况下）存在着的，而是只有在不可瓦解的、现实的统一体之内才是其所是。又因为上帝的这种多数性存在恰恰是**上帝之为上帝**的存在，所以它们也不可能是多个上帝。①

XII, 67

---

① 迄今所述已经展示出一神论的诞生过程，而这就表明，在一神论里，此前唯一存在着的实体的唯一性已经提升为潜能阶次的一种真正的多数性，而我们可以把它称作实体意义上的多数性。这一方面是因为，这种多数性确实是以实体的那种唯一性为基础，而它既然占据唯一性的位置，我们反过来就可以说，那种唯一性代表着多数性，进而代表着全部潜能阶次（omnium instar）；另一方面是因为，虽然这些潜能阶次在自身之内具有最高的活力，但它们只有借助于那个永恒的**意志**才存在着，这个意志是它们的统一体的**实在的纽带**，只有它才真正是上帝，因此**相对于这个意志而言**，潜能阶次确实只能表现为实体意义上的东西，因为意志不包含任何实体性东西。如果实体的原初唯一性可以被称作三个潜能阶次的质料，那么三个潜能阶次也可以被看作那个在潜能阶次里上升和下降的意志的直接质料，而这个意志其实是**上帝本身**。只有当人们认为，"实体意义上的多数性"这个说法或"上帝虽然作为上帝被设定为唯一的，但就实体而言却是多数的"（转下页）

XII, 68　　　一神论尤其是与**泛神论**相互对立的，因为对于泛神论而言，上帝仅仅是唯一的上帝，即盲目的存在者，而这个存在者在**真正的**概念里仅仅作为神性存在的一个潜能阶次出现。**就此而言**，泛神论其实是不折不扣的**全神论**（Pan-Theismus），因为它最终仅仅是依据于"上帝是存在的无限潜能"这一概念，而我们已经看到，上帝本身并非归结为这个概念。**真正的**概念，真正的"**上帝**"概念，不是存在的这个直接潜能（因为它就其自身而言并且绝对地看来只能导向斯宾诺莎的实体之类盲目的、静止不动的、对自身一无所知的存在），而是那个否定了潜能并且把它当作潜能而包含在自身之内的东西。正因如此，当这个直接的潜能处于从属地位，以至于泛神论本身保持

（接上页）这件事情仿佛消灭了实体的原初唯一性，使得这种唯一性不能以任何方式延续下去，他们才会对此加以抗拒。但上述说法仅仅意味着，实体的唯一性不是作为一种**存在着的**、当前的唯一性而延续下去，而是作为一种非存在着的唯一性而延续下去，亦即仿佛作为一种持久的（恒定的）过去而延续下去；因为真正说来，唯一性只有通过持续不断地（nunquam non）被扬弃和被排斥才被包揽在多数性之内；但为了持续不断地被扬弃，它必须也持续不断地**存在着**。唯一性恰恰是那种始终**仅仅**存在着，却从不能把自己提升为现实存在的东西，那种只有通过被持续不断地否定才出现的东西，那种始终都有待发现的东西，它之所以被设定，不是为了被设定，而是为了不被设定，为了被推翻，因此仅仅是一种在非设定中被设定的东西，一种在无知中被认知的东西（也就是说，它绝不会被提升为知识的对象和现实的存在），而这就表明，当有些人把这种**在无知中的被认知**（ignorando cognoscitur）推及上帝本身时，其坚持的也是这种东西。这种始终**存在着的**、非所意愿的、自行出现的东西，正是全部哲学都必须变着法子加以排斥的那个神奇东西，那个令绝大多数人都手足无措的东西，因为哲学家在某种意义上必须拒绝设定这个东西，但又不能消除或**不得不设定它**，也就是说，哲学家必须以不设定的方式设定这个东西，并且必须去解释这个让他困惑的东西，以便指出，之所以设定这个东西，仅仅是为了否定它，亦即不设定它，但如果要否定这个东西，又必须去设定它，但仿佛只是以非所意愿的方式去设定它，这样我们就意识到它不是我们所意愿的东西；因为真正的意愿和真正的思维一样，其实都是开始于否定，开始于非所意愿的东西（摘录自另一份手稿）。——原编者注

为单纯的可能性,我们就可以说,泛神论本身在其单纯的可能性中是神性的根据,也是全部真实宗教的根据。正如我们已经指出的,这件事情蕴含着泛神论在一切时代施加在如此之多的人身上的魔力,这个魔力是那些没有回溯到这个原初概念的人无论说什么都无法消除的。一神论无非就**是**那种已经隐秘化的、潜伏的、内在化的泛神论,仅仅**是**那种被克服的泛神论——不是人们仅仅去诅咒和责骂,或像妇道人家那样去声泪控诉的泛神论,而是被克服的泛神论。实际上,一切真正能够掌控人类心灵的东西,都是立足于**这种**仅仅被克服、被安抚和被满足的(走向平和的)泛神论。有些哲学家和神学家一直在拒斥和抨击泛神论,而这只不过表明,**他们自己**还没有成为泛神论的主宰,还没有找到那个真正安抚和劝慰泛神论的体系,而这个体系只能存在于一神论之内;他们误以为他们的有神论已经包含着一神论,所以这种把有神论和一神论混为一谈的做法迟早必定会制造出各种骇人听闻的混乱和灾难,以至于甚至那些倾心于宗教的人也把泛神论想象为唯一科学的和必然的体系,然后用一种肤浅的信仰与之抗衡。那个基本概念——上帝是存在的直接潜能,因此是**一切**存在的潜能,反过来,一切存在都仅仅是上帝的存在——也是一神论本身的前提,因此没有它就没有一神论,毋宁只有一种完全枯燥无味的有神论,而这个基本思想也是全部宗教意识的核心枢纽,是绝不可以被侵犯的,否则宗教意识就会在最深处遭到冲击。只要缺失了一种被真正的"上帝"理念所克服的东西,这个理念本身就不可能存在,**就此而言**,因为单纯的有神论拒不承认上帝之内的那个本原,所以它无论对于情感而言还是对于理智而言都是一个不能令人满意的体系。按照那个本原,一切存在都仅仅在上帝那里存在并且是上帝

XII, 69

的存在,而真正的情感恰恰是与这个本原联系在一起。

有一件不仅对于当前的时间而言,而且对于当前研究的结果而言都极为重要的事情,即你们必须区分人们通常用有神论、泛神论和一神论去标示的三种思维方式,并且把这些区别牢记在心里。现在我希望借这个机会再谈谈宗教思维方式的这种差异性,而值得注意的是,一神论和泛神论之间的关系和相似性在任何情况下都远甚于其中一个与有神论之间的关系和相似性。

事情的关键不在于仅仅认识到**一般意义上的**上帝,亦即在上帝那里只看到一般意义上的存在者,而是在于,在上帝那里也看到**作为精神**而**存在着的**上帝,看到特定的存在者,即**那个是存在者的存在者**。正因如此,我们此前已经指出,"有神论"这个词语还需要一个前缀。有神论是这样一个概念,其中仅仅设定了一般意义上的上帝(θεός),并未设定特定的上帝(ὁ θεός),即那个是上帝的上帝。①正如已经证明的,真正的上帝,即那个**作为精神也存在着**的上帝,只能是大全一体者。因此人们可以把有神论理解为这样一种思维方式,它还没有认识到活生生的上帝,亦即还没有认识到大全一体的上帝。就此而言,有神论是一种单纯的缺失;相应地,真正的,亦即科学的哲学不可能止步于有神论,而是必然要么走向泛神论,要么

---

① 除此之外,"上帝"概念必定包含着一个独特之处,而这个独特之处导致上帝也可以按照无规定的方式仅仅被设定为θεός,而不是以特定的方式被设定为ὁ θεός。这个ὁ θεός在希腊语里和ὁ ὢν θεός [存在着的上帝] 是同样的意思,而我们必须把后者改写为"那个是上帝的上帝"。与这个是上帝的上帝相对立的,并不是"那个**不**是上帝的上帝",毋宁只是"那个不是上帝的上帝";这是德语同样很难表达出的一个区别。如果用希腊语来说,"不是上帝的上帝"大概是 ὁ οὐκ ὢν θεός [不存在着的上帝],而"**不**是上帝的上帝"(它相对于真正的上帝概念而言只缺失了某些东西)大概是 ὁ μὴ ὢν θεός [非存在着的上帝]。——谢林原注

走向一神论。有神论是无规定的；为了标示出正确的思维方式，无论如何都需要一个前缀。但有神论的复合词语只有两个：泛神论和一神论。这两种思维方式的共同之处在于它们比单纯的有神论**更丰富**。雅各比曾经自诩为一位纯粹的有神论者，但他又宣称，按照理性的概念，一个人格性的、活生生的上帝是不可设想的。雅各比在谴责所谓的同一性哲学时，不动声色地把"泛神论"这个词语翻译为"全一"或"大全一体"，而这无疑是为了把同一性哲学阐述为斯宾诺莎主义。他根本没有注意到，长久以来，在基督教的用语里，唯一的上帝同样普遍地被称作大全一体的上帝，因此不仅泛神论是一种大全一体学说，一神论同样也是如此。

XII, 71

本身说来，如果没有进一步的规定，那么大全一体不可能包含着两种学说或两个概念的区别，毋宁说泛神论和一神论都主张一种比单纯空洞的统一体更丰富的**大全一体**。实际上它们的区别在于，总的说来，斯宾诺莎主义展示出的那种泛神论只认识唯一的本原，即盲目的实体。但仅凭一个单纯而盲目的存在不可能制造出体系，所以斯宾诺莎不得不在统一体之外又树立一个大全。他的哲学不是**空洞的**统一体学说。[1] 斯宾诺莎不是埃利亚学派的单纯后继者，他的"一"不是巴门尼德的抽象的"一"，而是真正的"全一"。在他那里，一个已经成长起来的、追求**事情**本身的时代第一次展现出成熟

---

[1] 就此而言，人们可以在泛神论自身之内又区分出一种主要具有否定意义的泛神论和一种相对而言更具有肯定意义的泛神论。纯粹否定的泛神论只认识一种单纯的无限性或一个纯粹的、无区别的实体。这是巴门尼德的统一体学说，或者也可以说是巴门尼德的泛神论，而那种相对而言更具有**肯定**意义的泛神论在这个实体里看到了区别，随之看到了一个**大全**。——谢林原注

的理智,因此他不可能回到那些枯燥的要素(苏格拉底的辩证法已经揭示出这些要素的贫乏性,而我们这个时代的一种反苏格拉底的辩证法却在其中只看到一种崇高的智慧)。简言之,斯宾诺莎这样的杰出人物不可能回到最初的抽象思辨的枯燥要素。他的实体不是一个单纯而空洞的"一",而是区分为广延实体和思维实体。很显然,他的广延实体无非是一个已经从潜能过渡到现实性的东西,一个作为本质,作为主体,作为潜能已经迷失了自己的东西;它就相当于我们所说的第一个潜能阶次的"能够存在者",这个东西在存在里确实不再是潜能,而是无自主体的,已经转变为 substantia extensa [广延实体]。值得注意的是,"广延"(extensa)是一个被动式表述,而这已经表明,它在根源上是另外某种东西,并且作为广延实体而言是一个单纯转变而来的东西。**思维**作为斯宾诺莎据以考察实体的第二个属性,可以等同于我们所说的第二个潜能阶次,而第一个潜能阶次则是相当于它的主体,即通过它而发生变异的东西。但从根本上来说,斯宾诺莎只不过是采纳了笛卡尔所说的第二个属性,因为笛卡尔已经在广延之外把思维确立为一个独立的本原,而斯宾诺莎和笛卡尔一样也认为这两个属性是彼此漠不相关的,没有交互作用。对斯宾诺莎而言,两个属性仅仅以共同的实体为中介,因此当我们把精神当作第三个潜能阶次时,他却重新落入僵死的普遍实体。当我们确立第三个东西时,他却只知道重新设定实体本身,即思维和广延的**相同本质**,或者说**单纯的无差别**。

因此,斯宾诺莎的错误不是在于主张一种大全一体,而是在于他的这个大全一体是僵死的、静止不动的、无生命的东西。相应地,对于泛神论的指责也可以具有双重的意味。人们可以指责泛神论比有神论**更丰富**,即它所确立的是一般意义上的大全一体,而不是一个单纯而空洞的、在自身之内没有包含东西,并且在这个否定的意义上唯一的上帝。这就是那种满足于单纯否定的"一",同时又坦诚自己的无能的有神论对于泛神论的指责。迄今为止,这种空洞的有神论只有一个对立面,即真正的泛神论。它没有想到一神论,它没有想到,除了有神论和泛神论之外还有第三个东西,即一神论;我可以说,我在我的课堂上第一次重新确立了**这个**概念的有效性。单纯的有神论根本不能反驳泛神论。一般而言,哲学里面真正的反驳不是在于针对一个体系提出所谓的反对意见或拿出一个主张,而是在于确立那个体系的肯定的对立面。但有神论者在面对泛神论的时候却做不到这一点。因为泛神论的肯定的对立面是一神论,而他们根本没有推进到一神论。单纯的有神论把大全排除在上帝之外,随之恰恰把一神论概念里的**肯定因素**排除在上帝之外。泛神论优于有神论的地方在于提出了大全,但它反过来把这个大全里的统一体理解为单纯**实体意义上的**统一体。另一方面,如果一个统一体不以实体意义上的大全为基础,那么它不可能始终**凌驾于**单纯的实体性东西之上,因此有神论所主张的统一体同样降格为一个单纯实体意义上的统一体。因此,在**统一体**的问题上,有神论和泛神论是完全一致的。斯宾诺莎的上帝也是这样一个上帝,在其之外没有别的上帝;一位广受赞誉的神学家(莱因哈特①)曾经这样解释上帝的统一体,他说:统一体是illud attributum Dei, quo negatur plures substantias infinitas esse [上帝的这样一个属性,通过它就否定了无穷多的实

XII, 73

---

① 莱因哈特(Franz Volkmar Reinhard, 1753—1812),德国新教神学家。——译者注

体]。如果这个解释是正确的,那么斯宾诺莎就和这位神学家一样都是纯粹的一神论者。既然如此,**在科学的意义上**,有神论究竟是通过什么而区别于单纯的泛神论呢?通常人们说,斯宾诺莎的上帝是一个非人格的上帝,有神论的上帝是一个人格性的上帝。有些人简单否认上帝的人格性,有些人虽然宣称自己相信上帝具有人格性,却又承认上帝的人格性是不可理解的乃至**不可能**被认识的,而这两种做法之间并没有科学意义上的区别。

　　无论如何,**信仰**也属于科学,但这里的首要意思是:"只要你用实际行动把你的信仰指给我看,我就愿意相信你的信仰。"① 如果一个人的主张与他的信仰相矛盾,比如当他说人格性的上帝是不可能的,因此是非理性的,那么他的信仰至少不能说是一种理性信仰。另一个通常的区分是:泛神论的上帝是一个无意识的上帝,有神论的上帝是一个具有自我意识的上帝。但是,除非在自我意识里面至少设定三个内在的区别,否则自我意识是不可设想的。第一,具有自我意识的上帝意识到自己;第二,他意识到自己是上帝,只因为这个被意识到的上帝不是另一个在他**之外**存在着的上帝,而和他是同一个上帝;所以tertio loco [第三],他才可以被看作是**具有自我意识的上帝**。单纯的有神论在上帝之内所设定的是一种空洞的、无区别的无限性,在其中,自我意识和人格性都是不可理解的。在这个问题上,人们甚至必须赞成费希特的那个说法(他因为这个说法在三十多年前被指控为无神论),即一种单纯而空洞的无限性里面根本不

XII, 74

---

① 参阅《新约·雅各书》2:18:"你将你没有行为的信心指给我看,我便藉着我的行为,将我的信心指给你看。"——译者注

可能有意识和人格性。

在创世的问题上,有神论和泛神论一样都无能为力,或者说甚至比泛神论更无能为力。虽然有神论也说,一切存在都在上帝那里存在着,但这只不过是一个否定的观点,因为这个说法仅仅意味着,上帝之外没有存在的可能性,但在上帝自身那里也没有这样的可能性,因此上帝是一个绝对无潜能的上帝。——雅各比的亲密朋友约翰·格奥尔格·哈曼曾经说过,斯宾诺莎主义一直是雅各比胃里的一块硬石头。反之雅各比宣称,他既不想要泛神论,也不想要**那个**真正扬弃泛神论的**东西**,而他实际上表达出的是一种完全一视同仁的担忧,也就是说,他害怕一切超越了所谓的启蒙时代的肤浅有神论的东西,而这个时代已经逐渐将他同化。但泛神论不可能以静默的方式**被克服**;为了消除泛神论,人们必须追求它的对立面。在这个局面下,这位哲学家唯一的办法就是在理论上承认泛神论的合理性。雅各比对泛神论是很宽容的,因为从根本上看,泛神论是他自己的哲学的唯一内容。他必须**希望**泛神论是长盛不衰的,因为是泛神论为他的哲学提供了唯一的旨趣;比如有一些人希望自己生病,因为只有这样他们才有机会谈论自己,并通过这类谈论让他们本来毫无趣味的人格性变得有趣。斯宾诺莎既缺乏"提升"的概念,也缺乏"活生生的过程"的理念。但或许正是出于这个原因,他才得到那种空洞的有神论的承认,或者说得到后者的宽容。但是,当后来的一种哲学尝试把斯宾诺莎的僵死而静止不动的大全一体改造为一个内在的且正因如此具有创造性和生产性的大全一体,甚至"泛神论"这个名称看起来都不再具有贬斥的意味了;雅各比把这种哲学——其中当然谈到了一种创世、一种转变、一种过程——称作**赤裸裸的**自然主义,并且用他的纯粹有神论与之对立,但他没有注意到(或者他极有可能不知道),在神学语言里,"自然主义"和"有神论"完全是一对同义词。

除此之外,一些更深刻的神学家也认识到泛神论的真正深刻性,并且知道,如果要克服泛神论,不能通过单纯的词语,而是只能通过一种与之对立的肯定的知识。但值得注意的是,恰恰是那些自诩为**纯粹的**有神论者的人,在绝大多数时候都是对着悄然降临的泛神论大吵大嚷,而这些人不仅占领了学术界的著作和讲台,甚至占领了教会里的布道坛和学龄儿童使用的教科书。对此我们只能认为,这种对于泛神论的畏惧后面隐藏着的仅仅是对于**一神论**的畏惧,也就是说,其畏惧的是,人们或许在科学里面最终达到某种肯定的东西,而伴随着这种真实的和肯定的知识的壮大,有神论者的空洞废话(这些废话长久以来已经在普通教育乃至民众教育里面广为传播)和与之联系在一起的一种虔诚的关于纯粹个人情感的言论必定会烟消云散,因为这些人其实并不是要赞美上帝,而是只想赞美他们自己,而只有通过这个方式,他们才能够看起来是一位有分量的人物。与此同时,或许他们确实有理由担心那种知识会摧毁他们称之为"思想自由"的那种东西,因为真正说来,他们所理解的思想自由是一种**摆脱**思考的自由,一种不思考的自由,一种充满自恋的、肤浅的言论的自由,凭借这种自由,他们可以对于国家、科学和宗教等最高事务大放厥词。

现在我已经表明,一神论只有在被理解为这样一个概念的时候才具有**意义**,按照这个概念,上帝真正说来不是唯一的,而是多数的,并且只有作为**上帝**或就神性而言才是唯一的。你们听到这些以后，必定会不由自主地想到一种通常说来被认为专属于基督教的学说，即关于上帝的**三位一体**的学说。假若我企图对此避而不谈，这反而是有点装模作样了。这里我希望从一开始就指出，当我们用"三位一体者"的说法替换"大全一体者"时，只不过把前者当作后者的一个更具体的表述。这一点是某些人意想不到的，因为有些人已经习惯于把一种包含着"三位一体"表述的学说看作基督教的独特学说，甚至看作基督教的一个随意的、偶然的规章制度，有些人则是已经习惯于把这种关于三位一体的上帝的学说想象为一个捉摸不透的和不可理解的秘密。这两种人都必定没有想到，这种学说必须被证明为一种属于全人类的学说，而作为这样一种学说，它在"一神论"概念亦即"大全一体的上帝"概念里已经**被给予了**。前一种人可能感到奇怪的是，他们认定为基督教的独特学说的东西（仅凭这个理由，他们就认为必须拒绝理性对于这种学说的赞同），竟然就最终本原而言和他们本身所依据的那种不可反驳的学说（即关于唯一上帝的学说）是**同一的**。对此我只想问他们一个问题：如果那种号称专属于基督教的关于三位一体的上帝学说不是以一种特殊方式与一神论联系在一起，不是就最终本原而言与一神论是同一的，他们打算如何解释那件明摆着的，而且他们无论如何不能否认的事情，即一神论只有伴随着基督教并且通过基督教才具有世界史的意义？至于后一种人，他们虽然不愿意宣称基督教的三位一体学说是绝对的秘密（因为毕竟还需要布道），但至少希望这种学说保持为不可理解的，既然如此，我想问他们，当他们企图阐述关于唯一的上帝的学说时，是否能够注意到自己已经处于一个明显的、不可掩饰的困境，即**这种学说**虽然被**他们自己**接受下来，但实际上绝不是一种本身就自明

XII, 76

的学说？

XII, 77　　综上所述，如果任何缺失了"大全一体的上帝"概念的学说都只能是有神论，那么按照一个正确的节奏，那些厌恶启示，随之也厌恶一切**肯定的**启示学说的人，虽然被他们的敌人称作自然主义者，却把自己称作理神论者（Deisten）。人们所理解的理神论者尤其指所谓的一位论信徒（Unitarier），亦即所有那些否认上帝之内的多数性的人。近代以来，有神论者已经企图与理神论者划清界线（我不知道这个机智的发明究竟归功于具体的哪一个人），这很有可能只是因为他们不想承认自己是彻底的自然主义者，或许也是因为任何教派都喜欢在自身之内又划分出另一个教派，以显示自己的纯粹性和纯净性。康德这样解释二者的区别：理神论者（尤其是斯宾诺莎主义者）认为上帝的存在有一个单纯而盲目的根源，而有神论者则是主张一个合乎理性的造物主。但那些自称为理神论者的人，比如英国17世纪的自然主义者，并非全部**也**是斯宾诺莎主义者，正相反，他们中的绝大多数或许是一些过于平庸和过于合乎理性的人，因为他们不像今天的许多自称为纯粹有神论者或理性主义者的人那样，把对于一个合乎理性的造物主的信仰与他们的理性主义统一起来。但不管怎样，理神论和有神论是殊途同归的。一个东西如果不是一神论，那么无论叫作理神论还是叫作有神论，都不适合基督教，因为基督教在本质上是一神论。基督教区别于所谓的纯粹理性宗教的地方仅仅在于前者是一神论，而人们究竟是接受还是拒斥基督教，取决于他们是接受还是拒斥一神论。

在我看来，这里也必须指出另一件与神学有关的事情。我相信已经不可辩驳地证明了，只有当我们谈到**本质上的**或**现实的**大全一体者,我们才真正在谈论上帝。既然如此,人们可能会问,通常的神学为什么仍然坚持首先用一章去讨论"上帝",然后才用一章去讨论"上帝和三位一体"呢?对此的答复是,如果人们仍然排斥真正的一神论的三位一体学说或大全一体学说,那么他们除了宣讲单纯的有神论之外,还能宣讲别的什么东西?在这种情况下,我们不难理解,为什么神学家针对理性主义展开的斗争直到现在都没有什么成果,因为决定胜负之处不是在当前的战场,而是在很早以前的地方。实际上,理性主义者仅仅认为,那些与基督教生死攸关的主要学说绝不是不可理解的,除此之外,虽然我们可以完全合理地要求每一个人去相信一些他尚未完全理解的东西(为此当然需要更多的努力),但他至少应当把一个概念、一个意义或意思与那些东西结合在一起。理性主义者要求的是一种属于**全人类的**学说,只不过他们在基督教学说里没有看到这种学说——但神学家**也**没有看到这种学说;因此二者根本没有必要相互指责。晦涩难懂不是因为学说本身,而是因为神学家从一开始就提出的那些原理。**这些**原理确实不能指出一条走向基督教的道路,因为它们是如此之空洞,如此之缺乏肯定意义(在这个意义上,哲学学说也应当具有肯定的意义),以至于这种空洞而否定的东西和基督教学说之间没有一个可理解的过渡,而这并不是因为基督教学说是基督教的学说或就其**产生过程**而言是肯定的,而是因为它就其**内容**而言是肯定的。

XII, 78

至于另外一个观点,即三位一体的概念是一个专属于基督教的概念,我们在随后有足够多的机会表明,事实并非如此。长久以来,人们已经习惯于在异教宗教里面搜寻基督教理念的痕迹和征兆。人们没有必要只想到印度的三位主神,因为正如后面将会指出的,这仅仅是三位一体理念的一个非常片面的形式——但三个潜能阶次却是表现为这个理念的真正基础。①但说这个理念是一个专属于基督教的理念,究竟是什么意思呢?**全部**宗教都是从一神论里面生长出来的,基督教自然也是如此。因此真实的情形恰恰是人们所想要表达的事情的反面。并非基督教创造了三位一体的理念,正相反,是这个理念创造了基督教;这个理念已经是萌芽和基础中的整个基督教,因此必定比那个在历史中显现出来的基督教更古老。除此之外,我的观点仅仅是:基督教的三位一体的最终根源就位于大全一体的理念之内。没有人会认为,迄今关于一神论概念所说的一切已经给出了基督教学说的全部规定(总的说来,我们当前的整个推演所关注的是神话而非启示)。但我们可以把全部宗教设想为一棵树,这棵树扎根于一神论,最终必然进入一神论的最高现象亦即基督教。**就质料而言**,基督教的三位一体学说和我们的一神论概念包含着同样的东西,但已经把这些东西提升到更高的阶段,而我们现在还不能推进到这个阶段。②因此我希望你们暂时把上述思想放在一边,把接下来的推演当作是一个纯粹哲学的推演。我之所以提到这个联系,不是为了以此为基础建构什么东西,而是为了消除一切操之过急的反对意见。接下来我将回到纯粹科学的推演。

---

① 比如普鲁塔克在对基督教学说一无所知的情况下就已经试图证明这一点。参阅其《伊西斯和奥西里斯》(De iside et Osiride),第36节。——谢林原注
② 这里仅仅勾勒出一些初步的线条,这些线条或许在最终完成的时候能够一直延伸到那种崇高的学说;但这些情况必须首先展示出来。正如之前所说,我的评论完全限定在一神论的概念上面,此外并没有更多的意图。如果人们认为我的这些评论等同于今天那些信手拈来的对于三位一体学说的演绎,这对于我而言就太不讲道理了。——谢林原注

第五讲
神谱过程中的潜能阶次的分离

  迄今为止，我们已经掌握了一神论的纯粹**概念**。上帝如果现实地存在着，就**只能**作为大全一体者存在着；这是目前的结论。此前任何时候都没有谈到一个现实的存在。但现在追问的就是现实的存在。这个问题的更明确的提法是：上帝**如何**按照现在已经预先规定的方式存在？这个存在被理解为一个现实的存在，一个与现实性结合起来的存在。如果我们认为，上帝直接就按照此前规定的方式存在着，也就是说，如果他在第一个潜能阶次被设定为纯粹的非**存在者**（-A），在第二个潜能阶次被设定为纯粹的存在者（纯粹的+A），在第三个潜能阶次被设定为非存在（即作为潜能而存在）**之内**的**存在者**，反过来在存在着的存在里被设定为非存在者（作为存在的潜能或**能力**），那么很容易看出，**这个存在里面根本没有现实性**，因此这个存在也不可能是**现实的**存在。

  注意我说的是：**这个**存在里面没有现实性。因为现实性同时始终是运动，而只有当开端、中介和终点**外在于**彼此，不同于彼此，才有现实性。反之当开端、中介和终点合为一体或交织在一起，就只有非运动和非现实性。在刚才所说的存在里，terminus a quo [开端点]、terminus per quem [中介点]和terminus ad quem [终点]这三个东西并不能**现实**地区分开。因为,只要能够存在者仅仅是**能够存在者**,不是**现实的**存在者(只要它本身并非存在着),它就**是**第二个东西亦即纯粹存在者的**主体**,换言之,它**是**第二个东西(此前我们已经指出,这里的"**是**"具有强调意义),因此它并非不同于后者,而是等同于后者。只有当它提升为存在,它才**不同于**后者;但只要它始终停留于非存在的内部,它就是2所是的**那个东西**,也就是说,正如我们此前同样已经看到的,它是一个完全等同于2的非自主性。自主性造成了**全部**区别,而没有自主性的地方,就没有对立。能够存在者在纯粹存在者之内没有遭遇任何阻碍和矛盾。我们已经把1(第一个潜能阶次)规定为能够自主地存在的东西,把2(第二个潜能阶次)规定为**不能够**自主地存在的东西,即一个**自在地**非自主的东西。但那个仅仅**能够**自主地存在的东西,只要它仍然是一个非存在者,就和这个自在地非自主的东西没有区别。二者并不是彼此排斥的;只有当那个仅仅能够自主地存在的东西现实地**是**自主的,它才把非自主的东西排除出去。两个形态之所以是同一的,仅仅因为它们对彼此而言**不具有**自主性。我们已经把1规定为并非现实地存在着的东西。虽然我们把第二个潜能阶次(纯粹存在者或+A)规定为纯粹的现实性,但**正因为**它是纯粹的现实性,所以它**不是**现实的存在者,而在**这个意义**上,纯粹的现实性等同于纯粹的潜能。我的意思是:那个是纯粹现实性的东西,正因如此**不是**现实的存在者。因为只有发生了从潜能到现实性的过渡,通过存在而克服了一个阻碍,我们才能够知觉到并承认一个**现实**的存在。但这里缺失的恰恰是这个过渡,因为我们已经宣称,纯粹的现实性是一个不需要从潜能过渡到现实性就存在着的东西。简言之，这个按照上述方式存在着的东西等同于无，因为它不能被看作一个现实的存在者。

如果我们把前两个潜能阶次拿来与**第三个**潜能阶次进行比较，就可以发现，1作为纯粹的能够存在，等同于那个**本身**就存在着的能够存在，亦即等同于3。因为3和1的区别仅仅在于，前者**本身**就是**存在着的**能够存在。但这只不过是我们的概念或我们的思维之内的一个单纯规定，因为3并非**现实地**就是本身就存在着的能够存在。只有当3把本身并非存在着的能够存在排除出去，它才有可能是一个**本身**就存在着的能够存在。但按照前提，1（第一个潜能阶次）也是纯粹的能够存在，所以3不能把1从自己这里排除出去，也就是说，3不能**本身**就把自己设定为1的对立面。只要1保持为纯粹的能够存在，它就和3在同一个地方，而且不可能被驱离这个地方。为了形象地说明这一点，我希望这样来表述：第一个潜能阶次是通过上帝的概念而被设定为不应当存在的东西（亦即一个被规定为非存在，被规定为奥秘的东西），与此相反，第三个潜能阶次通过上帝的概念而被设定为一个**应当**存在或站出去（ex-istieren）的东西，一个应当启示出来的东西，一个**理应**存在的东西，一个就其本性而言存在着的东西，正如1是一个就其本性而言非存在着的东西。但只要那个不应当存在的东西仅仅是这样的东西，没有现实地显露出来，它就并非不同于那个应当存在的东西；只有当它是现实的，它才不同于后者，比如在一个小孩那里，恶仍然隐藏在善**之内**，不可能被善排除出去。现在，如果我们拿第二个潜能阶次与第三个潜能阶次进行比较，就会发现后者是一个本身就存在着的潜能阶次。但我们已经指出，纯粹的现实性等同于纯粹的潜能。因此**二者**也不是彼此排斥的。虽然我们把

XII, 82

第三个潜能阶次（那个本身就存在着的能够存在）规定为被排除的第三者，但这不是实在的排除，仅仅是逻辑意义上的排除。三个潜能阶次位于同一个地方；因为2不是一个**现实的**存在者，而是一个仅仅就其**本性**或本质而言存在着的东西，所以它并没有**超出**本质，而全部区别都返回到单纯的本质之内。只要那个**就其本性而言**非存在着的东西是一个现实的**非存在者**，以及那个就其本性而言存在着的东西不是一个现实的存在者，二者在**这一点**上就恰恰是彼此等同的，即每一方都仅仅就本性而言（亦即仅仅**在本质上**）是其所是。

如果我们站在最高的立场上来理解这个关系，那么上帝区别于单纯的本质的地方仅仅在于，他是一个**本身就存在着的**本质。但这个**本身就存在着**的本质**等同于**单纯的本质；这虽然是一个概念中或思维中的区别，却不是一个实在的区别，不是存在之内的区别，因为那个本身就存在着的本质的存在本身**仍然**（亦即直到现在为止并且别无变故的情况下）等同于本质，或者说是一个与本质无法区分开的存在。或许更清楚的说法是：那个**本身**就存在着的本质暂时——就我们直到现在所知道的而言——只是在本质或概念之内被设定，而不是在存在之内被设定。这里我希望再次使用此前已经使用过的一个比喻：几何学的点也可以被看作一个直径无穷小的圆圈，在它那里，圆周、直径和圆心合为一体。那个**是圆圈的点**（即那个被我当作圆圈来思考的点）和**单纯的点**之间的关系，相当于那个**本身就存在着的本质**（就我仅仅思考着它而言）和单纯的本质之间的关系。现在，如果我在黑板上戳一个点，你们肯定看不出它究竟是一个单纯的点呢，还是一个是圆圈的点；这个区别仅仅处于我的思想里。单纯的点和那个是圆圈的点就**存在**而言没有什么不同；后者的存在等同于前者的存在。在后者那里，我虽然**思考**着区别，但我不可能割裂这些思想中的区别。圆周恰恰是那个是圆心的东西，即一个点，正如直径也是那个是圆周和圆心的东西，即一个点。同理，单纯的本质和那个本身就存在着的本质之间的区别是一个仅仅处于概念中的区别，不是存在之内的区别，因为我在后者那里不可能把那些区别（潜能阶次）割裂开；我在后者那里所思考的存在者，不是一个现实的存在者，而是一个仅仅就其本性而言**非存在着的**东西，就此而言，我在它那里所思考的纯粹存在者也仅仅是一个就其本性而言存在着的东西，不是一个现实的存在者，因此二者并非实在地区分开的，而这些情况恰恰也适用于第三者；因为目前看来，第三者同样只是一个**就其本性而言**同时是潜能和现实性的东西。①因此，只有当那个目前

---

① 柏拉图《法律篇》第四卷有一处值得注意的文本，它在那里被当作παλαιὸς λόγος [古老的传说]，被当作奥菲欧教派或毕达哥拉斯学派的一句格言而加以引用。如果人们理解了这句格言的真实意思，大概就应当这样翻译："上帝在自身之内包揽着开端、中介和终点，并且通过他的行动而为自己开辟一条道路，或者说坚定不移地前进，虽然他就其本性而言是恒定不动的。"对此应当这样理解：当开端、中介和终点合为一体时，就没有运动。为了有一个运动，开端或出发点（terminus a quo）、中介或中介点（terminus per quem）和终点（terminus ad quem）必须是彼此分离的。正如我们看到的，在神性存在里，开端、中介和终点是合为一体的，彼此并不排斥。那个尚且**面临着**存在的能够存在者，作为**非存在者**仍然是它自己的反面；它能够成为盲目的存在者（这是紧接着存在的东西，因此是开端），后者仍然等同于本身就**存在着的**、恒久的能够存在，而这个能够存在已经把存在抛在身后，仿佛已经将其克服（这就是终点）；同样，那个作为中介的东西虽然是actus purus [纯粹的现实性]，但并非现实地是如此，而是就其本性而言是如此，所以它本身等同于能够存在者，不但等同于第一个能够存在者，也等同于第三个能够存在者。单纯的神性**概念**并不能让这些潜能阶次彼此分离。就上帝仅仅存在于他的本质或概念中而言，假如人们希望在这里思考一个运动，这也只能是一个循环的运动。因为所谓循环的运动，就是停留于一个点上面的运动。正因如此，那个文本才指出，为了达到一个现实的运动，为了开辟上帝的一条现实的**道路**（因为运动开始于道路，不仅《旧约》和另外一些东方民族的著作，而且柏拉图在那个文本的语境里都谈到了上帝的道路，此外品达也有类似的言论），开端、中介和终点必须是彼此不同的。——谢林原注

为止仅仅就其**本性**而言**非存在着的东西**成为一个现实的非存在者，第三者才会达到一个**现实的**存在。但要做到这一点，唯一的办法就是，它通过一个**现实的**行动而被设定为非存在者，而正如你们看到的，如果要把它设定为非存在者，前提是首先得把它设定为存在者；因为，它首先必须已经是存在者，然后才可能被设定为非存在者。但它不可能凭借上帝的单纯概念或单纯本性就被设定为存在者（因为按照这个概念，它恰恰是非存在者）；因此它只能通过上帝的**意志**或上帝的行动而被设定为存在者，此外别无他法。

或许你们会说，这样一来，上帝的概念就被**推翻**了，上帝并没有因此被设定为一个现实的存在者，反而被设定为一个非存在者。但事实并非如此。毋宁说，正因为上帝就其**概念**或本性而言是一位**这样**存在着的上帝，亦即一位是 $-A+A±A$ 的上帝，简言之，**正因为**上帝就其本性而言必然而且坚定不移地是一位**大全**一体的上帝（绝对的人格性），所以他在现实中**能够**是相反的情况，同时凭借他的坚定不移的本性，他并没有真的成为另一位上帝。因为在上帝的**概念**里，第一个潜能阶次本身已经被设定为非存在者或 $-A$，所以如果它**现实地**或在现实中也是这个东西的反面，那么它之所以是这个反面，仅仅是为了作为反面而遭到扬弃，亦即在现实中重新成为 $-A$。上帝就其本性而言整个就是大全一体的，由此恰恰得出，**如果**他在那个通过**他的**本性而被规定为单纯潜能的潜能阶次里**现实地**显露出来，那么即便**纯粹的**存在者（$+A$）被潜能阶次排除了，潜能阶次也并没有因此**被扬弃**（这是上帝的本性所不允许的，因为这个本性整个是大全一体的）。之所以不可能被扬弃，因为上帝永远是大全一体者，亦即永远是三个潜能阶次的统一体。因此，当**非存在者**转变为肯定的或存在着的东西,纯粹的存在者(+A)也没有因此被扬弃,正相反,因为它**此前**或就单纯的概念而言是一个**本身**非存在着的东西,所以当它现在被第一个潜能阶次排除,就仅仅成为一个**本身**存在着的东西,也就是说,它进入一个**独有的**存在。**既然**第一个潜能阶次不再是它的**主体**(前者只有在本身非存在着的时候,才能够是它的主体),既然第一个潜能阶次**拒斥**它,不再认可它,不再是它的设定者,它就不得不返回到**自身**之内,自己成为主体,而由于它此前是一个没有任何**潜能**的**纯粹**存在者,所以**纯粹的**存在者恰恰**通过**第一个潜能阶次施加在它身上的排除或否定而在自身之内获得一个**潜能**——它成为一个**独立自主的**潜能;但由于这个潜能与它的本性相冲突(因为它就其本性而言是**纯粹的**存在者),所以它必须努力在自身之内重新扬弃这个潜能,扬弃这个否定(因为一切潜能都是对于存在的否定),重新成为那个就其**本性**而言所是的东西,重新成为actus purus [纯粹的现实性]。但为了做到这一点,它只能努力引导那个否定着它的东西(那个把它设定在否定或潜能里的东西),那个仿佛违背本性或概念而转变为**存在者**或**肯定者**的东西,重新回到其原初的非存在,回到其理应所处的潜能状态,这样它就把自己**作为**现实性而加以实现,但这不是借助于它自身之内的一个从潜能到现实性的过渡,而是借助于它之外的一个相反的从现实性到潜能的过渡。

正因为纯粹的存在者就其本性而言不是**潜能**,而是纯粹的现实性,所以它不可能像第一个东西那样直接实现自身(这个东西自在地是潜能,因此能够直接地,亦即从自身出发就从潜能过渡到现实性),毋宁说,它必须首先**获得**一个潜能,以便现实地存

XII, 86

在着。①——也就是说，它是一个只有在**第二个位置**才能够存在的东西，即第二个潜能阶次的能够存在者，而如果我们用A标示一般意义上的能够存在者，那么那个能够直接从潜能过渡到现实性的东西就是第一个潜能阶次的能够存在者，亦即A^1，因为它能够直接实现自身，除了它自己之外不需要预设别的东西。至于**纯粹的**存在者，因为它不能依靠自己实现自身，不能从潜能过渡到现实性，所以它必须首先获得一种**生命**，亦即在自身之内具有一种走向存在的能动性；就此而言，纯粹的存在者是第二种秩序的能够存在者，亦即A^2。不难理解，只要第一个潜能阶次保持为**能够**存在者，始终潜伏着，不显露出来（因为它只有作为$-A$才是A），它就是第一种秩序的能够存在者，随之仅仅是A^1；换言之，只要它显露出来，那么正如之前表明的，它就不再是潜能，不再是A；它一旦位于**存在**之上，就不再是存在的潜能或源泉，而是成为另一个东西，一个与自身不等同的东西，因此也可以说，它不再是A，而是成为B。接下来我们也希望用B来标示这个已经提升的第一潜能阶次，亦即这个已经转变为另一个东西，处于其盲目的存在中的第一个潜能阶次。

与此相反，**纯粹的**存在者恰恰是通过排除，通过第一个潜能阶次在其当前状态下作为B施加在它身上的否定，才**被提升为**潜能，并且被设定为一个不再存在着，而是仅仅能够存在的东西，亦即A^2。当那个就其**本性**而言非存在着的，因而**不应当**存在的东西，成为存在者，这个就其本性而言存在着的东西也没有因此被扬弃（神性的

---

① 反过来，那个给予它一个潜能的东西，那个把它设定为潜能的东西，本身不可能原初地就存在着，而是必须从潜能过渡到现实性之后才存在着。——谢林原注

大全一体不允许这种事情发生,因为它是一个由上帝的概念所设定的,因而必然的和不可扬弃的大全一体),而这两个现在相互排除的潜能阶次(B和A^2)又不能脱离彼此,毋宁说,**哪怕**它们相互排除,也仍然在神性统一体的强制下位于uno eodemque puncto [同一个点]。**正因如此**,这里产生出来的不是别的,只能是一个**过程**,在其中,那个本来应当是纯粹存在者的东西,虽然在它的存在中遭到阻碍和否定,却反过来试图去否定那个否定着它的东西,把后者重新带回其最初的无,带回到潜能状态,从而让自己重新成为**纯粹的**存在者,重新成为actus purus [纯粹的现实性]。

　　正如你们看到的,我们在这里断定那个与纯粹的存在者相对立的潜能阶次是可以被克服的。只要你们回想一下此前的评述,就不难理解这一点,因为真正说来,那个作为开端的潜能阶次,那个直接能够存在的东西,无非是一个安静的意志,它通过单纯的**意愿**激发自身,成为积极主动的意志,因此意志的这个**存在**,亦即我们所说的B,无非是一个**意愿**。在这个世界上,能够**进行抵抗**的东西无非是一个意愿(一切抵抗的力量都仅仅立足于一个意愿),而既然无非是一个意愿在进行抵抗,那么能够被克服的东西也无非是一个意愿。好比我们的内心里突然升起一个意愿(比如一个愤怒),在这一瞬间,我们的本性里的那种更好的和更高的东西就仿佛被驱离了自己的位置,被排除出去,尽管如此,通过安抚的劝慰,这样一个意愿必定会被重新带回到自身之内,回到其最初的无,回到其由之出发的单纯的潜能状态,为所有那些更高的和更好的力量腾出地方,让它们重新充满我们的内心。

　　那个意愿恰恰也是这样的情形。在它那里,原初的能够存在把自己提升为存在者,而我们可以把这个东西称作这样一个意志,它真正说来**不应当**发挥作用,**不应当**有所意愿,而当它**处于**其现实的存在中,就是一个**非意志**或**厌恶**(Unwille),正如**非行为**或**胡作非为**(Unthat)不是指一个没有发生的行为,而是指一个不应当发生的行为。我的意思是,那个非意志,亦即那个违背了本性、针对**本来应当**存在的东西而发挥作用的意志,相对于一个更高的潜能阶次而言是可以被克服的。这个更高的潜能阶次**试图重新夺走**那个不应当存在的东西的**存在**,但不是为了把这个**存在**据为己有,而是为了摆脱那个东西强加在它身上的独有的存在,让自己重新成为原初的非自主性,亦即Actus purus [纯粹的现实性]。但第一个潜能阶次不可能放弃它通过提升自身而获得的独有的存在,除非在它的位置把另一个东西设定为存在者,仿佛占据了它现在保持空置的位置,因此真正说来,过程的**目标**仅仅在于,让一个理应存在的东西,让一个真正应当存在的东西重新取代那个不应当存在的东西,而第二个潜能阶次之所以克服第一个潜能阶次,不是为了让自己去存在,而是为了让后者自己放弃自己,让它呼气(Exspiration),并且让它在呼气(因为它就神性存在的概念或本性而言就是这样的东西)的时候重新成为呼出者(Aushauchendes)或设定者,或用神话的语言来说,成为那个最高者的王座。唯有最高者才是理应存在的,因为它是以**两个潜能阶次**为中介才具有现实的存在,所以它既不是由第一个潜能阶次,也不是由第二个潜能阶次设定的,毋宁仅仅是由被第二个潜能阶次克服了的第一个潜能阶次设定的。正因为它以**二者**为前提,所以它是一个只能够tertio loco [在第三个位置]存在的东西,即第三种秩序的能够存在者。接下来为简便起见,我们用A^3来表示它,而我们此前已经看到，它就是那个本身就存在着的、自己掌控着自己的精神，即**不可分割的主体-客体**。

第三个潜能阶次的这个能够存在者，亦即我们所说的不可分割的主体-客体，是一个必须安然于自身的精神，一个**必然的**精神，但它**作为**精神而言始终只是潜能阶次之一，哪怕它是**最高的**潜能阶次，也仍然不是充盈者本身，**不是上帝**。相比之前所述，你们现在可以更明确和更清楚地理解把握这个虽然是**精神**，但不是上帝的第三者与上帝之间的区别。刚才我们说过，它是一个必然的精神，即一个必然是精神，**只能**是精神的东西。但上帝多于这一点，**超于**这一点；上帝是自由的精神，也就是说，上帝飘荡在那个使他是精神的东西之上，摆脱了那个东西，并不束缚于作为精神的自己，而且仅仅把精神当作他自己的一个潜能阶次，因此他**不只**是精神，毋宁也是别的潜能阶次，但他不是单独的某一个潜能阶次，而是它们的牢不可分的统一体。也就是说，上帝仅仅存在于三个潜能阶次之内，在一切东西之内作用于一切东西，但正因如此，他凌驾于诸潜能阶次之上，虽然在它们之内发挥作用，但又通过他的不可瓦解的统一体或大全一体区别于它们。

只要我们比较一下现在呈现出来的过程和此前推导出的概念，就会发现，在后者那里，存在的第一个潜能阶次总是被规定为非存在者，一个从属于更高者的东西，它是更高者的主体，并且相对于更高者而言本身并非存在者。它被规定为非存在者，但这里没有指出，它究竟是直接地还是间接地成为非存在者。诚然，借助于神性**概念**，它只能是-A，但这并不妨碍它可以通过神性意志或神性自由而成为肯定的和现实的东西。上帝恰恰是通过他的本性的必然性而获得这个自由,也就是说,正因为他的大全一体是一个必然的大全一体,所以不管他是**怎样的**,他都始终并且必然是大全一体者。在这个意义上,或者说在**这个**立场上,可以说上帝的必然性就是他的自由,因为必然性和自由在他之内是合为一体的。但对于这些公式,一切的关键在于如何正确地理解它们。哲学面临的危险,就是通过单纯的形式上的组合而制造出一些公式。但哲学和数学不一样,不会把公式看作现实的事物。在哲学里面,脱离现实事物的**公式**是毫无用处的,而且对哲学而言,最糟糕的事情莫过于有些人对现实事物一无所知,却鹦鹉学舌般重复着一些立足于现实知识的公式。

刚才我说过,没有什么东西妨碍存在的那个潜能(它按照概念而言始终应当是潜能)被提升为现实性——不是为了保持为现实性,而是为了现实地被否定,现实地**被设定为**潜能,这样一来,概念(或者说那个自在地不可扬弃的和不可瓦解的神性本性)仍然是毫发无损的。上帝仅仅外在地看来仿佛是另一个上帝,但内在地看来是同一个上帝。那些相互排斥和相互处于颠倒位置的潜能阶次仅仅是一个通过神性反讽而外在扭曲的上帝;它们是颠倒的唯一上帝,也就是说,从现象上看,那个隐藏起来的、不应当发挥作用的东西,显示出来并发挥作用,而那个应当是肯定的和显示出来的东西,却遭到否定并被设定于潜能状态。就此而言,处于这些位置的潜能阶次是一个凸显出来的或颠转的唯一者(它的内核是外在的,而它的外观是内在的),即**宇宙**(Universum),因为这个词语无非意味着一个仿佛颠转了的唯一者。你们当中某些研究语文学的人不要举卢克莱修[①]为

[①] 卢克莱修(Lucretius),公元前1世纪的罗马哲学家,伊壁鸠鲁主义者,代表作为长诗《物性论》(*De rerum natura*)。——译者注

例来反驳我（据我所知，他是唯一使用universus这个词语及其分词的诗人），即虽然unus的第一个音节是长音，他却把这个音节当作短音来使用。但在六步韵脚里，这个词语恰恰**只能**是unum versum [颠转的唯一者]，并且仅仅被当作这样一个东西来使用。——即使我们仍然把这些处于当前形态下的潜能阶次称作宇宙，你们也不应当把它理解为物质性的宇宙，即一个由具体事物构成的宇宙。**这个宇宙仍然是纯粹潜能阶次的世界，就此而言**仍然始终是一个纯粹精神性的世界。

诸潜能阶次在这个位置，作为神性的直接外观，是通过一个universio [颠转]而被设定的；这个颠转是神性意愿和神性自由的纯粹作品。按照概念而言，开端的那个潜能阶次本来应当是**非存在者**，当它成为存在者，就受到肯定，但它之所以受到肯定，只是为了被否定，因此它真正说来仍然是被否定了，而那个虚假的肯定仅仅是它的**现实的**否定的中介，正如另两个潜能阶次的虚假的否定仅仅是它们的现实的肯定的中介。在潜能阶次之间的这个张力里，神性存在并没有被扬弃，而是仅仅被**悬置**（suspendiert），但这个悬置的意图无非是要把它设定为**现实的**东西，而这件事情换了任何别的方式都是不可能的。这整个过程仅仅是神性**存在**的生产过程——**神谱过程**，这样一来，我们就找到了它的**最普遍**和**最高的**概念，并且将这个概念作为一个最为实在的概念呈现出来。相应地，诸潜能阶次的这种**神奇的转换或颠转**也解释了神性存在和生命本身的秘密。与此同时，神性的行动方式的一个普遍法则也被应用于全部科学的最高问题，去解释世界。

那些以最深刻的方式洞察了神性道路的人早就已经宣称，上帝

κατά τινα οἰκονομίαν [通过一种治理术]，亦即通过某种颠转去做一切事情，即他几乎总是展示出他真正所意愿的东西的反面（Kατ᾽ οἰκονομίαν fieri aliquid dictur, cum aliud quidpiam specie tenus geritur, quam quod vel intenditur, vel revera subest）。① 从来没有人想过，这一点也可以用来解释世界本身。当诸潜能阶次处于一种张力里，它们就不再是上帝，而是一个不同于上帝的世界，而这个世界的存在也是基于一种神性的颠转艺术，即假装肯定某个东西，实则意图在于否定这个东西，反过来假装否定某个东西，实则意图在于肯定这个东西。这不仅可以一般地解释世界，也可以解释世界的进程，以及人类生命在整体和局部呈现出的许多伟大而困难的迷局。正因如此，《圣经》才反复提醒我们应当是眼睛——这不是就这个词语的通常意义而言，而是指我们不要被事物和世界进程的外在假象迷惑，应当在存在里认识到非存在，在非存在里认识到存在。正如《圣经》本身所说，上帝是一位神奇的上帝。②

关于现在已经得出的神谱过程的概念，还需要指出一点，即我们当前的研究恰恰是由神谱过程的概念引发的，虽然一些在形式上必然的推论把我们带到这个概念，但我们当时还不能把这个概念与一个思想结合起来。也就是说，我们当时的观点是，那个神谱过程在意识自身之内具有客观的意义。但如果承认这一点，**神谱过程的**

---

① 苏伊策尔：《文集》第二卷，第459页。——谢林原注
② 多年以前，我在昔日一位著名的法国人——他有强烈的无神论倾向，但和与他同类的**许多人一样**，是一位非常正直的人（比那些追随他的偏执狂更为正直）——的留言簿里已经写道："世界仅仅是被悬置的神性存在。上帝嘲笑着那些被此蒙蔽的人，而考虑到这些人的鲁莽给他带来的娱乐，他有朝一日会仁慈地原谅他们曾经否认他的存在。"——谢林原注

概念就必须在**独立于**人类意识的情况下也具有一个意义。但设想上帝在一个运动之内生产出自身或被生产出来，这似乎违背一切被承认的概念。既然上帝本身或就他的概念而言不是被生产出来的，那么至少可以说，一个生产出上帝的过程的概念只能与一个被扬弃的神性存在相关联。但我们只能思考这样一个被扬弃的神性存在，却缺乏一切中介。现在，通过迄今的关于一神论的论述，我们发现自己处于一个位置，在这里，一个被扬弃的神性存在看起来不再是完全不可理解的。神谱过程以神性存在被扬弃为前提，这个扬弃当然不可能**绝对地**发生：这是不可能的。这仅仅是一个暂时的扬弃，它仅仅是悬置。正如你们现在看到的，那个对立的存在刚开始直接表现为一个否定着神性存在的东西，但在它的终点——它在那里被克服了，重新成为潜能，成为原初的非存在——却是间接地表现为一个把神性存在明确地设定下来，肯定着上帝的东西，而在**过渡**亦即过程里则是表现为一个生产出神性存在的本原，一个神谱本原。尽管如此，在我们更具体地展开这一点之前，我们首先要表明，universio [颠转]和由之造成的潜能阶次的分离究竟在何种意义上把一神论作为**基督教教义**呈现出来，同时也呈现出多神论的（客观的）可能性。

XII, 93

也就是说，如果我们观察universio [颠转]**之后**或**之内**的整体，就会发现，那些相互排斥的、处于相互之间的张力里的潜能阶次是神性的外观和显白方面。它们现在是**一种真实的、现实的多数性**——正如我们看到的，它们曾经在概念里不能离开彼此和相互排斥，但现在已经现实地相互排斥，即每一个潜能阶次都进入其独有的存在，与另外两个潜能阶次处于张力之中。排斥的**根据**，那个排斥一切东西，把一切东西都设定在张力之中的潜能阶次，恰恰是第一个潜能阶次,即开端的本原,那个本来不应当存在的本原;考虑到拉丁语的excludere [排斥]也有parere [生产]的意思,那么这个本原作为omnia excludens [排斥一切东西者],就是omniparens natura oder potentia [一个生产出一切东西的本性或潜能]。①因此,相互排斥的潜能阶次是外观和显白方面,反之内核和隐秘方面是上帝。上帝是**全部**潜能阶次之内的真正存在者,他在**非存在**里存在着,他作用于一切东西,就像一位使徒说的那样:ὁ τὰ πάντα ἐνεργοῦντος κατὰ τὴν βουλὴν τοῦ θελήματος αὐτοῦ [这原是那位随己意行作万事的,照着他旨意所预定的]②,而且这里甚至暗示着一个双重的意志,因为θέλημα [旨意]是一个外在的、设定张力的意志——它始终是不可撕裂的意志和绝对的原因,本身不会陷入到张力里,无论是**现在**,还是在**原初**的统一体里,都不能被看作位于诸潜能阶次**之外**,不能被看作第四个特殊地存在着的东西③,毋宁说,它虽然位于**三个潜能阶次之内**,但并不因此就是它们本身,正因如此,它作为最具有精神性的意志,不是位于颠转的潜能阶次之外,而是位于它们之内,在一切东西之内作用于一切东西——而βουλή [己意]则是真

---

① 在三个潜能阶次里,第一个潜能阶次的表现就是不排斥自身,但排斥一切别的东西。我们从一开始就已经知道,它**仅仅**是一个不能被排斥的东西,一个并非真正应当被肯定,毋宁仅仅不能被否定的东西。但它作为这个本身不能被排斥的东西,恰恰是一个排斥一切东西的 (omnia excludens) 潜能阶次,而这里最合适的做法,就是不仅注意到excludere [排斥]这个词语的逻辑意义,同时也注意到它的实在的意义,即等同于parere [生产]。这里人们也看到,逻辑概念**如何**同时是**实在的**、活生生的概念,因为它们通过自己的运动(亦即始终逻辑意义上的运动)永远都不可能成为这样的概念。有些人企图用单纯的逻辑概念去反对这些**同时**是逻辑的和实在的概念,这种做法比那种在战场上用铅制的士兵雕像去抵抗现实的、活生生的士兵的做法好不了多少。——谢林原注
② 《新约·以弗所书》1: 11。——谢林原注
③ 参阅谢林:《神话哲学之哲学导论》,第313页。——原编者注

正的意志,一个包含着**意图**的意志①,它仅仅把张力当作**中介**,实际上所意愿的却是那个在单纯的概念里非现实的统一体,因此其意图在于让这个统一体成为一个**被实现的**统一体。②上帝在每一个潜能阶次里所做的和所意愿的都是**不同的东西**(按照θέλημα [旨意]或外在的意志而言),也就是说,他在B里所意愿的是盲目的存在,而他在A^2里又否定和克服了这个存在,但按照真实的、内在的意志而言,他仅仅是唯一者,他所意愿的只有一个东西,即统一体:这是他的**意图**。人们可以说,上帝在每一个潜能阶次里面都是不同的人格性,因为那个意愿着B的人格性显然不同于那个克服了B的人格性,但他本身并没有因此成为多个或多数上帝;他始终是唯一者。从这个角度来看,以上所述与基督教关于上帝的三个人格性(位格)的学说有某种相似之处,而我们也看到,**为什么这种学说虽然与一神论联系在一起,同时却是刚才所说的概念的一个更高的应用**。③

如果我们可以接受一件虽然现在还没有得到证明,但将会得到证明的事情,即那个通过universio [颠转]而设定的过程就是创世的过程,那么真正说来,创世就是基于上帝在三个不同的人格性里发挥的作用。正是这些以罗欣构成了创世的**内在的**、隐秘的历史,因为按照摩西记载的创世历史,他们商量着创世的事情,然后说:"让我们造人!"④假若人始终位于他原初地所在的内核,他就会和这些

---

① 参阅《新约·雅各书》1:18中的那个意味深长的βουληθείς [旨意]。——谢林原注
② 上帝为了让那个在他自身的概念之内设定的统一体成为**现实的**统一体,就把这当作一个过程的目标和终点,因此这个过程必然是始于统一体的一个颠转。——谢林原注
③ 一神论虽然与三位一体学说联系在一起(参阅前面第79页),但和后者不是同一个东西。——谢林原注
④ 参阅《旧约·创世记》1:26。——译者注

神性人格性（以罗欣）本身打交道。但人被驱逐出内核了，而在这个纯粹外在的或显白的立场上，他也落入了各个单纯的潜能阶次手中。在这个立场上，多神论是**可能的**，也正是在这个立场上，一神论作为**独断的立论**或**教义**（Dogma）才具有意义。教义必须有一个对立面。数学和全部纯粹理性科学的学说都不承认任何对立面，因此那些必然的真理不是独断的立论或教义。① 只有在当前的立场上，一神论作为教义才具有**意义**。也只有这里才可以合理地说，上帝（即那个本质上是大全一体者的上帝）之外**没有别**的上帝，反之在早先的立场上（在那里，**一切**存在都属于上帝）却只能说，上帝之外**不可能有**别的上帝，换言之，那里不是没有**别的**上帝，而是没有另一个上帝的**可能性**。但在这里，现在我们可以说，上帝（即那个本质上必然是大全一体者的上帝）之外没有别的上帝，或者说那位本质上是大全一体者的上帝是唯一的上帝。②

这个立论包含两点。**第一，一般而言**，上帝之外有某种东西。因为即使在这里，一神论也具有**约束**意义；它并不否认上帝之外的某种东西，而是仅仅否认一个存在于**上帝**之外的东西（就此而言，虽然

---

① 自从康德以来，人们普遍认为，斯宾诺莎主义是首当其冲的独断论，甚至是独断论的完满体系；如果这仅仅是指方法而言，那么最应当反对的就是这种观点。而如果它所指的是体系的内容，人们就必须反过来说，这个体系的独特性毋宁在于它完全缺乏一切独断的和肯定的东西，因此它是非独断论的完满体系。——谢林原注

② 此前所说的唯一性不是来自上帝的存在；因为上帝本身只有借助于那种排他性（我们曾经将其称作绝对的唯一性）才是上帝。但现在的唯一性却是来自上帝的存在。我们甚至可以说：它并非仅仅是上帝的**唯一性**，而是**作为上帝的上帝**的唯一性。这里主张的是**上帝自身之内**的一种唯一性，它不是一种单纯**自然的**、**质料意义上的**、仅仅借助于某个并非**上帝本身**的东西而归属于上帝的唯一性，而是一种形式意义上的、现实的、精神性的唯一性，简言之，**一种神性的唯一性**。——谢林原注

这个东西在这里已经被预设,但在最初的立场上,在上帝仍然只是存在者本身或普遍的本质时,却不可能被预设),它并不否认上帝之外有**某种东西**,并不否认这种东西的存在,而是仅仅否认其具有神性。这个命题的意思并不是说,只有大全一体者**存在着**,而是说,只有大全一体者**本身**,亦即那个本质上的大全一体者(那个甚至在分裂状态下本身也仍然保持为大全一体者的东西),是真正的上帝。也就是说,正如只有在这个立场上才可以谈论唯一的上帝(其意思是否认了**上帝**之外的一位**上帝**),随后将会表明,也只有这里才可以谈论**真正的**上帝。简言之,为了宣称上帝**之外**没有别的上帝,就必须承认,一般而言上帝之外有某种东西,而这一点只有在当前的立场上才成立,因为不管怎样,潜能阶次是上帝**之外**的某种东西,虽然不是extra Deum [位于上帝之外]的某种东西,却是paeter Deum [除了上帝之外]的某种东西。

第二,这个在上帝之外**存在着**的东西不是绝对的**非**上帝,比如不是那些具体的、仅仅后来生成的、与上帝根本没有可比性的事物。或许人们会说,多神论确实是把具体事物当作神来崇拜,比如拜物教徒就崇拜石头、木偶、动物爪子等等,甚至在埃及,类似于神牛阿匹斯(Apis)这样的动物也被当作神来崇拜。但首先,甚至在多神论的内部也可能再度发生退化或堕落,而多神论里的**原初的**崇拜肯定是指向某种不同于具体事物的东西;其次,即使人们不愿意承认这一点,我们仍然很怀疑,哪怕是拜物教徒,他们所崇拜的究竟是具体事物**本身**呢,还是在祈祷的时候仅仅偶然地想到这些具体的事物。简言之,为了宣称上帝之外没有别的上帝,还需要承认,那个在上帝之外**存在着**的东西并不是某种根本不能被看作上帝的东西(比如那

XII, 97

些仅仅后来生成的事物），而是按照某种方式确实可以被看作上帝，哪怕它并非直接就**是**上帝，而这一点恰恰是神性存在的那些如今被设定在张力和相互排斥关系中的潜能阶次的本性，因为不管怎样，它们是 aliquid praeter Deum [除了上帝之外的某种东西]。当它被设定在统一体之外，就不是上帝，但并不因此是无，毋宁确实是某种东西，而从另一方面来看，它们也不是具体事物，而是精神性本质，或者用拉丁语来说，是 potentiae purae et ab omni concretione liberae et immunes [一些摆脱和脱离了全部具体事物的纯粹潜能]，是外在的以罗欣，而不是**内在的**以罗欣，他们虽然不是上帝，但也不是绝对的**非**上帝，也就是说，并非就质料而言也**不是**上帝；他们是被设定在他们的神性之外的潜能阶次，但正因如此，他们本身就能够被重新设定在他们的神性之内，所以他们虽然并非现实地就是上帝，但就潜能而言确实是上帝，而现在看来，他们在相互排斥的时候，至少已经是一些**生产出**上帝的潜能阶次，即神谱的潜能阶次。

正如你们看到的，我们现在已经非常接近于我们的研究对象。按照希腊语的用法，"神话"和"神谱"是同义词。希罗多德甚至谈到了波斯人的一个神谱。我们在研究希腊神话时所依据的主要文本，就是赫西俄德的一部被称作《神谱》的诗作。

XII, 98

人们也可以这样表述作为一种学说或教义的一神论：只有那个没有同类者的唯一者才是上帝。但这已经预先设定，存在着这样一些东西，它们不是唯一者，而是有其同类者；潜能阶次就是如此，它们是彼此的同类者，而在**这个**意义上，没有哪一个潜能阶次是唯一的。好比当我们向一个人教导一神论的时候，会对他说："不要把那些多数的、具有同类者的神当作上帝，而是应当把你看到的唯一神当作上帝，他与多数的神不是处于同一个水平，而是作为他们的统一体**超于**他们之上。"但这个教导如果是可理解的，就已经预设被教导的人确实看到唯一神的旁边和外边有多数的神，而且这些神必须具有这个特点，即我们之所以说他们不是上帝，并非简单地因为他们是多数的，而是因为他们是**多数的神**，即一些外在于彼此的、相互排斥的神。因此，一神论（不再仅仅作为概念，而是作为教义）如果具有意义，那么多数的神必须实际上是一些相互排斥的神，而且他们并非绝对地不是上帝，而是只有**作为多数的神**并且相互排斥的时候才不是上帝，因此人们同时也承认，他们在统一体里确实是上帝，他们如今作为外在的以罗欣当然不是上帝，但作为内在的以罗欣却能够是上帝。既然泛神论的意思是：那个是唯一者的上帝是真正的上帝①，如果我不是在真正的上帝之外预设了多数的神，那么这些神单纯从**质料**上来看并非绝对地不是上帝，毋宁仅仅不是真正的上帝，但至少也是虚假的上帝，否则我们怎么可能谈论**真正的**上帝，并且在一种被宣布为教义的一神论里谈论这位上帝呢？②

通常的神学都认为，上帝之外只有具体的、受造的事物；因此对它而言，"上帝之外没有任何东西"这个命题的意思仅仅是，事物不

---

① 一位使徒（《新约·加拉太书》3:20）把作为学说的一神论表述为：ὁ θεὸς εἷς ἐστι [神是一位]。而我们可以这样翻译这句话：那个是上帝的神，是唯一的，或者说是唯一神。——谢林原注
② 在作为单纯的**概念**（而非作为学说）的一神论里，这种多数性是一种纯粹潜在的多数性。这样一来，我们就能够否认这种多数性是诸神的一种**可能的**多数性，并且通过一种预见或先行论断（Prolepsis）而宣称，哪怕这些多数的神现实地作为神而显露出来，他们也不是多数的神，而这意味着，他们不是可能的神。这已经预先宣称**未来的**现实的诸神是不可能的，而一神论作为明说出的教义却反过来宣称，上帝之外没有**现实的**诸神。但这两个主张都预先设定，这些多数的神至少也是虚假的上帝。——谢林原注

是上帝；但单纯的事物既不能被看作虚假的上帝，也不能被看作真实的上帝。虚假的上帝只能是那样一些神，他们至少具有上帝的假象。但单纯的事物根本不是虚假的上帝。与此相反，那些分裂的潜能阶次却**能够**被看作上帝（哪怕是以错误的方式），因为他们虽然不是真正的上帝，但并非在任何方面都是非上帝。诚然，当它们处于这种张力里并且被包揽在其中，实际上就不再是上帝，尽管如此，它们始终是**那种在其统一体里就是上帝的东西**，并且不仅不是无，也不是**事物**，而是**纯粹的潜能阶次**，是纯粹的、就此而言**神性的力量**，它们虽然在分裂的时候不是上帝①，但正因如此仅仅**现实地**不是上帝，而非绝对地或在任何意义上都不是上帝，以至于就单纯的**力量**而言也是非上帝；当前的研究的唯一目的是去解释异教或多神论，因此它恰恰关注的是，某种东西虽然**不是真正的上帝**，但并非**绝对地**是非上帝，毋宁实际上能够是一种主导性的力量。甚至《旧约》在很多地方也不反对诸神的实在性，而是仅仅宣称，其中没有一个是真实的、真正的上帝。②按照《旧约》的教导，真实的、真正的上帝始终只是唯一的上帝，即那个是唯一者的上帝。③

当三个潜能阶次被设定在张力之中，上帝就显现为这个唯一者，或者说在他的唯一性**之内**显现出来。因为潜能阶次一方面等同于他，但另一方面毕竟不是他本身。因此，当他把潜能阶次设定在张力

---

① 促成分裂的、打破统一体的东西（τὸ διαβάλλον τὴν ἑνότητα）是第一个潜能阶次。——谢林原注
② 比如《旧约·撒母耳记下》7：23。而在《旧约·出埃及记》15：11，摩西曾经高喊："诸神之中谁能像你？"——谢林原注
③ 《旧约·以赛亚书》45：18。——谢林原注

中，潜能阶次就不再等同于他，而他则是作为他本身而显现出来并屹立在那里，这时他仿佛已经把他的存在的质料从自己那里排除出去，而他则是存于他的绝对纯粹性之内，在这里，他不是等同于存在，而是等同于本质。①在这个意义上，一神论恰恰是与斯宾诺莎主义针锋相对的，因为在后者那里，上帝是普遍的本质，或者说是唯一的**东西**。也就是说，只要上帝仅仅是被绝对地设定下来，上帝本身（他本身）就仿佛仍然被存在遮蔽着，而存在实际上是上帝之内的一个隐蔽的东西。在斯宾诺莎主义那里，上帝仍然是πᾶν [大全]，因此他必须能够摆脱这个东西，以便在他的真正的唯一性之内显现出来。——上帝的原初存在恰恰在于，他是全部潜能阶次的统一体。反过来，潜能阶次在它们的统一体或非差别之内就是上帝的存在。因此，当上帝把潜能阶次设定在张力之中，他其实是放弃了这个存在，这样一来，他就作为他本身，在他的超然于一切东西的孤独性和唯一性中，屹立在那里。"唯一性"这个概念包含着"**孤立**"和"**分离**"等概念，因此可以说这恰恰是上帝的原初概念，因为他孤立于所有别的东西之外，绝不是等同于**一切东西**，而是**没有任何同类者**（即毕

---

① 按照古代神学家的说法，上帝是超实体的本质（οὐσία ὑπερούσιος），比如帕希梅尔斯在为伪狄奥尼索斯《神圣的名字》撰写的评论中就说：Κυρίως οὐσία ἐπὶ θεοῦ οὐκ ἂν λέγοιτο, ἔστι γὰρ ὑπερούσιος [确切地说，实体不是位于上帝之上，正相反，上帝是超实体的]。至于后世的神学家的观点，可参阅格尔哈特《神学要义》第三卷，第251页，第60节。大马士革的约翰在这个意义上甚至说，上帝是ἀνούσιος [非实体的]。此外值得注意的是，ὑπερουσιότης [超实体]这个规定已经意味着，上帝是一个"他"，不是一个单纯的"它"（因为任何一个是"他"的东西都始终也可以被看作是一个"它"，但反过来却不行）。——谢林原注（译者按，帕希梅尔斯 [George Pachymeres, 1242—1310]，拜占庭神学家。伪狄奥尼索斯 [Pseudo-Dionysius] 是活跃于公元500年前后的一位用希腊语写作的神学家，他的《神圣的名字》和《神秘神学》等著作是神秘主义思想的重要来源）

达哥拉斯学派所说的：ἄτερος τῶν ἄλλων [不同于一切东西]），并且在这个意义上是唯一者。①人们经常说，关于上帝，能够设想的最高概念是"神圣者"。但从语法上来看，至少在希伯来语里（这是这个概念的真正来源），神圣者本身就是指一个孤立于一切的东西。②

---

① 上帝本身不是绝对的无差别（一个不可能有别于任何东西的上帝），而是绝对的差别（一个没有同类者的上帝），因此是一个**绝对地已规定的东西**（id quod absolute praecisum est），一个就其本性而言与一切决裂的东西，一个绝对孤独的东西，一言以蔽之，最高意义上的**唯一者**；假若上帝仅仅是**普遍的本质**，那么"唯一者"这个词语的用法就是完全错误的。——谢林原注

② 在现存的一份**较早的**讨论一神论理论的手稿里（前面已经提到过这份手稿），下面的内容谈到了"**数目**"概念如何应用于上帝，而这里看起来有必要把它们摘录如下：

正如此前表明的，对于绝对的上帝，当我们说他**外在地看来是唯一的**，或者说**在他之外没有别的上帝**，这仅仅是一个完全空洞的同语反复，甚至带有一丝荒谬的意味。但同样的说法却可以正确地适用于现实的上帝**本身**，他作为纯粹的现实性，不是被绝对地看待，而是被看作一个明确地与实体区分开的东西。因为命题的主词已经有所不同。在前一种情况下，主词无非是一个只能以排他的方式存在着的上帝，这个时候再去宣称在他之外没有别的上帝，纯属多此一举。但在后一种情况下，主词（就实体而言）毋宁**不是唯一的**上帝，而那种绝对的、原初的、非属性意义上的唯一性已经成为这个仅仅在现实中是唯一者的上帝的属性，因为他仿佛已经把那个排他的能够当作他作为上帝而存在的基础。在抽离实体的情况下，甚至**特定的**上帝也可以被称作**数目上唯一的**。数目上的多样性表现为A+A+A……，也就是说，这种多样性以多数东西存在着为前提，这些东西按照那个位于根基处的东西（质料，等同于A的本质）而言是同一个东西，但按照存在的现实性而言却是彼此不同的。现在，如果现实的上帝作为现实性可以与那个位于根基处的东西区分开，他就**一般地**等同于那些在数目上能够为多的事物，但数目的概念绝不可能应用于绝对的上帝，因为在这个上帝之内，既不能谈到一个只能被认为与现实性有关的、位于根基处的东西，也不可能谈到一种现实性。因此，按照这个区分，一般而言，现实的上帝本身从属于数目的概念。但从特殊的地方来看，他又非等同于那些在数目上能够为多的事物，因为那个位于事物的根基处的东西是一个能够以不确定的方式重复自身的东西，反之那个位于上帝的根基处的东西就其本性而言却是一个**不能够多次存在的东西**。就此而言，上帝又脱离了事物的类别，而在这个意义上，他是唯一的，任何别的东西都不是唯一的——因此按照上述理由，上帝**只能**是唯一的。

也就是说，现实的上帝本身确实（外在地看来，这是这里首先必须额外想到的）现实地是唯一的，因为他本身恰恰是现实性。与此同时，他虽然是现实地存在着的上帝，（转下页）

如果多神论只有通过潜能阶次才能够得到解释，如果一神论作为教义只有在与这些潜能阶次的关系中才具有意义，那么很容易看出，为什么哲学家和神学家不但在解释多神论的时候遭遇到巨大困难，而且在主张一神论本身（这是全部教义里面的最初和最根本的教义）的时候也根本不能表明它具有一个现实的**意义**，反而看起来只是一种单纯而空洞的同语反复。按照通常的解释，一神论仅仅

（接上页）却**并非仅仅**（无论人们怎么设想这件事情）**通过他的存在的现实性而是唯一的**，因为他是这样的唯一者，其反面是不可能的。这是一些看起来相互矛盾的规定，即数目上的唯一存在完全是以现实性为前提，而那个在这个意义上**只能是**唯一者的东西是某种本质上的、实体性的东西。只有通过我们的推导，这些规定才能够协调一致。也就是说，当现实的上帝被看作抽离了实体（而非仅仅区别于实体），就根本不是一个**在本质上必然**的唯一者（一个**只能**是唯一者的东西）。因为在他之内没有任何本质上的东西，因为他是纯粹的现实性。这个上帝单独看来，在抽离了那个已经成为他的质料的东西的情况下，并非必然是唯一者，毋宁说，如果这个相对于他而言表现为单纯本质（非现实性）的东西并非**只能**是唯一者，那么现实的上帝的概念里面就没有什么东西阻止第二个现实的上帝出现。但由于这个只能是唯一者的东西是一个能够以排他的方式存在着的东西，或者说是一个**以排他的方式存在于单纯的可能性中的东西**，就其本性而言不可能多次存在，所以第二个上帝是不可能的。也就是说，现实的上帝之所以在数目上是唯一的，是因为现实性就本质而言仅仅**能够**是唯一的（因而在数目上不是唯一的）。那个将唯一性外在地陈述出来的命题，其真正的意思是：那个现实地是唯一者或唯一的**存在者**的上帝，同时是**唯一可能**存在着的上帝。这里所缺失的仅仅是第二个上帝的可能性或前提，或更清楚地说，第二个上帝的质料。并非上帝把别的上帝排除到自身之外，因为"排他性"概念根本不能应用于上帝，毋宁说，正因为上帝的那个可能性本身具有排他的本性，并且不可能多次存在，所以现实的上帝仅仅是唯一者。

这个观点也解释了另外一些问题，比如为什么某些神学家（这一点在约翰·格尔哈特那里可以说是确凿无疑的）会说，数目上的唯一性刹那间被设定下来，刹那间又被扬弃。此外也解释了表述上的差异性，也就是说，为什么他们虽然全都承认这种外在地看来的唯一性是一种必然的唯一性，但又总是满足于说，上帝之外**没有**别的上帝。实际上，对于那个是纯粹现实性的上帝，人们也只能说，他**是**唯一的，尽管这并不妨碍从另一个角度看，亦即就质料而言，上帝仅仅**能够**是唯一的。除此之外也解释了这种唯一性的纯粹否定的意义。因为当人们听到"上帝是唯一的"这个说法时，他们当然会期待，**在上帝自身之内**，亦即在唯一性谓述的那个上帝之内，找到这种唯一性的肯定的根据。——原编者注

意味着，大全一体的上帝之外没有一个同样大全一体的上帝，但这是一个无意义的说法。多神论并非认为真正的上帝（亦即本质上大全一体的上帝）是多数的，而是仅仅认为根本没有这样的上帝；它没有认识到这样的上帝，而是认识到那些分裂的潜能阶次，并且把它们看作神的多数性。接下来，当潜能阶次的分裂（这是我们必须承认的）导致了一个过程，那么**上帝**在每一个层次上仿佛都处于转变中，于是每一个层次上都有这个**转变中**的上帝的一个形态，亦即都有一个神，又因为这是一种持续推进的转变，所以就产生出诸神的一个序列或一种相继性，而这才是真正的**多神论**（Vielgötterei）。

因此，多神论之所以是可能的，**唯一的**前提是，同一个东西，亦即上帝，既能够是单一的，也能够不是单一的，换句话说，那个在其超实体的统一体里是上帝的东西，能够作为实体而发生分裂（一神论并不否认这一点，而是仅仅否认这个分裂的东西是上帝）。有些对神话进行哲学思考的人以为，只要掌握了一神论的概念这个工具，就不但可以表明**真正的**多神论是不可能的，甚至还可以支持他们的那个猜想，即异教的诸神仅仅是被误解的自然力量的人格化，但这些想法仅仅表明，他们所说的"一神论"实际上不是一神论。一神论不可能这样主张一种**必然的**唯一性，仿佛多神论是一种**绝对**不可能的东西似的。毋宁说，一神论本身只能是教义，而多神论是某种客观上可能的东西。众所周知，教义和拉丁语的decretum [决断]一样（这个词语同样被用来指一些主张和定理），首先意味着一个决断，然后才意味着一个主张。教义是某种必须被主张的东西，因此如果没有一个矛盾（一个对立面），它就是不可想象的。一位使徒曾经说过，魔鬼（亦即那些完全背离了神性统一体的本性）也**相信**"只有一位上帝"，对此战战兢兢①，而这个信仰必定完全不同于并且强于当今的那些道德化的神学家的信仰，因为就像一句谚语所说的，这些神学家仅仅让上帝充当一个老好人，并且认为上帝远离世界，与那些被设定在世界中的分裂的潜能阶次最多只有一种否定的关系。

上帝是潜能阶次的超实体的统一体，如果这些潜能阶次在世界里是外在的和显示出来的东西，反之上帝却是隐蔽的东西，如果人的意识在起步阶段就逾越了原初的本质性并落入分裂的潜能阶次的王国，那么多神论对人的意识而言就是某种自然的东西，反之一神论却只能显现为某种在完全与现实性相矛盾的情况下被主张的东西。我们之所以觉得不是这样，我们之所以觉得一神论是这个世界上最简单的事情，只不过是因为我们的意识——当然，以一种现在还无法解释的方式——被设定在早先的人类所处的潜能阶次的实在的张力之外；但是，随着自由的反思日益占据主导地位，我们在这个方向上也愈来愈被设定在活生生的统一体之外，随之陷入一种完全的归零状态，而今天的神学家们却把这种归零状态称作纯粹的精神性宗教或道德宗教。②难道人们没有发现，当自然界愈来愈摆脱一切神性，降格为单纯的、僵死的堆积物，一神论也随着同样的节奏愈来愈退化为一种空洞的、无规定的、无内容的有神论？对于一种重新觉醒的和更高级的自然观，首先跳出来表示反对的恰恰是那种单纯否定的、绝对无能的有神论的追随者，这件事情仅仅是一个偶然

---

① 参阅《新约·雅各书》2: 19："你信神只有一位，你信的不错；魔鬼也信，却是战兢。"——译者注
② **活生生的**统一体同时是**大全**；通过大全，统一体成为一个充实的、活生生的统一体。——谢林原注

呢，还是出于一个完全准确地感觉到的本能？今天的理性主义者自认为已经远远超越了异教。但如果人们认为自己超越了某个东西，那么他们必须已经**理解把握**这个东西，而不是通过一些可怜的或愚昧的猜想把这个东西化解掉。所谓的有教养者只不过是一群庞大的**乌合之众**，如果要对他们的教养做出一个真正的判断，那么只能说，他们所谓的教养在**无知**和盲目性方面和**盲目的**异教是不相上下的。

只有在发展过程如今达到的这个立场上面，我们才认识到一神论如何在一般意识和生命中显露出来。但一神论本身必须在生命中逐渐失去自己的意义，因为这个意义一定需要某种东西，这种东西位于上帝之外，但又并非绝对地不是上帝。很长一段时间以来，我们的神学和哲学都不知道上帝和具体事物之间有别的什么东西，它们只知道除了上帝之外就是具体事物。就具体事物**存在着**而言，它们本身的鲜明特征就在于它们是后来形成的东西，而且是极为偶然地，甚至是通过一系列偶然事件才形成的东西；现在如果有人说这些事物不是上帝，那么这真的不是什么特别高深的观点。那些只知道说出这类观点的人，充其量只能说给非洲内陆的黑人民族或另外一些拜物教徒去听。

如果我们的这种关于一神论的理论首先真正解释了异教的产生过程，那么它或许也就解释了，为什么要区分上帝本身或**自身之内的上帝**（不可见的上帝）和自身之外的上帝，即那个在分裂的潜能阶次里仍然始终存在着的上帝（因为正如此前所说，潜能阶次并非绝对地不是上帝，毋宁仅仅是被设定在自身之外的上帝，仅仅是颠转的、反转的上帝本身）；与此同时，这个区分或许可以解释《旧约》的某些谜题，尤其是其中的一些表述，它们不能应用于真正的上帝（即那位在其绝对的精神性中的耶和华),但另一方面又以一种过于独特方式被使用,以至于我们根本不能按照通常的方法将这解释为**一种纯粹**形象化的修辞。也就是说,虽然它们确实是一些形象化的修辞,但这仅仅是因为上帝自由地设定了潜能阶次的分裂,但它们在这个张力中仍然是合为一体的;它们**从未**绝对地分离,因此任何一个潜能阶次无论什么时候都不可能单独存在,正相反,它们在这个分裂**之内**始终被设定为统一体,而这个事实恰恰把它们设定在一个必然的过程之内,因为假若它们能够完全彼此分离,那么就没有过程。简言之,正因为潜能阶次始终以某种方式合为一体,仅仅是反转的唯一者,所以它们实际上仅仅是一个被设定在自身之外的、形象化的上帝,而只有通过这个方式,人们才可以把那些表述称作一种形象化的表述,也就是说,这些所谓的形象化表述虽然不适用于就本质而言的上帝,却适用于那个存在于潜能阶次的张力中的上帝。在这里,究竟是把潜能阶次看作上帝本身,还是不把它们看作上帝,甚至不把它们看作形象化的上帝,这是一个巨大的区别——后者也是一种无神论,正因如此,单纯而抽象的有神论表明自己不但完全没有能力去理解那些表述①,而且不能理解另外一些现象,即异教和神话以最为鲜明的方式凸显出来的那些现象。

到此为止,我不仅给你们展示出一神论的真正概念(它既是概念,也是教义),而且指出,从这个概念出发,多神论如何显现为某种

---

① 这里或许也包括那个并不罕见的反讽,即在违背常规的情况下,"上帝"这个名词的单数形式与(标示着一个行动的)动词的复数形式结合在一起,比如《旧约·约伯记》35:10所说的"那些造我的上帝",也就是说,这些上帝虽然在现实中显现为多数的,但仅仅是唯一的上帝。——谢林原注

自然的东西，即某种并非绝对不可能的东西。现在，我既然已经指出一神论的这些一般情况，接下来需要做的事情就是去揭示出人的意识里的一神论，并且揭示出，一神论在人的意识里如何过渡到神话（过渡到多神论）。

第六讲
神谱过程与人的意识的关系

我们首先追问：一神论与**人的意识**有一种**原初的**关系吗？为了回答这个问题，首先必须解释那个一般地把意识设定下来的过程。因此我们回到那个通过神性的universio [颠转]而设定的过程，而我们已经知道，这是一个神谱过程。正如我们看到的，处于张力中的潜能阶次有一个活生生的纽带，使得它们一方面彼此排斥，另一方面又不能彼此分离，而这整个活生生的纽带仅仅是那个（通过别的方式）不可能存在着的绝对精神的实现方式，因为绝对精神是在自己的最终产物里，在它的整个通过per contraium [反其道而行之]才达到目的或目标的作用里，才等同于那个作为精神而被设定的精神。我想说的是，只有**经过过程之后**，这个精神才现实地作为绝对的、凌驾于全部潜能阶次之上的精神而得以实现。

但人们可能会问，这个让上帝在其中实现自身的过程，究竟是为了什么呢？① 对于**他自身**而言，这个实现是不必要的。哪怕没有这个

---

① 在过程之前，上帝在他的存在的初步概念里已经知道自己是大全一体者。这个存在也被称作他的**原初的**存在。但通过过程，他把自己作为大全一体者而加以实现，也就是说，他使自己**现实地**成为他在此之前已经**就其本性而言**所是的东西。假若他不是就本性或概念而言已经是大全一体者，他也不可能使自己现实地成为这样一个东西。——谢林原注

实现,他也知道自己是不可超越的大全一体者。也就是说,这个运动或这个过程对上帝而言是没有结果的。那么究竟什么东西能够推动他做出一个自由的决断,让自己在这个过程中显露出来呢?这个决断的根据不可能是上帝针对**自己**而想要达到的一个目的。它必定是某个除了上帝之外(praeter ipsum)的东西,是上帝希望通过这个过程而达到的东西,这个东西尚且**不存在**,但应当通过这个过程产生出来。你们很容易看出,这个尚且不存在,但能够通过那个过程而存在的东西,只能是受造物,是上帝已经洞见到的一个未来的、可能的东西。由此可知,要么这个已经被称作神谱过程的过程**没有**目的,要么它必定同时是创世的过程。但这起初只是一个辩证的推论,还没有通过事实而得到证明和揭示。因此我们必须表明,我们所认识的神谱过程同时是创世的过程(但这个过程必须与创世的行为区分开,因为它仅仅是后者的结果①),我们必须指出,那些本原或潜能阶次(我们已经认识到它们是神谱过程的潜能阶次)恰恰是**此前不存在的事物**的一个**可能的**产生过程的原因。这里请你们注意:直到目前为止,都还没有任何具体的事物。迄今为止,在我们的推演里,一切东西都仍然是精神性的。哪怕是那个对立的本原,那个作为质料或可变形的主体而位于整个过程的根基处的东西,本身说来也不是什么具体事物,而是等同于一个已经发挥作用的意愿,也就是说,直到现在为止,在它受到相反的潜能阶次刺激之前,它在它的无限制状态中都是一个与一切具体事物相对立的东西。因此我们在**这里**首先

---

① 只有在阐述肯定哲学的时候才可以谈到创世的**行为**,反之这里的意图仅仅在于通过**分析**的方式去理解一神论,并且通过一神论而找到理解多神论(神谱运动)的钥匙。只有在对于这个目的来说必要的情况下,才会展开创世的理论。——原编者注

要推进到具体的事物。因为具体事物仅仅产生于潜能阶次的共同作用。为了指出这一点，同时为了指出此前不存在的东西如何从这个共同作用中显露出来，我们必须回想一下那个一般地通过潜能阶次的张力和相互排斥而设定的过程。因为在接下来的整个进程里，我们都必须处理这些潜能阶次。我们必须经常观察它们和熟悉它们，以便将来在每一个形态里重新认识到它们；这是一件很重要的事情。

XII, 110

正因为潜能阶次相互排斥，但又不可能绝对地彼此分离，而是不得不仿佛挤在同一个点，所以在这些相互排斥而又不可能绝对地彼此分离的东西之间必然设定了一个过程。那个通过直接的神性意志而产生出来的存在以排斥的方式作用于纯粹的存在者，于是后者遭到否定，并返回到自身之内。恰恰通过这个排斥，纯粹存在者不得不成为一个独自存在着的东西，因此它是通过排斥而**实体化**了。通过那个仿佛出乎意料地产生出来的、全新的存在，通过B，纯粹存在者本身被设定在纯粹的现实性之外，**潜能化**了（所有这些表述仅仅说出同一件事情）；当它遭到否定，或者说当它被设定为**非存在着**，这件事情就给它提供了一种自身之内的存在，而它此前是存在于自身之外，并没有回归自身；否定使它成为一个必须存在者（一个必须把自己树立为存在的东西），这个东西没有去发挥作用或不去发挥作用的自由，它就其本性而言只能是这样一个意志，其意图在于把那个真正说来**不应当存在**的本原重新带回到其原初的潜能之内（好比一个意志能够被带回到潜能之内）。但这个就其本性而言仅仅发挥中介作用的本原之所以否定第一个不应当存在的本原，并不是为了独占这个潜能阶次所放弃的存在，而是如之前所说的，为了让那个被克服的、以退为进的东西本身去设定一个最高的东西（应当存在者），因为唯有这个最高的东西才有资格是那个本身就存在着的精神。这个应当存在者是只有tertio loco [在第三个位置]才能够存在的东西，因为只有克服了不应当存在者亦即B之后，应当存在者才是现实的。就此而言，为了让它成为现实的，需要两个前提：一个是不应当存在者，亦即B（它必须首先是现实的），另一个是否定或克服了不应当存在者的东西，亦即A^2。因此，应当存在者本身是第三种秩序的能够存在者，亦即A^3。它本身不可能（直接）克服不应当存在者，因为否则的话，它就是必须存在者，并且在存在里会成为一个发挥作用的东西，而不是成为一个自由地既可以发挥作用也可以不发挥作用的东西，一个能够按照自己的意愿把自己的存在当作开端而行动的东西。①

因此，这个过程是这样的：首先，通过单纯的神性意愿，设定了存在者亦即B。这个东西不能被看作**恶**，因为任何通过神性意志而存在的东西，只要是通过神性意志而存在，就不可能是恶的，毋宁仅仅不是一个**应当存在**的东西，不是**目的**，也就是说，它是**中介**或**手段**。一切手段都不是真正应当存在的东西，否则它就是目的，不是手段。但正因如此，手段本身不是恶的。这个首先在存在里显露出来的东西亦即B直接地仅仅作用于纯粹存在者，把后者设定为必须存在者，但间接地也作用于第三者；因为，如果没有不应当存在者，那么也不

---

① 换言之，它作为**应当存在者**，就是**非存在者**，必须遭到否定，并与存在**隔离**；为了让它**存在**，这个否定必须被克服，但不是由它自己去克服；因为否则的话，它在现实性里就不会成为纯粹的自由，即一个既可以行动，也可以不行动的东西。因此，否定必须是通过一个居间者或发挥中介作用者而被克服，而在这种情况下，应当存在者就以**两个东西**为前提：一个东西把它排斥到存在之外，而另一个东西则把这个排斥者带到非存在，带到呼气。——谢林原注

可能有应当存在者。但是，如果那个在存在里显露出来，并且把一切别的东西从存在那里排斥出去的本原重新被带回到**自身之内**，它就腾出了它此前占据的空间，所以它不可能本身又回归非存在，除非在它空置出的位置又设定另一个东西去取代它——这不是那个已经被B克服的东西，B之所以**存在着**，仅仅是为了克服那个东西，而且B唯一的要求就是回到自己的原初的无潜能的、被放任的（gelassenes）存在；被放任的存在等同于不包含意志的存在；意志只有通过否定才被设定在这个存在之内；这个存在不意愿任何东西，因为它是纯粹存在者，而为了去意愿，它必须成为非存在者。简言之，如果B被带到呼气，腾出它曾经占据的空间，那么为了让它回到非存在，就必须设定另一个东西去取代它，但这不是那个已经被B克服的东西，而是一个第三者，亦即那个应当存在者，而我们预先已经看到，它只能存在于第三个位置。

因此，一般而言，潜能阶次之内有同样多的**原因**（αἰτίαι），而且是**纯粹的**（纯粹精神性的）原因，特别是毕达哥拉斯学派先于亚里士多德已经认识到的那三个原因，只有当它们共同发挥作用，某个东西才会产生出来或确立下来。也就是说，第一个是质料因（causa materialis），或者说某东西**由之**产生出来的原因。质料因是不应当存在者，亦即B，因为它在过程里发生变化或变形，逐渐转化为非存在，转化为单纯的能够。第二个是作用因（causa efficiens），一切东西都是**通过**它才出现的。它在当前的过程里就是A^2，因为是它让第一个潜能阶次亦即B发生转化或变化。第三个是目的因（causa finalis），一切东西都把它当作终点或目的而**趋向**它或**进入**它。这就是A^3。为了把某东西确立下来，总是需要一个目的因。因为所谓"确立下来",就是"站稳"的意思,比如《旧约》就是这样描述上帝:他说话,那个东西就**站稳**(而不是像通常翻译的那样,"站在那里"),也就是说,那个东西始终稳稳地站住,不再进一步发展自身,因为**只有这样**,它才是**这个**特定的东西,不是别的东西。——这三个原因的另一种表达方式也是古人已经发明的表达方式:第一个本原是先行的原因(αἰτία προκαταρκτική),它为整个过程提供了最初的契机和开端;第二个原因是真正的创世原因(αἰτία δημιουργική);第三个原因是目的因(αἰτία τελειωτική),它让一切东西达到完满,仿佛给每一个产生出来的东西都打上印记。

但只有通过原因之原因(causa causarum)的规定,这三个原因才共同发挥作用,最终和谐一致地生产出万物,而毕达哥拉斯学派已经把这个原因之原因称作上帝。是意志使得三个原因达成一致,去生产出一个特定的事物,而这个意志只能是神性意志,即神性本身的意志。就此而言,每一个事物都是一个神性意志的作品。一句非常流行的谚语指出:神性在每一个事物里都启示自身,只不过在某些事物那里不太完满和不太明显,而在另一些事物那里则更为完满和更为明显。三个潜能阶次所做的事情,就是神性所做的事情,反之亦然。相应地,以自然的方式解释事物(用三个原因进行解释)并不排斥以宗教的方式解释事物,反之亦然。

这三个原因就是本原(ἀρχαί),而从最早的时间开始,对于本原的探究已经被看作哲学的主要任务。哲学无非是ἐπιστήμη τῶν ἀρχῶν [对于本原的知识],即关于纯粹本原的科学。这些本原可以按照不同的方式被推导,被命名,但无论用什么表述,每一个本原的本质以及它们相互之间的关系都呈现为同一回事。按照柏拉图的表述，第一个本原表现为一个摆脱了它的潜能，从而摆脱了它的限制的东西，一个不定的东西（τὸ ἄπειρον），一个需要界限的东西。第二个本原表现为规定者，它是整个自然界的ratio determinans [规定因]，是界限的设定者。因为，当某东西在一个地方能够是+或−，能够存在和不存在，那里就必须有一个规定因。第三个本原是一个**自己规定着自己**的原因，这个原因把**自己**当作质料或对象，**同时**是规定和限定的原因：主体和客体=精神。因此这里呈现出的是三个东西：1）无界限和无规定的东西；2）做出限定和规定的东西；3）一个自己限定①自己，自己规定自己的实体，而精神仅仅呈现为这样一个实体。

　　我们已经把这些原因或本原称作**潜能阶次**，因为它们**本身**确实是表现为这样的东西：在神性的初步概念里，它们表现为一个未来有别于上帝的存在的可能性，而在现实的过程里（这时它们本身已经发挥作用），它们又表现为神性存在的潜能阶次，而这个等同于上帝的存在应当是由它们制造出来的。②有人企图指责"潜能阶次"这个表述（尤其是第一个、第二个、第三个潜能阶次的说法）是一个从数学搬运到哲学里的表述。但这个指责完全是出于对客观事实的无知。**至少**对于哲学和数学而言，"潜能阶次"（δύναμις）都是一个同

---

① 这里的原文是"包揽"（begreifende），疑似"限定"（begrenzende）的笔误或排印错误。基于这里的语境，我将其修改为"限定"。——译者注
② 在过程之前，它们不包含任何**潜能**，因此它们并不能真正被称作潜能阶次。它们的潜能，亦即它们的那样一个可能性（成为它们在神性的初步概念里所是的东西的反面），已经通过原初的神性生命的现实性而被完全扬弃了；它们仿佛被完全席卷到神性生命之内，被其吞噬，因此没有哪一个能够单独存在。但为了把它们**思考**为一种在神性生命之内冒出来的东西，我们也必须把它们思考为某种**仿佛能够**独立于神性生命而存在的东西。我们否定了它们的独自存在，但我们不得不思考我们要否定的东西，只有在这种情况下，我们才把它们称作潜能阶次（来自另一份手稿，收录在这里作为补充）。——原编者注

样原初的表述。①——正如亚里士多德所说，潜能阶次指的是能够存在者（τὸ ἐνδεχόμενον εἶναι），而我们已经看到，能够存在者（它在我们这里特指一个能够**直接**存在的东西）是必须存在者和应当存在者，因此这些合起来都是能够存在者，亦即潜能阶次，只不过是不同层次的潜能阶次罢了，也就是说，单独称呼的能够存在者是一个能够**直接**存在的东西，反之必须存在者是一个只能**间接**存在的东西，至于应当存在者则是一个经过双重中介的东西，即第三个层次的能够存在者。当我们谈到第一潜能阶次的A、第二潜能阶次的A和第三潜能阶次的A的时候，我们的意思无非是，能够存在者在这里确实处于提升过程之中，并且在不同的层次上显现出来。有些人之所以认为这个学说是不可理解和不可接受的，大概是因为，绝大多数人只能理解具体的或看得见摸得着的东西，比如那些出现在他们的感官面前的个别物体或个别植物等等。但那些纯粹原因并不是看得见摸得着的，毋宁只有通过纯粹理智才能够得到把握和理解。除了感性的、看得见摸得着的东西之外，有些人只能想到一堆根本不能转化为实存的抽象概念，比如定在、转变、量、质、实体性、因果性等等，而最近的一种哲学②甚至以为，整个哲学可以建基于一个由这些抽象概念构成的体系，而且这种哲学本身也采用了概念的层层上升的方法，即从最空无内容的概念逐步推进到最充实的概念。但这个通过滥用方法（因此也没有理解方法）而拼凑出来的体系是无济于事的，而且遭遇了一个可悲的翻车事故，即这种哲学不能过渡到现

---

① 这个概念在数学里通常被翻译为"幂方"。——译者注
② 谢林在这里指的是黑格尔哲学。——译者注

实的实存，尤其不能首先过渡到自然界。

我们所说的潜能阶次，既不是某种看得见摸得着的东西，也不是纯粹抽象的概念；它们是一些实在的、发挥着作用的，就此而言现实的力量，它们处于具体事物和纯粹抽象的概念中间，虽然和后者一样是普遍者，却是一种更高意义上的、真正**普遍者**（Universalia），即这种普遍者同时是现实的东西，反之抽象概念仅仅是非现实的东西。但这种真正的，亦即实在的普遍者的王国对很多人来说是遥不可及的。极端的经验论者宣称自然界只包含着具体的和看得见摸得着的东西，却没有看到，诸如重力、光、声音、热、电、磁之类东西并不是看得见摸得着的事物，而是真正的普遍者；他们更没有注意到，只有自然界的这些**普遍的**潜能阶次才对科学而言是有价值的，才吸引着理智和科学研究。相对于自然界里面的这些普遍者（重力、光）而言，我们所说的普遍者是一些只有借助于理智才能够被把握的东西，而在这个意义上，它们是纯粹理知层面的潜能阶次，是最普遍的东西（Universalissima），而在当前的推演中，我们将伺机指出，或至少暗示出，那些普遍者仅仅是从这些最普遍的东西里推导出来的。借这个机会，我在这里还要指出，那些ἀρχαί [本原]或潜能阶次同样可以按照一种严格的纯粹唯理论的方法推导出来①，而在这里，按照对象的特殊本性，它们是从那个已经以上帝为前提的立场上推导出来的。

以上解释针对的是那些在过程里发挥作用的原因、力量或潜能阶次，而我们首先把这个过程称作神谱过程（因为在其中，被扬弃的

---

① 这个推导包含在谢林《神话哲学之哲学导论》里。——原编者注

神性存在被重新生产出来），然后把它称作创世过程（因为我们已经表明，具体的存在如何通过那些牢不可分的潜能阶次的共同作用而必然产生出来，而这个存在此前并不存在）。经过这些解释，现在我们进一步考察这个过程本身。——如果这个过程是创世过程，它就必须不仅制造出一般意义上的具体存在，而且制造出这个存在的全部繁复的层次和分支。为了达到这个目的，我们必须预设或假定这个过程仅仅是以逐级分层的方式发生的，也就是说，那个本原作为在过程中有待克服的对象，只能**逐渐地**被克服，而这件事情只能被设想为神性意志的一个结果，也就是说，神性意志所意愿的是，制造出众多有别于上帝的事物。

假若那个本原，那个作为整个过程的ὑποκείμενον [载体]、主体、基础或对象的东西，通过一个不可撤销的作用或行为而被克服，仿佛化解为零，那么统一体就会无需任何中介而被**直接**重新制造出来；但按照神性的意图，中介环节应当存在，这样一来，过程的全部环节才不仅可以区分开，而且作为现实地区分开的东西进入**最终的意识**，而这是**真正**的关键之所在。但是，只要假定一个逐渐发生的克服，就不能立即达到过程的目标，亦即那个最高的统一体。尽管如此，在每一个环节，那个作为克服对象的意志（对此我们可以说，它所意愿的仅仅是它**自己**）都以**某种**方式被克服，而在每一个环节，另一个将其克服的意志同样以某种方式被实现（因为它**仅仅**在第一个被克服的或被否定的意志里实现自身），随之始终并且必然以某种方式设定了第三者，即那个真正应当存在的东西。按照这种方式，就产生出一些特定的形式或形态，它们或多或少是那个最高统一体的肖像，而最高统一体作为全部具体东西的原型，是非质料性的具体东西,反之事物是质料性的具体东西。简言之,这些产生出来的形式或形态或多或少是那个最高统一体的肖像,而正因为这些形态在自身之内呈现出**全部**潜能阶次,所以它们在自身之内也是完满的、完结的,也就是说,它们是真正的**事物**。但我们在哪里寻找这些事物呢?只能在实在的自然界的现实事物里去寻找。这些事物全都是那个已经从单纯的潜能里显露出来,但又或多或少被带回到潜能之内的存在的产物,正因如此,它们**不只是**这个存在的产物,同样也是那个把存在带回到潜能之内的原因的产物,又因为被克服的东西之所以能够放弃自身,仅仅是为了设定那个最高的、真正应当存在的东西(前者仿佛把后者当作模型或理念,受其指引,并且试图在自身之内将其表现出来),所以产生出来的事物也是那个最高的、使一切东西完满和完结的潜能阶次的作品。也就是说,每一个事物都是三个潜能阶次的共同产物,因此它们才叫作具体的(concret)、仿佛由多数东西一起构成的东西。但在每一个事物里,哪怕距离最高的统一体仍然还很遥远,但还是以某种方式设定了一个统一体,而那个促使三个潜能阶次以和谐一致的方式生产出特定事物的意志只能是**神性**本身的意志,正因如此,每一个事物至少都透露出神性的一个显像,或者借用莱布尼茨的一个说法,每一个事物至少都是coruscatio divinitatis [神性的一个闪现]。不过需要大家谅解的是,虽然所有这些规定在别的情境下是极为重要的,但在这里却只能稍稍提及。

XII, 118

至此已经表明,我们所说的神谱过程在何种意义上同时是创世过程。由此也可以得出,真正的一神论本身就包含着一个(自由的)创世,反过来,创世只有借助于一神论才是可设想和可理解的。

进而言之,我们已经表明(这是一个新的要点),这个过程也是一个设定人的**意识**的过程。因为人的意识是整个自然过程的目标和终点。人的意识里将会达到那个点,在那里,三个潜能阶次重新统一起来,也就是说,过程里面的那个扬弃上帝的东西(我们此前已经指出这个东西就是B)重新反转为一个设定上帝的东西。

所有别的事物都仅仅是统一体的扭曲的形象;虽然每一个事物都是潜能阶次的某种统一体,但它们不是统一体本身,毋宁仅仅是后者的一个化身或显像。在所有别的事物里,都只有神性的一个显像,而在作为整体的终点的人那里,已经实现的神性闪耀登场。但原初的人**在本质上仅仅是意识**;因为他在本质上仅仅是那个被带回自身、重新回到自身的B,而一个来到自身的东西恰恰是一个意识到自身的东西。

也就是说,人的意识的实体恰恰是那个B,它在除了人之外的整个自然界里或多或少位于自身**之外**,在人那里则是位于自身**之内**;但这个B在我们之内是处于潜能状态或中心化状态,就其初步概念而言表现为整个神性的根据,表现为一个设定上帝的东西;而当它处于去中心化状态,随之从属于一个必然的过程,就表现为一个仅仅**间接地**(亦即通过一个过程)重新设定上帝的东西,也就是说,它表现为一个生产出上帝的、神谱性的东西。作为这样一个东西,作为神谱本原,它贯穿着整个自然界。在人的意识里,它重新被带回到原初的位置,已经在自身内发生反转并重新等同于A,于是再度表现为一个**设定上帝的东西**。但它之所以如此,仅仅是为了坚持它的这个纯粹的内在性,而不是为了再度显露**出来**,提升为一个新的存在。也就是说,人的意识的纯粹实体(即那个位于人的意识的根基处的东西),作为纯粹的**实体**而言,亦即在先于一切现实性的情况下,**自在地**是一个自然地(就本性和最初的出身而言)设定上帝的东西;就此而言,我们当然不会认为人的意识是发源于一种原初的无神论,但我们同样不会认为人的意识是发源于一种要么由人自己发明出来的、要么通过启示而获得的一神论。因为一言以蔽之,在一切发明和科学**之前**,同样在一切启示**之前**,甚至在启示成为可能之前,人的意识本身已经通过它的本性或实体而是一个设定上帝的本原,但不是现实地设定上帝,不是伴随着知识和意愿(这些东西在这里根本没有立足之地)去设定上帝,而是在非现实性中,在非意愿和无知的情况下设定上帝。

正如我们看到的,我们在这里已经返回到意识的那个**实体**,它在此前已经呈现为每一个解释神话的推演过程的真正的开端点和出发点。**最初的**现实意识表现为一个已经沾染了神话的意识;但在超出最初的**现实**意识之处,我们能够设想的只有意识的实体;因此上帝必然是通过这个实体而与人**纠缠**在一起。①人的意识的实体恰恰是创世的那个**前提**或本原,它作为一个反抗着统一体的他者,等同于B;但是,当它被带回到自身之内并重新等同于A,就恰恰是**人的**意识,同时是上帝的**设定者**。

你们不妨这样思考这件事情:正如此前指出的,这个本原作为B是一个存在于自身**之外**、被设定在自身之外的东西。当它被带回到自身之内并重新等同于A,就是一个被**重新**带到自身或来到自身的东西,即意识。意识恰恰是一个经过反转而重新设定上帝的东西,从而是一个在其内核里**必然**设定上帝的东西。也就是说,人的意识在

---

① 参阅谢林:《神话哲学之历史批判导论》,第185页以下(XI, 185 ff.)。——原编者注

自在且先于自身的情况下,在重新开始一个新的**运动**之前,在其内核**之内**就是一个并非**现实地**,而是在非现实性中**设定上帝**的东西。因此我再说一遍,我根本不认为人的意识是一种原初的无神论,而所有那些企图宣扬一种没有上帝的诸神学说的人都必定会认可这种无神论①,但我也不认为人类是从上帝的一个体系乃至一个单纯的**概念**出发。毋宁说,人的意识仿佛原初地就与上帝纠缠在一起(因为人的意识本身仅仅是那个在创世里**说出**的一神论或已实现的大全一体的产物②),意识**自在地**具有上帝,而不是把上帝当作其**面对**的对象。意识通过自己的第一个运动就已经从属于神谱过程。因此我们不能说,意识如何**来到**上帝身边。意识根本没有时间首先为自己**制造**上帝的观念或概念,也没有时间随后在自身之内去遮掩或扭曲这些概念。它的第一个运动不是要寻找上帝,而是要离开上帝。也就是说,意识先天地(亦即先于一切现实的运动)或者说在本质上自在地就具有上帝。那些认为人类是从上帝的一个**概念**出发的人,永远都不能解释,神话如何能够从这个概念中产生出来;除此之外,他们也没有想到,无论他们怎么思考这个概念的产生过程,无论人类是自己发明出这个概念,还是通过启示而获得这个概念,在这两种情况下,他们本身都在主张意识的一种原初的无神论,问题是他们在别的地方又反对这种无神论。

---

① 虽然我们总的说来主张神话相对于**诸神**的概念而言是无条件的本真东西,但与之联系在一起的是这样一个特定的概念,即诸神确实是以**上帝**为根据,因此上帝是神话观念的真正质料和**终极**内容。——谢林原注

② 人们经常把这个纠缠状态刻画为人类本质和上帝的一种联姻,后面将表明,这个观点和神话观念之间的关系比人们通常想象的还要更加密切。——谢林原注

在我们看来,原初的人类对于上帝的知识既不是一种**获得的**知识,也不是一种他们自己发明出来的知识。原初人类之所以从一开始并且先于一切**现实的**意识就受到上帝约束,是基于一个先于一切思维和知识的**根据**,而这就是人类的**本质**本身。因为他的异性本原,或者说B,并非在它的绝对性中就是人的意识的根据,而是仅仅在被克服的时候才是如此,而它在被克服的时候或在它的纯粹的潜能状态中也是一个直接设定上帝的东西。它之所以是上帝的设定者,不是因为它**推动**自身,而是因为它不推动自身,**坚持**自己的本质性或非现实性。现在,当我们说"它之所以是上帝的设定者,不是因为它推动自身,而是因为它不推动自身",这看起来就已经预设了,它确实能够推动自身,又离开它的诞生之地,也就是说,它能够**自由地从它只能作为纯粹潜能而存在**的这个地方出发,重新成为肯定的东西。如何设想这件事情呢?答案就包含在我们迄今的整个推演过程里。

人的意识的本质或实体不再等同于创世的那个前提,即那个单纯而纯粹的B,而是一个从B转化为A的B,即一个被设定为等同于A的B,也就是说,它是一个自足的、不依赖于B的本质。但从另一个方面来看,它也不是单纯而纯粹的A,而是一个以B为根据的A。这里有某个新的东西产生出来。在此之前,只有两个东西:一边是纯粹的B,另一边是纯粹的A^2。人的意识是一个居间者,因此相对于前面二者而言是一个第三者,当它是A的时候,就不依赖于B,而从另一个方面来看,由于人的意识不是单纯的A,而是一个以作为潜能的B为根据的A,所以它同样不依赖于**第二个潜能阶次**(这个潜能阶次把它设定为A);当人的意识通过这个方式来到第一个潜能阶次(纯粹的B)和第二个潜能阶次(它与B相对立,把人的意识设定为A)中间,就凭借这个居于两个潜能阶次之间的位置而不依赖于二者,也就是说,成为一个有别于二者的独立自足的本质。这个**自足的**、新产生的本质在此之前根本不存在,它通过那个在它身上被制造出来的A而不依赖于纯粹的B,而由于它在自身之内保留着B(虽然仅仅作为潜能,但毕竟也是潜能),所以它也不依赖于那个在它身上把A制造出来的原因。这个自足的本质,这个通过**上述**方式而获得**自由**的东西,恰恰就**是**人(不言而喻,指的是原初人类),而我们因此也把人描述为这样一个A,它在自身之内保留着作为**潜能**的B,并且恰恰通过自己的行为,能够不依赖于上帝而让这个潜在的B重新**发挥作用**,在自身之内重新将其提升。也正因如此,如果这个在人之内被设定的潜能①把自己重新确立为现实的B,它就不是原初的、位于创世的根基处的B,毋宁已经是一个精神性的B,一个曾经转化为A,然后又被带回来的B。伴随着通过早先的过程而获得的这种**精神性**,它重新提升自身,但因为它就其本性而言只能是上帝的设定者,所以它在重建自身的时候,只不过直接落入一个新的过程,并且通过这个过程而被带回到原初的关系中,随之重新转化为上帝的设定者,而这个过程因此必须被看作一个神谱过程。

这个神谱过程**只能**是那个**原初**过程的一个重复,而通过原初过程,人的意识已经成为上帝的设定者。这个神谱过程的开端和契机,还有它的中介者和目标,总而言之**这个**神谱过程的潜能阶次,完完全全就是早先的那个普遍的神谱运动的潜能阶次;只不过在这里,**上帝**不再是肇始者(initium);这是一个**自然的**运动,是第二个运

---

① 它在人之内并未被消灭,而是仅仅被设定为潜能,但恰恰因此被证实。——谢林原注

动,即意识之内的运动,它与第一个普遍的运动的区别仅仅在于,虽然同一个本原经过同一条道路的归属都是人的意识或上帝的设定者(二者是同一个东西,意识只有作为上帝的设定者才是人的意识,反之亦然),但在这里,本原已经成为人的意识的本原,并且**作为**这样的本原而保留下来,而由此可以看出,虽然这整个过程是一个**实在的**,亦即不依赖于人的自由和思维且就此而言客观的过程,但它仅仅在意识**之内**,而不是在意识之外进行,因此它所经历的也仅仅是各种**观念**的产生。①

关于刚才所说的情况,我希望接下来的评论能够带来预期的解释。

我们已经充分地加以刻画的自然界的那个先行者,现在被看作是一个排他的本质;这个东西**本身**是位于上帝之外,是一个**外在于**神性的东西。因为排他性恰恰是**神性**本性的反面;上帝不排斥任何东西,因为他是大全一体者。上帝确实是一个能够直接有所意愿的东西,或者换个同样意思的说法,一个能够直接**存在**的东西,但他在自身之内并非只是这样一个东西;并非作为这个东西,并非作为1,

---

① 假若我们所持的是这样一个观点,即人在自身之内一个强大的,但又晦暗不明的概念驱使之下去寻找上帝,并且只能逐步前进,从一个对象到另一个对象,直到终于有一个对象从天而降对他施以援手,而他只能把上帝看作一个位于全部事物之外和之上,甚至位于世界之上的纯粹精神性的东西;假若我们的解释就是这个意思或类似意思(因为众所周知,心理学的解释可以有无穷多的变种),或许我们就有希望得到理解,甚至赢得一些掌声;人们顶多指责我们找到的那个表述,即我们把这样的一种推进称作一个主观的神谱。但这不是我们的观点。诚然,那个产生出神话的运动是一个主观的运动,因为它是在意识中进行的,但意识本身对它是无能为力的;产生出运动并维持着运动的,是一些不依赖于意识本身(至少现在是如此)的力量;因此意识之内的运动本身仍然是一个客观的运动。——谢林原注

而是只有作为1+2+3，作为大全一体者，他才是上帝。正因如此，当他显露为单独的或排他的东西，他在这个意志里就不是上帝；就此而言，这个排他的意志位于上帝**之外**。但我们已经假设，这个意志之所以显露为排他的东西，仅仅是为了被重新带回到那样一个关系中，在那里，它并不排斥其他潜能阶次，反而是通过它自己的**非存在**而成为**它们的**主体或设定者，成为**它们的**王座。我们可以这样理解这个克服或反转，即那个意志通过这个方式仿佛被重置到上帝**之内**，不再是一个外在于神性的意志。但这样一来，只不过是重新设定了最初的那个统一体，我们又回到出发的地方。**这**不可能是我们想要的结果。那个排他的意志在自身之内**始终**是它在开端时所是的东西，始终是一个外在于神性的东西，一个相对地位于上帝之外的东西；因为上帝不收回任何东西；他曾经做过的事情，就永远已经做了；因此意志在过程里相对于上帝而言始终是某种外在的东西。上帝的意图恰恰在于，意志在这个外在性**之内**或**作为**一个外在于神性的意志重新被带回到内在性（这是它自己的内在性）；它**应当**保持为一个外在于神性的意志，并且在这种外在于神性的情况下重新成为一个神性意志，而如果把这个意志完全收回，就**有悖**最初的意图，因为这样的话就没有任何东西被制造出来；但是，当意志始终**处于**外在于神性的**状态**，并且在这种**状态**下被带回到神性（亦即被带回到内在性或**非排他性**），就恰恰因此制造出某种有别于上帝的东西（aliquid praeter Deum），某种毕竟不同于上帝的东西；这是一个外在于神性的神性东西，就是（原初的）人，而人实际上仅仅是一个被制造或创造出来的、转变而来的上帝，一个处于受造物形态下的上帝。但是，正因为那个排他的意志亦即B并没有真正**回到**上帝之内，所以它在人的本质之内作为**可能性**或潜能保留下来,而假若上帝已经把它收回,它就不可能保留下来。

现在设定的东西,作为下一步的考察的对象必须被你们紧盯着的东西,是一个把B作为潜能而包含在自身之内的A,而这是一个全新的概念;因为,虽然从**一个**方面来看,**上帝**是一个能够是B的东西,但人们不能因此就说上帝包含着作为潜能的B,毋宁说,他**主宰着**自己是B或不是B,好比我主宰着是转动还是不转动我的手臂,因此B不是上帝之内的一个可能性,不像疾病那样是健康的人之内的的一个潜能或可能性。与此相反,B确实作为潜能或可能性而被设定在人之内,因此人能够让它运动起来。因为人无非是一个占据着自己的本性的东西。占据者等同于A(这是在人身上被制造出来的东西),它作为它所占据的东西(subjectum)是B,一个被带回到潜能的东西。因此人之所以占据着**作为**潜能的B,只是为了把它作为潜能而保留下来。与此同时,他作为占据者,也可以让B脱离静止状态并运动起来。因为我们已经知道,人是**自由的**,亦即能够采取一个独立的行动。但通过这个方式,人的本质与神性本质纠缠在一起,因此除非上帝自身运动起来,否则人的本质也不可能运动起来。当B被重建,就直接把那个本应通过克服B而实现自身的潜能阶次潜能排除在自身之外——这个被排除的潜能阶次就是A^2,因为我们此前已经指出,A^2实现自身的方式不是通过**自身之内**的一个从潜能到现实性的过渡,而是通过自身之外的相反的一个从现实性到潜能的过渡。而当它把B从潜能带到现实性,它自己就成为actus purus [纯粹的现实性],在这个现在被设定为潜能的B里实现自身,而B仿佛是它的自身实现的质料。简言之,当B被重新提升,首先就排除了A^2,间接地

XII, 125

也排除了 A^3（最高的潜能阶次）：这样一来，就像在原初的 universio [颠转]中一样，潜能阶次重新处于同样的张力中，只不过它们现在仅仅是在**意识之内**被设定下来，也就是说，我们重新得到一个神谱过程的全部因素，但这个过程仅仅是在意识之内进行的。

XII, 126　　那个让人的意识始终置身于这个运动之中的力量或暴力，不可能是一个偶然的东西，因此也不可能是一种纯粹偶然的关于上帝的**知识**；同样，也不可能是人自己的意愿让意识始终置身于这个运动中；我们必须设想一切尽可能逃避这个运动的原因，这样就会发现，只有通过人的**本质**——这个本质不依赖于人本身，并且在人获得现在的存在之前已经存在着——人的意识才能够始终处于运动中。（原初的）人最深处的东西是一个设定上帝的东西，它仅仅**自在地**设定上帝，即不是通过现实性，而是通过非现实性去设定上帝。这个本质不需要人的参与，不需要人自己的运动，因此人不可能意识到是一个运动使他成为上帝的设定者。因为本质只有在整条道路的**终点**才是意识，而它仿佛是经历了创世的各个层次才被带上这条道路。因此可以说，为了意识到这条**道路**，为了用意识去回溯整条道路**本身**，简言之，为了**意识到**自己最终是对于上帝的意识（它仿佛在**本性**上，在**没有任何参与和功劳的情况下就已经是这种意识**），它必须挣脱原初的与上帝纠缠不清的状态，而出于这个**目的**，那些将上帝设定下来的潜能阶次必须再度脱离这个关系。这样一来，虽然人与**普遍的神谱运动**是相矛盾的（我们在创世那里已经证实了这个运动），但这个运动需要把人的**本质**当作它自己的真正终点，当作它自己的休止点，因此这个普遍运动的暴力恰恰把人带回到运动自身之内（尽管人会对此进行反抗），让人从属于一个过程，在这个过程的终点，人作为自在的设定上帝者对其自身而言也得以实现。就此而言，我们可以把随后的整个过程看作一个过渡，即从那种纯粹本质性的、仿佛根植在人的**本质**之内的一神论过渡到一种被自由地认识到的一神论，而从这个观点来看，多神论作为过渡现象就获得了不同的意义，并且在与天命世界的普遍蓝图的关系中获得了不同的辩护。相比之下，有些人仅仅把多神论解释为一神论的一种漫无目的的、除了充当过渡之外没有任何别的用处的分裂状态，而他们的一神论虽然号称是原初的东西，但真正说来本身仅仅是一种学说或体系，亦即一种偶然想象出来的东西。

综上所述，我们现在可以理直气壮地宣称神话是一个过程的产物，人的意识在最初过渡到现实性的时候就被卷入这个过程，而这个过程只不过是普遍的神谱运动的重复，它与后者的区别不在于本原本身，而是仅仅在于，同一个本原作为上帝的设定者**现在**是人的意识的本原，换言之，当它已经成为人的意识的本原，就在一个**更高的**层次上经历它在创世的时候在一个较早的层次上走过的道路，进入人的意识，因此这个过程无论是就其**本原**或**根据**而言，还是就其原因而言，都是一个实在的、客观的，但仅仅在意识**之内**进行的过程，因此首先也只是通过这个意识的变化而将自身呈现出来，而这些变化则表现为各种观念。①

因此我们在这里也接触到了神话观念的心理学因素或心理学方

---

① 因为创世过程在神话过程之内重复自身，所以我们从一开始就不会对神话与自然界之间的如此之多的关联感到奇怪，而且这件事情从一开始就表明，只要我们呈现出那个产生出神话的过程，同时就仿佛在一个更高的镜像中获得一种自然哲学。神话观念与自然界的关联本身是一个自然的关联，所以我们不需要假设是一些自然哲学家发明了神话。——谢林原注

面。关于这个方面,在我们走向神话本身之前,我希望提出以下几个命题作为这个研究的结语。

第一,神话观念一般而言表现为人的意识的纯粹**内在的**畸变产物。它们不可能是从外面进入人心,不可能作为一种纯粹外在地强加在人身上的东西(比如像赫尔曼认为的那样通过一种学说的传授)而被人意识到。假若它们仅仅是从外面带给原初意识,那么原初意识对待它们的方式就和我们的意识对待它们的方式是一样的(因为按照通常的理论,原初意识完全类似于和等同于我们当前的意识),也就是说,既然我们的意识并不接纳和承认它们,原初意识也不可能接纳它们。这些观念只有作为一种在人自身之内伴随着不可抗的力量而产生出来的东西才能够被人意识到,因此它们只能是和那个曾经被设定在自身之外的意识**一起**产生出来的,并且与之纠缠在一起。

第二,神话观念不可能表现为一种特殊**行为**(比如想象等)的产物,而是只能表现为意识本身在其实体之内的产物。唯其如此,才可以解释它们的实体性,它们与意识牢不可分地纠缠在一起的状态,也只有这个状态才可以解释,为什么需要上千年的时间(在一部分人那里甚至需要无穷无尽的时间),人们用尽一切类型的残暴手段,只为将这些观念**连根拔除**。多神论观念从一开始就以某种方式与意识交织在一起,而这种交织的程度是另外一些观念(哪怕它们是最深沉的思虑和理由最为确凿的认识的产物)永远不能匹敌的。

第三,尽管如此,神话观念也不能被看作一种纯粹本质性的或纯粹实体性的意识的产物,而是**只能**被看作这样一种意识的产物,它虽然是实体性的,但已经**走出**自己的本质性,就此而言**存在于自身**

之外，被卷入一个不由自主的过程。

第四，神话观念虽然是人的意识的产物，但这并不是因为人的意识已经是人的意识，毋宁正相反，是**因为**人的意识的本原不再是**人的**意识的根据，也就是说，这个本原不再处于纯粹本质性或纯粹潜能性的静止状态。神话观念是那个从自己的根据里**显露出来**的人的意识的产物，而人的意识是**通过**这个过程才现实地是人的意识。就此而言，神话观念可以，甚至必须被看作一个相对而言**先于人类**意识的产物——也就是说，它们虽然是人的意识的产物（因此也是实体性意识的产物），但这是因为意识被重新放置于它的那个先于人类的状态。在**我们**所说的这个意义上，人们可以像亚历山大·冯·洪堡已经做的那样拿神话观念与地球上先于人类的时间的产物进行比较，虽然我不太清楚他的目的是什么，但他大概不是指二者的那种庞大形状。这里我必须补充一句，即那种认为神话是现实自然界的对象的人格化的观点，完全颠倒了事实。神话的理念超越了自然界，也超越了自然界的当前状态。在那个产生出神谱的过程里，人的意识被重新放置到一个斗争的时间，而这个斗争随着**人的**意识的出现，随着人被创造出来，原本已经到达自己的终点。神话观念之所以产生出来，正是因为那个在外在的自然界里已经被征服的过去在意识之内重新显露出来，那个在自然界里已经臣服的本原再次控制了意识本身。人根本不是在自然界的**内部**产生出神话观念，而是位于自然界的外部，仿佛摆脱了自然界，却受制于一种力量，而相对于持存的（已经站稳和安静下来的）自然界而言，人们必须把这种力量称作一种超自然的力量，或至少是称作一种外在于自然界的力量。

第五，基于神话观念的这个谱系，最终才可以解释一切别的解释方式都不能解释的一件事情,即为什么这些观念本身能够被深陷其中的人类看作一种**客观**真实的和**现实的**东西。首先是以否定的方式,即人们意识到这些观念不可能来源于他们自己,不可能是他们自由地制造出来的,而这是因为,它们是一个相对于人而言已经客观化的本原的产物,这个本原不再是**人**的意识的根据,而只有在其重建的主观性中才最终设定了人的意识。

但即使是以肯定的方式,神话观念也必定显现为一种客观真实的东西,因为它们的产生**根据**是一个**客观的**或**自在的**神谱本原,而这恰恰导致意识觉得它自己的运动是上帝的一个运动。只有通过这个方式,才可以解释诸神信仰在我们看来必定具有的那种实在性。因为,只要我们还不能解释为什么一个信仰诸神的人对于这些观念的实在性必定是笃信无疑的,我们就只能变着法子去解释现象,却永远不能真正理解现象并真正指出它们的根据。神话不是人的一个作品或发明,而是基于那些现实的神谱性潜能阶次的直接的在场,这些原初的、**自在地看来**神谱性的力量在人的意识之内的冲突产生出神话观念。基于这个理由,或许有人会信誓旦旦地说,神话是通过一种天赋或灵感而产生出来的,对此我只能答复道,除非他所理解的不是一种神性的灵感,而是一种非神性的灵感。因为当那个神谱根据在人那里重新推动自身并离开自己的寂静状态,它就不能被称作神性的东西;当它被完全带回到自身之内,在那里回归它的原初的奥秘,只有在这个环节,它才成为神性的东西和人性的东西。①

---

① 原初意识也仅仅是一个以神性方式设定的东西,并且仅仅在这个意义上是一个神性东西;但它既然仅仅是一个被设定的东西,在它之内就始终有重新成为非神性东西的可能性。——谢林原注

或许还有一些人觉得，预设人的意识之内有这样一个过程，这与神性的天命是不能调和的，因此当他们看到自然界里面的一些令人反感和惶恐的东西，就觉得有必要为上帝开脱责任，为上帝辩护。但需要指出的是，虽然那个产生出神话的运动在其进行中看起来是一个不由自主的运动，甚至就其起源而言是一个在某种程度上不可避免的运动（好比如果以纯粹自然的方式看待人一般地以某种方式走出上帝这件事情，也会觉得这是一件不可避免的事情），但不考虑这一点的话，这个运动的第一个开端和契机就仅仅是意识自己的一个不知其后果的行为。这样一来，我们终于到达**神谱**运动（亦即那个产生出神话的运动）的现实的开端，随之恰恰位于一种现实的神话哲学的开端。

第二卷
神　话

第七讲
异在的可能性作为神话的出发点

迄今为止，神话一般都被看作纯粹经验的-历史的研究对象，而哲学在这件事情上的发言权只能而且必须经过每一种研究（包括纯粹的经验研究）的批准。因此很自然地，单是"神话哲学"这个标题就已经令人抵触。不管在古典学领域，还是在自然科学领域，都有一些所谓的"纯粹的"（亦即将一切哲学排除在外）经验论者，而按照人们通常的想象以及这些经验论者自吹自擂的说法，他们只认可纯粹的**事实**。至于这在自然科学里意味着什么，不妨看看全部可能的经验研究里的不计其数的猜想，尤其看看所谓的物理学理论，因为这种理论绝大多数情况下恰恰都是基于一些完全不能以**经验的方式**加以证明的前提，比如所谓的"分子"，而在今天的德国，人们又开始用分子去解释光的精神性现象和化学的计量事实。为什么这类理论尽管如此仍然受到欢迎，或至少得到容忍，而当我们提出一个理念要求研究者去思考，就马上激发起一片尖叫声呢？那些理论之所以受到欢迎，唯一的原因在于，它们让人无须动用任何更高级的精神性机能，甚至无须动用更高级的精神性感官，比如仅仅凭借触觉，就可以想象各种现象的来龙去脉。比如法国物理学家就用分子去解释光学现象和其他现象，因为关于分子的来来回回的运动，人们确实仅凭五根手指就可以搞清楚。我们德国的大部分光学理论也属于这种类型，即如果有必要的话，人们甚至可以给瞎子讲清楚这些理论，而在这个意义上，瞎子确实可以谈论颜色。

现在回到我们的对象。如果我们观察一下赫尔曼在解释神话的时候如何严肃地宣讲他完全**不可能**知道的一些事情，比如东方的一些智者在思考自然界之后就发明了理论，然后煞费苦心让民众能够理解他们以诗的形式包装起来的理念，但又不一定真的理解这些理念，如此等等——如果我们观察一下这种严肃劲，再看看这位值得尊敬的古典学家如何粉饰这样一些根本就不可证实的事情，同时把一切远远指向一个精神性理念的东西都称作狂热，我们就必须承认，其实这种杜撰出许多不可证实的事情的理论才是真正的狂热，一种充其量比较低调并且被全部理念离弃的狂热，但仍然是不折不扣的狂热。尽管如此，我们并不打算这样称呼赫尔曼的理论，因为他在试图解释神话的时候，唯一借助的就是我们日常生活中司空见惯的事物，或那些出现在我们的普通经验里的事物；正因如此，我们认为这是一种深思熟虑的理论，一种自足的理论，也就是说，它其实是一种始终出现在我们的日常经验里的理论；与此相对照的是，当一种理论从**普遍**的原因出发去解释一个在深度、持久性和普遍性方面只有自然界本身才可以匹敌的现象，却被责骂为狂热的理论，哪怕它实际上已经解释了一些按照迄今的全部理论根本不能解释的东西。

大约四十多年前，所有研究《旧约》的语文学家都在嘲笑一位释经者,因为他把《约书亚记》提到的"石雨"①解释为真正的石雨,而不是解释为单纯的冰雹;诚然,当人们面对一些让他们不舒服的理念时,最简单的放松心情的办法就是去嘲笑它们。在那个时候,只要一个人不认为那块在埃勾斯-波塔莫斯落下的著名陨石或提图斯·李维②反复提到的lapidibus pluisse [下石头雨]是空洞的虚构故事和无意义的迷信,他也将有同样的遭遇。当然,今天在谈到陨石雨的时候,不会再有这样的事情发生,既然如此,我们也希望,接下来当人们听说神话观念具有真理的时候(不言而喻,我们将为这个观点提出一些比此前更细致的规定),不要再大惊小怪。

XII, 137

任何一个解释的第一要义,就是应当公正地对待被解释的对象,不能为了让它更容易被理解,就去压缩或削减它的意义,将其贬低或肢解。这里的关键不在于必须基于现象而提出什么观点,然后就可以遵循一种哲学而轻松地解释现象,正相反,关键在于我们需要什么样的哲学,才可以匹配对象,与对象处于同样的高度。关键不在于我们必须怎样颠转、扭曲、简化或弱化现象,然后从那些一旦设定下来就不可逾越的原理出发,无论怎样都可以解释现象。毋宁说,关键在于**我们的**思想必须朝着哪个方向拓展,以便与对象发生关系。但无论一个人出于什么原因而不敢去这样拓展思想,他都不应当为了迁就他的概念而去贬低和轻慢现象,而是至少应当做一

---

① 参阅《旧约·约书亚记》10:11:"耶和华从天上降大冰雹在他们身上……被冰雹打死的,比以色列人用刀杀死的还多。"中文版《圣经》(启导本)在这里采用了"冰雹"的译法,同时专门注明"冰雹"的原文是"石头"。——译者注
② 李维(Titus Livius,公元前59—公元17),罗马历史学家,代表作为142卷本巨著《罗马自建城以来的历史》(*Ab Urbe Condita*)。——译者注

个正直的人，即承认这些现象是他不能理解的事物之一（这些事物对每一个人而言都是非常之多的），而如果他没有能力把自己提升到一种与现象匹配的东西，至少应当避免说出一些完全违背现象的言论。

在早先的各种致力于解释神话的尝试里，我们不难看到某些原理的影响，这些原理在**先于**一切研究并且完全独立于事实的情况下（即人们所说的"以先天的方式"）被接受，被认为具有哲学意义；在这里，经验和似是而非的哲学同样混乱地搅和在一起，而在别的科学里，我们也遭遇到这种号称理论的混合物，也就是说，在那些科学里，哲学和经验之间只是并列关系，不能相互融贯。如果一个人不能把他的哲学朝着这个方向拓展，让哲学与其对象平起平坐，与其对象处于同样的高度，如果他没有能力提出一种同时完全是科学理论和历史理论，且同时完全是经验理论和哲学理论的理论，一般而言他就应当羞于提出这样一种理论。

如果一种理论只能在个别方面并且只能大而化之地解释神话观念，却既不能指出它们的深远意义，也不能按照它们的规定性去阐述它们，这就表明它既不是真正的历史理论，也不是真正的科学理论。**真正的**历史性和科学性完全是合为一体的。对于神话这类对象，历史学派和哲学学派之间的对立是完全不成立的。因为真正的历史性不在于以外在的方式用**个别**事实去支援自己的主张——尤其在古典学研究里，谁不会这一套呢？就在不久以前，一位博学的人士不就找到了一些事实，证明伊甸园的遗址位于普鲁士王国吗？毋宁说，**真正的**历史性在于，找出那个包含在对象自身之内的，因而内在的、客观的解释根据；但只要在对象自身之内找到了这个发展本原，就必定会否认所有那些仓促提出的和自以为是的思想；从现在起，我们必须仅仅追随对象的自行发展。

因此，接下来谈论的仅仅是这样一种理论，它同时是哲学理论和经验理论，同时是科学理论和历史理论，仅仅依附于对象并且和它一起展开自身。从我们现在考察神话所处的立场来看，并非**我们**制造出神话，而是神话制造出**我们**。因此从现在起，这门课程的内容不再是一种由我们解释的神话，而是**一种自己解释自己**的神话。但在让神话自己解释自己的时候，我们也没有必要回避神话自身的一些表述，因此在大多数情况下，只要我们已经通过现在达到的立场理解了神话的表述，我们就让神话说它自己的语言。人们经常说，神话的表述是形象化的。这个说法在某种意义上是正确的，但假若那些表述对于神话意识而言不是本真的，那么我们的绝大多数形象化的表述对于科学意识而言也不是本真的。因此，当我们在推演的时候把这些——对于神话而言本真的——表述放置在某个地方，让它们在那里按照语境而言**必然**成为可理解的，我们就做到了，不是我们解释神话，而是神话自己解释自己；我们没有必要为神话观念寻找一种非本真的意义（sensum improprium），以寓托的方式理解它们，不必像理性主义者那样，当看到基督教谈论上帝的一个儿子时，只愿意以非本真的或寓托的方式理解这件事情。我们让神话观念保留其自己的意义，因为我们能够按照它们的本真性去理解它们。如果有人发现神话的这种自身解释与他自己的、在别的地方已经固定成型的哲学不是完全契合，那么我们必须请求他不要依靠我们，而是要依靠神话本身去面对事实，因为我们只能公正而恰当地对待这些适用于通常的范围或恰恰适用于现在的某一个范围的概念，此外**别无选择**。

XII, 139

XII, 140　　神话在面对迄今的全部解释时都强硬地封闭着自身,而这种强硬性已经证明,神话属于这一类事物,如果要完全理解它们,人的意识本身必须达到一种更高的发展。人们不能指望,除了借助于人的思想的一个**普遍**拓展,还可以用别的办法去驱散那个将神话的意义和起源笼罩起来的迷雾。只要哲学总是假定事物和人的意识的当前状态是普遍而唯一有效的尺度,并且把这个状态看作一个**必然的**、在逻辑的意义上永恒的状态,它就不可能理解一切超越和超脱于人的意识的当前状态的东西。假若神话通过常见的各种心理学推导,通过那些类似**我们**知识领域里预设的历史预设,简言之,假若神话通过**当前**意识之内的那些解释理由可以得到理解,那么它必定早就已经得到理解了。但任何一位正直的思考者都必定会承认,这个在所有时代都如此受重视的现象,直到现在都仍然是人类历史里的一个未被理解的现象。这个事实对我们而言是一目了然的,因为我们已经指出,神话产生时的情景和当前意识的情景毫无可比性,而只有当人们敢于超越后者,才可以理解前者。

因此我们也发现,最初那些自由地反思这个对象,并且比我们更接近这个对象的产生过程的人,按道理可以最好地理解这个对象,但实际情况正好相反。当希腊人首先尝试理解这个对他们而言近在咫尺的现象时,就表明自己完全不能适应这个现象的深刻性,甚至看起来完全不理解神话。也就是说,就神话是一个浑然天成存在于那里的东西,而科学是一个自由地出现的东西而言,这就证明,神话的产生过程属于一个完全**不同的**意识,而不是属于那个伴随着自由的反思而出现的意识,因此这里和很多地方一样,看得更清楚的并不是那些在**时间**上更近的人,而是那些更远的人,也就是说,后面这些人更接近当前意识的最终的发展状态。正因如此,对于神话的产生过程和意义的研究是一个重要的、配得上我们这个时代的哲学的任务。**我**之所以公开谈论这个对象,不是出于心血来潮,也不是为了投身于一个新颖的、看起来与我的早期工作不相干的专业领域。真正规定我去从事这项工作的,是神话研究与我们这个时代的那些最独特的需要和最深刻的动机之间的一个自然联系,这个时代对于它自身和它的任务虽然并非总是有着清楚的认识,但至少已经**有所觉察**。

上述解释在我看来是必要的,这样你们就可以预先理解接下来的特殊推演方式,并且完全掌握我在这里采用的方法。现在回到事情本身。

* * *

通过早先的讨论,我们已经获得发展过程的本原和出发点。人(不言而喻,这里指原初的人)无非是那个能够存在者,它在整个自然界里面都位于自身**之外**,但在人那里被重新带回自身,因此它是一个自行给出的东西,一个占据着自身的东西,一个掌控着自身的能够存在。就此而言,首先,这个掌控着自身的能够存在(人)是一个掌控着能够存在的东西,其次,正因如此,它把它所掌控的能够存在仿佛当作不可见的质料——**它的**力量的质料——而包含在自身之内。因此可以说,它是一个双重的能够存在:1)它是掌控着能够存在的东西;2)它是它所掌控的**那个东西**,即能够存在,这个能够存在虽然**现在**是一个现实地存在于自身之内的东西(不再存在于自身之外），但在它身上被克服的，只有现实性，而不包括存在于自身之外的可能性，而这个粘附在它身上、不能被它甩掉的可能性（一种并非真正被设定，但又不可否定的可能性），这个**不能**被排除的异在的可能性，这个未被克服，也不可克服的双重性，恰恰是一个新的运动的开端，而这个开端虽然外在地看来仍然是隐蔽的，到目前为止仅仅是可能的，但毕竟也是可能的。**这个能够存在，这个立足于它的掌控者**的东西，又能够发生转向，而这个可能性对它而言并没有被剥夺，因此它是一种模棱两可的本性（natura anceps），而毕达哥拉斯学派把这个本原称作τὸ περιφερές[绕圈者]，即一个能够发生反转，转眼之间就变成其他东西的东西；它是二（δυάς），因为二在本性上是这样一个本原，它既是也不是它**所是**的那个东西（比如A）：所谓"**是**"，意思是它现在而且在不动的情况下是它所是的东西，所谓"**不是**"，意思是它并非不能变成相反的东西。尽管如此，单纯的可能性本身不是任何东西，只有当它把意志或那个能够掌控它的东西拉扯到自己身边，以及那个掌控着自身的东西俯就于它，意愿它时，它才是某东西。这个可能性本身不能做任何事情，是无成果的（不生出任何东西），除非意志（那个掌控着自身的能够存在者）俯就于它；**就此而言**，这个可能性显现为单纯的**女性**，而意志则显现为男性——这里已经出现了神话的表述，这里已经奠定了神话里诸神延续不断的和愈来愈枝条繁盛的双重性别。

我们甚至必须进一步指出，当可能性根本没有在那个掌控着自身的东西面前展示出来，当后者对于前者处于一种极乐的无知状态，这必须被看作绝对最初的环节。但这个对于自身仍然一无所知的存在恰恰造成了这个环节的整个**存在**，把那个掌控着自身的东西的存在塑造为一个偶然的,也能够成为别的东西,就此而言本身仍然模棱两可的存在。但需要指出,这种模棱两可不可以保持下去,而是**必须做出决断**。当我说它**不可以保持下去**,就仿佛说出了一个法则,这个法则禁止某东西保持在未决断的状态中,并且要求一切东西放弃隐蔽状态,显示出来,成为清楚的、明确的、已决断的东西,以便让一切敌对者都消失,进而设定一种完满的、安宁的存在。实际上,**这正是**那个大全一体的、凌驾于一切东西之上的最高的世界法则。

既然那个掌控着自身的能够存在并没有排除成为它自己的反面的可能性,这件事情就必须做出决断;但只有当意志注意到那个可能性,它才能够做出决断。就此而言,基于同一个世界法则,这个可能性必须被展示给意志,因为只有当那个包含着可能性的东西已经看到这个可能性,并且**不意愿它**,它才伴随着它自己的意愿是它所是的东西,并且坚定不移,而它虽然现在在这个地方,但这件事情却是不依赖于它自己的,也就是说,它**相对于**自身而言仅仅偶然地在这个地方。我的意思是,那个最高的和唯一的世界法则不容忍一切偶然的东西,因此那个无需对方的知识和意愿就粘附在对方身上的可能性必须被展示给那个掌控着自身的能够存在,那个直到现在仍然安息着的意志,或更确切地说,那个可能性必须在意志之内**崛起**,并且通过这个方式能够把自己展示给意志,呈现给意志。通过这个崛起,那个迄今为止单一的意志**对自身而言**也成为一个双重的意志,或者说那个安息着的意志现在可以去意愿或不意愿,而这个崛起的原因,只能被认为是那个最高的世界法则本身。这个世界法则,这个痛恨着不确定的、模棱两可的乃至全部偶然的东西的力量,就是复仇女神**涅墨西斯**(Nemesis)。

XII, 143

如果我们接受亚里士多德在其《修辞学》里对于νεμεσᾶν [愤慨]这个词语的解释，那么涅墨西斯无非就是一种对那些不劳而获的幸运儿感到愤慨的力量。①那个掌控着自身的能够存在在其纯净性中就是这样一个不劳而获的幸运儿，因为它等同于一个不愿意是其所是，仅仅偶然地存在着的上帝，就此而言，上帝本身是这样一个上帝，他给那个能够存在展示出一个可能性，即也可以不是它所是的东西——但这不是**为了**让它真的成为相反的东西，而是让它不要去意愿相反的东西，毋宁应当带着自由，带着自由意志，成为它所是的东西。上帝是如此之重视自由意志，甚至不惜把那个最高的东西，把他的第一个创世，仅仅当作第二个创世的可能根据，但正因如此，第二个创世仅仅是上帝的一个更高的自身启示。实际上，当人重新开启那个在自然界里已经封闭的循环，制造出一种活生生的历史，自然界哪里有反抗之力！整个自然界降格为单纯的环节——仿佛不再具有任何历史，成为非历史的东西；一切关注点都转向那个更高的历史，而人正是这个历史的肇始者。

神性本身不愿意让受造物保持那个无意志的极乐状态，并且故意把人的本质设定在一种双重情况中，即要么把那个极乐状态当作一种自行获得的状态而占有，要么失去那个状态——这个观点绝不仅仅是异教的观点。按照《旧约》的记载（我在这里根本没有把这些记载看作上帝的启示，而是仅仅将其看作一种与异教相对立的宗教的原始文献），**上帝**给人展示出了相反情况的可能性，即人也可以

---

① 亚里士多德：《修辞学》IX. (Sylb. 80, 7): εἰ γάρ ἐστι τὸ νεμεσᾶν, λυπεῖσθαι ἐπὶ τῷ φαινομένῳ ἀναξίως εὐπραγεῖν [愤慨是指看到一种显然不配得到的好运而感到痛苦]。——谢林原注

不是他所是的东西,而众所周知,上帝展示这个可能性的方式是禁止他吃关于善和恶的知识之树的果子。但恰恰通过这个禁令,**通过**这个法则,给人展示出了相反情况的可能性,正如那位最深刻的使徒[保罗]所说的:"若非律法说'不可起贪心',我就不知何为贪心。然而罪趁着机会,就藉着诫命叫诸般的贪心在我里头发动;因为没有律法罪是死的(正如那个存在着却又仿佛不存在的可能性是死的)……但是诫命来到,罪又活了。"① 因此按照基督教的观点,法则(上帝给出的法则)是造成罪(亦即偏离原初的存在)的原因,而按照神话观念,涅墨西斯是那种带来灾厄的过渡的原因;二者在根本上完全是同一个思想,更何况νόμος [法则] 和νέμεσις [涅墨西斯] 就发音和词源学而言也是近似的。

但为了避免造成误解,我还是要指出以下情况。意识一旦沾染了神话,并落入那个扬弃和碾压**人的**意识的暴力手中(在神话里,人被这样一种暴力重新驱赶到先于人类的状态),就与他的早先的存在切断了,此后也没有一个从早先状态直到当前状态的回忆。因此,当我在各种神话形态里面指出涅墨西斯就是那个过渡的发起者,我的意思并不是说,涅墨西斯这个观念来自神话本身的源头。毋宁说,正如我一般地已经指出,并且随后还会更为明确地指出的,如果意识在神话过程的开端已经落入一个完全盲目的并且对它而言不可理解的暴力手中,那么神话意识只有在**终点**才会搞清楚自己的开端,因为在终点那里,那个盲目的暴力对于意识而言并且在意识自身之内已经重新被克服,或至少是接近于被克服。也就是说,涅墨西斯的概

XII, 145

---

① 参阅《新约·罗马书》7: 7-9。——译者注

念是来自那种对自身而言已经自由的、试图理解自己并且开始理解自己的神话的最后一段时间。实际上，涅墨西斯最初是在赫西俄德那里出现的，而你们或许还记得，我们此前已经把赫西俄德的《神谱》看作那样一种神话的产物，这种神话不是处于产生过程中，而是已经开始理解自己，并且自觉地转向自己。神话在开端不可能自己解释自己，不可能理解它自己的开端，但**我们**解释它的开端的方式，就是这种已经到达终点的神话自觉地解释自己的开端的方式。在赫西俄德那里，涅墨西斯是黑夜女神纽克斯的子女之一，而黑夜就是意志最初的非决断状态和无差别状态。

XII, 146

"不祥的纽克斯也生下了涅墨西斯，凡人的灾厄"（Τίκτε δὲ καὶ Νέμεσιν, πῆμα θνητοῖσι βροτοῖσι Νὺξ ὀλοή），也就是说，生下了给凡人带来灾厄的涅墨西斯。[①]赫西俄德谈到纽克斯的子女（因此也包括涅墨西斯）的整个段落，很显然包含着一个深刻的，虽然与神话的源头处于不同时间，但仍然与神话的模糊性进行斗争的哲学观点的残余。人们在这里非常清楚地看到，哲学不是先于神话，而是从神话中显露出来的，而那个已经挣脱和逃脱了神话的意识直接转向了哲学。赫西俄德给涅墨西斯加上的后缀，"凡人的灾厄"（πῆμα θνητοῖσι βροτοῖσι），充分证明了我们对她的释义，即是她发起了向着苦难状态的过渡，而现在的人类就处于这个状态。涅墨西斯后来的一个名字同样充分证明了这个释义。她也叫作**阿德拉斯忒亚**（Adrasteia），而这个名字并非像后来的一些希腊人解释的那样，来自阿德拉斯托斯（Adrastos）国王为她建立的一个祭坛。在这件事情

---

① 赫西俄德：《神谱》，第223行（ed. Van Lennep）。——谢林原注

上，人们真的不能太信任希腊人的解释，因为这位阿德拉斯托斯国王才是真正需要加以解释的，而在希罗多德的一个记载里，他同样显现为一位神话人物。"阿德拉斯托斯"和"阿德拉斯忒亚"一样，都是一个以神话的方式产生出来并且具有神话意义的名字。涅墨西斯之所以叫作阿德拉斯忒亚，是因为她让恐怖的事情发生，让单纯可能的东西达到完满，得以实现。①阿德拉斯托斯就是Τò ἄδραστον [不可回避者]，意味着一个不动的东西，一个不愿意运动和离开的东西。因此阿德拉斯忒亚是这样一种力量，它让那个反抗运动的东西，那个仿佛还在犹豫是否要运动的东西，亦即意志，运动起来。毋庸多言，这和我们对于涅墨西斯的解释是完全一致的。也就是说，涅墨西斯无非是那个最高的、让一切东西运动起来的世界法则的力量，这个世界法则不愿意某个东西保持隐蔽，不但驱使一切隐蔽的东西显露出来，而且仿佛在道德的意义上强迫自己也展现出来。

在品达②那里，涅墨西斯叫作"心思不定的涅墨西斯"（διχόβουλος Νέμεσις），亦即具有一种双重的意志。至于如何理解这一点，我们用不着旁征博引，只需要想想贺拉斯的那句名言就够了：tollere in altum, ut lapsu graviore ruat [举得越高，摔得越狠]。③这里有一种双重的意志；涅墨西斯首先提升那个注定要毁灭的东西——这是她的直接的意志，但她之所以提升这个东西，只是

---

① 在这个问题上，克罗伊策《文集》第二卷第501和502页也可以提供一些佐证和解释。——谢林原注
② 品达：《奥林匹亚颂》VIII, 144。——谢林原注
③ 这句名言不是出自贺拉斯，而是出自另一位罗马诗人克劳狄安（Claudius Claudianus, 370—404）的《驳鲁菲努斯》（*In Rufinum*, I. 22），其准确的原文为：Tolluntur in altum, ut lapsu graviore ruant [他们被高高举起，以便更狠地摔下去]。——译者注

为了将它更狠地摔下去，而这是第二个意志。在这里，我还是要找机会解释一下我已经经常使用，并且后面还会使用的一个词语。我的意思是，我把那个带来灾厄的过渡称作一种**重新提升**（亦即一种来自潜能的重新提升），而人们已经习惯于把这个过渡描述为一种**堕落**。但二者并不矛盾。当我把这个过渡描述为提升时，我指的是antecedens [先行者]，而当人们把这个过渡描述为堕落时，他们指的是consequens pro antecedente [先行者带来的后果]。

此外需要指出，这里讨论的只是涅墨西斯的**原初**意义。人们不应当在那些距离神话的产生过于遥远的时间里寻找这个意义。因此，当涅墨西斯的概念后来与另一个女性神祇（比如阿佛洛狄忒）的概念混杂在一起，这并不能证明什么；人们最应当提防的一件事情，就是把后期的东西和早期的东西搅和起来进行研究。除此之外，按照一个著名的传说，艺术家阿戈拉克里托（菲迪亚斯的学生）创作的一座雕像在雅典参加竞赛时被认为不像阿佛洛狄忒，于是他把这座雕像交给了崇拜涅墨西斯的拉姆努斯城，条件是它在那里应当作为涅墨西斯的雕像而被悬挂起来。但这个传说同样不能反驳涅墨西斯的原初意义，而这个意义在赫西俄德那里尤其体现在，他在涅墨西斯之后马上也提到了她的妹妹**欺骗女神**阿帕忒（Ἀπάτη）。下面我就解释一下这个联系。

那个能够（Können），那个在意识面前呈现为一个及物动词的东西，是一个纯粹虚假的、欺骗性的东西。它是**能够**，但仅仅是自在的，仅仅是不及物的，也就是说，它保持为内在的东西，保持在内在性里；一旦它成为外在的、及物的，它就不再是能够。那个能够是存在的一个潜能，但不是为了去存在，不是为了过渡到存在，而是为了保持为能够。因此在赫西俄德所说的那些最古老的本质里，阿帕忒不是意味着普通的欺骗或常见的幻相，而是意味着原初幻相，至于后来的一切幻相，还有那个已经背离其原初存在的人类的整个充满幻相的生命，都是发源于这个原初幻相。阿帕忒拥有一个专属的庆典，名为"阿帕都里亚"或"欺骗节"（Apatuiren），而这或许表明，希腊人对于这位欺骗女神有着极为深刻的感受。遗憾的是，我们对于这个庆典只有很少的了解。克罗伊策①认为希腊人的阿帕都里亚庆典来自印度。只要人们习惯于把神话概念看作纯粹偶然的概念，当然会做出这种历史的（但在历史学里又无法证实的）推导。反过来，如果人们确信这些概念尤其神话的原初概念（其中也包括阿帕忒）不是偶然的概念，而是必然的，就其类型而言永恒的概念，人们就再也不能坚持这类历史推导；这类推导并不比另外一类推导好多少，比如人们企图从印度推导出质料和形式、原因和作用之类普遍的概念，其理由是，印度人无疑比希腊人更早使用这些概念，或最早的已知的逻辑是一种用梵文撰写的逻辑，其处理三段论的性质和形式的方式和后来的亚里士多德差不多，而出于这个理由，他们很自然地想要表明，三段论是由印度人发明的。为了证明自己的推导，克罗伊策指出了赫西俄德的阿帕忒和印度人的摩耶（Maja）的联系。但摩耶主要属于印度哲学，而不是属于印度神话。二者之所以混淆在一起，只不过是因为印度哲学相比欧洲的抽象哲学，本身具有一个彻底的神话特征。诚然，印度人的摩耶也是**异在**或自身外存在的可能性，但当它在人或原初意识面前呈现出来，就不是原初可能性。摩耶在印

XII, 149

---

① 克罗伊策（Friedrich Creuzer, 1771—1858），德国语文学家和神话研究者。——译者注

度哲学里意味着一个在造物主面前呈现出来的异在的可能性，亦即创世的可能性。它被想象为一面张开的假象之网（这个假象恰恰是另一个存在），以此表明造物主仅仅是在一种貌似沉醉的自身遗忘状态中现实地创造了世界。在印度哲学看来，整个世界的本质是摩耶，是魔法，不是一个真实的存在，而是一个纯粹虚假的存在；凡是沉迷于这个世界的人，都被囚禁在摩耶之网上面。这个在感官世界里给我们投射出来的存在的真理在于它的非存在，而这意味着，它应当重新回归单纯的可能性，亦即在原初意识和人那里重新回归单纯的可能性。

除此之外，"摩耶"这个名字已经表明，**一般而言**，印度人的摩耶就是那个原初可能性，一种（在我们看来）呈现在造物主面前的可能性。我很早以前就表达了一个猜测，即印度人的摩耶可能与魔法有关。奥古斯特·弗利德里希·施莱格尔在发表《薄伽梵歌》拉丁文译本的时候，凡是遇到"摩耶"这个词语的地方，都加上"魔法"这个插入语，而威廉·冯·洪堡在其讨论《薄伽梵歌》的论文中也采取了同样的做法。在波斯语里，"麻葛"（Mog）加上"Gai"就是魔术师的意思。现在的经过伊斯兰教占领之后流传下来的波斯语里面没有一个可以变化为这个名词的动词。鉴于波斯语和日耳曼语言之间公认的基本相似性，我毫不怀疑，波斯人的"麻葛"起源于一个与我们德语的"**可能**"（Mögen）相对应的波斯词语。我们德语里的"可能性"（Möglichkeit）、"力量"（Macht）同样是起源于这个"可能"，比如在德国的许多方言里，"我不可能"的意思就是"我不能够"。因此，魔法和印度人的摩耶也无非意味着力量或可能性。实际上，那个仍然在意志里安息着的能够**就是**魔法。因为，当它转向内部，就是一个**无所不能**的东西，甚至把上帝拉扯到自己身边，紧紧拽住。这个转向内部的能够恰恰**就是**上帝的设定者，当它转向外部，就成为意识之内的上帝的颠覆者。按照我们的表述，它并非通过现实性，而是通过非现实性而成为上帝的设定者，因此真正说来是以魔法的方式成为上帝的设定者。因为，任何东西如果不是受到现实的意志的作用，而是受到纯粹本质性的，亦即安息着的意志的作用，那么它就是以魔法的方式受到作用。如果一个东西在意志面前呈现为**另一个**存在的潜能，从而在转向内部的时候掌控着一切东西（甚至上帝也不例外），那么在这个意义上，它就是魔法，一种通过自在的意志而诱惑自己的魔法，但不是真正的魔法，而是一种虚假的、欺骗性的魔法。正因如此，《旧约》才把偶像崇拜和虚假的魔法联系起来，甚至把二者看作同一个东西。以上就是我对于赫西俄德的阿帕忒和印度人的摩耶或魔法的比较。

因此总的说来，涅墨西斯是运动的最初的发起者，她给那个仍然**无意愿的**意志展示出一个在它之内安息着的可能性或**能够**。现在这个能够本身就在意志面前呈现出来。尽管如此，如果这个能够保持在自身之内，那么它也仅仅是一个能够，因而仅仅是一个**虚假的**能够，也就是说，不是一个对于**存在**而言的能够，除非它走出自身；但是，就它在意识面前呈现为一个无条件的能够而言，它就是一个**欺骗性的**能够，一种欺骗性的魔法，一个阿帕忒。这个在意识面前呈现为无条件者的**能够**蕴含着**诱惑**。为了推动意志走出自身，总是需要一个诱惑。对于这一点，所有的古代观念都是深信不疑的。直接进行诱惑的东西恰恰是那个不可排除的、虚假的可能性，而它的模棱两可只有在将来才被会被揭穿；这个可能性就是古人所说的蛇，因为蛇是和人一起诞生的,并且和意识本身一样古老,因此当人存在于那里,蛇就盘踞在他的胸口——蛇同样只有在将来才会被击败,而《新约》仅仅在万物的尽头才把它封闭在深渊里。在古代的习俗里,一切与这个深不可测的进程有关的东西都与蛇结合在一起。正如我们马上就要看到的,在希腊神话里,一个诱惑的力量以蛇的形态靠近那个一直以来都自由的、超然于全部必然性之上的意识,将它拉入神话过程。亚历山大的克莱门谈到,在某些献祭仪式里,人们拉着一条蛇爬过献祭者的胸口。① 蛇是那种不祥的模棱两可的象征,因为它呈现为一个盘起来的、被带回到自身的东西,而这就是那个静止的、封闭在自身之内的东西的形象,但蛇一旦发动攻击,就会猝不及防地竖立起来,给出致命的啮咬。这基本上也解释了可能性在意志面前展现出来时的情形。

---

① 亚历山大里亚的克莱门:《劝导书》(*Protreptikos*),第14页。——谢林原注

第八讲
佩耳塞福涅作为异在的可能性

到目前为止,我们已经经历了以下几个环节。第一个环节是人的意识,确切地说**原初**意识,即那个在其纯粹实体性中的意识。我们已经把这个东西等同于那个被带回到自身,因而掌控着自身的能够,但这个能够包含着一个不可排除的东西(因为这个东西是它的根据),即重新过渡到存在的可能性。第二个环节是一个不能忍受纯粹偶然东西的力量。一般而言,凡是能够存在又**能够**不存在的东西,就被我们称作偶然的;哪怕一个东西**仅仅**能够存在和不存在,也是偶然的,因为它既是又不是它所是的那个东西,即能够存在者,也就是说,它做不到能够不是相反的东西。进而言之,只要任何东西是在不依赖于它自身的情况下,亦即就它**自身**而言,在无需它的意愿的情况下,就偶然地是它**所是**的那个东西,那么它也是一个偶然的东西。正因如此,偶然的东西也是一个不劳而获的幸运儿。因此总的说来,涅墨西斯就是这样一个力量,它憎恶那些未做决断的、仅仅偶然地是其所是,就此而言不劳而获的存在者。涅墨西斯也给那个纯粹偶然地掌控着自身的东西展示出一个在它自身之内隐藏着的可能性,即可以从纯粹的实体性里显露出来。就此而言,第三个环节恰恰就是这个在人的意识面前现实地呈现出来的可能性。但正如已经指出的，这是一个虚幻的、欺骗性的可能性，甚至可以说是最初的欺骗。我们必须在这个意义上理解赫西俄德所说的阿帕忒，而他同样把阿帕忒看作纽克斯的女儿。

当这个可能性已经展示给意志，让意志去做一个决断，接下来就是这条道路上的第四个环节，即那个一直以来安息着的意志真正去意愿这个给它展示出来的存在，从而真正摆脱它所是的纯粹能够，把自己提升为一个偶然的、被拉扯过来的存在。关于这个进程本身，现在唯一可以说的是，它发生了（sich ereignet），它已经启动了；或者说，它是原初事实或原因本身（历史的开端），是 κατ᾽ ἐξοχήν [真正意义上的]事实或发生的事情。对于人的意识而言，这个进程是最初的东西，是一个全然启动的东西，是原初事件或一个不可撤销的行为，这个行为一旦发生，就不可能再被收回，不可能又像没发生一样。这个进程——和一切先行于它本身的东西一样——仍然**完全**属于超历史的范围，并且是意识本身接下来不再能够意识到的一个东西。**它**就是我们此前已经找到的神话的那个超历史的开端。它是最古老的原初偶然事件，通过那座 Fortuna primigenia [原初的幸运女神福耳图娜]雕像呈现出来，而普雷尼斯特人把这当作一座来自罗马王国滥觞时期的雕像，并且通过它去祭奠那个能够存在和不存在的东西（这就是福耳图娜），那个作为一切存在的最初本原和最初力量的东西。这个进程是一个**不可预思的厄运**；之所以说不可预思，是因为意识不能思考（亦即不能回忆起）任何先于这个进程的东西。而它之所以是一个**厄运**，不止是因为它必须被认为是在一个介于清醒和不清醒之间的犹豫状态或动摇状态下发生的，更主要是因为通过一个**意料之外**的结果，意志以一个它自己随后都不再理解的方式震惊地看到自己。也就是说，意志原本以为自己在现实性里仍然能够始终是它在可能性里的样子，但恰恰发现自己被欺骗了，被它自己的行为的后果震惊到了，于是后果对它而言呈现为一个非所意愿的、**出乎预料的**、**期待之外的**东西。

只有行为的后果保留在意识里。没有任何回忆能够回溯到进程本身。因为，这个现在通过行为而产生出来的意识是最初的**现实的意识**（此前只有那个在其纯粹的实体性中的意识），但这个现实的意识不可能又意识到那个使它产生出来的行为，因为它通过这个行为已经变成一个完全不同的东西，并且与它的起初的状态切断了。回忆需要**现在**存在着的东西（回忆者）和回忆的**对象**的同一性或一体性。只要这种同一性被扬弃，就没有回忆，比如我们看到有些所谓的梦游者虽然在所谓的最高程度的视灵状态下展现出一个非常清晰和清澈的意识，但醒来之后完全回忆不起他们在视灵状态下做过或说过的事情，因为他们在视灵状态下实际上已经不再是他们在清醒状态下所是的那些人。

简言之，当意识通过那个进程而从属于一个不可挣脱的命运，对于这个现在已经成为现实性或已经异化的意识而言，那个进程就必然沉入**它**所不能探测的一个深渊。

正因如此，这个进程的晦暗痕迹仅仅出现在后期神话里。因为处于一个过程的开端的东西，只有在终点才变得清晰。但那个产生出神话的过程的终点是希腊神话。所以主要是在希腊神话里，我们才发现那些与神话过程的那些最初环节相契合的形态。比如涅墨西斯是过程的最初原因和发起者。同样，意识之所以服从一个神话的

XII, 154

必然性，是通过一个**现实的**进程，而这个进程的痕迹也仅仅出现在希腊神话里，尤其出现在那些属于佩耳塞福涅学说的神话里，而我们之所以最后才提到这些神话，是因为我们发现只有在佩耳塞福涅的形态里，所有那些一直以来被区分开的环节才统一起来。尽管如此，我在详细解释佩耳塞福涅的概念之前，必须先谈谈几件事情。

人的原初本质是一个掌控着自身的东西，即A，但不是单纯的A，毋宁说，只有当它在自身之内包含着B的时候才是A，而B虽然是质料，从而是潜能，但恰恰因此是另一个存在或**不是A的可能性**。在这个把B作为潜能而包含在自身之内的A身上，A是被制造出来或被创造出来的东西，因此A是真正意义上的人，而B比人更古老，是一个进行诱惑的本原，因此也比人更强大。①那个潜能仿佛是被托付给这个A（亦即人），受A掌控，或者说A恰恰是那个被置于B之内的意志。同时需要指出的是，除非意志俯就于这个可能性，否则后者本身什么都不是，也做不成任何事情，而有鉴于此，我们不得不说，这个本身做不成任何事情的可能性是单纯的女性，而那个使它能够是或成为某东西的意志是男性。

这不是一个人为捏造的表述，而是一个自然的、自行得出的表述，因此对于神话意识而言也是完全自然的。——这个表述不是仅仅取材于自然界里面的双性现象，然后被嫁接给那些理知本原，正相反，自然界里面的双性现象是来自一切存在的最初本原。无论如何，后来的一种已经具有哲学意义的意识在毕达哥拉斯学派那里不

---

① 当它是B的时候，就不再是人。只有当A存在着，B才是人。因为A是被创造出来的东西。——谢林原注

得不宣称，数是作为男性的一（统一体）和作为女性的二（能够是正和负的东西）一起生出的孩子。只要人们把那个在意识之内设定的异在的可能性思考为女性，就不可避免也把它想象为一个人格。这件事情根本不需要什么故意捏造的人格化。当我们谈到那个在造物主面前呈现出来的原初可能性时，也忍不住把它思考为一个女性的本质，从而思考为一个人格性的本质，而且我们愈是把它思考为原初可能性（亦即一个无与伦比的可能性），它就愈是获得某种个体的和人格性的意义。当然，人们不要企图把一种普通哲学的抽象概念想象为人格。但我们立足的那种哲学不是与抽象的概念，而是与真正的实在性和现实的本质性打交道。那个原初可能性不是一个范畴，而是一个现实的（虽然只有借助理智才能把握的）、理知的本质，而且不是什么普遍的东西，不是一般意义上的可能性，而是一个特定的可能性，一个在所有已经存在的可能性当中独一无二的可能性。同样，当我们说**那个**在原初意识里被设定的、作为其根据的异在的潜能是**佩耳塞福涅**（Persephone），我们的意思并不是佩耳塞福涅**意味着**这个潜能。对于神话观念而言，这个潜能**就是**佩耳塞福涅，反过来，佩耳塞福涅也并非仅仅**意味着**原初意识的那个潜能，毋宁就是这个潜能本身。

XII, 156

但这里我必须提醒注意一件此前已经指出的事情。那个掌控着自身的东西，正因为它是作为意识而掌控着**自身**，所以它在自身之内把**自己**当作可能性；因此，这个在意识**之内**设定的可能性或能够存在者和意识之内的存在者不是两个东西，而是交织在一起，真正合为一体。换言之，就意识之内的存在者（它表现为男性或意志）和能够存在者（异在的可能性，表现为女性）仍然交织在一起而言——它们之所以交织在一起,因为那个仅仅能够**不是**A的东西本身仍然是A,和那个**是**A的东西没有区别——在意识之内,男性也是和女性交织在一起,也就是说,意识本身仿佛具有雌雄同体的本性。

如果说佩耳塞福涅无非是异在的可能性,但这个可能性根本没有展示给意志,而且根本不**知道**自己是与意志相对立的女性,那么基于这个情况,那个潜能对于自己也是一无所知的,因此按照我们习惯采用的说法,它就是处于**天真无邪**的状态,亦即男性和女性尚未区分和分离的状态。那种对于双性现象一无所知的天真无邪就是童贞——童贞不是专属女性(这个词语也可以用来谓述男性),而是指未区分性别的状态。就此而言,佩耳塞福涅是处女(κόρη),而且是κατ᾽ ἐξοχήν [真正意义上的]处女,因此她也才被称作**科勒**(Κόρη),亦即处女**本身**。佩耳塞福涅是意识之内的能够存在者,就此而言是女性,但它尚未与男性相对立,尚未**作为**女性而被设定,而在这个意义上,她是处女。只要能够存在者保持在这种纯粹的本质性(非对立性)之内,它就不从属于必然性,而是超然于一切诱惑。①因此在早期的(希腊的)神话式哲学论题里,佩耳塞福涅被描述为一位居住在渺远的城堡里,不会经历任何危险的女神,一位不会受到任何伤害,在任何纷乱情形下都安然无恙的女神。"佩耳塞福涅被确保安然无恙"这个说法让我们想起毕达哥拉斯学派的一句话,"神确保一切东西都安然无恙"(ὑπὸ τοῦ θεοῦ ὥσπερ ἐν φρουρᾷ περιειλῆφθαι τὸ πᾶν),而这些说法应当让你们回忆起此前已经指出的人被封闭在三个神性的潜能阶次之间的情形。

---

① 此处可参阅克罗伊策:《文集》第四卷,第546页。——谢林原注

但与之关系更密切甚至完全符合的是那个最古老的(摩西的)记载,即原初的人置身于一个极乐之地,而且这是κατ᾽ἐξοχήν [真正意义上的]极乐。因为在这里,一切东西都是**原初的**;在这里,我们所说的可能性,作为原初可能性,乃是所有别的可能性的可能性,而那个使人偏离和背叛其本质的**偶然事件**,也不是一个纯粹偶然的偶然事件,而是原初偶然事件,是真正的Fortuna primigenia [原初的福耳图娜],而所有别的偶然事件都是来自这个偶然事件;既然如此,那个极乐之地也是κατ᾽ἐξοχήν [真正意义上的]极乐之地。至于佩耳塞福涅神话以及毕达哥拉斯学派所说的神的城堡或安身之处,在《旧约》的记载里——在这些地方我仍然仅仅把《旧约》看作最古老的时间的原始文献——从根本上来说也是完全一样的。因为按照《旧约》的记载,那个极乐之地也是一个围起来的空间,是一个花园,因此原初的人并不是置身于后来才被驱赶到的一个开阔的和无界限的东西(ἄπειρον)之内。但花园无非是一个封闭的、安稳的空间。在希伯来语里,"花园"来自一个动词,这个动词意味着:circumclusit, circum-munivit, septo conclusit [包围、环绕、围上],而相应的阿拉伯语动词则意味着:texit, protexit, tutatus est [遮挡、掩护、庇护]。此外"神的庇护"这个概念也属于这种情况。伟大的东西在任何地方都是一致的;索福克勒斯借以撩动我们的那些情感,品达借以吸引我们的那些思想,还有我们所寻求的神话的真相(我们绝不认为神话是无聊的故事),以及这些古人在谈到人类的命运和生命时表达的观点,都已经包含在神话里并且在其中预先成形,而这些伟大古人的观点也出现在《旧约》的《约伯记》和《诗篇》里。佩耳塞福涅尚未堕落的时候是处于神的庇护之下,是极乐的,而《诗篇》也说,人安息在最高者的影子里,栖居在全能者的庇护下。当一个人保存而不是挥霍他的**能够**,他就是栖居在全能者的庇护下。当一个人不去做他能够做的一切事情(比如他可以报复,但没有去报复),就叫作高贵的人,同理,当一个人让自己的能够从属于上帝,把他的能够交给上帝去封锁和保管,就配得上被称作虔敬的人。

我们在这里讨论的那些本原也是哲学的最内在的本原;但人们之所以认识到哲学本原的深刻真理,是因为它们同时具有最深刻的伦理意义。因此你们不要认为这些伦理上的考察属于跑题,而是应当通过这个方式认识到我尝试给你们解释的那些本原深刻的严肃性。——在德语里,"花园"这个词语原本也意味着一切封闭起来的、安稳的场所;和法语的garder [保护]一样,它总是意味着一个令人满意的、环绕起来的、封闭的空间。甚至在最早的时间里,花园也意味着一个城堡,比如许多宫殿和坚固的城市在名称上都是以"格勒"(grad)作为结尾。

以上是我对于佩耳塞福涅学说的一个特征和《创世记》关于最初的人的居所的记载的比较。但如果人们企图用这种一致性去证明全部神话观念都仅仅是圣经真理或启示真理的扭曲,那么这完全是对于这种一致性的滥用。假若要证明那是一种扭曲,我们就必须把神话观念本身看作纯粹偶然的观念。然而我已经表明,或更确切地说,这些观念本身的本性已经表明,它们是伴随着必然性而生产出自身,并且是来自意识最深处的,就此而言最内在的本性。它们的源头和启示的源头是同一个东西,亦即都是发源于事情本身,而我之所以让大家注意到这种一致性,主要是为了让你们认识到这些思想是一些**必然的**思想,正如总的说来这整个推演的目的就是把你们带到那些远古的原初思想,这些思想和原初群山一样,哪怕经历了如此之多飘忽而过的人类也仍然屹立不倒,而不是像某些思想那样,昨天刚刚被提出来,今天就被吹散得无影无踪。

  总的说来,以上就是对于佩耳塞福涅(即那个在其原初状态中的原初意识)的童贞的解释,尤其是对于"她在这个状态下仿佛出生于一个渺远的城堡,超越了全部必然性"这个说法的解释。问题在于,这位作为内在而孤寂的东西等同于自身的佩耳塞福涅,能够变得不同于自身。首先是希腊哲学家(比如毕达哥拉斯学派),然后是新柏拉图主义者,都已经认识到佩耳塞福涅的双重性,并且区分了一种双重的人格性:一个是完全保持为内在的(ἔνδον ὅλη μένουσα),另一个是显露出来的(προϊεῖσα)。①甚至她的拉丁文名字**普洛塞宾娜**(Pro-serpina)都表达出一种出乎意料的显露或出离。这个环节上的真正的**存在者**是那个崛起的掌控着自身的能够,但这个东西恰恰对于自身之内的能够(即异在的潜能)一无所知;潜能是存在者仅仅不能排除的东西,一个无需它的知识就位于它之内的东西。但既然潜能在存在者一无所知的情况下就位于存在者之内,所以**一旦**它在存在者面前显现出来,被其注意到,它对于存在者而言就是某种令人震惊的并且通过这个震惊而诱惑着存在者的东西。就此而言,这个显露是一种pro-serpere [匍匐前行];这个表述暗示着一个静悄悄的、未曾期待的、出乎意料的运动,而在这里,"普洛塞宾娜"这个名字和这件事情都让我们想到蛇(serpens),而蛇正

---

① 参阅克罗伊策:《文集》第四卷,第546页。——谢林原注

是由于其隐蔽的和轻柔的运动而得到这个名称。

因此，当佩耳塞福涅通过出离（πρόοδος，这是毕达哥拉斯学派用来描述"二"的词语）第一次在观念中显露出来，并且在存在者之内展现自身，就是一个出乎意料的、意想不到的东西，而作为这个东西，她也被称作宿命、厄运和命运女神摩罗斯（Μόρος），甚至被称作福耳图娜（所有这些概念都被早期哲学家用来标示佩耳塞福涅的本质）。**一般而言**，福耳图娜是一个始终运动着的、永远都不等同于自身的东西，即非稳定者本身。但作为**现实地**显露出来的东西，佩耳塞福涅被规定为**有害的**福耳图娜，即苦难和厄运，也就是说，她不是被看作一个纯粹偶然的苦难，而是被看作κατ' ἐξοχήν［真正意义上的］苦难，被看作**原初的**苦难和原初的灾难，而所有别的灾难都是来自它。①虽然这些观念全都是神话意识自己的观念，但当它们最初产生出来的时候，神话意识自己不可能意识到它们，而是按照**我们**已经解释的这些观念包含着的必然性把它们记载下来。此外我还要指出，毕达哥拉斯学派不是从他们关于"二"的学说出发去解释佩耳塞福涅，而是反过来试图通过暗示与佩耳塞福涅的关系而去解释他们关于"二"的学说。对毕达哥拉斯学派而言，"二"无非是这样一个潜能，它在转向内部的时候等同于"一"，只有在转向外部的时候才不同于"一"。这个潜能的概念是哲学的开端。如果有人希望进一步了解这个联系，我建议他去阅读克罗伊策的一部著作，其中有一个注释专门谈到了佩耳塞福涅和"二"的关系。这部著作的优点在于，它对于佩耳塞福涅学说有一种偏爱，并且对此进行了详细的讨论。

---

① 克罗伊策：《文集》，第四卷，第543页。——谢林原注

实际上，在这些与佩耳塞福涅有关的神话里，整个神话的解密钥匙已经通过这些神话本身而呈现出来，因此唯一让人惊诧的是，虽然神话的这些开端已经回溯到人的存在和意识的最深处，并且恰恰在佩耳塞福涅学说里面呈现出来，但博学的克罗伊策却没有由此走向更深的层次，反而是在一种纯粹经验性的、纯粹外在的并且在历史上假定位于人类之内的一神论里面寻找神话的源头。但正如佩耳塞福涅学说表明的，神话及其最终的根源和人的原初意识本身是牢牢地结合在一起的。

相比毕达哥拉斯学派的那些与佩耳塞福涅学说有关的哲学论题，更古老的是希腊神秘学的一些与佩耳塞福涅有关的学说。众所周知，我们所理解的"神秘学"（Mysterien）是一种与公开的诸神学说（神话）独立并行的隐秘学说，即一种只能传授给开悟者的学说。由于神秘学无非是神话的内核和隐秘方面，而这一点正如多次指出的只有在过程的终点才清楚地呈现给意识，所以神秘学无论如何都不是属于神话的原初时间，而是属于神话的最后发展阶段。对此后面还会有更详细的揭示。简言之，神秘学观念始终是那种在过程的终点已经清楚地认识到**开端**的神话意识的产物。就此而言，它们是一些虽然与神话的原初时间处于不同时间，但同样是来自神话的源头的观念，好比一株植物的果实虽然就外在现象而言是最终的东西，但在种子之内已经被预先规定了。

XII, 162

在这样一个属于神秘学的观念里，是这样描述过渡的：一直以来保持童贞并且隐藏在童贞性的孤寂状态里的佩耳塞福涅被化身为一条蛇的宙斯（朱庇特）缠绕，后者对她施暴（βιάζεται ὑπὸ τοῦ Διός），亦即夺走了她的童贞。在这里，是一位神导致了佩耳塞福涅的堕落，这是非常自然的。正因为意识后来回忆不起自己的行为，所以它把这个向着苦难状态的过渡归咎为一种暴力，并且总的说来认为这是神施加在它身上的暴力。至于把这个暴力行为归因于宙斯（他作为最后的诸神王朝的首领，本身仅仅是那些前后相继的神话诸神里的最后一位神），这只不过再一次证明了我们已经知道的一件事情，即这个神秘学观念属于神话意识的最晚的时间。

当然，以下思考才是对于这件事情的**解释**。对于希腊人的神话意识而言，全部早期的诸神都在宙斯那里终结了。全部早期的诸神都仅仅是朝向宙斯的过渡环节。就此而言，全部早期的诸神都是宙斯；因为通常说来，一切向前推进的东西都是由那个最终的规定者来命名的。真正说来，全部早期的诸神里都**只有**宙斯，他们全都是那个最终以宙斯的形态显露出来的东西的暂时的，从而不完满的现象。这里产生了奥菲欧教的那句著名的箴言："最初的宙斯就是最终的宙斯，宙斯是开端、中介和终点。"就宙斯仿佛是全部早期的诸神的继承者而言，神话的想象可以把那些早在他**之前**发生的事情算在他身上。我们可以说，宙斯是终点，因此他既可以被想象为希腊人的整个神话运动的目的因，也可以被想象为这个运动的作用因。假若没有佩耳塞福涅的出离，就根本没有神话，而假若没有神话，也就没有宙斯。因此可以说，这件事情是宙斯的兴趣之所在，而从终点来看，则是宙斯的作品。无论如何，只要佩耳塞福涅或原初意识的潜能保持在那个纯粹的、对自己一无所知的孤寂状态里，她就根本不会被强暴，而是仿佛隐藏在一个脱离全部危险的安全地方。但只要她知道自己是一个带来灾厄的可能性，她就已经是令人憎恶的"二"，已经有失去纯粹性的危险。本身说来,她作为一个以神性方式被设定的东西,作为上帝的**设定者**,应当保持为内在的,不是在非本真的意义上,而是在本真的意义上,甚至可以说在字面意义上,保持在上帝之内,保持为神性的真正**内核**,——但是,只要她现实地从那种童贞式的收缩状态里凸显出来,现实地转向外部,她就从属于一个不可逆转的过程,并且现在真正已经是一个注定要毁灭的意识;因为,从拉扯过来的存在来看,她其实是一个**不应当**存在的东西,而作为这样一个从一开始就注定要毁灭的东西,她随后落入阴间之神哈得斯的手中,被其现实地劫掠,从而成为完整的佩耳塞福涅,也就是说,成为一位不仅在神秘学里,而且在公开的诸神学说亦即真正意义上的神话里呈现出来的佩耳塞福涅。

在现实的神话里,比如在赫西俄德的《神谱》里,佩耳塞福涅第一次出现的时候,就被哈得斯现实地劫掠了。但她从**一开始**就**存在于神话里**;只有当她在神话意识里也被解释为一个不应当存在的东西,一个不正当的、不祥的东西,她才作为她所是的东西被认识到。

到目前为止,我们讨论了佩耳塞福涅,即一个从属于神话意识,并且忍受着整个过程的意识;我们也在总体上讨论了那个充满厄运的过渡,通过这个过渡,神话过程随后被设定在一种不可逃避的必然性之内。

如果我们总结一下迄今的全部规定,那么可以说,这个过渡首先是由意识的一个自我蒙蔽而造成的,也就是说,那个**可能性**等同于一个被托付或转交给人,仿佛由他来保管的潜能,并且**看起来**应当由他来加以实现,殊不知这个可能性之所以被转交给他,只是为了让他把它当作可能性而加以保管。人，亦即意识的存在者，以为把可能性提升为现实性**之后**，这个可能性仍然是从属于他，殊不知这个可能性只有作为潜能，只有保持在纯粹能够的限制之内，才从属于他。因此当人把可能性提升为现实性，后者就转而针对着人，并且展示出一个完全不同的面貌，非但不让自己从属于人，反而让**人**从属于它，而人从此就落入这个本原的暴力手中，这个本原也不再受到人的意识的**限制**。那个位于**人**的意识的根基处的东西恰恰是单纯的可能性，而当它被提升为现实性，就突破了这个限制。人在这个可能性里等同于上帝，并且在自身之内拥有存在的那个原初本原，但这仅仅是一个**被给予**他的本原，绝不是像上帝那样可以完全自由地支配这个本原。当人让这个本原发挥作用，就希望自己和上帝一样；但这个本原之所以被转交给他，只是为了把它当作可能性而加以保管，而不是让它发挥作用。按照《旧约》的记载，上帝把人安置在花园里，让他修理**和**看守（注意这是两个表述）。在希伯来语里，"修理"是通过一个等同于 colere [改造]的词语表达出来的，意味着去改造上帝和土地。或许 occulere [隐藏]这个词语仍然透露出 colere 的基本意思。那个应当一直被隐藏在秘密里的本原，那个应当不断被劝慰的本原，是一切原初**仪式**的对象。因为，当人压制住自身之内的这个本原，就仿佛在自身之内营造出神性，也就是说，使这个本原成为神性的根据。这个本原之所以被转交给人，只是为了将它保存在它的 Esse [存在]里，亦即保持在潜能里，并且对其进行修理，也就是说，让它作为神性的根据保持在这个从属关系之中，以免早先的那些已经通过自然过程而被克服的暴力重新崛起。但人企图像上帝一样，让这个仅仅应当作为可能性而加以保管才转交给他的本原发挥作用，就此而言让自己**作为**上帝而存在。①

然而当人使那个本原重新成为肯定的(主导性的)东西,就恰恰失去了他与上帝的相似性。众所周知,在《旧约》的记载里,耶和华是这样说已经堕落的人:"你看,那人已经变得像我们中的一个。"② 自古以来,这个文本都是释经学的一个真正的难点,因为它只能把那个发生在原初的人身上的mutationem in pejus [恶化]看作**失去**与上帝的相似性,但问题在于,在《旧约》的记载里,上帝明确指出,人的不顺从带来的后果是"已经变得像我们中的一个",而这似乎表明,人已经变得与上帝相似,而不是与上帝不相似。从一个自由而无成见的立场上来看,迄今的全部解决这个困难的尝试都必定是一些单纯的补救措施。比如,人们企图这样翻译那句话,即"你看,那人已经**是**我们中的一个",但根据前面所述,这是一个非常多余的表述,更何况语言的类比关系也不允许这样翻译。有些人为了摆脱困境,把这句话解释为一个嘲讽,仿佛其意思是说:"亚当真棒,已经变得像我们中的一个。"但对于刚刚堕落的人,让神性说出这样的嘲讽,这即使单纯从人性的角度来看也是令人厌恶的。除此之外,所有这些解释都有一个共同的缺陷,即从"亚当已经变得像我们中的一个"读出这样一个意思,仿佛有许多上帝现实地**存在着**,而现在

---

① "修理花园"的意思不可能是让人耕耘花园的土地;毋宁说,这项工作是在堕落之后才得到的惩罚。因此在这里,"修理花园"仅仅是在类别的意义上被使用。如果我们把《旧约》的记载看作上帝的启示,那么这个启示只能按照当时人的意识的局限性而呈现出来。这里确实出现了一个类比。耕耘土地同样是针对自然界的那个粗野的、反抗着的本原而进行的斗争,而这个本原必须被克服。在拉丁语里,人们也说subigere argum [耕耘土地],因此其中包含着一个subjicere [使其服从],正如希伯来语的这个词语在及物的意义上也是指"使其成为奴隶"或"使其服从"。——谢林原注

② 参阅《旧约·创世记》3: 22:"耶和华说,那人已经与我们相似。"——译者注

又能够增加一个。这句话不可能是这个意思。关键在于,人们只能按照字面意思去翻译,即不是将其翻译为"亚当已经变得像我们",而是翻译为"他已经变得像我们中的一个",因此它的意思是:看吧,人已经变得像我们(亦即以罗欣)中的**一个**。也就是说,人们只能按照我在别的地方已经给出的解释这样去理解这句话,即那个曾经等同于整个神性的人,已经转变为等同于我们中的**一个**,亦即已经等同于那个是B的上帝,他已经摆脱他在其中被创造出来的那个神性统一体,仅仅等同于我们中的一个,从而不再等同于整个神性。按照这个理解,那句话就恰恰表达出人们期待的意思,即人已经变得与上帝不相似,已经失去了他与上帝的相似性。因为上帝不是排他的唯一性意义上的**一个**,毋宁说,**如果**他是排他意义上的**一个**,他就脱离了自己的神性,成为不同于自身的另一个上帝。也就是说,当人变得像以罗欣中的一个,就恰恰因此不再与上帝相似。

但更需要指出的是——真正说来,正是这个根本要点让我们过渡到多神论的现实的开端——,那个排斥其他上帝的唯一者,就其排斥其他上帝而言,并不是**真正的**上帝;因为真正的上帝并非仅仅是B或1,毋宁始终是1+2+3;因此,假若有可能**仅仅**把上帝设定为B,那么这样设定下来就不是真正的上帝,而是虚假的上帝,非上帝。而人恰恰干了这件事情。那件**自在地看来**,亦即就**上帝自身**而言不可能的事情,在人的意识里发生了。那个被设定在人的意识之内的潜能阶次,那个被转交给人,以便作为潜能——作为奥秘——而保存起来的潜能阶次,被人重新提升为存在,而恰恰通过这个方式,人把随后的更高的潜能阶次亦即神性的A^2排除到自身之外,也就是说,人在自身关联中否定了A^2,而A^2本来已经通过那个完全被克服的、

XII, 167

被设定为B的潜能阶次实现了自身。但是，当某种质料或某种材料改变了人的那个由更高的潜能阶次在他之内设定的状况，他就必然把这个潜能阶次排除到自身之外。

为了解释这一点，我从自然界找一个例子。众所周知，任何一个流动的实体都会**吸收**一定数量的热，也就是说，使热成为不发挥作用的、不可察觉的东西；正因如此，人们把它称作潜伏的热，即一种没有**作为**热而显现出来的热；因为热仅仅被用来使流动的东西（比如水）保持流动状态。在这里，热显现为一种完全寓居在流动的实体之内，与实体同一，并且已经被实现的东西，即它不具有实体**之外**的存在，没有**作为**热而被察觉到。反之，当这个实体在某种原因的作用下改变自己的状态，变得僵化，比如开始冻结，那么在这个过渡的**瞬间**，此前那种被吸收的，仿佛已经**消失**在流体里面的热就突然变成可察觉的，也就是说，这个正在僵化着的东西在僵化的那一瞬间把热排除到自身之外，于是热仿佛被**暴露**出来，且恰恰因此**作为**热而被察觉到。至于有机的自然界里面，有些情况与我们现在要解释的那个进程就更为类似。大部分最明显的病理现象或症状，比如发烧时的炙热，都要求一个完全相似的解释；它们同样是因为排除一个更高的本原而产生出来的，而有机的材料已经不再适合这个本原。这里再长篇大论就偏题了，但刚才取材于普遍的自然学说的比喻已经完全足以解释当前的这个进程。

也就是说，意识的本原（我们将其称作B）完全是同样的情形。更高的潜能阶次已经在被克服的B里实现自身；因为这个更高的潜能阶次不具有别的意志，或更确切地说它本身无非是这样一个意志，即把那个先行的相反意志带回其潜能，从而带回到静止状态；

XII, 168

也就是说，它只有在这个被安抚的意志里才实现自身。同样，当那个本原走出自己的静止状态，把自己重新提升到意识之内，仿佛**占领**了意识，它就不再仅仅是意识的**根据**，而是把更高的潜能阶次排除到自身之外，而且不是以偶然的方式，而是以必然的方式排除在外；也就是说，它仿佛拒不承认它曾经给予更高潜能阶次的空间或场所。进而言之，正如我们此前已经看到的，恰恰这个通过A^2而被完全克服的B，当它放弃自身，在它的**呼气**中仿佛放弃了**自己的**精神，就设定了A^3，即真正的精神。因此，当它仿佛通过一个新的**吸气**重新拾回自己的生命，它也会拒斥最高的潜能阶次（尽管它曾经是这个潜能阶次的王座），并且把后者排除到自身之外。一言以蔽之，它在现在的意识里**仅仅**是B，一个与A^2和A^3切断的B，甚至与它们相对立。这样一来，那个在意识里被实现的精神就再次被扬弃了。但是，正因为两个更高的潜能阶次被意识排除在外，所以它们并没有被彻底否定和完全扬弃；因为它们是客观的、**不依赖于**意识的力量，而它们**作为**被意识排除出去的东西，并不是**为了**意识本身而被设定的，因为B是意识之内唯一的主导者，于是意识已经在更高的潜能阶次面前封闭自身，对它们麻木不仁；但它们虽然不是为了意识本身而被设定的，却是为了我们而被设定的，也就是说，它们作为被意识排除出去的东西，**应当**在意识之内重新实现自身。恰恰是这个情况已经给未来的一种相继式多神论奠定了基础。因为意识里的主导者是那个排他的上帝，即那个虚假的唯一上帝，他拒不承认其他潜能阶次的神性。而在这个排斥状态中，那些潜能阶次**同样**不是真正的上帝。现在，它们既然不是无，而且并非绝对地不是上帝，就被设定为诸神。因此唯一的、大全一体的上帝现在被三个潜能阶次取代，但它们只能以前后相继的方式出现，从而也只能作为前后相继的诸神**进入**意识。这样就已经得出了一种相继式多神论的基础（一个阐明），虽然还没有得出这种多神论**本身**。这是因为意识**仍然**被B独占着，随之对于更高的潜能阶次仍然是封闭的。当然，意识无论如何不可能保持这个状态，究其原因，就是意识在这个状态下仿佛代表着一个抽离了神性生命的封闭空间。但神性生命不可能被任何东西排斥，而针对一切逃离它的东西，它在形态上表现为一个必然存在着的、必然重建自身的东西。因此这里可以预见到一个过程，哪怕它在当前的瞬间还没有开始，只是获得自己的先行条件。

因此在这里，随着神话意识到自身，神话的那些预备条件就同时在神话自身之内得到证实，而不是像之前那样仅仅以哲学的方式得到证实。

第九讲
星辰宗教或萨比教

现在主导着意识的，不是**真正的**、不排斥任何东西的πᾶν [大全]，而是一个片面的、排他的，就此而言反神性的πᾶν [大全]。这个东西不可能直接回归它的潜能，而是只能通过一个过程而被带回去，而且它不是通过自身，而是只有通过第二个潜能阶次的必然作用才被带回到内在性或潜能状态。但为了被一个更高的潜能阶次克服，它必须首先对后者而言是**可接触的**；但它既没有同意这件事，也没有把后者完全拒之门外。诚然，无论是在意识还是在自然界里，它都不可能保持这种绝对的排他性，因此它在**最初的**创世里必须立即听任自己被克服——在意识里同样也是如此。问题仅仅在于，"听任（anlassen）自己被克服"究竟是什么意思。它在被**现实地**克服之前，必须是一个**可能**被克服的对象，它必须让自己对于更高的潜能阶次而言是**可克服的**，必须成为后者的**对象**，并且在面对后者的时候转移到边缘。

为了解释这一点，请你们考虑以下情况。那个如今显现为B的东西，原本是意识的根据，因而是意识的至深内核、主体或原初状态——但它只有作为否定的东西，作为纯粹的**潜能**，才是这样的根据。因此，它一旦成为肯定的东西，就必须**被驱逐出**那个只能属于纯粹的能够存在的地方，必须loco cedere [改换地方]，离开中心，转变为客观的和边缘的东西。但它反抗这个驱逐，虽然已经变得不同于自身，但还是想要和过去一样始终eodem loco [位于同一个地方]，保持为一个原初的、内在的、中心的东西。——作为纯粹的能够存在，它曾经是精神，并且等同于精神；但在过渡到存在之后，它在本性上已经是非精神性的，而且它原本应当认识到自己是这样的东西，让自己从属于一个更高的潜能阶次，在其面前将自身质料化，让自己成为那个潜能阶次的质料，成为一个无自主体的存在，以便在这种情况下（而且只有通过**这个**方式）而重新回到它的潜伏状态和精神性。①但它在它的盲目性里反抗着这种质料化（这个必然的过渡），因此，如果说第一个环节意味着"已经成为他者"，那么紧接着的第二个环节就是**斗争**的环节，在这个环节里，神性必然性的寂静暴力不再容忍那个提升为虚假存在的本原仍然充当中心和精神，反之后者却**针锋相对**想要坚持自己**是**精神。因此在这里，这个掌控着意识的本原一方面被更高的必然性持续不断地设定为质料化和边缘化的东西，另一方面又通过自己的盲目性持续不断地把自己重新设定为中心。在这个斗争里，一方是一个努力坚持自己是精神性东西的本原，另一方是一个把它设定为非精神性东西的潜能阶次。前者是一

XII, 171

---

① 在原初的纯净性里，它作为纯粹的能够存在曾经是**原初状态**（Urstand）意义上的主体——是一种把一切东西都拉到自己身边的魔法；但它一旦走出那种纯净性，就不再是这种意义上的主体，或者说不再是一个掌控着自身的主体；它一旦被设定到自己的原初性之外，就只能是另一种意义上的主体，即已经从属于一个更高的东西，不是这个东西的原初状态，而是其为了实现自身而需要的支撑、基础和质料。——谢林原注

个应当成为质料，但又反抗这种质料化，**就此而言**本身仍然具有精神性的本原，也就是说，这个本原想要作为中心，它排斥一切别的东西，只想要自己存在，但通过一个更高潜能阶次的寂静暴力，它又被驱逐出中心，被设定在边缘，而我们可以说，通过这个本原的斗争，必定会产生出一种**撕裂**，于是那个对于意识而言是唯一者的东西，那个想要坚持自己**是**绝对的或排他的唯一者，那个想要坚持自己是绝对中心的东西，不可避免地碎裂为一种多样性或转化为一种多样性，而这**不是**它想要的，因此它总是试图在其中设定**统一体**，而由于那个在意识里占据主导地位的上帝通过这个方式撕裂了，颠转为一种多样性，所以这个斗争的必然的产物对于意识而言就是**最初的诸神多样性**，或更确切地说，上帝的多样性，即最初的同时式多神论。我在普遍的导论里已经指出①，单纯同时式的多神论在某种意义上仍然始终是一神论，现在我又以一种完全特殊的方式证实了这个结论，而这一点通过下面进一步的考察将清楚地体现出来。

　　正如已经指出的，对于意识而言，这里产生出来的多样性不是其所意愿的，而是不由自主的，甚至是违背它的意愿的，正因如此，意识仍然始终试图在其中坚持统一体；换言之，产生出来的多样性不是一种**单纯的**多样性，毋宁仅仅是那个外化的或反转的唯一者，亦即B。意识仍然坚持把它看作**唯一者**，认为它是本质性东西，而那个对于意识而言不得不接受的多样性则是偶然的东西，亦即非所意愿的东西。**真正的**多样性仅仅是那个**被设定为**多样性的唯一者，仅仅是unum versum［**颠转的唯一者，宇宙**］。这里碎裂为多样性的唯

---

① 参阅谢林：《神话哲学之历史批判导论》，第120页以下（XI, 120 ff.）。——原编者注

一者仅仅是虚假的唯一者。这里设定的颠转的唯一者（宇宙）是通过那个自在地非质料的B的质料化而产生出来的，而B仍然始终是精神性东西，哪怕是一个虚假的精神性东西。简言之，我们在这里谈论的是一个虽然不是质料，但已经向着质料化过渡的颠转的唯一者（宇宙）。意识总是直接设定了统一体；但它只能把这个统一体设定为多样性，这却不是它所意愿的，也不是它能左右的。因此多样性不是一种瓦解的、不再包含统一体的多样性，而是一种总是坚持和维护着统一体的多样性；真正说来，每一个元素里所设定的始终只有一个排他的唯一者，只有普遍的存在被感受到。B在这里还没有被现实地克服，而是一直在反抗去自身化（Entselbstung）和质料化，而这些是现实的克服的条件和前提。在这里，B仍然处于从**绝对的**非质料性——这时它相对于**无**而言表现为质料，表现为ὑποκείμενον[载体]和客体——到质料性的过渡中，而这里所说的质料性不应当被理解为有形体的质料性，而是应当被理解为无形体的质料性。虽然我们说B应当成为更高的潜能阶次的质料，但我们所指的始终是哲学意义上的质料，也就是说，质料不再意味着一个本身就存在着的东西，而是意味着一个从属于他者，且为了实现后者而充当其材料的东西。

在我们看来，非质料性和质料性之间的这个斗争里产生出来的元素已经具有如下规定：1）它们在其多样性中仍然只是扩张的唯一者本身，因此那个排他的唯一者始终在它们之内持续存在着；2）正因如此，我们在它们**之内**没有感受到不同种类的东西，而是仅仅感受到那个唯一者，那个始终等同于自身的、空旷的、空洞的存在；3）它们是在一个冲突中产生出来的，在这个冲突中，唯一者或B总是要求成为中心,但又总是被驱逐出中心,来到边缘,因此它们总的说来必定显现为一种处于持续的**努力**中的东西,亦即一种从不安静地**存在着**,而是处于无休止的**运动**中的东西。因为它们所追求的位置,或者说B在它们**之内**所追求的位置,是中心,但B在那里是不可能存在的,而B又不愿意处于它能够存在的位置,即边缘,因此B总是重新超出或摆脱这个位置。由此看来,一般而言,那些元素总是被一个更高的力量设定在边缘,但又总是企图逃离这个地方,亦即企图逃离质料化,而对于意识而言——我们必须认为它处于一个完全不自由的、被设定在自身之外的、出离的状态——,由于通过唯一者或实体性本原的撕裂,总的说来首先产生出来的是一些四分五裂的元素,所以这些元素对于意识而言必定**显现为**一些纯粹空间性的东西,尤其显现为一些始终努力着的、无休止地运动着的东西。但它们不能达到它们所**追求**的位置,反而总是被重新设定在它们非所意愿和企图离开的地方,既然如此,它们的运动从结果来看就是**非运动**,即一种等同于静止的运动,而这样一种运动只能是一种**非前进的、总是回到自身的、圆圈式的运动**。4)因此这些元素看起来不是仅仅一般地处于一种无休止的运动中,而是处于一个持续的绕圈中。——因此,假若找不到别的反对理由,人们甚至可以赞同柏拉图的一个观点,因为后者在《克拉底鲁》里宣称,古代的佩拉斯吉人之所以把最初的诸神称作Θεούς [神],是因为那些神处于持续不断的运行中(来自动词 θέω [运行])。①毋庸多言,那些由排他的存在者所转化而来的空间性的神,对意识而言就是星辰神。因为就我们所

---

① 柏拉图:《克拉底鲁》,397D。——谢林原注

知，只有星辰才是这种自然地转化着的东西，它们的运转不是**偶然的**，而是在**本质**上属于它们的本性。

正如你们现在看到的，最初的多神论是星辰宗教，它不是把星辰看作诸神，而是反过来把诸神看作星辰。因为从我的整个推导可以看出，我并不认为所谓的星辰崇拜是从外部（即通过一个经验直观）产生于现实星辰的神化，我也不认为这种宗教是产生于一些被想象为具有形体的星辰。这些都是通常的解释。有些人认为，天体（首先主要指太阳和月亮）带来的强大而有益的影响必定会促使当时还处于感性阶段的人类特别崇拜这些发光的天体。我承认，这确实是一个轻松的（不费力气的）解释，但如果人们认为，这些星辰首先只不过是物质性的光源或物体，然后再被神化，这就完全违背了事情的本性。我的观点毋宁是，这种星辰宗教完全是从内部通过一种内在的必然性而产生出来的，而且我们必须认为，意识无论在多神论的**开端**还是在多神论的**进程**中都服从于这种必然性。我也可以通过历史来证明我的观点是正确的，因为我们可以轻松地指出，历史上的那些被崇拜的原初星辰神并没有被看作有形体的本质。毋宁说，这种最古老的崇拜的对象仍然始终是纯粹的B，亦即纯粹的星辰性。诚然，我们习惯于把星辰称作天**体**，但任何人只要稍加思索就很容易发现，真正的星辰——比如地球——作为纯粹星辰性的或宇宙性的本质，必定先于那些在它们上面或内部出现的个别的形体事物，因此地球作为星辰（astrum）不是有形体的。只有按照一种**外在的和纯粹片面的**理解，天**体**才获得这个称呼并看起来是个形体，但真正的**星辰**，或者说天体的真正的和真实的**自主体**，本身不可能是有形体的东西，毋宁只能是某种超形体的东西。

XII, 175

正是这个**超**形体的东西,这个纯粹的星辰性东西,这个真正的星辰,被古人看作神性的东西。那个唯一原初地被意谓和被意愿的东西不是什么具体的东西,而是纯粹的B,即那个纯粹的原初存在,当它显露出来,对于后来才形成的存在而言就只能显现为一个吞噬性的东西,因此它必须成为一个更高的潜能阶次的**质料**,这样才会产生出个别的、具体的存在。单纯的(无形的)存在相对于后来形成的丰富多姿的存在而言是荒芜的,因此《旧约·创世记》开篇就说,(起初创造出来的)地是空虚混沌。人们不能把星辰归入具体存在的范畴,它们既不是无机物,也不是有机物,既不是石头,也不是植物或动物。人们通过它们而崇拜的,不是自然界,而是那个仍然先于和超于自然界的东西。在这种崇拜里,意识仍然是在一个高于自然界的领域里发生转化,正如星辰本身属于一个比单纯的自然界更高的层面。当人们像称呼其他事物一样不假思索地把星辰称作自然界的作品,谁会感受不到这里面的突兀呢?此外还有一点很明显,即"星辰"这个词语从构词法来看属于人们不愿意使用复数形式的一类词语。在全部星辰性东西里面,真正的星辰只有**一个**;这个唯一者是最古老的宗教的对象,而这个宗教是人类最初的**现实的**意识。原初的崇拜甚至根本不适用于那个原初存在碎裂而成的个别形态或个别星辰本身,比如太阳和月亮(这种质料性的星辰崇拜是后来才出现的,后面我们会指出相关的过渡),或者说,原初的崇拜根本不是直接针对作为个别形态本身的**星辰**,而是仅仅针对那个纯粹的存在本身,那个虽然已经碎裂,但内在地始终具有肯定意义的本原,那个在外在世界里早就已经变得千姿百态,并且只有在这种千姿百态里才生产出个别存在的本原,而人们之所以不能用**肉眼**看到这个本

XII, 176

原，是因为它只有在被克服之后才会成为可见的。

如果以上所述就是那个最古老的星辰宗教的**意义**，我们就可以合法地反过来从这个意义出发推出它的**源头**，随之清楚地得出两点：第一，最古老的人类不可能是从感性直观出发达到那个星辰性东西，因为那个东西不是一个能够以**感性**的方式被直观到的东西；第二，虽然我们是通过理智而认识到存在的这个原初本原，但很难说最古老的人类已经通过**理智**而认识到这个原初本原。既然如此，人们必须承认，最古老的人类仅仅是通过一个对他们自身而言不可理解的内在进程而被放置于那个纯粹星辰性东西的层面之内，而且，他们在星辰那里唯一真正意谓和崇拜的，不是运动着的质料性东西本身，而是本原，亦即全部天体运动或恒星运动的那个内在的、隐蔽的**根据**。①

这里我还想要补充一个证明，在我看来，这个证明以无可辩驳的方式表明，这个最古老的宗教不是基于一个主观的观念，而是基于意识所从属的一个实在的根据。但在讨论这个证明之前，我希望再总结一下我对于星辰宗教的解释，因为这对于你们牢记神话过程的这第一个层次而言是很重要的。

真正说来，**当前环节**的意识想要的是一个排他的存在或一个排他的上帝；但这个排他的上帝恰恰通过一个更高的暴力，以意识本

---

① 因为那个时间的意识与这个本原毕竟有一个关系，而且这不可能是一个**观念**的关系，所以很明显，这必定是一个**实在**的关系。只有从这个**实在**的关系出发才可以解释最古老的星辰宗教，而我们只能这样去设想这个实在的关系本身，即意识现实地置身于（沉迷于）那个内在的磁力作用中，于是在这种情况下，虽然星辰性东西的暴力外在地看来已经成为过去，但意识内在地仍然服从于它。——谢林原注

身不可理解的方式（因为这个暴力尚未在意识面前展示出来），在不受意识控制甚至违背其意志的情况下转化为一种多样性；唯一者转化为一个大全。真正说来，这里产生出来的神不是诸神，而是那个唯一的已经分裂为多样性的上帝。无论如何，他们不是质料性的诸神。诚然，多样性产生自一个想要坚持自己的非质料性的本原和一个与之对立的潜能阶次之间的斗争，但意识真正意愿的，随之也真正当作上帝来崇拜的东西，不是质料性东西，而是那个反抗着质料化的非质料性东西；意识真正想要的不是多样性（这始终是一种被否定的东西），它想要的是唯一者，一个排他的存在者，这个存在者仿佛折服于一个对意识自身而言仍然不可见的、未知的、仅仅察觉到的力量，应当质料化，但**由于**它的反抗，它仅仅被碎裂或撕裂。对于意识而言，这个碎裂为多样性的统一体和宇宙一样，原初地都是通过同一个冲突而产生出来的（因为通过这个排他的存在者在自身**之内**再次崛起，意识就重新落入自然界的开端和先行者亦即星辰性东西手里）。正因如此，这里产生出来的诸神对于意识而言也是一些类似于星辰的神，即星辰神。因为星辰无非是一些被边缘化的中心，因此在它们身上有一个原初的倾向，即始终想要作为中心或排他的存在者而存在，但这仅仅显现为一个**倾向**、一个努力、一个诱导或诱惑，而这也是一个持续不断的、无休止的运动的根据。

意识不是从**现实的**、以感性方式认识到的星辰出发，然后再将它们神化。真正的进程是一个完全不同的进程。原初意识就其实体而言无非是自然界的已经走向自身或回到自身之内的本质，因此是一个已经贯穿整个自然界的意识，这个原初意识把它经历过的所有早先的环节保留下来，仿佛已经在自身**之内**将它们扬弃，好比每一个人在他的当前意识和当前教化里把他的全部人生经验保留下来,但这些早先的环节在意识里面仿佛被禁言和压制,被设定为过去。人的意识本来应当把早先环节**作为**统一体而包含在自身之下,让它们从属于**它**,这样它们在其相继性里——在它们的相互排斥里——就不再显露出来。但正如我们现在预设的,意识在自身之内恰恰已经扬弃了这个统一体;当意识把开端的那个先行者,把它自己的存在的那个最初根据,把自然界的那个本原重新激励起来,使其发挥作用,它就把所有后来的环节都排除到自身之外,而当它再度完全落入那个最初的环节,当它重新成为它在那个最初的环节里所是的东西,它本身在本质上就是**星辰性的**①;对于所有别的东西而言,它都是作为星辰性东西流淌而过,并且仅仅存在于和生活在这个领域里;总的说来,这第一个环节呈现出的是人类最高程度的脱离自身的存在或位于自身之外的存在,亦即最高程度的出离(Ekstasis)状态。对于意识而言,这里还没有任何外在世界,自然界对于人类而言仿佛根本就不存在。因此,这个星辰宗教仅仅起源于意识与本原(纯粹的B)的一个关系,而这种**萨比教**(Zabismus)——后面马上就会谈到这个词语——,意识里的萨比教,是最初的萨比教。就此而言,一切东西都是一个内在的、完全仅仅在内核里进行的过程。星辰仍然位于一个内在世界里。②只有在后来,意识才对那些真正的星辰神敞开自身。

在绝大多数人看来,从意识的一个纯粹**内在的**进程出发去解释这个最古老的星辰宗教,这是荒谬的,甚至是闻所未闻的,更何况他

---

① 当排他的存在者在自然界里面碎裂了,被设定在边缘,就是星辰性东西。按照同样的方式,意识也被设定为星辰性东西。——谢林原注
② 手稿旁边写着:"只有伴随着乌拉尼娅才进入外在世界。"——原编者注

们拿来反驳我们的那个通常的，甚至可以说得到普遍认可的解释又是如此之轻松和简单。对此我很理解，也一点不会感到奇怪。

我把星辰宗教称作萨比教。因为我想避免通常的"星辰崇拜"或"星辰祭祀"之类说法（它们总是附带着一种对于质料性星辰的崇拜），转而使用一个简单的、对于我们而言至少不受这些附带意思干扰的表述。那个已知的和得到承认的名称**萨贝教**（Sabeismus）就体现为这样的一个表述。唯一需要指出的是，这个词语的形式不是完全正确的。这个形式很有可能首先是法国人在使用，然后被德国人接受，比如莱辛的《论人类的教育》里就是如此。①除此之外，这个形式还可能造成误解和误导，仿佛这个最古老的宗教的名称是来自萨贝人，即全盛时期的阿拉伯的一个著名民族，而他们碰巧也是星辰崇拜者②；但这个词语的真正源头——人们切不可对此有丝毫怀疑——是希伯来语和阿拉伯语的Zaba，即"群体"（exercitus），尤其指"天军"，因此在《旧约》里，耶和华这个名字也意味着Zebaoth，即"天军的主人"。因为，既然神话过程是一个普遍的过程并且掌控着整个人类，那么启示的语言及其宣讲的部分**内容**在这个过程的不同层次和环节必定是近似的；而且众所周知，全部启示都是渐进的，不是一下子就揭示出来，而人们之所以回忆起群星的**主人**（这个名字只有在列王时期的卷册里才被使用），回忆起这位真正的精神性

---

① 该书第49节。——谢林原注
② 参阅彼得·冯·博伦：《创世记之历史批判释义》（*Die Genesis historisch-kritisch erläutert*），第124页；亦参阅第496页。但这个名称的写法完全不同于《可兰经》里的"星辰崇拜者"这个阿拉伯词语的写法。——谢林原注（译者按，博伦［Peter von Bohlen, 1796—1840］，德国东方学家）

上帝，是为了反对那些崇拜天军，甚至在更晚的堕落时期崇拜**质料性**星辰本身的民族。在阿拉伯语里，Zaba这个词语叫作Zabi，或按照更轻柔的发音叫作Sabi，指星辰崇拜者，而Zabiah则是指星辰崇拜本身，由此可见，Zabiismus是词语的正确形式，而它的缩写就是Zabismus。因此我在后面都将使用萨比教（Zabismus）这个词语。在《可兰经》里，萨比教徒多次和犹太人一起被尊称为"一体论者"，即唯一上帝的追随者，并且被许诺在未来的世界里比偶像崇拜者得到更好的待遇。他们也被称作穆罕默德的最初信徒之一，甚至穆罕默德本人也被称作一位**萨比教徒**，而这个名称很有可能来自一些搞偶像崇拜的阿拉伯人，因为他们把穆罕默德关于唯一的神的学说看作回归萨比教。到后来，这个词语不再专门指一个星辰崇拜者，而是指一切不皈依真正宗教的人。至少在《旧约》的阿拉伯语译本里，这个词语就被用来指希腊人，即那些与犹太人相对立的异教徒。迈蒙尼德①在一篇非常混乱并且违背历史事实去讨论偶像崇拜的起源的论文里，也是用这个词语一般地指代诸神崇拜，而格尔哈特·福斯②自己撰写了一篇《论偶像崇拜的起源》（De origine Idololatriae），将其当作这篇论文的附录。但他把萨比教理解为一种纯粹的偶像崇拜，这就完全违背了萨比教的原初意义。除此之外，斯宾塞③误以为萨比教徒是一个扩散到整个世界的**原初民族**。但这个词语在原初的意义上并不是指一个特殊的民族，而是指最早的那些崇拜一个排他的（在这个意义上唯一的）上帝的人，他们崇拜的是宇宙或世界意

XII, 181

---

① 迈蒙尼德（Maimonides, 1135—1204），中世纪犹太哲学家。——译者注
② 格尔哈特·福斯（Gerhard Voß, 1577—1649），德国神学家。——译者注
③ 斯宾塞（John Spencer, 1630—1693），英国神学家。——译者注

上的上帝，间接地也把星辰当作那样一些元素来崇拜，认为它们鲜明地体现出这个上帝的**内在的**、仍然延续着的力量。你们中间的许多人肯定也听说过另一种意义上的萨比教徒或萨贝教徒，即《新约》的三篇《约翰书》里提到的情况，而其中的宗教篇章自近代以来已经引起欧洲学者的注意。对此我只想指出一点，即这几卷书信与整件事情毫无关系，而且其中提到的这个名称来自一个完全不同的词语，即Zaba（加上υ），而这个词语在叙利亚语里是"洗礼"的意思。这些人作为施洗约翰的追随者，应当叫作浸礼者。①

经过以上讨论，我未来将把这个最古老的宗教称作萨比教。

萨比教不是立足于一个单纯主观的观念，而是立足于意识所从属的一个实在的暴力，这一点还体现在——这可以看作最后的证明——，这个暴力不仅规定和支配着最古老的人类的观念，而且规定和支配着他们的**生命**。正如此前已经指出的，萨比教最终说来是立足于意识的一个位于自身之外的存在，但那个应当安息在意识里并充当意识的**根据**的东西，作为根据而言被扬弃了，反而开始发挥作用。意识的这个位于自身之外的存在，在最古老的人类的外在生命里同样有所体现。因为萨比教是那样一部分人的宗教，他们尚未过渡到历史生命和民族生命。史前人类的生命是一种不安定的、四处游荡的生命，因此人们将其称作游牧生命。只要人类仍然受制于那个排他的、与特定的和具体的生命相对抗的并且在这个意义上**普遍的**本原，他们就不能达到一种特定的和具体的生命（因为这种生命

---

① 参阅尼安德尔：《教会史》（第二版），第二卷，第一部分，第650页。——谢林原注（译者按，尼安德尔 [August Neander, 1789—1850]，德国历史学家）

以稳定的和长久的居所为条件),而且他们本身也在追求一种开阔的、无边界的、未完结的东西。荒野是他们的自然的栖身之处。他们不但对于自身而言是陌生的(因为他们处于一个自身异化的状态),也是大地上的陌生人,就像游荡的星辰一样无家可归(星辰的本原B意味着stare loc nescit [不知道哪里是立身之处]),也没有稳定的,亦即不动的财产(羊群就是他们的财产,而这些只不过是一种飘忽不定的东西)。——从他们的概念来看,只有死者才拥有一个安息之地;比如当其他民族早就已经过渡到历史生命,以色列人的祖先仍然一直保持为游牧民族,而亚伯拉罕从那些已经拥有固定财产的赫人那里买来的第一块土地,是用来埋葬死人的①;也就是说,只有死者才能安息;正如垂死的雅各所说,他们的**生命**的时间,是他们的**朝圣**的时间。这里也请回想一下我早先关于"希伯来人"(Ibri)这个名称的评论。②

只有伴随着固定的财产,才会出现市民社会、市民法律和市民制度。只有当一个东西占有自身,它才可以占有别的东西。所谓占有某个东西,意思就是掌控某个东西。但这个时候的人是受别的东西掌控;只要他掌控了某个东西(这就是占有),这就标志着他不再受别的东西掌控。被占有者或不能掌控自己者(sui haud compos)不可能占有别的东西。但在当前的状态下,人是自身异化的,被设定在自身之外。只不过,虽然受制于一个盲目的暴力(那个让星辰保持运动的暴力),但人并不觉得自己是**不自由**的。只有当一个人受两个本原支

---

① 《旧约·创世记》23:4。——谢林原注
② 谢林:《神话哲学之历史批判导论》,第157页。——原编者注

配,并且在二者之间犹豫,他才会觉得自己是不自由的。一切决断的东西都显现为自由的。在人那里,只有B是支配者,而B就其本性而言是一个无边界的、普遍的东西。因此,人在当前的状态下非但不觉得自己是不自由的,反而追随这个把他设定在自身之外的暴力的脚步,感觉到一种比他后来获得的自由完满得多的自由,而当那个本原对他而言开始内在地受到限定,就产生出**个体**自由的感觉,这种感觉拉着他离开整体和普遍者,把他设定在分裂之中,不但与自身分裂,而且与世界分裂。正因如此,哪怕是最晚的民族,哪怕是那个已经与自身和无所不能者分裂的人类,也仍然回想起这个先于自由的自由时间,将其看作黄金世界时代,亦即一个纯粹的、完整的、无忧无虑的,因而健康的存在的世界时代。

在伦理生命的两个端点,自由和必然性都显现为同一个东西:那个支配着当前环节的人类的**单纯的**必然性是作为自由而被感受到的,而在相反的一端,自由在其最高的自我意识里体现为按照必然性去行动,比如那些伦理英雄就是如此。正因为那个原初时间的人类觉得他们所追随的法则是一个纯粹的、仍然健康的存在的法则,所以他们才会带着一种**骄傲的**、不会被任何对立面挫败的自由感去追随那个法则的脚步。关于这种自由感,我们大概只有在那些一直到现在都自觉地躲避后世影响的荒漠之子那里,或者在那些仿佛具有灵性的野生动物那里,获得一丝印象,而在古代的一首伟大的自然诗歌里,上帝曾经这样谈到那些动物:"**谁**放野驴出去自由?**谁**解开快驴的绳索?我使旷野作它的住处,使咸地当它的居所。"①

---

① 参阅《旧约·约伯记》39:5。——译者注

无需再做证明——因为这已经是不容辩驳的——，那个使人脱离大地，阻止人在大地上定居下来，使人成为大地上的陌生人的宗教，一言以蔽之，那个萨比教，是人类的绝对最古老的宗教。我在这里说，"这已经是不容辩驳的"，因为至少从**历史学**的角度来看，这是不容辩驳的；反之如果是基于通常的解释，这当然是可以辩驳的。这些解释认为，人有可能首先在星辰里看到了某种不同于神的东西（我们不知道这究竟是什么东西），感受到了它们带来的有益的影响，**然后**（我们也不知道过了多长时间）再经过合理的思考而自觉和随意地把这些星辰想象为诸神。问题在于，当人们已经认为一个东西是某种不同于神的东西，他们就不会如此轻松而随意地把这个东西转化为一个神。这些解释给人的感觉是，人们可以随心所欲地把任何东西都改造为神。但人们对于自己改造的东西无论怎么服从，都永远赶不上我们看到的最古老的人类对于那种星辰宗教的服从程度。人类根本没有时间，从一个自然的立场出发，通过反思或思索而得出一个宗教。意识在其最初的运动里已经服从于神话过程的必然性，而我们早就已经指出，当人落入神话过程时，并非像人们通常想象的那样落入自然界，而是摆脱自然界，亦即通过一种真正的魔法而被放置到自然界之外，放置到全部自然界的那个仍然先于质料性的——仍然精神性的——先行者之内，而这个先行者就是那个纯粹的、尚未臣服的B，是它为人类扬弃了自然界本身。

诚然，人究竟如何再次摆脱这个魔法，重新达到**人**的自然观，这是一个必须要解释的课题。但反过来，如果有人以为，人类从一开始就有可能像现在的我们一样自由而冷静地对待自然界，比如首先把星辰看作单纯的自然对象，然后才随意地将它们神化，只能说这是一个愚蠢的想法。除此之外,任何人只要不是只盯着个别环节,而是把整个进程看在眼里,就会在神话里看到一种来自**最初源头**的必然性,这种必然性也把一切偶然的产生——它们与感性印象的刺激和一些以此为基础的推论必然结合在一起——彻底排除在**最初的体系**之外。萨比教的立足点在于,意识始终认为那个看上去有质料化危险的上帝是一个非质料性的、精神性的,因而排他的上帝。由此产生出星辰宗教。假若没有那个完整的精神性意义,"天军"的概念就不可能等同于"**天使**"的概念,而《旧约》显然就是这么看待的,比如《尼希米记》曾经说过"天军也都敬拜你",而这肯定不是指那些单纯质料性的光源。①

萨比教一般而言是最古老的体系,但特殊而言则是尚未分裂的人类的体系。如果我们需要一个原因去解释人类为什么分裂为民族,那么我们也需要一个本原,去解释人类的那个先于分裂的统一体。②只有那个普遍的、总是让存在保持和谐一致的并且憎恶蓬勃发展的生命的力量,才可以解释史前时间的**安宁**和**寂静**,那种只有天国的深沉而庄重的寂静才可以比拟的寂静。因为,正如天国里面没有发生任何事情,今天和数千年前一样都处于无声的寂静中,那段时间也是如此。对于那些情况,比如自然界始终只是给史前人类展示出这个和谐的面貌,自然界里也只有**普遍者**或**无所不能者**与人类有一个关系,而无穷丰富而变换的生命的魅力却丝毫不能打动人类的心灵,仅仅悄无痕迹地飘过,不能扰乱那个庄重而严肃地专注于排

---

① 《旧约·尼希米记》9: 6。——谢林原注
② 参阅谢林:《神话哲学之历史批判导论》,第104页。——原编者注

他的唯一者的意识，因此那些纯粹的天空崇拜者虽然如同生活在荒野里，但同样是精神性的——对于所有这些情况，都不能从一个单纯主观的观念或观点出发去解释，而唯一可能的解释是，那些天空崇拜者完全受制于一个暴力，这个暴力把他们设定在一个排他的存在者之内，让他们对自由而充满生机的自然界视而不见。

我们此前也听说过一些理论，在它们看来，神话的产生只需要一个东西，即一种随心所欲而偶然的幻想，这种幻想一会儿把这个对象，一会儿又把那个对象从自然界里提取出来，然后把对象的一个属性或能力想象为人格性的东西。你们不难看出，按照这样的理论，在神话的产生过程中，既没有合乎法则的先后顺序，也没有特定的层次区分。通常说来，只要接受了这种产生方式，人们就会很自然地认为这种人格化是从身边的现象和力量开始的，但从历史上看，神话实际上是从最遥远的东西，从天空开始的；虽然人类很早就注意到了天上的发光体带来的有益的影响，但别的具体对象在**质料**上终究是更贴近人类的东西。哪怕人们是偶然地从天空开始这种人格化，要么把天体本身，要么把那些推动和驱动天体的力量想象为神，这中间也不可能有一个间歇。这种随意的人格化一旦开始，就会马不停蹄地对另外一些更特殊的自然力量做同样的事情，因此所有这些胡乱交织在一起的神话观念就是**一次性**产生出来的。但这违背了全部历史，并且从一个新的角度证明，那些号称坚持纯粹经验立场的理论是多么违背真正的经验，多么违背真正的历史。因为历史已经以无可辩驳的确定性表明，在神话里面，不同的体系是**先后**出现的，是一个接着另一个出现的，而且早先的体系总是已经成为随后体系的根据。

XII, 187　　神话意识在个别环节里的这种间歇是一个不争的事实，是任何以真理或哪怕仅仅以完整性为诉求的理论都不能无视或轻视的一个事实。这种间歇恰恰表明，整个发展过程不是杂乱无章的，而是**遵循着一个特定的法则**，而且意识的这个貌似无章可循的背离上帝的运动也不是sine numime [盲目地]发生的。

最古老的人类不是出于偶然才侍奉天上的力量，也不是出于偶然才仿佛失去和完全背离内在的生命，落入那个外在的、单纯星辰性的、宇宙性的精神手中。一个更高的力量让他们服从这个宗教的法则；在那个时候，按照《旧约》的一个宏大的表述，耶和华为**天下万民**（亦即尚未分裂的人类）摆列日、月、星。①人类最初的宗教是**天空崇拜**，整个宗教意识在其中维系自身——随之也提供了随后的整个过程的宗教意义。一位教父曾经说：上帝为人类创造了太阳和月亮，供人类去崇拜，以免他们成为彻底的无神论者（ἄθεοι）。②相比后来的那些与飘忽不定的事物相关的迷信，教父们也把天空崇拜看作一种更纯粹的宗教，始终认为它是一种相对的一神论，而穆罕默德同样把萨比教徒和异教徒对立起来。也就是说，是一个更高的力量通过这个宗教的法则维系着人类。人类应当保持在这个存在于自身之外的状态中，直到一个内在反思的时间来临，而这恰恰也是

---

① 《旧约·申命记》4: 19。——谢林原注
② 亚历山大里亚的克莱门：《杂论》第六卷，第14节，其完整的文字为：Ἔδωκεν δὲ καὶ τὸν ἥλιον καὶ τὴν σελήνην, καὶ τὰ ἄστρα εἰς θρησκείαν, ἃ ἐποίησεν ὁ θεὸς τοῖς ἔθνεσιν, ἵνα μὴ τέλεον ἄθροι γενόμενοι τελέως καὶ διαφθαρῶσιν. οἱ δὲ κἂν ταύτῃ γενόμενοι τῇ ἐντολῇ ἀγνώμονες, γλυπτοῖς προζεχηκότες ἀγάλμασι, κἂν μὴ μετανοήσωοι, κρίνονται [上帝把太阳、月亮和星辰赐给人类去崇拜；律法说，这是上帝为列国所造的，以免他们成为彻底的无神论者，从而完全灭亡。但人类却在这种情况下变得缺乏理智，沉迷于雕刻的偶像，因此除非他们悔改，否则就会受到审判]。——谢林原注

人类发生内在冲突和分裂的时间。

  这个尚未开启为现实的多样性或者说仅仅孕育着多样性的统一体，这个缄默的一神论，就像沉闷的天空一样笼罩着世界，让世界静静地期待着那些应当来到的事物，处于为未来的充满生机的运动做好准备的状态。这个状态就其**本性**而言就不可能是常驻的，并且从一开始就被规定为一个后来状态的根据，但其中已经为未来的诸民族准备好了材料。这里仿佛是一个施工场和储藏间，上帝从中召唤出各个民族，而每一个民族在自己的时间里，在神谱过程的一个**环节**来临的那一瞬间，都应当在自身之内说出和呈现出这个环节。

  就此而言，这个史前时间的期限是一个完全相对的期限。因为我们并没有说诸民族是同时出现的，而是说它们按照一个适当的顺序从那个状态中显露出来，而这意味着，当有些民族已经脱身而出走向历史生命，另外一些民族仍然维持在这个史前时间里，并且服从这个时间的法则。

  作为结语，我再指出一点：我们在过渡到星辰宗教之前谈到的三个潜能阶次如今作为前后相继的神已经取代了真正唯一的、大全一体的上帝（这件事情虽然不是**为了**意识而设定的，但毕竟是在与意识有关的情况下被设定的）；它们仿佛是原初神，即真正意义上的原因性的神，或者说在整个过程里表现为过程的**原因**的神；因此我们也把这些神称作**形式上的**神。只有通过他们的作用，才产生出那些非原因性的、质料性的神祇。

XII, 188

第十讲
女性神祇的出现：米特拉、米利塔和乌拉尼娅

我们迄今描述的那个状态不可能是常驻的。因为它是基于一个斗争、一个努力、一个张力，但任何张力最终都会松弛，任何斗争最终都会达到自己的目标，而一切全力反抗的东西最终都必须来到其理应所在的位置。这是一个自然的和必然的过渡，所以我们不需要去证明随后的环节，毋宁说关键仅仅在于清楚而明确地认识到究竟以什么样式和方式推进到随后的环节。

先行环节的目标是，使那个排他的本原在面对一个更高的潜能阶次时质料化，从而一般地推导出一种相继性，只不过那个本原反抗这种质料化。这种坚持要把注定质料化的东西仍然当作精神性东西的努力，产生出萨比教。[①]因此，下一个环节必定是这样，在这里，那个绝对的排他者放弃自己的排他性，使自己在面对一个更高的东西时**现实地**成为质料，亦即使自己可以被克服。

无需我的提醒，你们自己就会理解，这里所讨论的概念不是一

[①] 意识里的萨比教是B的最终的避难所，而B为了**立足下来**，必须将自身质料化。——谢林原注

个仅仅对神话而言重要的概念,而是一个普遍重要的概念。你们也可以这样思考这个概念。那个违背规定(在臣服之后)已经变成肯定东西的本原不应当直接又回到非存在者的处境——否则这就是一个完全倒退的、无意义的过程——,而是应当保持为**肯定的东西**,而当它保持为肯定的东西时,虽然不是在**自身之内**,但**相对于**一个更高的潜能阶次而言应当成为潜在的东西。在这里,"可以被克服"和"成为质料"以及"成为潜能"都是完完全全的同义词。比如,纯粹的质料一方面不再表现为纯粹的潜能,但另一方面仍然表现为它所产生出的全部质料性**事物**的单纯可能性或单纯萌芽,也就是说,假若没有一个更高的潜能阶次召唤出那些事物,它自己肯定不会让它们产生出来。简言之,那个已经变成肯定东西的本原应当保持为肯定的,而作为这个内在的肯定东西,它不应当在**自身之内**就成为潜能——否则这是一个矛盾——,而是应当以相对的方式,亦即在面对那个更高的潜能阶次时,成为潜能,成为潜在的东西。

XII, 190

于是我们看到这里产生出了一种单纯**相对的**潜能状态的概念,或者说一个**现实地潜在的**本质的概念,即这个本质在自身之内是现实的,同时外在地看来或相对于另一个本原而言是潜在的,既存在着,又不存在着。但这样一个现实地潜在的本质的概念恰恰是质料的概念,而这里所理解的质料是一种实在的、虽然无形体的质料。因此,假若B真的完全回归绝对的潜能状态,那么人们可以一般地宣称:"B应当成为一个更高的潜能阶次的质料。"但B并没有完全回归绝对的潜能状态,而是回到相对的潜能状态,而这种情况就等同于实在的质料①,同时必须始终与有形体的质料区分开。反过来我们可以说,"同一个东西应当在自身之内是现实的,同时相对于另一个东西而言是潜在的",这是一个虚假的矛盾,而我们恰恰在那个纯粹的,亦即仍然无形体的质料的概念里直观到了这个矛盾的解决。

接下来我尝试换一个方式或者说换一个表述来澄清这个确实非常困难的过渡。

只要意识里的那个违背原初的意图和规定而已经变为肯定东西的本原保持在这个提升状态或崛起状态中,它对于更高的潜能阶次而言就是盲目的。一方面看来,它始终遭到这个更高的、虽然暂时未知的暴力的否定,也没有能力在后者面前主张自身,但另一方面看来,它不能也不愿回到内在的潜能状态(否则这就是一个完全倒退的过程)。在这个痛苦挣扎中,在这个一方面不能重新成为绝对的潜能状态,另一方面又不能保持为绝对的(亦即排他的)现实东西的挣扎中,它找到了解救办法或逃避办法(我不是随意使用这些表述,而是把它们看作一些以神话本身为依据的表述),以便既在自身之内存在着,同时相对于一个更高的潜能阶次而言又并非存在着——我们想说的是,它成为一个第三者,从而一方面不是非存在者(**单纯的能够**),另一方面在与更高潜能阶次的**对立**或排斥关系中又不再是存在者。但这样一来,它恰恰不再是一个**排他的**存在,且就此而言虽然没有回归内在的潜能状态,但至少外在地看来成为潜在的东西,与此同时,它向更高的潜能阶次敞开自身,成为一种对于起初被排斥

---

① 或者说物理性的质料等同于质料性。参阅谢林:《神话哲学之哲学导论》,第423页以下(XI, 423 ff.)。——原编者注

的、相对精神性的潜能阶次的**知觉和认识**。①

这个相对精神性的潜能阶次,这个现在显露出来的潜能阶次,被我们称作A^2。因为相对于这个现在成为质料的本原而言,相对于这个投身于质料的B而言,更高的潜能阶次是精神性的潜能阶次。那个本原已经离开中心,因此现在是A^2位于中心。因为当那个违背原初规定而变成肯定东西的潜能阶次(B)放弃自己的排他性之后,不可能回到它由之提升上来的潜伏主体(否则就是一切照旧,只有一个倒退的过程,没有一个前进的过程),但它可以放弃主体-客体本身,决定成为客体,以便在它的位置不是把自己设定为主体,而是把那个此前被排斥的、就此而言是客体的东西设定为主体;**它**可以去到边缘,把中心留给那个此前被排斥的亦即边缘化的东西;换言之——因为所有这些不同的表述都仅仅说出同一件事情——,它可以质料化,去精神化,以便把那个此前被排斥的东西设定为自主体,设定为相对精神性的潜能阶次。诚然,它之所以这样做,只不过是因为别无选择。因为现在存在着的更高的潜能阶次总是希望B回到潜能状态,但B却想要保持为一个实在的(排他的,就此而言非质料性的)东西,因此最后得出一个**平衡**方案,即B被设定为客观的、边缘的东西,而A^2则被设定为主观的东西。②这件事情发生以后,那个已

---

① 只要它仍然想要位于中心,它就把更高的潜能阶次排除在自身之外,让后者不能触碰到它。因此,它虽然现在遭到后者的否定,但并不认识后者,因为它正是由于努力保持在中心之内,才在后者面前封闭自身。因此直到现在为止,我们都不能说它被更高的潜能阶次现实地克服了,而是只能说它是后者可以触碰的(obnoxium),也就是说,可以被后者克服,而我们现在正处于这个位置。——谢林原注

② 我的意思是,已经变成肯定东西的本原(B)失去了它的中心位置,现在应当被现实地(外在地)设定在边缘,而它作为一个走出自己内在性的东西,这样做是合情合理的。——谢林原注

经成为非主体的潜能阶次就显现为相对精神性的神的**设定者**。因为我们已经指出，诸潜能阶次在意识面前相继成为诸神。通过这个方式，此前那个排斥和否定相对的神的东西就成为神的设定者，但首先，它不是内在地，而是仅仅外在地相对于神而言成为潜在的东西，并且仅仅是神的外在的设定者；其次，它不是作为现实的东西，而是作为相对潜在的东西、质料性东西，成为神的设定者，所以它不可能显现为神的生殖（zeugendes）本原，而是只能显现为神的分娩（gebärendes）本原。

这件事情的原因在于，正如我们已经说过的，它让自己质料化，亦即使自己成为更高的潜能阶次未来得以实现的质料。所谓使自己成为更高东西的质料，意思就是，使自己成为更高东西的**母亲**。从根本上看，mater [母亲]和materia [质料]仅仅是同一个词语，而这件事情本身在概念里也是一致的。同理，所谓那个位于意识根基处的本原或实体性本原（因为我们通常把位于根基处的东西称作实体性东西）或那个已经从自己的深处提升上来并且本身已经变成肯定东西的本原B使自己质料化，意思就是，意识在萨比教里仍然想要维护其精神性的那个神使自己质料化（因为当B不再是A或纯粹的潜能，就不再包含在意识里，而是成为一个逾越了意识，相对于意识而言客观的力量，对意识而言成为神），也就是说，这个神（B）现在对意识而言质料化了。①在提升状态或张力状态里（这个状态同时是对于更高的潜能阶次的排斥），神对意识而言只能显现为**男性**；就此而言，从强硬反对一直以来被排斥的神到臣服于这个神的过渡，或者说，

XII, 193

---

① 这样一来，统一体就成为单纯的**根据**。——谢林原注

最初的神从最高的张力状态到松弛状态的过渡——除此之外，这个过渡必须被看作一个突然发生的过渡——，这个过渡在意识看来只能显现为从男性到女性的过渡，即**最初的男性的女性化**，而且这不是像人们通常解释的那样借助于一个人为的、完全随意的、诗意化的包装，而是借助于一种位于事情本身的本性之内的必然性，因此是借助于一个完全自然的，甚至必然的观念。

不可否认，以上表述在某些人看来可能是难以置信的，但并非我偏偏要这样表述，而是神话本身就以这种大胆的方式表述自身；我的任务是实事求是地揭示事情本身，并且总是在正确的位置使用本真的、自然的词语，仿佛这是神话意识本身就必然会说出的话。

简言之，那个向着单纯相对的或外在的潜能状态的过渡是一个从男性到女性的过渡，或者说从男神到女神的过渡。天上的主宰，那个在最初的宗教里独享崇拜的天空之王，现在被天空女王——《旧约》明确提到的Melaekaeth haschamaim［天后］①——取代了，因此在远古的所有神话里，那个向着相对的或外在的潜能状态的过渡都是以一位女神取代天上的主宰为标志，而这位女神有着**米利塔**（Mylitta）、**阿斯塔特**（Astarte）、**乌拉尼娅**（Urania）等不同的名字，在众多民族那里受到崇拜。从这个推导来看，乌拉尼娅仅仅是女性形态下的或者已经女性化的乌兰诺斯（Uranos），亦即这样一位实在的神，他在面对一个更高的或如我们所说的相对精神性的神时，放弃了自己的张力状态。

XII, 194

希腊神话虽然属于神话发展过程的一个很晚的乃至于最后的

---

① 《旧约·耶利米书》7: 18; 44: 17-19; 44: 25。——谢林原注

环节，但同样把早先的所有环节接纳到自身之内，只不过是以一种独特的方式（这是不言而喻的）将其接纳。也就是说，这里换了一种表述，即那个过渡也被想象为一位最初具有排他意义的统治神遭到阉割。因此希腊神话里的过渡被想象为乌兰诺斯遭到阉割（至于为什么是他的儿子克罗诺斯将他阉割，并且在他之后取得了统治地位，这并不是一目了然的，但接下来会得到解释）。——在这个问题上，希腊观念区别于亚洲观念，因为后者是让一位女神亦即乌拉尼娅直接取代了男神；但希腊观念与亚洲观念的本质上的同一性体现在，希腊神谱认为阿佛洛狄忒是从乌兰诺斯的被割下和抛入海里的阴茎翻起的浪花里产生出来的，而阿佛洛狄忒实际上仅仅是亚洲的天空女王的希腊镜像，并且在这个意义上同样叫作乌拉尼娅，哪怕她并非恰恰是蒂奇①所说的那位乌拉尼娅。在这里，阿佛洛狄忒或乌拉尼娅至少是乌兰诺斯遭到阉割带来的**后果**，因此无论如何是出现在这件事情之后。当意识在自身之内倾向于过渡，就察觉到它和被排斥的神之间的关系**是**一个张力。这个张力的突然松弛对意识而言只能显现为神的柔化、软化和女性化，显现为 θηλύνεσθαι τῷ θεῷ [神的女性化]，而这个观念是如此之深地扎根于异教的思想，以至于一位教父（亚历山大里亚的克莱门）在其主要讨论异教及其与基督教关系的著作里，甚至毫不犹豫地使用如下大胆的说法来隐喻基督教的一个崇高秘密："上帝的不可言说的方面是父亲，但他与我们相似的那个方面成为**母亲**，因为父亲在满怀爱意的时候就成为

---

① 蒂奇（Christoph August Tiedge, 1752—1841），德国诗人，于1801年发表长篇诗作《乌拉尼娅》（*Urania*）。——译者注

女性。"①

　　这里没有必要去研究应当在什么意义上理解这位教父的言论；我之所以引用它们，只是为了证明，哪怕对于哲学意识而言，这些涉及男性和女性以及女性化的表述都必定是伴随着一种不依赖于一切随意包装的必然性而产生出来的，正如神话在根本上很自然地也是如此。

　　这样一来，我们已经给乌拉尼娅指定了一个明确的位置，而这个做法是遵循事情本身的**本性**。现在，如果要更精确地为这个位置辩护，亦即额外以历史学的方式为其辩护，那么主要的证据来自希罗多德。因为希罗多德——他在他所看到和听到的一切方面都配得上我们的最大信任——恰恰指出，对于乌拉尼娅的崇拜起源于那些最古老的历史民族，即亚述人、阿拉伯人、波斯人等首先从原初的统一体里分裂出来的民族。之所以说乌拉尼娅崇拜属于最初的那个从萨比教里显露出来的时间，其最清楚的证据尤其在于希罗多德针对乌拉尼娅崇拜而说的一些关于**波斯人**的事情。

XII, 196

　　接下来我会逐一讨论希罗多德谈到乌拉尼娅的全部文本，但我首先是从那个与波斯人有关的文本出发，因为乌拉尼娅的位置在那里是最清楚的。

---

① 亚历山大里亚的克莱门：《哪一位富人会得救》（Τίς ὁ σωζόμενος πλούσιος），第7章：Ἔστι δὲ καὶ αὐτὸς ὁ θεὸς ἀγάπη καὶ δι' ἀγάπην ἡμῖν ἐθεάθη. καὶ τὸ μὲν ἄρρητον αὐτοῦ πατήρ, τὸ δὲ εἰς ἡμᾶς συμπαθὲς γέγονε μήτηρ. ἀγαπήσας ὁ πατὴρ ἐθηλύνθη, καὶ τούτου μέγα σημεῖον ὃν αὐτὸς ἐγέννησεν ἐξ αὐτοῦ [上帝本身也是爱，他出于爱让我们直观到他。他的不可言说的方面成为父亲，但他与我们相似的那个方面成为母亲，因为父亲在满怀爱意的时候就成为女性，而他自己生出的儿子清楚地证明了这一点]。——谢林原注（译者按，这段文字出自该书第37章，而非谢林误写的第7章）

他在这里说:"波斯人的习惯是到最高的山峰上去,首先向作为整个环绕的苍穹的宙斯献祭,然后向太阳、月亮、火、水和风献祭。"① 这里提到了好几样东西。首先需要指出的是,希罗多德说,波斯人把τὸν κύκλον πάντα τοῦ οὐρανοῦ [整个环绕的苍穹]称作宙斯。这是通常的译法。但这里的κύκλος [环绕]不应当被理解为一个静止的圆圈,而是应当被理解为一个主动的动作,亦即绕圈,而这必然让人们想到一个原因。因此这里所指的也是对于伟大的唯一者的崇拜,而它的无可匹敌的力量主要是通过天体的活生生的绕圈运动而体现出来的。这个唯一者对波斯人来说是**宙斯**,也就是说,这是他们的最高神。有些人认为,希罗多德是出于口误才用希腊名字Δία [宙斯]去称呼波斯人的最高神,因为这位神的波斯名字从发音来看应当是Dew。但这个揣测是毫无根据的。因为希罗多德在别的地方也毫不犹豫地用希腊名字"宙斯"去称呼其他民族(比如西徐亚人)的最高神。接下来还有很多例子表明,希腊人之所以毫不犹豫地用希腊名字去称呼其他民族的神祇,是因为他们意识到了他们的神祇和其他民族的神祇之间的内在同一性。因此这个文本仅仅意味着,波斯人已经在活生生的天体绕圈运动中认识到最初的和最高的神,并加以崇拜,然后才把太阳、月亮、火、水、风(运动中的气)等当作次要的自然事物,简言之,把这些**元素**放在第二个档次加以崇拜。

正是在这里,我们看到了元素崇拜和星辰崇拜之间的密切联

---

① 希罗多德:《历史》第一卷,第131节。斯特拉波(《地理志》第十五卷,第3章,第732页)也指出波斯人θύουσι δὲ ἐν ὑψηλῷ τόπῳ [在山峰上献祭]。此外色诺芬也有 ἐπί τῶν ἄκρων = בָּהָרִים [走向山顶]之类说法,参阅本书后面第206页的引文。亦参阅《旧约·何西阿书》4: 13。——谢林原注

系。也就是说，虽然我认为星辰崇拜是原初的东西，但很显然，至少在乌拉尼娅显现出来之后，亦即纯粹的萨比教开始质料化之后，星辰很快与元素纠缠在一起。简言之，元素和星辰的共同之处在于，二者都不能被看作一个特定种类的有形物体，毋宁在某种意义上仍然是超形体的。**火**与那个吞噬一切东西的力量，与自然界的那个前提是最为相似的，它真正说来还不是自然界，而是自然界的对立面，因此赫拉克利特说："火的生命就是大地的死亡。"① 此外，当古人说，星辰是纯粹的火，这和我们的观点也是完全一样的意思。即便是另外那些显现为万物的源头和归宿的元素，也体现出那个吞噬一切的本质，那个在星辰里原初地唯一受到崇拜的本质。谁会察觉不到那个寓居在气和水之内的吞噬一切的力量呢？——**气**尤其像那个最初已经变得被动的本原，它仅仅相对地质料化了，但在**自身之内**仍然完全是精神性的，比如它除了能够传播声音之外，还能够吞噬一切或同化一切，凭借这个力量，它吸纳一切从大地表面升起的东西，让它们变得无影无踪。近代以来关于各种气体的所谓交互穿透性的实验也证明了气的这种单纯相对的质料性，因为我们看到，同一个空间里的各种气体并不是相互排斥的，这表明它们相对于彼此而言或**相互之间**不是形体性的东西。——至于另一个元素，**水**，也不属于具体的、形体性的自然界。对此我只提醒一点，即水在蒸汽里完全消失了，又在雨里重新出现。——还有通常所说的第四个元素，

---

① 参阅勃兰迪斯：《希腊罗马哲学史手册》（*Handbuch der Geschichte der griechisch-römischen Philosophie*），第一部分，第160页，注释c（亦参阅第162页的注释g和注释h）。——谢林原注（译者按，勃兰迪斯［Christian August Brandis, 1790—1867］，德国哲学史家和古典学家）

土，当然也不是作为元素，而是作为星辰才受到崇拜，而且我还要指出，比如在《旧约》里，星辰和具体元素一样，也被称作στοιχεῖα τοῦ κόσμου [宇宙的元素]。这些都解释了为什么星辰崇拜总是和元素崇拜联系在一起，因为元素仍然包含着某种天上的东西，而我还要提醒的是，不仅作为整体的土是宇宙性的东西，而且大地上的水和海洋里的潮水也是宇宙性的东西，亦即都展示出星辰的本性。同样，持续的风，尤其是回归线范围内的风，也属于气的有规律的运动；甚至在断断续续的运动中，气也表明自己服从于那个掌管一切的力量带来的宇宙性影响和激励。天上的自然事物都追随这个力量，而人们因此可以把它们的凡间代表看作元素。

因此毫无疑问，只要萨比教仍然保持着它的原初的精神性，元素就是被当作**精神性东西**而受到崇拜。元素和星辰都没有人格化。波斯人虽然崇拜土、水、火和风，却没有把它们人格化，而是把它们当作精神性本质，或者当作精神性本质的现象，用《旧约》的话来说就是当作天使，比如在《旧约》里，上帝说："以风为使者，以火焰为仆役。"① 在《创世记》第二章第一行，则是这样说："天地万物都造齐了。"② 在这里，Zaba这个词语——萨比教的名称正来源于此——表明，大地的那些元素也被算作普遍的、宇宙性的本质。

也就是说，原初的元素崇拜仍然具有精神性意义，但是当原初的萨比教在过渡到质料性的星辰崇拜时发生退化，或者说当萨比教堕落为质料性的星辰崇拜，元素崇拜自然也失去其原初的精神性意义。

关于希罗多德的那个本文，其次需要指出的是，他非常明确地

---

① 《旧约·诗篇》104: 4。——谢林原注
② 参阅《旧约·创世记》2: 1。——译者注

认识到或看到了波斯宗教的**非神话的**方面。当希罗多德说波斯人在山峰上首先向苍穹献祭时,也指出他们不修建神庙,不设立祭坛,不供养神像,总而言之对**人格性的**诸神一无所知。他甚至指出:"波斯人惩罚搞这些名堂的人,我想这是因为他们不相信神是人格性的。"实际上,萨比教崇拜的神根本不是一些与人相似的神,也不是一些可以通过形象来呈现的神。萨比教尚且不是偶像崇拜,而如果不考虑整个运动的后续发展的话,人们甚至可以笃定地说,萨比教仍然是一个更纯粹的宗教,而"更纯粹"的意思,就是比后来的那些崇拜与人相似的、可以通过形象来呈现的神的宗教更远离感性。因此,按照希罗多德的表述,波斯人仍然置身于那个真正生产出神话的过程之上。实际上,萨比教本身仍然是非神话和非历史的,因为任何一个环节本身都没有构成一个序列或发展;但这并不妨碍萨比教对我们而言现在已经是未来的发展过程(亦即未来的神话)的最初环节和要素,即我们预先已经认识到的那个环节和要素。

希罗多德在证实了波斯人的天空崇拜之后,又把**乌拉尼娅**看作向着神话的过渡。他在提到波斯人向作为苍穹的最高神和太阳、月亮等献祭之后,又说道:"至少他们刚开始的时候仅仅向这些神献祭;**后来**他们也向乌拉尼娅献祭,这是从亚述人和阿拉伯人那里学来的。①亚述人称这位女神为米利塔,阿拉伯人称之为阿斯塔特,而波斯人自己称之为米特拉。"希罗多德的这些说法完全证实了我们

XII, 200

---

① 注意是'Επιμεμαθήκησαν [学来的],而非仅仅praeterea addidicerunt [除此之外也有的]。这个广为流传的错误的拉丁文译法扭曲了这个对我们来说非常重要的历史顺序,因为只有遵循这个顺序,乌拉尼娅崇拜的真正意义才体现出来。作为对比,可参阅希罗多德:《历史》第二卷,第49节: οἱ ἐπιγενόμενοι τούτῳ σοφισταί [许多智者加以补充]。——谢林原注

给乌拉尼娅指出的位置，因为他指出，波斯人的乌拉尼娅崇拜是紧跟着对于天空、星辰和元素的崇拜而出现的。一般而言，乌拉尼娅是紧跟纯粹的萨比教之后出现的第一位神祇；她是向着历史性神话亦即真正意义上的神话的直接过渡。当最初的排他的本原B已经可以被一个更高的本原克服，就开始了一种现实的相继性，而排他的神之后就能够出现另一位**相对于**他而言精神性的神。这就设定了相继式多神论。因此乌拉尼娅是神话的非历史时间和历史时间之间的转折点。

米特拉（Mitra）这个名字同样证实了我们对于乌拉尼娅的解释。因为波斯语系的全部语言都无比清楚地表明，这个名字虽然略有变化，但始终是同一个名字，而它所指的无非是母亲，即κατ' ἐξοχήν [真正意义上的]母亲或者说最初的、最高的母亲。在波斯语里，mader实际上就是母亲的意思。①

我既然在这里谈到了米特拉这个名字，顺带也希望指出，另一个名字米利塔并不是来自希伯来语的那个意味着"子孙后代"的תֹּלָדָה（Molädät）。这个推导从形式上就已经是错误的。实际上，米利塔是来自于动词מָלַט（Malath），而这个词语的被动形式意味着"被拯救"和"逃脱"。就此而言，米利塔的意思是effugium [避难]或salus [安全]，也就是我们此前所说的解救或逃避。

---

① 塞尔登在《论叙利亚诸神》（De Diis Syris）第二卷第255页已经把这一点当作论据，而亚伯拉罕·辛克尔曼在《雅各布·波墨根据学说研究》（Detectis fundament. Böhm）里又重复了这个推导。——谢林原注（译者按，塞尔登 [Johannes Seldenus, 1584—1654]，英国法学家和历史学家。辛克尔曼 [Abraham Hinkelmann, 1652—1695]，德国神学家和东方学家）

那个后来显现为质料的本原，和我们必须设想为原初地就在一个矛盾中挣扎的本原，是同一个本原。这个矛盾的唯一解决办法，就是B放弃自己的内核位置，不再作为主体去排斥一个更高的潜能阶次，这样它就可以作为**客体**或非主体保持为一个肯定的东西。就此而言，质料在其最终状态中是一个矛盾的**解脱**，并且在这个意义上叫作米利塔。

米利塔仅仅是腓尼基水手——腓尼基语也是一种闪米特语言，而且是一种与希伯来语最为相似的方言——给米利特岛（今天的马耳他）所取的名字的另一个形式，因为这个岛对于触礁者来说是一个避难之处，而使徒保罗就是遭遇了沉船之后来到这个岛。《旧约·诗篇》的第90篇也表达了同样的思想："主啊，你世世代代作我们的居所。"① 也就是说，只要上帝已经使他的吞噬性本原成为一种质料性东西，他就是我们的避难所，因为在那个本原里，任何具体的东西或受造物都不可能常驻。当本原B使自己质料化，就达到了常驻或持存，而这意味着上帝为我们提供一个安身之处。

正如我们在一个较早的地方已经看到的②，这个远古的思想，即质料是一种挣脱出来的、被拯救的东西，一路延伸到希腊语言里，甚至被用来表述物体。

至于阿斯塔特，这位女神在《旧约》里经常是以阿斯塔洛特（Astharoth）的名字出现。遗憾的是，我们对于这个名字没有掌握一个稳妥的词源学推导。虽然在叙利亚语里，埃斯特拉（Esthra）这

---

① 《旧约·诗篇》90: 1。——译者注
② 参阅谢林：《神话哲学之哲学导论》，第432页。——原编者注

个名词被用来指称星辰，但这并不是一个稳妥的证据，因为叙利亚语里的很多词语都是来自希腊语，而叙利亚语的那个名词很有可能仅仅是希腊语的ἄστρον [星辰]的转写。

XII, 202 简言之，乌拉尼娅在神话里就是那个曾经处于崛起状态的本原的第一次臣服，或用我的话来说，第一次分解。她在神话里所处的环节，就是我们在自然界里必须思考为自然界的真正开端或向着自然界过渡的那个环节，也就是说，一切东西离开原初的精神性东西，逐渐接近质料，而只有这样，质料才会向那个更高的、扮演着造物主角色的潜能阶次开启自身；在这个环节，世界的根据被奠定了，即那个起初本身是存在者或崛起者的东西成为相对的非存在者，成为根据；它成为真正意义上的世界的根据，而"世界"在这里意味着杂多的、彼此分层的、千差万别的事物的总括，一言以蔽之，意味着分裂的存在的总括。因为在此之前只有一个未分裂的存在。

以上就是我们基于希罗多德所说的波斯人的米特拉得出的结论，而这里还有一件值得注意和值得深思的事情，也就是说，只有**他**提到了波斯人的米特拉，而其他作家对这位米特拉却一无所知，与此同时，希罗多德对于波斯的另一位男性神祇密特拉斯（Mithras）一无所知，而那些提及波斯事物的希腊作家和罗马作家不仅谈到了密特拉斯，而且这位神祇的存在及其伟大意义也通过波斯人的圣经《阿维斯塔书》（Zend-Avesta）而广为人知，并通过无数的纪念碑得到证实。为了解释这个谜，需要一个特殊的辨析，这个辨析不仅涉及密特拉斯及其意义，而且随后延伸到那整套归之于塞尔杜西特（Serduscht）或琐罗亚斯德（Zoroaster）的学说。但就米特拉而言，我们不可能认为希罗多德搞错了对象。他无疑看到了米特拉的很多神庙，但他显然诧异于在波斯人那里看到这位对他们来说如此陌生的女性神祇，因此他才说这是波斯人从亚述人和阿拉伯人那里学来的。在希罗多德看来，这位女神仅仅是某种后来添加到波斯人的原初宗教里面的东西，即ἐπιμεμαθήκησαν [学来的东西]；正如我们已经指出的，这不是除此之外也有的东西（praeterea），而是**添加**到那些原初地仅仅向其献祭的神里面的东西，也就是说，波斯人后来也学会了向米特拉献祭。

正因为希罗多德对此感到诧异，所以我们绝不能认为他在这里搞错了对象。他必定已经看见过米特拉的许多神庙，这件事情可以通过普鲁塔克的《特米斯托克利传》的一处记载得到证实①，而这同时表明，并非只有希罗多德一个人知道波斯人的米特拉。根据普鲁塔克的记载，特米斯托克利②从雅典逃到萨迪斯之后，有一天闲得无聊，就出去参观当地修建的神庙和其中保存的祭品，然后在**母亲神庙**（ἐν Μητρὸς ἱερῷ）里无比激动地看到一座两尺高的提水少女铜像，因为当初他在雅典管理引水渠的时候，是他命令人用惩罚偷水者的罚金打造的这座铜像，而薛西斯在进军希腊的时候把铜像带到了这里。③这位被简单地称作"母亲"并且在萨迪斯有一座神庙的神祇，与希罗多德所说的米特拉必定是同一位神祇，因为除了米特拉之外，已知的波斯神祇里没有哪一位女神可以被直接称作母亲。遗憾的是，迄今的研究全都忽视了这处文本。如果波斯人所说的"母亲"

---

① 参阅该书第31章。——谢林原注
② 特米斯托克利（Themistokles，前524—前460），雅典政治家和军事家。——译者注
③ 请注意，这里说的是**装饰神庙的铜像**，因为众所周知，古老的神既没有神庙，也没有雕像。——谢林原注

就是米特拉，那么另一个情况也是与之相符的，即她的神庙里摆放着一位提水少女（ὑδροφόρος Κόρη）的铜像。因为那位最初的女性神祇恰恰被看作一位完全类似于**湿润**元素的神祇。水显现为那个此前排斥一切和吞噬一切的本原的最初质料化的最纯粹表述。正如近代的化学在根本上无可辩驳地指出的，水仅仅是蒸发的、质料化的火。正因如此，那位最初的女性神祇，作为神话最初的被动本原，在另外一些亚洲神话里甚至明确地显现为水神，比如在叙利亚神话里显现为**德尔克托**（Derketo），这位女神在形象上一半是人，一半是鱼。在希腊神话里，阿佛洛狄忒也是从大海里浮出来的，并且顺着浪花漂流到塞浦路斯岛。因此，如果特米斯托克利在萨迪斯看到了米特拉的一座神庙，那么不久以后就去波斯的希罗多德当然也有可能在那里看到这样一座神庙。

基于以上和随后还要列举的事实，人们很难否认，波斯人的意识里已经有了我们在那些紧跟着萨比教出现的民族里看到的那位女性神祇。米特拉之所以对于后来的波斯体系——塞尔杜西特的二元本原学说，而这与其说是一种神话式的学说，不如说是一种反神话的学说——而言是一个陌生的东西，或者说，米特拉之所以被这种学说排斥，原因仅仅在于，这种学说是晚近才出现的。甚至可以说，正因为意识里出现了一位男性神祇和一位女性神祇的分裂，而且后者被看作前者的母亲，这才导致所谓的二元论体系。这个体系把两个本原（一个排斥受造物，与之为敌，另一个对受造物充满善意）结合为一个绝对的统一体，并且通过这个方式遏制住那个对其他民族而言注定不可阻挡的神话运动。

第十一讲
波斯神话中的米特拉和密特拉斯

在上一讲的结尾,我已经指出神话内部的一个反神话的要素。也就是说,当我们把过渡展开为一个不可阻挡的神话过程时,也必须注意到,神话过程在开端就面临着一个对立面,而从开端往后一直到印度神话,都有一个与神话相对立的体系安静地保留下来,而这个体系最终必然会和神话一起走向堕落。诚然,这个反神话的方向是在后来的一个时期才**现实地**出现,但我们在这里已经认出了它,这一方面是因为它是从发展过程的这个点出发的(因此也是最容易推导出来的),另一方面是因为通过指出这一点,我们能够如希望的那样以令人满意的方式解决那个已经提到的困难,即希罗多德为什么没有提到密特拉斯。这始终是一件值得注意的事情,即希罗多德对于一位男性的密特拉斯一无所知,反过来,米特拉的痕迹在后来的纪念碑里几乎消失殆尽。无论如何,鉴于男性的密特拉斯已经通过如此之多的纪念碑得到证实,我们必须解释他和米特拉之间是什么关系。

现在,为了清楚地理解这个问题,我们需要好好想一想,希罗多德关于波斯神话究竟知道些什么。实际上,他只认识那些古老的,在

XII, 206 没有庙宇、祭坛和神像的情况下被崇拜的神,而这些神在后来的波斯历史里仍然始终被看作先辈的神(θεοὶ πατρῷοι),就此而言是与一些晚近的神相对立的,而后面这些神包括那位最高的天空之神,即希腊人所说的波斯的宙斯,以及太阳、月亮和所有元素。人们很容易想到《居鲁士的教育》(*Kyropädie*)①记载的居鲁士的那句献祭辞:"先辈的宙斯、太阳和众神啊,请接受这些祭品。"②我们不需要列举更多的文本,就可以清楚地看出,那些古老的神在波斯并没有过时,而是始终受到崇拜,而由此可以推知,波斯后来的宗教发展过程和其他民族(比如希腊人)并没有走上同一条道路,因为希腊人蔑视对于太阳和月亮的崇拜,认为这是野蛮的行径。③希罗多德在波斯除了看到那些古老的、仍然长盛不衰和占据普遍的主导地位的神之外,也认识到了那位女性神祇,于是他把后者称作一位晚近的神祇。这个事实已经通过那个多次提到的词语ἐπιμεμαθήκησαν [学来的]得到证明:不管怎样,波斯人是**后来**才知道乌拉尼娅。希罗多德甚至不像我刚才引用的那样说"他们学会了",而是说"他们也**已经学会**"向乌拉尼娅献祭,并且把后者称作米特拉。这个说法包含着某种后来的、晚近的、相对于最初和更古老的东西而言陌生的东西;

---

① 作者为古希腊历史学家色诺芬(Xenophon, 前440—前355)。——译者注
② 这段文字为:εὐθὺς οὖν λαβὼν ἱερεῖα ἔθυε Διί τε πατρῴῳ καὶ Ἡλίῳ καὶ τοῖς ἄλλοις θεοῖς ἐπὶ τῶν ἄκρων, ὡς Πέρσαι θύουσιν, ὧδ᾽ ἐπευχόμενος· Ζεῦ πατρῷε καὶ Ἥλιε καὶ πάντες θεοί.[于是他立即取来祭品,在山峰上向先辈的宙斯、太阳和其他诸神献祭,就像波斯人惯常献祭那样;他一边献祭,一边祈祷说:"先辈的宙斯、太阳和众神啊,请接受这些祭品。]《居鲁士的教育》第八卷,第7章,第3节。——谢林原注
③ 人们可以在布里松的《论波斯人的王国》(*De regio Persarum principatu*)第347页找到这些引文。——谢林原注(译者按,布里松[Barnabé Brisson, 1777—1828],法国工程学家和数学家)

米特拉在希罗多德看来是如此不适合其余的波斯体系,以至于他断言波斯人是从亚述人和阿拉伯人那里听说的这位女神。

但希罗多德为什么对密特拉斯一无所知呢?诚然,人们还可以说,希罗多德不但不认识密特拉斯,也不认识琐罗亚斯德。众所周知,第一次提到琐罗亚斯德的是一部被视为伪作的柏拉图对话录,即《大阿尔基比亚德篇》。由此看来,说希罗多德不知道密特拉斯,比说他不认识琐罗亚斯德更加合情合理。但这里的问题是,既然米特拉和密特拉斯都受到崇拜(且不管对于他们的崇拜是否一直以来都是如此或处于同一时间),二者是如何联系在一起的呢?如果说二者之间毫无关系,这恐怕是难以令人信服的。因此我们很容易这样设想二者的关系,即米特拉是起初的那位排他的神降格而成的最初的女性神祇,而在这种情况下,那位神放弃了自己的排他性和中心地位,被设定在边缘,反过来不是把他自己,而是把那位相对精神性的神(亦即我们所说的A^2)设定在中心。与此同时,这位最初的女性神祇显现为设定者,确切地说,**质料性的**设定者,亦即那位更高的神的母亲。如果把米特拉看作母亲,那么把密特拉斯看作儿子就是一件很自然的事情,也就是说,他正是那位相对精神性的神!比如克罗伊策就是这样看待这个关系。①但这个想法与另一个东西亦即密特拉斯的属性相矛盾,因为他在《阿维斯塔书》里确实更像是一位质料性的神,而不像是一位相对精神性的(亦即片面精神性的)神。诚然,我们不能认为这位更高的神是与质料和身体性完全对立的,因为他实际上是一位质料化的神。如果没有他,就没有质料,也没

---

① 参阅克罗伊策:《文集》,第一卷,第734页。——谢林原注

有杂多性。但正因如此,他本身不是一位质料性的神。在《阿维斯塔书》里,密特拉斯被称作种子的种子,亦即原初的潜在东西。因此很显然,这一点不符合那位相对精神性的神,因为后者毋宁是潜在东西的对立面,是纯粹的现实性。除此之外,专属于密特拉斯的献祭之地主要是岩洞和**天然的**洞穴,而他的秘仪也是在这些洞穴里进行的。这一点也表明他更像是伟大而普遍的自然神,而不像是一位片面精神性的神。进而言之,假若米特拉是母亲,密特拉斯是儿子,这就很难解释密特拉斯为什么如此彻底地驱逐了米特拉,因为假若他们之间是**母子**关系,那么他们必定是一起存在的。假若密特拉斯是儿子,他就以母亲为前提,而假若他是一位提升到精神性的神,即更高的潜能阶次(A^2)的神,他就以那个将他提升的东西,以较低潜能阶次的神为前提。

但我们为什么还是觉得米特拉显然被密特拉斯驱逐了呢?这是一个必然的问题,而只有解答这个问题之后,我们才会看清这整个关系,进而完全看清波斯宗教的真正本性。

为了回答这个问题,我必须重提此前说过的一些事情。最初的那位排他的神,即我们所说的乌兰诺斯,当然不愿意自己被驱逐出意识,离开中心,因此他反抗相继性;他是一位就其本性而言非历史的神,一位不愿意进入时间的神——只有当他被设定为过去,他才成为历史的神。进而言之,即使这位起初排他的神已经离开自己的位置,来到边缘,他也只是使自己相对于一位更高的神而言是可克服的,但还没有被克服。他只有在更高的神面前才是外在的,亦即相对潜在的,但在他自身之内,他仍然始终是他过去所是的东西,即一个肯定的东西或者说纯粹的B。当然,从他现在所处的位置来看,至少有被克服的可能性，而这就开始了**现实的**克服或真正的斗争。在这个斗争里，一方是一位被设定为可克服的神，另一方是一位更高的、相对精神性的、应当将质料性的神加以克服的神，而我们将会看到，神话的后期环节，比如腓尼基人、迦太基人、埃及人、印度人乃至希腊人的诸神体系，都是从这个斗争里发展出来的。但这些后期环节在波斯宗教里完全缺失了。在希罗多德的时代，波斯人仍然在崇拜天空、太阳、月亮和诸元素，但既不修建神庙，也不塑造神像，反之无论是腓尼基人，还是埃及人、印度人或希腊人，都不是以这种方式去崇拜诸神。波斯人在一切诫命、献祭和其他神圣习俗里，都总是首先呼唤那些先辈的亦即古老的神。因此很显然，他们已经摆脱了后来的那个神话过程。尽管如此，在他们的米特拉那里，还是体现出向着这个过程的过渡。

XII, 209

我们应当如何理解波斯人止步于神话过程的途中的情况呢？——这种止步是一个事实，而我们只有通过希罗多德谈论米特拉的方式才可以理解这一点。在波斯人的诸神里面，只有米特拉被希罗多德拿出来与其他亚洲民族的类似的神进行比较，因为她让他想到巴比伦人的米利塔和阿拉伯人的阿利塔。但即便如此，他在波斯人那里没有看到这位女神在其他民族那里带来的**影响**。正因为米特拉对于波斯人是没有影响的，所以希罗多德才据此认为，波斯人仅仅是从亚述人和阿拉伯人那里**学来**对她的崇拜。他的这个猜测当然是没有根据的。我坚信，波斯人是在原初的意义上发现了米特拉，正如亚述人也是以同样的方式发现了米利塔，甚至全部民族在某种程度上都已经发现了这样一位女神。因为她的概念不是一个偶然的概念，而是一个必然的过渡的自然产物。话说回来，希罗多德即使在说出一个错误的猜测时,也能够提供很多教益。

接下来需要解释,为什么米特拉始终没有给波斯人带来影响呢?假若神话里的诸神是一些自由的、随意的发明,这件事情当然是无法解释的,因为人们根本不可能知道,为什么幻想会突然止步于一种完整的神话学说的途中。但正如我早就已经证明的,神话里的诸神观念是一个被设定在自身之外的意识的不由自主的产物;因此对于波斯意识而言,那位女性神祇同样仅仅是一个不由自主的转化,但在其他民族追随神话过程的时候,有一件事情并非不可能,甚至看起来是很自然的(因为通常说来,每一个历史发展过程里面都会体现出全部可能性),即恰恰在某一个民族那里,意识止步于这个点,并且去反抗它已经察觉到的随后可能出现的东西。甚至在以色列那里,我们也发现,那些向着神话式多神论过渡的自然转化,不仅出现在其他所谓的异教民族里,也困扰着犹太民族。假若希罗多德是在那些大搞偶像崇拜的犹太国王的时代来到耶路撒冷,或许他也会只知道阿斯塔特等星辰神,对于耶和华却一无所知。祭司和先知们一直都在与犹太民族的这个倾向作斗争,但绝大多数时候都是徒劳无功。反之在波斯那里,一种强大的祭司制度看起来真的阻挡住了那个在其他民族那里势不可挡,甚至在印度造成最极端的混乱现象的过程。在波斯宗教里,意识也发生了一个过渡,即那个在全部民族的神话里以乌拉尼娅为标志的过渡。但恰恰在这里,当其他民族的意识仿佛分裂为一种双重性的意识时(一方面意识到一个实在的神,另一方面意识到一个与之**对立**的精神性的神),波斯意识却反抗这个分裂;它直到现在都坚持着统一体,也就是说,那位已经质料化的神(米特拉是向着他过渡的标志)和那位相对精神性的神(他是前者之所以质料化的**原因**)——简言之,质料化的神和造成质料化的神——对波斯意识而言是**同一位**神,而这必然是一位**绝对的**神,一位大全之神,一位并非与另一位神(A^2)并列的神。这位绝对的神就是密特拉斯。之前的环节是以乌拉尼娅为标志的**相对的**一神论,其之所以被称作相对的,是基于意识的大分化(Krisis),而在这之前,这种一神论对于意识而言确实是绝对的;现在,这位相对唯一的神——之所以说相对唯一,是因为他与另一位精神性的神相对立,因此他至少潜在地是相对的神——被一位大全之神取代了,后者在自身之内具有一种二元性,但正因如此不是相对唯一的神,而是绝对唯一的神。这位(质料性的)大全之神就是密特拉斯,因此他是把质料化的神和造成质料化的神集于一身。

当波斯意识开始反抗决定性的多神论,就再也不能回到一位尚未质料化的、精神性的神(这位神对意识而言始终是质料性的,但相对于一位更高的神而言并不是质料性的),毋宁说,这位神**作为**一位质料性的神,本身就成为最高的和绝对的神,而且他不是相对于更高的神而言,而是通过他自身,通过他自己的意愿而成为质料性的神,并且挣脱了那种不可触及的、不容许受造物存在的精神性,使自己成为自然界。至于说密特拉斯恰恰是**这位**神,不是某一位神,而是最高的和绝对的神,这从赫西基奥斯^①他的一个评语就可以看出来,即他被称作ὁ πρῶτος ἐν Πέρσαις θεός [波斯主神]。但对于意识而言,这位大全之神只能显现为一位出于对受造物的**爱**而使自己质料化的神,亦即一位让自己来到边缘并成为自然界的神。在这个

XII, 211

---

① 赫西基奥斯(Hesychios),约生活于5世纪的希腊语文学家。——译者注

意义上,波斯的一位千夫长对特米斯托克利说,波斯最美好的法律就是把国王当作那位拯救和解放一切的神的肖像(εἰκόνα θεοῦ τοῦ τὰ πάντα σώζοντος)而加以崇拜。但任何拯救都以一种危险或危难(angustias)为前提。这种危难正是那个原初的中心存在,因为它没有给受造物留下任何余地。正如我从一开始就提醒注意,并且随后还会更明确地加以证明的,那位与此对应的女性神祇同样被看作最初的拯救和最初的扩张,而这是针对中心的第一个胜利。同理,密特拉斯也是一位使自己质料化而一般地设定自然界、为受造物提供空间的神,一位拯救一切的神,也就是说,他仿佛把受造物从原初统一体的中心这团烈焰中拯救出来,将它们放置到开阔的、质料性的、自然的存在中。正因如此,密特拉斯获得了任何别的神都没有的一个名号,即"父亲密特拉斯",他是大全的创造者,是**创生之主**(γενέσεως δεσπότης)①,即他决定着究竟是否应当有一种创生。②

但神的这种质料化不是一蹴而就的,而是一件永远发生的事情。因为,假若神一下子就完全放弃了非质料性,他就会成为一个**僵死的**质料性东西,一个**已经生成**而不再有任何能力的东西。但他对于波斯意识而言并不是这样。只有近代的哲学抽象才坚持这样一种僵死的泛神论和这样一个僵死的实体,仿佛万物作为单纯的情状仅仅以被动的方式依附于实体,而实体自己却与此毫无关系。毋宁说,波斯意识始终认为神是介于扩张和收缩之间的一个永远活着的、永恒运动着

---

① 波菲利奥:《论仙女洞穴》(*De antro Nympharum*),第22页(ed. van Goens)。——谢林原注(译者按,波菲利奥[Porphyrios, 234—305],新柏拉图主义哲学家,柏罗丁的学生)
② 格鲁特尔在其搜集的《罗马铭文》里(p. 33, 10. 34, 1)多次提到Mithras omnipotens[全能的密特拉斯]。——谢林原注(译者按,格鲁特尔[Jan Gruter, 1560—1627],德国历史学家)

的居间者，他既对受造物充满善意，也与受造物相对立，而在这种情况下，他的开阔创生（即为受造物提供空间）始终是一个自愿的、充满爱怜的行为，正因如此也是一个值得受造物去感恩和欢呼的行为。

从那些为了祭拜密特拉斯而举行的不同的节日里，也可以看出密特拉斯正是这个介于收缩（敌视受造物）和扩张（爱护受造物）之间的**居间者**。因为如果是针对密特拉斯的那个爱护受造物的性质，那么自然是举行欢乐的庆典。①比如在古代波斯，在冬至日之后的几天，当太阳重新升起而白昼变得更长，会举行一个名为"密赫拉甘"（Mihragan）的盛大的密特拉斯庆典。因为是密特拉斯使太阳回归。正如《阿维斯塔书》所说，密特拉斯把大地当作**中介**，让大地在奥穆德（Ormuzd）的王国亦即光明王国里扩张。这些与密特拉斯在自然界里的扩张有关的节日是一些公开的、普遍的民族节日。毫无疑问，这个在冬至日之后举行的庆典正是克罗伊策引用的历史学家杜里斯②的残篇里面提到的那个密特拉斯节；因为这个密特拉斯节被描述为一个放纵的庆典，也就是说，一个以扩张和安逸生活为主题的庆典。正如巴比伦人的米利塔本身就代表着放纵和自由，亦即代表着逃离最初的和原初的统一体，同样，对于波斯意识而言，整个获得重生的自然界也是一个代表着脱离中心存在而可以放纵的环节，代表着密特拉斯的扩张。只有在这个放纵的节日里，国王才可以喝得酩酊大醉，也只有在这一天，人们才跳起民间舞蹈。③也就是

---

① 海德：《古波斯宗教史》（*Historia Religionis Veterum Persarum*），第245页。——谢林原注（译者按，海德[Thomas Hyde, 1636—1703]，英国东方学家）
② 杜里斯（Duris），生活于公元前330年左右的希腊历史学家。——译者注
③ 克罗伊策：《文集》，第一卷，第732页。——谢林原注

说，这是一个公开的、普遍的庆典。反之克罗伊策明确指出，密特拉斯秘仪是在早春亦即春分日举行的，因为在这个时间，收缩和扩张，黑夜和白天，黑暗和光明仿佛达到了平衡。① 由此可见，那个最高理念，即密特拉斯是介于肯定东西和否定东西或扩张和收缩之间的居间者，属于神秘学或秘仪。真正说来，**祭礼**仅仅存在于秘仪里。那个与受造物相对立的力量是祭礼的真正对象，因为这个力量是 id quod colendum erat [一个必须加以和解的东西]。密特拉斯的肯定方面是一个**普遍的**、所有的人都可以理解和达到的方面，而他的否定方面，还有他作为肯定东西和否定东西的居间者的方面，则仅仅属于一种高级知识，即除了国王和帕萨尔加德的王族之外，任何人都不得学习这种知识，而这也解释了，为什么希罗多德对密特拉斯一无所知，为什么只有那些在马其顿占领波斯之后来到波斯的希腊人才会说密特拉斯是波斯的诸神，因为对后面这些人而言，米特拉的形态是无关紧要的，仅仅是一个过渡，而相对于密特拉斯这个更高的理念，她很自然地必定会慢慢消失。

我既然在这里谈到了密特拉斯庆典与太阳运行轨道上的各个点之间的关系，就必须也谈谈密特拉斯与太阳本身的关系。毫无疑问，那些密特拉斯庆典有可能导致人们把密特拉斯和太阳混为一谈，而这件事情确实广泛地发生了，甚至在希腊人（比如斯特拉波②）那里也是如此，而且有些人竟然认为米特拉是月亮，然后把这当作希罗多德的观点，殊不知希罗多德在谈到米特拉的时候根本

---

① 这个庆典是在罗马举行的，而不是在波斯；因此即便罗马的密特拉斯秘仪是一种虚假的秘仪，这也不说明任何问题。——谢林原注
② 斯特拉波（Strabo，公元前64—公元21），希腊地理学家和历史学家。——译者注

没有这个意思。正如我们知道的,他认为米特拉的观念是在更古老的星辰崇拜和元素崇拜之后出现的,而且他在提到米特拉的时候,显然是把她当作那些更古老的神祇的某种对立面;假若按照他自己的说法,米特拉只不过是月亮,那么这个文本是什么意思呢?难道意味着他根本就没有提到的密特拉斯是太阳?著名的杜普伊①最为卖力地鼓吹密特拉斯和太阳的同一性,比如他在《各种祭礼的起源》(*Origine de tous les Cultes*)里把一切东西都归结为太阳崇拜,进而宣称,因为波斯举行的密特拉斯节和罗马庆祝的Natalis solic invicti [不可战胜的太阳神的生日]是同一个时间,即都在冬至日,又因为基督教教会认为救世主的生日庆典适合放在这个时间,所以基督其实就是sol invictus [不可战胜的太阳神],和密特拉斯是同一位神,而基督教仅仅是密特拉斯秘仪的一个分支或特殊教派。不管怎样,春天的太阳只不过是重新显现的密特拉斯(即从扩张方面来看的密特拉斯)的标志;太阳仿佛是密特拉斯的恒久的陪伴者,因为是它让大地经过寒冷冬天的肃杀之后重新扩张;所以如此之多的铭文里面都写着: Deo invicto mithrae et socio (comiti) soli sacrum [献给不可战胜的密特拉斯神和他的陪伴者(同行者)太阳]。②密特拉斯是不可战胜的神,因为他从每一个黑暗——收缩——中重新凯旋而归,在新的扩张中显露出来。但太阳看起来始终仅仅是他的陪伴者或随从。不是太阳带着他一起,而是他带着太阳一起,使世界重新变得**开阔**。但太阳为什么重新升起呢?这需要一个解释。诚然,

---

① 杜普伊(Charles François Dupuis, 1742—1809),法国历史学家。——译者注
② 这句铭文收录于穆拉托里的《轶事集》(*Anecdotis*)第一卷,第128页。——谢林原注(译者按,穆拉托里[Lodovico Antonio Muratori, 1672—1750],意大利历史学家)

某些铭文里面也写着Deus Sol invictus Mithras [不可战胜的太阳神密特拉斯]，看起来是把太阳本身称作密特拉斯，也把密特拉斯称作太阳。但一方面看来，这总是可以被解释为一个比喻，另一方面看来，可能是因为所有这些铭文（它们根本不是来自波斯本土）都是后来才出现的，而在这个时候，密特拉斯在某种程度上确实已经与太阳混淆起来，因为这种事情在同样的条件下在我们这个时代也是很容易发生的。另外许多铭文都仅仅把太阳称作密特拉斯的comes [同行者]，并且明确地与密特拉斯区分开，而这就表明，那种混淆并不是普遍的。因此关键在于搞清楚这两种铭文里面哪一种是更古老的。毕竟在许多献给密特拉斯的铭文里，根本没有提到太阳。

所有最重要的权威人士都一致认为，《阿维斯塔书》里的密特拉斯不是太阳。安奎提尔[①]（《阿维斯塔书》的第一位编者）、克洛伊克尔[②]（该书的德译者）和埃希霍恩[③]都承认这一点；但我且把他们放到一边，只需提到西尔维斯特·德·萨西[④]就行了，因为无论是就他的性格还是就他的学识而言，他在一切与东方学有关的领域里都配得上被称作一位先知。

现在我回到作为居间者的密特拉斯的理念，因为我必须为这个理念提出一个重要的佐证。

基于波斯的密特拉斯的意义，他对于希罗多德而言必定在某种

[①] 安奎提尔（Abraham-Hyacinthe Anquetil-Duperron, 1731—1805），法国东方学家，他于1771年翻译出版的《阿维斯塔书》是该书的第一个近代欧洲语言译本。——译者注
[②] 克洛伊克尔（Johann Friedrich Kleuker, 1749—1827），德国新教神学家。——译者注
[③] 埃希霍恩（Johann Gottfried Eichhorn, 1752—1827），德国东方学家、历史学家和神学家。——译者注
[④] 萨西（Silvestre de Sacy, 1758—1838），法国东方学家。——译者注

程度上已经是遥不可及的；因为沉浸于神话中的希腊人——希罗多德尤其体现为一个完全沉浸于神话观念中的人——对于一种非神话的宗教，对于一种与他们所知的东西根本没有可比性的宗教，不可能有任何理解。正因如此，波斯的密特拉斯的理念对于他们而言是遥不可及的，而除此之外，希腊人之所以对密特拉斯一无所知，还有两个原因：一个是因为密特拉斯的真正理念被保存在神秘学里面，另一个是因为波斯人长久而普遍地崇拜的是天空、太阳和月亮以及元素等古老先辈的神。因此不难理解，为什么那位将自己质料化的神或那位普遍的自然神（二者是同一个概念）密特拉斯并不排斥对于星辰和元素的最古老的崇拜，而这也完全清楚地解释了，为什么希罗多德对于密特拉斯一无所知，反之后来的希腊人却在内心愈来愈背离他们**自己的**多神论，反而更容易接受东方的理念，尤其是更容易接受东方多神论的理念（而这种多神论可能看起来也是一种一神论），也就是说，那些生活在马其顿帝国之后的希腊人不仅一般地听说了波斯的密特拉斯，而且也认识到了密特拉斯的正确理念。从这个观点来看，我认为普鲁塔克的一个经常被提到的文本——他在其中指出波斯人把密特拉斯称作**居间者**——是一个立足于真实知识的表述，并且经过我对于密特拉斯的这个意义的解释而得到证实，同时这个文本反过来又证实了我们的观点。① 在这里，在我们的密特拉斯解释得到一个如此无可辩驳的权威的证实之后，我还想补充一

XII, 216

---

① 这段文本出自普鲁塔克《伊西斯和奥西里斯》，第46节：οὗτος (Ζωρόαστρις) ἐκάλει τὸν μὲν Ὠρομάζην, τὸν δ' Ἀρειμάνιον καὶ προσαπεφαίνετο—μέσον δ' ἀμφοῖν τὸν Μίθρην εἶναι: διὸ καὶ Μίθρην Πέρσαι τὸν Μεσίτην ὀνομάζουσιν. [他（琐罗亚斯德）把一方称作奥穆德，把另一方称作阿利曼，又称密特拉斯介于二者之间……因此波斯人给密特拉斯取了个名字，叫作居间者。]——谢林原注

点关于密特拉斯的**名字**的看法。

在（使自己质料化的）**密特拉斯**那里，设定了质料化的环节，随之也设定了米特拉；因为米特拉就是质料化的环节。但米特拉仅仅被设定为一个行将消失的东西，因此不难理解，到了后来，虽然外在地看来仍然有一些米特拉的神庙，但在真正的宗教观念里，米特拉看起来仿佛已经被密特拉斯吞并了。此前我已经把米特拉这个名字解释为μήτηρ [母亲]的同义词。密特拉斯虽然同样可能意味着一位**质料化了的**神，但这个解释看起来是不靠谱的，因为我们希望确切地知道，密特拉斯这个名词在波斯文里是如何拼写的，而我们马上就发现，他和波斯语的mader [母亲]没有任何共同之处。因此我们必须假设，米特拉和密特拉斯仅仅偶然具有相似的发音，但实际上是两个**不同的**名字。对此或许有一个证据，即希罗多德在拼写米特拉（Mitra）的名字时用了t，而密特拉斯（Mithras）的名字里却是一个θ。反之需要指出的是，虽然希罗多德并没有提到密特拉斯，但至少提到了几个起源于密特拉斯的名字，即密特拉达塔斯（Mitradatas）——通常所说的密特里达特斯（Mithridates）——和密特拉巴塔斯（Mitrabatas），而他在这里同样是简单地写了个t。因此从这个地方并不能推出两个名字的差别。但如果是像人们普遍主张的那样，密特拉斯真正的波斯语名字是**密赫尔**（Meher），就可以明确看出差别。但人们之所以得出这个差别，似乎并不是因为他们在什么地方真的看到密特拉斯的名字是这样拼写的，而是依据于此前提到的那些叫作密赫拉甘（Mihragan）的太阳庆典。问题在于，密赫尔（Mihr）在波斯语里确实是太阳的意思①，因此"密赫拉甘"很有可能仅仅意味着太阳庆典，却不一定意味着密特拉斯庆典，虽然它确实也是一种密特拉斯庆典。此外还有一个可能的原因，即人们把密特拉斯等同于太阳，而我已经指出这是一个错误的看法。进而言之，如果密特拉斯的波斯语名字是密赫尔，那么密特拉斯这个名字里的θ又是从哪里来的呢？海德试图给出的解释是，希腊人没有办法表达出这个词语中间的单纯呼气，所以他们用一个送气音亦即θ去标示词语中间的那个ה。但由于波斯词语里面没有出现ת，所以密特里达特斯这个名字在希伯来语里被拼写为תִּרְדָּתָם（《旧约·以斯拉记》里出现了两次）②，因为希伯来人能够表达出词语中间的简单呼气。虽然塔西佗提到了弗拉奥尔特斯的一个名叫密赫尔达特斯的儿子，但这并不能证明什么，因为这个名字恰恰意味着"太阳所生的人"，正如密特里达特斯意味着"密特拉斯所生的人"。

至少在此之前，我都坚持上述看法，直到我在解释米特拉的时候想到一个更好的解释。简言之，既然米特拉这个词语与"母亲"和"质料"有关，那么密特拉斯大概也是类似的情况，因为他就其概念而言实际上是summus materiator [最高的质料化者]，或者说materiator sui ipsius [自行质料化者]，除非人们相信，密特拉斯这个名字表达出的恰恰是居间者的属性。但普鲁塔克在谈到密特拉斯的这个居间意义时，主要是就奥穆德（光明之神和善意之神）和阿利曼

XII, 218

---

① 海德在其《古波斯宗教史》第105页说：At in religionis negotio Sol praecipue appellatur Mihr, qua voce primario significatur Amor [但在宗教领域里，太阳主要被称作密赫尔，而这个词语首先是"爱"的意思]。——谢林原注
② 《旧约·以斯拉记》1: 8和4: 7。——谢林原注

（与善和光明敌对的神）的对立而言。普鲁塔克说："琐罗亚斯德把一位神称作奥穆德，把另一位神称作阿利曼，又称密特拉斯介于二者之间，所以波斯人也把密特拉斯叫作居间者。"① 但实际上，波斯人把密特拉斯称作居间者，这已经是一个**事实**，而普鲁塔克是为了**解释**这个事实才把密特拉斯称作奥穆德和阿利曼的居间者。

这些思考很自然地促使我也去解释密特拉斯与琐罗亚斯德的二元论或阿维斯塔学说之间的关系，因为这种二元论长久以来都被看作宗教史和整个人类精神里的一个重大问题。

密特拉斯是自然神，但仅仅处于持续的开启中，因此他始终处于收缩和扩张的中间，而收缩也始终存在着。收缩意味着回归原初的统一体，即那个排斥全部杂多性和受造物的统一体；反之扩张则是那个设定杂多性和受造物的意志本身。在意识看来，那位善待受造物的神是善的、仁慈的神，而与之对立的神则是恶的、敌意的神。因此密特拉斯就其**原初的**理念而言确实是善本原和恶本原的居间者，而这就解释了，为什么密特拉斯也是奥穆德和阿利曼之间的居间者。作为肯定的东西，他是奥穆德，而作为否定的东西，他是阿利曼。

唯一需要反对的是人们通常主张的一个观点，仿佛在琐罗亚斯德的体系里，奥穆德和阿利曼是两个**完全分裂的**本原，仿佛二者之间根本没有一个统一体。这里值得深思的是，一个人的头脑里怎么会产生出这样一种完全撕裂了理性并且导致绝望的观点，即认为有两个绝对冲突和绝对对立的本原；但更难理解的是，这种观点怎

---

① 参阅本书第216页的注释。——原编者注

么会在他的头脑里长久地扎根下来；至于这种撕裂理性的二元论竟然在波斯民族那里长盛不衰，这就更是不可思议的了。——进而言之，假若奥穆德和阿利曼是两个彼此独立和势均力敌的力量，如果没有一个更高的本质为奥穆德保障胜利，谁能够知道他们的斗争将如何终结并导致什么结果呢？① 或更确切地说，假若二者不是以某种方式合为一体，假若他们是绝对分离的，而不是被迫处于uno eodemque loc [同一个地方]，又怎么可能有一个冲突呢？

长久以来，人们已经试图在这种波斯二元论里揭示出一个统一体；只不过在我看来，他们的出发点就是不正确的。按照他们的说法，在琐罗亚斯德的体系里，善本原之所以是一个更强大的本原，是因为善最终会战胜恶，恶本原最终会彻底地失败并绝对地耗尽。由此可见，波斯体系作为**这样的**二元论，并没有把两个本原看作完全同等强大的。但原初的二元论并没有因此被推翻，除非人们同时假定，恶本原是从善本原那里堕落而来的，因此恶本原在原初的意义上也是善的。这个理解虽然很接近于我们的思想，但根本没有得到阿维斯塔学说的原初文献的证实。从一切迹象来看，善本原和恶本原都被看作两个同等原初的本原。因此人们很兴奋地在《原初创世》(*Bundehesch*)②里看到一个文本——虽然这本书本身不

XII, 220

---

① 根据《阿维斯塔书》，世界将持续一千二百万年，而这又分为四个阶段：1) 阿利曼仍然存在于最初的黑暗中，因此奥穆德是没有对手的(也就是说阿利曼的作用是一种重新提升)；2) 奥穆德占据上风；3) 二者交替占据上风；4) 阿利曼取得优势，几乎要把奥穆德和全部天国精灵驱逐出世界。但尽管如此，在时空的尽头，奥穆德将取得绝对的胜利。——谢林原注
② 《原初创世》是一本关于琐罗亚斯德教的宇宙观和神话传说的中古波斯语文本，主要描述的是奥穆德和阿利曼之间的斗争。——译者注

是《阿维斯塔书》,而是后者的一个评注,并且是公元7世纪才写成的,因为其中提到了萨珊王朝——,其中似乎暗示了两个本原的一个原初统一体,而依据这个文本,波斯早期的反二元论教派和近代的学者(比如克洛伊克尔、克罗伊策等)都认为有一位凌驾于奥穆德和阿利曼之上的最高神。这个文本是这样说的:"祖尔宛·阿克勒尼(Zeruane Akherene)作为无尽的时间生出了奥穆德和阿利曼。"①对于这个文本,显然可以做出多种解释。有些人是这样解释的,即阿利曼是一个在时间的长河里产生出来的东西,因此是一个从原初的善那里堕落而来的恶。但这怎么可能是**两个同样**为善的本原呢?假如是这样的话,人们就只能把阿利曼解释为奥穆德创造出来的东西。但这与《阿维斯塔书》的内容是如此之矛盾,以至于那位尽管从基督教的角度看待一切东西,但也热爱真理的克洛伊克尔都不敢这样主张,而是宣称二者都是**原初的**。

---

① 除此之外,沙赫拉斯塔尼(在公元12世纪)提到了一个貌似反二元论的教派,并且把后者称作泽凡尼特派(Zervaniten),后者很有可能也利用了《原初创世》的那个文本(参阅海德前述著作,第298页)。但我们怎么可能依据这些后来早已熟悉希腊民族和其他民族理念的哲学教派去证明原初的意义呢?虽然《阿维斯塔书》本身提到过一次祖尔宛·阿克勒尼(参阅克洛伊克尔译本,第二部分,第33页),但琐罗亚斯德在这里是对阿利曼(而不是对奥穆德)说:"无尽的时间创造了你。"——安奎提尔(《法兰西科学院大事记》第39卷,第768页)说: En quel endroit des livres Zendi il est dit, qu' Ormuzd et Ahriman soient sortis de Dieu par la voie de la création? — J'ai prouvé, qu' Ormuzd dans les livres Zend n'avait aucun principe de son Existence. A plus forte raison doit on le dire d'Ahriman, qui certainement n'a point été produit [《阿维斯塔书》什么地方说过奥穆德和阿利曼是由一位神创造出来的?——我已经证明,在《阿维斯塔书》里,没有什么东西是奥穆德的存在的本原。阿利曼当然也不是被创造出来的]。为了解决祖尔宛·阿克勒尼带来的困惑,福歇尔(上述书第760页)区分了双重的琐罗亚斯德,第一个琐罗亚斯德是纯粹的二元论者,第二个琐罗亚斯德纠正了这个错误。——谢林原注(译者按,沙赫拉斯塔尼 [Al-Shahristani, 1086—1153],阿拉伯宗教历史学家)

因此我认为，这个文本具有这样一个更为思辨的意义，即在全部时间之前，**当神尚未在任何地方展示自身**，尚未在自然界或受造物之内**扩张自身**，那个与受造物对立，仿佛敌视着受造物的力量也不可能**作为**这样一个力量表现出来。也就是说，对立虽然不是在时间**之内**，却是和时间**一起**产生出来的——只有和时间**一起**，扩张和收缩才**作为**扩张和收缩而被设定下来。如果人们这样理解文本，就会明白，那个必须被认为先行于对立的东西，不是二者的统一体，而是唯一的本原。因为那位被认为**先于**对立的神，恰恰就是**那位尚未扩张自身的神**。就他**尚未扩张自身**而言，他就是扩张的否定，即收缩。但那位被认为处于收缩中的神，恰恰就是一位随后将要扩张自身的神。因此这里有一个统一体，但完全不同于人们通常想象的统一体。由此可以看出，人们迄今为止根本没有想到，**阿利曼**不是扩张的**对立面**，而是一个仅仅尚未扩张的东西，而在这个意义上，阿利曼恰恰是一位更古老的神；因为扩张先于收缩。**整体**，亦即那个**现在作为**正和负，**作为**扩张和收缩显现出来的东西，起初仅仅是一个东西，即一个等同于非扩张的收缩，反过来，那个现在仅仅是唯一的东西（收缩），起初仅仅是整体或一切东西。正因为收缩在扩张之内并没有**被推翻**（一个无条件的扩张同样不能生出万物），所以当扩张出现时，设定的是收缩**和**扩张，也就是说，那个此前是**整体**的东西（收缩）已经成为一个**部分**，仅仅是两个本原之一。在这里，人们不妨回想一下歌德的《浮士德》里，梅菲斯特的自我介绍：

XII, 222

> 我是部分**的**一个部分，那个大的部分曾经是整体，
> 是为自己生出傲然光明的黑夜。

也就是说，作为非扩张的黑夜起初是**整体**：现在伴随着扩张（光明）的出现，它仅仅成为一个部分，并且只有在**这里**才作为收缩本原也成为**对立面**。在此之前，在根本没有扩张的时候，它不可能作为收缩而与之对立，因此那个现在确实与扩张相对立的本原在那个时候尚未显现为扩张的对立面；换言之，神**仍然**完全没有意愿（他虽然没有进行扩张，但也不是带着他的**意志**去收缩，因此他既不是善的，也不是恶的）。但是，当神扩张自身，那个无条件的收缩本原就被克服和降伏了，并且被设定为过去，即一个**曾经存在**但不再**存在着**的东西，因此相对于那个现在**存在着**的扩张本原而言，它是一个他者，而且仿佛是一个更年轻的、更晚出生的东西。基于这个关系，即一个更古老的、先行的收缩本原臣服于一个更年轻的、后继的本原，也就可以解释，为什么在这个关系**里面**，那个曾经最先存在，后来虽然没有被推翻（因为一个无条件的扩张也不能生出万物），但居于臣服地位的本原，即那个降格为单纯的部分并**受到限制**的收缩本原，能够显现为扩张的对立面——显现为阿利曼——，不仅如此，它甚至有可能努力挣脱这个臣服关系（而且它必须如此努力），与那个仁慈地对待受造物的善本原（奥穆德）处于一个永远活动着的矛盾中，这个矛盾不是一次性就被克服的，而是必须不断地被克服。

这样看来，**奥穆德**和阿利曼是两个并非在时间**之内**，但和时间**一起**产生出来的本原。因为奥穆德作为扩张意志，作为一个**只**愿意扩张的意志，相对于原初的收缩意志而言是后来才产生出来的，而阿利曼虽然从此以后是扩张的现实的和**肯定**的对立面，但过去并不是这样一个东西。在这个崇高的意义上，确实可以说：时间**生出**二者；而在这个崇高的、超越世界的意义上（我在早先的阐述里也是这样理解时间的),《阿维斯塔书》的另一个文本也说:真正的造物主是时间。

再说一遍:在尚未扩张为自然界**之前**,那位仍然隐身的神并不是扩张,但也不是扩张的**肯定的**对立面,因此他居于二者之间,**就此而言**已经是密特拉斯,但还不是**现实的**密特拉斯——而是一位仅仅被看作扩张和收缩的单纯无差别的密特拉斯。在现实的扩张里,那个此前存在的东西被设定为**收缩**,同时也被设定为过去的、居于臣服地位的东西,随之被设定为扩张的**反作用者**,但由于真正说来**神**所意愿的是扩张,而收缩的意义仅仅在于它是扩张之所以为神所意愿的东西的**必要**条件,所以在两个本原里,**现在**发挥反作用的收缩本原确实是一个反神性的东西(τὸ ἀντίθεον);这样就出现了神和对立神,出现了那个构成《阿维斯塔书》的内容的斗争。①

只要我们回想一下这里的讨论进路,就不得不承认塞尔杜西特的那种本身就带有反神话意图的学说与神话本原的相似性。**正因为**这种学说是反神话的,所以神话**存在于**其中,只不过是作为被扬弃

---

① 神在意愿扩张的时候,必须也意愿收缩(相反的东西)。正如莫普苏埃斯蒂亚的特奥多罗的一个从别的角度看来值得注意的文本指出的,这个不可避免的东西也可以被看作**偶然性**(τύχη)。这段文本(Phot. Bibl. Ed. de Rouen, Geneve 1693, cod. 81, p. 199)是:Ἐκτίθεται (sc. Theodorus) τὸ μιαρὸν τῶν Περσῶν δόγμα, ὃ Ζαςράδης εἰηγήσατο, ἤτοι περὶ τοῦ Ζαρουὰμ, ὃν ἀρχηγὸν πάντων εἰσάγει, ὃν καὶ Τύχην καλεῖ, καὶ ὅτι σπένδων, ἵινα τέκη Ὁρμίσθαν ἔτεκεν ἐκεῖνον καὶ τὸν Σατανᾶν, καὶ (sc. τὸ δόγμα) περὶ τῆς αὐτῶν αἱμομιξίας [他(特奥多罗)解释了琐罗亚斯德发明的波斯人关于祖尔宛的臭名昭著的学说,这个不虔诚的人宣称祖尔宛是万物的主宰,并且将其称作偶然性,亦即祖尔宛如何希望孕育霍米斯达斯,却孕育了霍米斯达斯和撒旦;最后这种学说还解释了二者的混血会带来什么后果]。这里谈到的二者的混血也是值得注意的。此外需要指出,祖尔瓦(在特奥多罗那里大多数时候叫作祖尔宛)本身就是Τύχη[偶然性]。——谢林原注(译者按,特奥多罗[Theodor von Mopsvestia, 350—428],叙利亚神学家)

的东西存在于其中。向着神话**过渡**的标志是二元性,但在这里,实在的本原(B)仅仅是**可克服的**。但一旦达到现实的过程,它就不会再显现为女性的、纯粹被动的东西,而是显现为反抗着的东西,至少是显现为一种恶的本原,而拜火教之所以更早发现这个本原,是因为它**从一开始**就扬弃了统一体,把两个本原设定为不可分割的同一个东西,随之**从一开始**就让它们处于斗争之中。正如我们将要看到的,那个在拜火教里呈现为阿利曼的本原,在后来的神话里呈现为一个反抗着**现实的**克服的东西,比如在埃及神话里呈现为提丰,或者如果要提到一个更具有普遍意义的名字的话,在希腊神话里呈现为克罗诺斯。任何人只要读过普鲁塔克和其他希腊人的著作,就会发现他们始终都是拿阿利曼和克罗诺斯进行比较(比如一些具体的罪行),而且并非如克罗伊策以为的那样把密特拉斯,而是把奥穆德等同于相对精神性的神,即狄奥尼索斯。就此而言,从根本上看,波斯宗教和随后几个民族的宗教具有同样的**要素**,只不过这些要素的地位有所不同;也就是说,塞尔杜西特的学说将那个黑暗本原(它的各种形态在其他神话里是众说纷纭的)**等同于**阿利曼及其随从。在《阿维斯塔书》里,塞尔杜西特甚至被描述为黑暗祭司(神话宗教)的反抗者,因为这些宗教企图引诱波斯民族走上阿利曼的道路,走向虚幻的魔法。正是这些真正具有历史学意义的文本证实了我们的主张,即波斯体系是通过一个针对神话过程的反作用而产生出来的,也就是说,当波斯意识——塞尔杜西特无非是这个波斯意识的代表——让自己成为那个自行出现的实在本原的对立面,就阻止波斯民族走上其他民族的道路,不让其落入真正的多神论。

XII, 225　　按照现在所说的这个观点,可以清楚地看出,塞尔杜西特学说是原初的密特拉斯概念的一个必然的产物；此前我们已经指出了从波斯人的先辈所信仰的萨比教或最古老的天空宗教到密特拉斯理念的过渡（这件事情的诱因是一种由密特拉斯设定的二元论），现在我们又指出了从密特拉斯理念到塞尔杜西特学说的过渡。《阿维斯塔书》的学说无非是密特拉斯理念的一种通过斗争而呈现出来的实践化。但《阿维斯塔书》同样是思辨的，或者说完全是**理论的**，它所包含的仅仅是一些针对宗教习俗和祭拜程序而提出的道德诫命和具体指导。阿维斯塔学说是从实践立场来看的密特拉斯学说。它的内容仅仅是一个永远重复着的要与黑暗力量作斗争的呼吁，而在塞尔杜西特看来，人类仅仅是奥穆德在大地上的战友，他们的职责在于通过照料自然界，通过辛勤的田间劳动，通过净化自己的身体和灵魂，让扩张本原维持优势地位。

但我们还面临另一个的问题，这就是众多与所谓的密特拉斯仪式（亦即秘仪）有关的遗迹，而这些遗迹看起来已经散布在后期的整个罗马帝国。这些遗迹虽然没有出现在波斯的任何地方，但除了波斯以外，在意大利和莱茵河左岸的法国，甚至在奥地利的克恩顿和萨尔茨堡都随处可见，并且被多方搜集起来并得到评注。至于为什么这些遗迹看起来是成问题的或需要解释的，是因为人们已经习惯于把阿维斯塔学说或密特拉斯学说看作一种相对更纯粹的并且在某种意义上非神话的宗教。但在那些密特拉斯遗迹里，我们看到一些观念相比于纯粹的塞尔杜西特学说的理念，反而和其他那些真正意义上的神话民族（尤其是印度民族）的观念有着更多的共同之处。尤其在罗马的密特拉斯秘仪里，据我们所知，这些秘仪的形式与纯粹的密特拉斯学说是如此之对立，以至于很多人以此为证据去质疑它们是否真的起源于波斯。比如按照密特拉斯的理念，无论是男性的还是女性的受洗者，通常都应当经受极端的苦行和磨难。对于最高等级的那些人，则要求他们保持处子的未婚状态。甚至在献祭人的时候，也不会考虑年龄和性别的因素，而是一视同仁地通过牺牲者的内脏去探究未来。再也没有比这种苦行主义、不婚主义和献祭人的行为更违背纯粹的阿维斯塔学说的了。尤其关于不婚主义，阿维斯塔学说明确规定小孩应当尽早结婚，而且假若他们在此之前就死了，那么这个缺失必须通过一个仪式来加以补救（海德对这个仪式有详细的描述）。一部名为《萨德尔》(Sadder) 的圣书说，任何一个没有生育小孩就死去的人，无论他曾经有多大的贡献，都将被排除在天国之外。与阿维斯塔学说的这种完全人性化和仁慈的做法形成最鲜明的对照的，是那些想要加入密特拉斯秘仪的人必须经受的考验，这些考验不仅是严格而艰难的，更是惨无人道的，甚至会危及人的生命。最后还有一点，人们在密特拉斯秘仪里看不到波斯的献祭或仪式里面经常描述的那些东西，比如没有献祭给火的祭坛，而这些祭坛在波斯宗教里是某种本质性的东西。取而代之的是一些举着火把的精灵。所有这些迹象在18世纪中叶已经促使法国学者弗雷①（他的贡献主要在于激发了许多古典学研究）认为，罗马的密特拉斯秘仪根本不是来源于波斯，而是来源于迦勒底人。②

但另一方面，如果不考虑那些矛盾之处，那么某些象征的波斯

---

① 弗雷（Nicolas Fréret, 1688—1749），法国学者和文学家。——译者注
② 《法兰西科学院大事记》，《铭文卷》，T. XVI。——谢林原注

因素也是清晰可见的。比如密特拉斯秘仪里的某些形象和人们在波斯波利斯（齐尔米纳尔）的城墙以及波斯波利斯式圆柱上看到的图像就是完全一致的。波斯波利斯的城墙上有一些稀奇古怪的动物形象，描绘的是国王把匕首刺入它们的胸膛，而一位著名的哥廷根大学教授认为这表现的是国王们的狩猎娱乐活动。这些形象让我们想起portentosa simulacra [恐怖的形象]，让我们想起圣哲罗姆①所说的那些在密特拉斯秘仪里展示给受洗者的稀奇古怪的动物形象，因为它们就是那些需要作斗争的黑暗力量的恐怖形象或象征。更具有决定性意义的是下面所说的情况。相对于那种爱护整个自然界的波斯学说，有一个非常独特的观念，即关于"原型"（Feruer）的观念，这种东西仿佛是每一个受造物的精神性原型，因此人们经常把它们比作柏拉图的理念。每一株植物，每一只动物，每一个人都有自己的原型。比如波斯波利斯城墙上的国王的人类原型就显现为长着翅膀的半身人像，而人们在罗马著作乃至罗马铭文记载的密特拉斯遗迹里恰恰也找到了这样的半身人像。同样，人们在这些遗迹里发现了伊泽德斯（Jzeds）或精灵的标志，而波斯学说把这些标志放在自然界的全部元素前面。正因如此，近代人认为，罗马的密特拉斯遗迹虽然原本包含着波斯的象征，但已经掺杂进了印度因素，比如哈默尔就坚持这个观点。②甚至西尔维斯特·德·萨西也认为，原初的波斯观念至少是经历了另一个具有不同观念的民族的改造，并通过这

XII, 227

---

① 圣哲罗姆（St. Hieronymus, 347—420），罗马学者，其主要贡献是将《圣经》翻译为拉丁文。——译者注
② 《维也纳文学年鉴》1816年卷，第146页以下。——谢林原注

个方式发生了变异。①但由于人们既说不出这个民族的名字，也不能解释另一个民族怎么做到改造波斯理念，所以这些说法是不能令人满意的。著名的迈纳斯②曾经提出一个观点，即后来在罗马帝国出现的密特拉斯秘仪是在亚历山大大帝的时候才引入波斯，因此它们是原初的希腊观念和波斯理念的混合物。但所有这些五花八门的猜想都没有解释一个根本重要的，而且是极为引人注目的情况，即这些遗迹虽然几乎散布在整个古罗马帝国，但在波斯本身却毫无痕迹。或许人们会说，这是因为伊斯兰教的占领者把所有这些遗迹都摧毁了。但假如是这样的话，那么正如西尔维斯特·德·萨西指出的，为什么古波斯国家宗教的另外许多遗迹却又安然无恙保留下来了呢？

既然如此，请你们和我一起思考，看看下面这个从我们的前述推演过程得出的观点是否能够解决这里呈现出来的各种矛盾。

如果人们仅仅把一种鲜明的多神论称作神话，那么密特拉斯学说相比于古代其他宗教确实是一种非神话的学说。但它无论如何不是一种**绝对**非神话的学说；正如之前所说，波斯体系包含着神话的**全部**要素，只不过这些要素的地位有所不同。波斯意识和其他民族的意识完全一样，都是从一位排他的神过渡到一位为杂多性提供空间的神。这方面的证据是波斯的与乌拉尼娅相对应的米特拉。波斯意识同样区分了一位**实在的**、反抗扩张的神和一位观念的神；这里的区别仅仅在于，波斯意识没有让实在的神和观念的神彼此分离，从而拒斥真正的多神论，即那种相继式的多神论，而波斯人是通过

---

① 参阅圣·克洛瓦《异教神秘学研究》（*Recherches sur les mystères du Paganisme*）第145页的注释。——谢林原注
② 迈纳斯（Christoph Meiners, 1747—1810），德国历史学家。——译者注

大全之神密特拉斯而扬弃了这种多神论。多神论宗教里有两位神，一位相对精神性的神和一位非精神性的神，但波斯体系里只有唯一的神，即密特拉斯，他就**是**那两位神，并且不让这两位始终相互斗争的神彼此分离。但正因如此，人们可以说：密特拉斯学说是一种保持在潜能中的、仿佛被压制和被阻挡的神话。从我提到的《阿维斯塔书》的那些文本可以看出，阿维斯塔学说真的是在和一种蠢蠢欲动的神话式多神论作斗争。这种多神论**始终**存在于那里，它虽然不能公开地显露出来，但也不可能被绝对地扬弃。就此而言，密特拉斯秘仪很有可能是**纯粹的**密特拉斯学说的一个退化——它们是从一种多神论情绪里产生出来的，这种情况就和以色列一样，无论祭司和那些虔诚的先知怎么进行抵抗，整个民族或其中的一部分人还是完全陷入到这种情绪中。因此人们不可以把密特拉斯遗迹里出现的东西直接拿来和《阿维斯塔书》里的纯粹学说进行比较，因为《阿维斯塔书》只有到了萨珊王朝时期才提升到这种纯粹性。这种纯粹学说仿佛是密特拉斯宗教的纯粹理论，而密特拉斯秘仪是这种宗教的神话的、偶像崇拜的方面。

XII, 229

波斯学说仅仅是通过反抗神话过程而产生出来的。就此而言，它至少保留着真正宗教的一个**相似物**。波斯意识仍然认识到了一位**具有自我意识的**、仁慈的造物主，尽管这位造物主已经沉陷在质料里。波斯人也能够和以色列人一样，把自己看作一个仿佛由神守护的民族。这里值得注意的是，在巴比伦流亡①之后，波斯理念很轻松地

---

① 巴比伦流亡（babylonisches Exil），指公元前586年巴比伦帝国攻占耶路撒冷，摧毁圣殿，把犹太上层阶级流放至巴比伦。这是犹太历史的一个极为重要的转折点。——译者注

就过渡到犹太观念。人们可以在很多方面拿波斯人和以色列人进行比较；正如之前所说，他们和犹太人一样，是一个别具一格而孤立的民族。既然连犹太人都抵挡不住神话式多神论，那么波斯民族那里出现类似的现象也就不足为奇了。这必然促使我们认为，那些后来遍布整个罗马帝国的密特拉斯秘仪虽然确实是起源于波斯，但它们在**那里**（在它们的发源地）仅仅是秘密举行的，也就是说，波斯本身也有秘仪，但这是一种恶劣意义上的不纯粹的秘仪，即黑暗的秘仪，它们并没有公开显露出来，因此在萨珊王朝时期已经没有留下任何痕迹，但必定很早就**越过**波斯进入临近的国家；换言之，密特拉斯秘仪不是直接从波斯输入罗马，因为罗马人是很晚才与波斯人有来往，而这就证明，这些秘仪在那时候的波斯已经消失无踪。根据普鲁塔克的记载①，庞培②摧毁了海盗之后，罗马人才来到西西里岛，因此很有可能是罗马**兵团**最初接触到密特拉斯秘仪，而从罗马兵团当时的驻地找到的各种密特拉斯遗迹可以推断出，这些秘仪必定是通过军人而流传开。这里有一个极为值得注意的现象，即伴随着罗马帝国的衰落，早期的神话观念已经彻底失去了自己的意义，以至于人类意识开始出现一种完全空虚的状态；这是一个自然的后果，因为意识只有处于过程中才**能够**被这些观念充实。整个过程已经来到这步田地，即那个在人类意识里已经崛起的**虚假**本原被重新逐出人类意识，让意识处于空虚状态，但恰恰因此能够感受到真正的宗教。在这段普遍的堕落时间里，简直难以想象人类意识是如何

---

① 普鲁塔克：《庞培传》，第24节。——谢林原注
② 庞培（Gnaeus Pompeius Magnus, 前106—前48），罗马政治家和战功卓著的将军，后败于凯撒并被杀。——译者注

饥不择食地转向东方的泛神论,甚至重新回到太阳崇拜。恰恰在这个时候,密特拉斯秘仪在罗马帝国迅速传播,在一片狂热中被接受。所有阶级和阶层的人都企图参与到这种秘仪中,而那位心思敏锐同时又敌视基督教的朱利安皇帝①认为,凭借密特拉斯秘仪这个独特的混合物(其中既有神话观念,看起来也有一个更高的意义),可以让他的时代坚持异教。朱利安皇帝是如此之看重密特拉斯秘仪,以至于任何想要取悦于他的人都必须参与这种秘仪。

如果以上所述完满解释了罗马密特拉斯秘仪的起源,我们就没有必要假设它们是由波斯之外的一个民族改造过的,并在这个意义上去理解那些对纯粹的密特拉斯学说而言陌生的观念。因为全部人类意识本身就包含着这些观念,所以密特拉斯学说在自己的家乡也能够蜕化为这样一些与其他民族的观念具有相似性的观念。②

XII, 231

---

① 朱利安皇帝(Flavius Claudius Julianus),331—363年在位,罗马帝国最后一位异教统治者。——译者注
② 任何一个了解普遍历史的人都知道,亚洲最古老的历史,尤其是亚述帝国、巴克特里亚帝国和巴比伦帝国之间的关系,是极为晦暗不清的。在这里从事单纯的历史学研究并不是我的任务。我的真正任务仅仅是对宗教体系和神话体系提出一个哲学的解释,而我们的整个神话观提供了一个立场,可以由此出发澄清历史上的一些晦暗不清的问题。正如之前所说,弗雷认为密特拉斯秘仪起源于迦勒底。但如果波斯和米底亚都已经臣服于那个大约在公元前720年达到巅峰的伟大的亚述帝国,而且在这个时候巴比伦尼亚是亚述的一个省,我们就同样有理由认为波斯和巴比伦起初具有一个统一的或共同的出发点。众所周知,巴比伦和波斯都有一个魔法师阶层,甚至在希腊人和罗马人看来,"迦勒底人"(Chaldaeus)这个名称完全就是"魔法师"的同义词。在《旧约》的《但以理书》和其他卷册里,迦勒底人看起来也是一些掌握着全部更高的科学(尤其是占星术)的人。近代以来,人们提出一个问题,即巴比伦是否在被波斯占领之前本身就掌握了魔法。但至少人们不应当怀疑,巴比伦很早就有魔法师,因为在那些跟随尼布甲尼撒攻占耶路撒冷的贵族或首领里,《旧约·耶利米书》39:3提到了一位רב־גם[拉墨],而我们只能把他看作一位最高级别的魔法师。对此亦可参阅希罗多德《历史》第七卷第61节提到的那位陪同薛西斯征战希腊的欧塔涅斯(Otanes)。尽管如此,格塞尼乌斯等人认为,这并不能证明在(转下页)

XII, 232　　关于这个研究，我用一个更普遍的、可以延伸到后面情况的反思作为结语。

　　密特拉斯是一位在扩张和收缩之间自由切换的神。但在现实的扩张里，因为原初的收缩本原已经居于从属地位，所以这位神**必须**显现为这个本原和造物主的那个仁慈对待万物的扩张属性之间的斗争，而密特拉斯又应当重新从这个斗争里脱身而出，在现实中显露出来。通过这个方式，这个收缩本原作为更老的东西被迫服从于年轻的东西（正如以扫服从于雅各），但它不可能放弃自己的原初性和优先性，因此现实的扩张必然会导致一个斗争，而当这个针对着古老的、不可预思的黑暗本原——是它生产出了那些与摩洛克、提丰、克罗诺斯以及其他民族的同类神祇相似的存在者——的斗争自由地显露出来，就填满了波斯人的意识。但正因如此，其他民族的诸神并没有被波斯意识绝对排斥，也就是说，波斯意识不是一种**绝对**非神话的意识。就此而言，人们可以把整个密特拉斯学说和波斯宗教比拟

（接上页）波斯占领巴比伦之前，两个民族的祭司阶层已经有一个联系。但我之所以认为这已经足以证明这样一个联系，是因为巴比伦人的宗教和波斯宗教都属于神话意识的同一个环节，也就是说，它们都属于那个最初的大分化环节，而多神论就是在这个大分化里决定性地显露出来。当巴比伦民族选择了多神论，选择了神话的道路，这个民族的内部仍然有一个特权阶层，和波斯意识一样坚持着统一体，而这个特权阶层岂非就是魔法师吗？我还想提醒一点，即在巴比伦和波斯（尤其是波斯波利斯城）的废墟里，人们都能够看到一些切割成轱辘形和圆柱形的石头，并且上面有一种至少与波斯文字很相似的楔形文字。总的说来，在这个历史问题上，人们太容易忘记，诸民族只能是**逐渐**分裂的，因此我们必须设想一个时间，那时候波斯人和巴比伦人尚未像在后来的历史时间里一样区分开。就此而言，人们确实可以说，密特拉斯秘仪在自身之内包含着迦勒底要素，正如在同样的意义上，古人既谈到了一位亚述的琐罗亚斯德，也谈到了一位波斯的琐罗亚斯德，而在弗雷引述的一个铭文里，密特拉斯秘仪的主管者被称作Antistes Babylonius [巴比伦祭司]。——谢林原注

为自然界的那样一类事物，一般而言，它们的存在是归功于那个控制着地球的有机过程，没有这个过程的话，它们根本就不会产生出来，但真正说来，它们其实是在阻挡这个过程，是对于生命的反抗。神话里面也有这类事物，亦即那些没有神话情绪就绝不会产生出来，就此而言属于神话发展过程的观念，但因为它们的起源真正说来是归功于一种对于这个发展过程的反抗，所以它们又显现为神话发展过程的对立面。

XII, 233

我们完全可以设想，神话道路的各个阶段都存在着这样一些事物。这些事物的普遍特征或共同特征在于，它们显现为一种对于神话过程的反抗或阻挡，或者说即使多神论已经在意识之内真正被设定下来，它们仍然企图坚持统一体，亦即仍然坚持一神论，但这种和多神论纠缠在一起的一神论仅仅是被阻挡或被迟滞的多神论，因此它显现为**泛神论**。尤其近代以来，人们经常试图把多神论解释为一种碎裂的泛神论。但我的观点正好相反，因为按照我的解释，那种在神话发展过程中出现于特定位置的泛神论毋宁是一种被阻挡或被迟滞的多神论。这一点在密特拉斯学说那里是非常明显的。通过希罗多德的记载，这件事情在历史上也是毋庸置疑的。也就是说，密特拉斯学说属于发展过程的那样一个**环节**，在那里，其他民族的意识里出现了一位新的、相对精神性的神，与那位起初位于中心，但现在已经处于边缘的神相对立。这个最初的环节（此前居于中心地位的神被边缘化）是以一位女性神祇为标志，而希罗多德也证实了波斯人那里有这样一位女神。对我们而言，希罗多德的证词的更大价值在于，它证明波斯意识也已经达到了那个向着多神论的过渡。波斯宗教和其他神话有一个共同的出发点，即对于它们而言，那个已经变成肯定东西的本原B都被边缘化。但恰恰在这里,出现了反抗。有一位强大而坚毅的人物(不管他的名字叫塞尔杜西特还是别的什么),在即将过渡到二元性的那一**瞬间**,仍然坚持着统一体,而这就产生出那个居间的体系,即那个在密特拉斯学说或古波斯学说里清晰可见的体系。尽管如此,那位女性神祇亦即米特拉仍然保持为过渡,并且看起来仍然得到公开的献祭,而真正的密特拉斯**理念**就其**本性**而言作为一种思辨性的、教义式的学说,实际上仅仅存在于真正的教义或学说里。唯一仿佛从这个理念传递到现实生活里的东西,是善和恶这两个本原的**斗争**。只有当奥穆德和阿利曼处于持续的斗争中,才仿佛是可见的密特拉斯。只有**通过**这个斗争,统一体才能够呈现出来。因为如果没有统一体,也就是说,如果没有作为居间者的密特拉斯,我们就不能理解,为什么这两个本原不是各自存在着并且仿佛进入各自的世界。换言之,斗争本身恰恰是统一体的外在的、可见的**表现**,因为只有当两个本原被迫处于同一个位置和uno eodem loco [同一个地方],才能够产生出斗争。

正如我们已经指出的,希罗多德之所以对两个本原的斗争以及作为统一体的密特拉斯一无所知,大概是因为那个时候的希腊人对于这个斗争和统一体都毫无感受,而且我们发现他在埃及人那里也只能理解那些与希腊观念具有某种相似性的东西。此外我已经指出,"琐罗亚斯德"这个名字第一次出现在柏拉图的时代或稍晚的时期,但这仅仅是就**名字**而言;至于事情本身或学说本身,亦即一种关于两个同样原初的本原及其对立和斗争的学说,是亚里士多德在其《形而上学》的那个著名段落里才第一次提到的。也就是说,只有当亚历山大大帝占领波斯之后,希腊人才第一次认识到拜火教的内核。这件事情的**一个**理由在于,当一个被占领的国家遭受奴役,同时也就给占领者打开了自己的精神宝藏,比如我们德国人在近代就是如此。但根本理由还是在于希罗多德的时代与柏拉图和亚里士多德的时代的巨大区别。只有当上述两位哲学家在希腊世界崛起之后,希腊人才具有了一种完全不同的对于那些理念的感受力,而在这之前,他们根本就不会感受到这些东西。

XII, 235

我已经预见到,关于这种通过反抗神话过程而产生出来,就此而言同时具有神话性质和非神话性质的事物,密特拉斯学说不会是唯一的例子。在后来的一个同样具有决定性意义的环节,我们在佛陀学说或佛教那里将看到一个完全相似的情况,因为佛教一方面游离于亚洲的其他神话之外,另一方面又与它们(尤其是印度的婆罗门教神话)有着明显的联系,而这使得佛教成为一个甚至比密特拉斯学说更为难解的谜。佛陀是那样一个体系的神,这个体系显然是被那种更偏重于神话的婆罗门学说通过血腥暴力驱逐出它的故乡印度,成为亚洲的全部宗教里面传播最广的宗教——向南从印度斯坦传到锡兰并把那里当作它的主要驻地,然后传到巴统和西藏,向东则是传到所有处于孟加拉国和中国之间的国家,最后传到中国、日本和蒙古。至于藏传佛教,仅仅是佛陀学说的一个分支。而且佛陀相对于印度体系的**为数众多的**神而言,和密特拉斯一样都是一位大全之神,与此同时,他和后者一样也是一位已经过渡到自然界的神,也就是说,他具有存在的每一个形式,对整个自然界友善,分享自然界的欢乐与痛苦。尽管他的外在现象伴随着时间之流变化不定,他的内核始终是静止不动的,而他的品性也始终是恒定的。正如波斯的密特拉斯在自身之内统一了光明和黑暗、善和恶,每一个对佛陀学说

XII, 236　稍有耳闻的人也听说过，这是一种神话式的泛神论，不区分善和恶，而同样的说法也适用于塞尔杜西特学说，而它的意思仅仅是，佛陀学说和拜火教学说一样都认为相反的本原对于维持被创造的世界而言也是必不可少的。

　　因为上述研究针对的是一种与神话相对立的体系，所以看起来可能是跑题了，但这里也适用那句：Exceptio firmat regulam [例外证实规律]。因为我们已经表明，波斯人的那个与神话相对立的体系仍然是立足于神话，并且完全是以神话为基础而构造起来的。

第十二讲
巴比伦神话中的米特拉和阿拉伯神话中的狄奥尼索斯

当意识的那个环节来临,也就是说,当那个在纯粹的萨比教里仍然试图坚持自己地位的中心本原必须被边缘化,就可能发生两种情况:a)要么意识现在也坚持神的统一体,以至于同一个意识固守一个现在被设定在从属地位的本原**和**一个更高的本原,而这就产生出一位在自身之内包含着扩张和收缩——爱护万物者和敌视万物者——的神,即波斯的密特拉斯那样的神;b)要么意识放弃统一体,于是相对于那位现在已经边缘化和居于从属地位的神而言,出现了一位更高的、现在居于中心地位的神,作为**第二位神**;这样就第一次设定了**现实的**多神论。这条道路就是那些注定了要马不停蹄地追随神话过程的民族所走的路。希罗多德把**巴比伦人**或亚述人称作第一个这样的民族①,因为他在宽泛的意义上把迦勒底和巴比伦尼

---

① 希罗多德:《历史》第一卷,第131、199节;马克罗比乌斯:《农神节》(*Saturalia*)第一卷,第23节。亦参阅鲍桑尼亚:《希腊行记》(Ἑλλάδος Περιήγησις)第一卷,第14节之注释:πρώτοις δὲ ἀνθρώπων Ἀσσυρίοις κατέστη σέβεσθαι τὴν Οὐρανίνην, μετὰ δὲ Ἀσσυρίους Κυπρίοις, Παφίοις [对乌拉尼娅的崇拜起源于亚述人,然后被亚述人传给帕福斯的塞浦路斯人]。——谢林原注(译者按,马克罗比乌斯[Macrobius Ambrosius Theodosius, 385—430],罗马哲学家和语文学家;鲍桑尼亚[Pausanias, 115—180],希腊历史学家和地理学家)

亚都算作亚述。①在巴比伦那里，在那个公认为民族分化的原初驻地和异教的发源地的巴比伦那里，人们主要是以米利塔之名崇拜那位原初的女性神祇。针对这位女性神祇，希罗多德讲述了野蛮的宗教意识的最离奇的特征之一。我必须提到这个特征，因为我们的理论的真实性和正确性必须经受这类事实的检验。

希罗多德说，巴比伦颁布了一个法律，规定本国的每一个妇女都有义务在其一生中有一次到米利塔的神庙里与一个陌生的外国男人交媾。②这个事实是毋庸置疑的，因为它也得到了《旧约》的一些文本的证实。希罗多德本人把巴比伦的这个法律称作最为丑恶可耻的法律，而这个法律同样属于那些在人类历史里面呈现出来的如此之多的未解决的伦理谜团之一。一般而言，人们迄今为止都满足于非常轻松地把这个习俗归咎于巴比伦民族的荒淫无耻的品性，认为它

---

① 有些人依据《旧约·以赛亚书》23:13的一个非常晦涩文本就仓促地推断出亚述人起初是迦勒底人，并且认为这个**野蛮**的民族是被召唤着离开他们的卡杜奇山区，在美索不达米亚平原安家（参阅格塞尼乌斯的《以赛亚书评注》，第740页以下）。但色诺芬已经知道亚述人的一个重要部落不但生活在它的古老家园，而且忠诚地保持古老的游牧民族生活方式（不从事农业，而是作为一个自由而好战的民族生活在亚美尼亚山区尤其是卡杜奇山区），而斯特拉波也提到了科尔基斯地区的另外一些迦勒底人，他们以铸铁为生，在别的地方被称作迦利伯人。由此似乎可以得出，כשדים是一个指代游牧民族的通名，但我们也不能因此就认为巴比伦的迦勒底人和另外那些迦勒底人是同一个民族部落，更何况在巴比伦，只有那些掌管着科学的人，尤其是占星术师，才叫作迦勒底人。参阅斯特拉波《地理志》第十六卷，第1章，第6节；狄奥多罗《历史文献》(*Bibliotheke*)第二卷，第24节；阿里安《亚历山大远征记》(*Anabasis*)第七卷，第16节。——谢林原注（译者按，狄奥多罗[Diodor von Sizilien]，公元前1世纪的希腊历史学家。阿里安[Lucius Flavius Arrianus, 86—160]，希腊历史学家）

② 希罗多德在《历史》第一卷，第199节说：Μύλιττα δὲ καλέουσι τὴν Ἀφροδίτην Ἀσσύριοι [因为亚述人把阿佛洛狄忒叫作米利塔]。斯特拉波《地理志》第十六卷，第1章同样指出：κατά τί λόγιον [按照一个神谕]。——谢林原注

不仅从**我们的**伦理判断来看是可耻的，而且违背了东方民族的其他全部已知的习俗。但如果仔细看看巴比伦民族的荒淫恶名是哪里来的，却又是以这个习俗为依据，因此这是一个明显的循环论证。而且人们充其量只能控诉巴比伦妇女有这样一种淫乐的偏好，同时只能感叹男人们普遍地（但尤其在东方）具有一种超乎寻常的宽容心。即使承认巴比伦人就是这种品性，人们也不能理解，为什么这样一种放荡的淫乐要限定在**外国人**或陌生人上面。如果人们希望解释古代的这样一些特征，就必须利用全部背景情况去解释它们。但希罗多德根本没有想到要做出解释；正相反，如果人们阅读整个段落，就会发现其中已经以一个最简明的方式反驳了刚才所说的那种肤浅的解释。希罗多德的叙述大概是这样的：任何一位妇女都不能拒绝一位这个时候（即在米利塔庆典上）出现的陌生男人，只要后者把银币扔在她的怀里并说："我以米利塔的名字选中你。"哪怕银币如此之少，哪怕外国男人如此之丑陋猥琐，她都不能拒绝；她跟随第一个选中她的人，而当她满足了对方的欲望，因而在女神面前完成了任务之后，就回到自己家里。希罗多德接着说，从这个时候开始，不论你出多少钱，都再也不能得到她。除此之外，希罗多德明确指出，巴比伦妇女认为通过这个方式满足了**米利塔**，相当于已经为**她**献祭。也就是说，在巴比伦人看来，卖淫实际上是一个宗教行为，虽然我们可能觉得这是对于这个词语的一种可耻的滥用，但事实就是如此。

XII, 239

但我们应当如何思考这个习俗包含的宗教意义呢？你们不妨回想一下，我们曾经把这位女性神祇的整个现象解释为那个起初针对一位更高的神而**变成**女性的意识的现象，甚至将其解释为意识之内那位曾经唯一被设定的**神本身**的现象。与此同时我们注意到，对于那个来自第一位神的严厉性和排他性的意识而言，初次撩拨它的第二位神或新的神必定会显现为一位完全**陌生的**神，正如在全部宗教和全部民族那里，从高加索直到南美洲，从那里直到高纬度的斯堪的纳维亚北方，简言之在任何地方，只要意识察觉到这**第二位**神，这位用人的伦理取代最初的动物式生命的神，都会把后者看作一位**陌生的**、远道而来的神。如果这一切都符合事实，那么有一点就是正确无误的，即我们在一个丑陋变形的宗教意识的这个特征里，在这整个举止行为里，所看到的仅仅是意识最初的一个晦暗情感，也就是说，意识察觉到了一位陌生的、即将**来临**的神。因为这位神对意识而言起初**只能**显现为一位即将来临的神。他尚未得到实现，因为他只有在最初意识的真正已经被克服的B里才实现自身，但直到目前为止，意识和他之间只有一个一般的关系，直到目前为止，意识对于这位神而言仅仅是可克服的，但还没有真正被克服。也就是说，直到目前为止，这位神都仅仅是一位即将**来临**到存在中的神，一方面是一位对意识而言陌生的和不可理解的神（因为意识直到目前为止都完全并且仅仅隶属于第一位神），另一方面是一位绝对不可拒绝的神，因此意识既不能抵抗他，也不能**拒绝**他，正如按照希罗多德的记载，巴比伦妇女不能拒绝一位选中她的陌生人。因此当意识处于这个状态，处于它和这位新神的最初关系中，它的感觉就只能是一种不情愿和不开心地出卖自己的感觉。这一点对于每一个人来说都应该是很清楚的。

或许有人会质问我说，意识察觉到神是一位陌生的、远道而来的，同时不可拒绝的神，并且感受到神的第一次撩拨——甚至德语的"**撩拨**"（Anwandlung）这个词语都暗示着一种靠近——就是要求它献身给一位更高的神，这些都是可以理解的，但巴比伦妇女在这个感觉的驱使之下把自己出卖给陌生男人，这个实践后果却不是清楚明白的，无论一般而言还是就这个特定情况而言都是如此。我们可以体谅提出这个质问的人，因为这表明他仍然是一个门外汉，尚且不了解那些关于远古时期的人类品性中的各种稀奇古怪的宗教特征和伦理特征的研究。为了解释宗教观念的实践方面（在行为中表现出来的方面），人们必须首先通过无数例子才会知道，古代的全部习俗（尤其是**宗教**习俗）一方面包含着一种极为感性的纯朴直爽和粗鲁的真诚，另一方面包含着一种野蛮的、实践上的贪得无厌，而这些都是神话观念施加在早期人类身上的影响；这样一来，他们就会理解一种野蛮宗教的特征。正因为那些神话观念不是意识的自由的产物，而是其盲目的产物，所以它们直接成为**实践的**，而意识就在它们的驱使之下去行动，并且**必须**通过行为把它们展示出来，正如一个普遍的心理学现象所揭示的，当人们在精神上不能控制那些不由自主地产生出来的观念，不能在精神上把它们对象化，就通过行为把它们表现出来。

XII, 241

　　以上所述一般地解释了，为什么那个感觉必须在行为中表现出来。但为什么恰恰是在卖淫的行为中表现出来呢？巴比伦妇女的行为明显是向米利塔效忠，就像希罗多德明确指出的，她们通过这个行为就已经为米利塔献祭。但为什么是米利塔呢？答案是：她是第一位女性神祇，是她诱使意识背叛意识起初唯一所属的第一位排他的神，背叛那位仿佛已经与意识成婚的神，转而把自己出卖给第二位新神。也就是说，意识为了崇拜米利塔，就必须违背它曾经给第一位神表达过的忠诚，而对第一位神而言，意识的这个行为就是**通奸**。众所周知，关于米利塔崇拜的产生时期和主导时期，在所有流传至今的文字遗迹里，唯有《旧约》能够通过其思维方式和语言直达那个时间，为我们提供那个时间的一幅肖像。没有人会忘记先知的那些感人肺腑的呼喊，他们提醒以色列回忆起自己的幼年时期，那时候耶和华曾说"我与你结盟，你就归于我"①，并且对背叛的以色列喊道：归来吧，重新回到你幼时的丈夫，回到你的主上帝身边。以色列背叛真正的上帝的行为同样被当作通奸而遭受到惩罚（婚姻是一切**排他性**关系的自然表述），因此在《旧约》里，向着另一些新神的过渡也被称作与别的神通奸。只要我们熟悉《旧约》的这个表述，就更容易理解巴比伦的那个习俗。

基于这个理由，我们也知道这里所说的是**妇女**；从希罗多德的整个叙述都可以看出，那些以这个方式为米利塔献祭的都是已婚的妇女。这里并没有说是**处女**。有一位我不想提他名字的考古学家，他对于所有这类事物都兴趣盎然，真正是con amore [带着偏爱]去详细描述和发挥，并且补充道，希罗多德的意思是处女应当在米利塔的神庙内献出自己的童贞。但这真的冤枉了希罗多德。因为整段文本都表明，他所说的是已婚的妇女。至于那位考古学家会这样想象那件事情，我是一点都不奇怪。但如果另外一些人（比如最近的一位谈论巴比伦宗教的作者）也这样想，我就真的要怀疑他们究竟有没有哪怕读过一点点希罗多德。如果真的是处女必须献出自己的童贞，希罗多德就不会说她们在一生中必须**有一次**这样做，因为不言而喻，她们不可能两次或三次献出自己的童贞；希罗多德的写作手法

---

① 《旧约·以西结书》16：8，亦参阅16：43。——谢林原注

可没有这么无聊。关于巴比伦的未婚的处女,希罗多德在我随后将要讨论的另一个记载里展示出了一个完全不同的情况。但这已经足以表明,那些以这种方式为米利塔献祭的是妇女,已婚的妇女。那个为了展示对米利塔的崇拜和服从而做出的行为,**应当**是一种通奸,那种完全献身给米利塔,随之完全献身给一位陌生的神的做法,也应当通过一种公开的通奸来解释。正如希罗多德所说,当巴比伦妇女做完这种庆典式的通奸,为米利塔献过祭,她们就证明自己是忠于米利塔,已经把自己奉献给米利塔,已经通过一个庆典行为告别了那位排他的神。

XII, 243

如果这个解释是正确的,它本身就会促使我们考察下面的情况。

对于神话观念的实在性的感觉必定是一个不可克服的感觉,只有这样才可以让人相信并解释,为什么会有这样一个不仅冒犯普遍的伦理情感,尤其在**东方**看起来非同寻常的习俗,因为东方的妇女都是被严加看管的,甚至在某些地方,如果一个陌生人或游客一不小心偶然看了一眼当地的女性,那些脾气暴躁且非常嫉妒的男人们会立即谋杀这个可怜的外地人,以示报复。究竟是何等神奇的哲学思想,竟然能够在一个把婚姻看得无比神圣的民族那里诱发、引入和确立这样的一个习俗!关于这个问题,被很多人津津乐道却又知之甚少的东方精神是没法解释的。通常的另一个解释手段,即诉诸祭司权力,也没有说出任何东西;因为首先必须解释的是,一个祭司制度如何能够确立这样一个与全部人性如此相悖的习俗。即便是最强大的祭司制度,也没有能力引入这样一个不仅冒犯人类伦理,尤其是冒犯东方伦理的习俗,除非这个习俗是通过一个民族自己的意识的内在必然性而涌现出来。

刚才提到的那个野蛮的自然宗教的特征是不可忽视的。恰恰通过巴比伦习俗的那种鲜明性，它对于我们的整个观点而言具有不可估量的价值。

此前我也提到了希罗多德的另一个记载，从那里可以看出，关于未婚的处女，巴比伦有怎样一个主导性的习俗。希罗多德称这个习俗为智慧的，而一个人只需要想想东方的其他地方对待女性的方式，至少也会说这是一个人性化的习俗。希罗多德的记载几乎就在那个描述米利塔献祭的文本不远的前方，其中是这样说的："在这些法律当中，我觉得下面这个是最智慧的。每个村落在一年里都会有一次把全部达到结婚年龄的女孩聚集在一个地方，而男人们则是围着她们站成一圈。然后拍卖人站起身来开始逐一拍卖这些女孩。他从最漂亮的那个女孩开始，在把她卖了一大笔钱之后，就拍卖第二漂亮的女孩。这些女孩都是被卖去当妻子的。巴比伦人当中那些有钱而想结婚的都竞相叫价以求得到最漂亮的女孩。反之那些想结婚的平民并不在乎漂亮，就等着娶丑陋的女孩，这样还会得到一笔钱。当拍卖人把最漂亮的女孩卖完之后，就开始拍卖最丑的或身体有残疾的女孩，问谁愿意收最少的钱与这位女孩结婚，直到一个愿意收最少的钱的人得到她。但这笔钱是由那个最漂亮的女孩来支付的，这样一来，相当于最漂亮的女孩承担了最丑的和残疾的女孩的费用。买家不可以未作担保就带走他的女孩，而是只有当他保证他真的要与这位女孩**结婚**，他才可以带走她。——这曾经是他们最好的法律，但现在已经废除了，因为他们现在想出另一个办法，以确保那些女孩不会被很快抛弃或被转卖到陌生的城市。因为自从巴比伦被占领之后,他们的生存环境恶化了,财产也缩水了,所以每一个贫苦的巴比伦人都让自家的女儿通过卖淫去挣钱。"①

对于这个文本,我只想指出几点:首先,处女仅仅是为了**婚姻**而被出售的,而那个通过钱而得到女孩的人,必须做出担保,即要么与女孩结婚,要么退回和女孩一起得到的保证金。伦理和法律不允许他与这个女孩有一种婚姻之外的关系。当然,自从波斯占领巴比伦之后,这个习俗就被废除了;希罗多德说,**从此以后**,所有被侵占了房屋的平民都不得不让自己的女儿以一种不道德的方式去挣钱,而这种做法在吕底亚人和其他民族那里是古已有之。——也就是说,希罗多德明确指出,这件事情是巴比伦被占领之后才习以为常。②换言之,在巴比伦的米利塔崇拜和相关习俗形成的那个时间,那个更古老的习俗仍然占据着主导地位,即适婚的处女要么卖给出钱最多的人,要么倒贴给收钱最少的人,但这些买卖都是以婚姻为目的。

XII, 245

既然如此,假若那些以前面所说的方式为米利塔献祭的是处女,这两个文本怎么可能协调一致呢?因此我根本不能理解克罗伊策的做法,即他按照自己梦幻般地把一切东西和一切东西组合起来的方式,认为出现在米利塔献祭仪式上的是吕底亚女孩,而且认

---

① 希罗多德:《历史》第一卷,第196节。——谢林原注
② 至于米利塔献祭仪式和相关的习俗远远超出这个时间,延伸到最远古的时期,即宗教本身的开端时期,这件事情是由这个献祭仪式的本性决定的。另一方面,我们不需要任何争论就可以清楚地看出,它不可能是在波斯统治巴比伦的时候产生出来的。任何一个民族在它的历史进程里都不可能为自己制造出这样一个习俗,毋宁说,这个习俗必定是和这个民族本身一起,和它的历史**一起**产生出来的。因此米利塔献祭仪式是一个远古的东西,也就是说,自有史以来就出现在巴比伦尼亚本地的东西。而且希罗多德明确地把这个献祭仪式称作一个**本地**的法律。——谢林原注

为这些女孩是通过纵情声色来为自己挣嫁妆钱。①希罗多德明确指出，这种事情是巴比伦被波斯占领之后才习以为常的，而且他所说的始终只是 γυναῖκες [已婚妇女]。至于库尔提乌斯②和另一些后期作者关于巴比伦的荒淫无度的生活的记载，也是针对这些后来才出现的情况。③

但如果那些以上述方式为米利塔献祭的是已婚妇女，我们就更加难以理解，这个如此引人注目的习俗怎么可能出现在一个无比看重婚姻和婚姻关系的民族那里，因此只有一个宗教的（不言而喻，虚假宗教的）观念才能够原初地就引入这样一个习俗，并且让人对此笃信不疑。除此之外，当人们感觉到远离最古老的神就是通奸——这是一个在邻近的各个民族那里已经消失的感觉，而以色列民族已经必须被提醒注意这件事——，这个情况恰恰暗示着意识的最初的恐慌，并且表明巴比伦人总的说来是乌拉尼娅的最早的崇拜者。

进而言之，这里有两个可能的观点。要么那个习俗意味着，当她们为米利塔献祭，随之告别那位排他的神，就仿佛是在嘲笑和蔑视她们已然摆脱的那个早先的暴力。这里可以看到一个在任何时代的

---

① 参阅希罗多德：《历史》第一卷，第94节。此外参阅斯特拉波《地理志》第十卷的注释，其中谈到了亚美尼亚人对阿纳蒂斯的献祭。斯特拉波把这个献祭与希罗多德关于吕底亚女孩的记载进行了比较，而通过这个比较足以看出，这些习俗和巴比伦的习俗根本不具有相似性。——谢林原注
② 库尔提乌斯（Quintus Curtius Rufus），公元1世纪的罗马历史学家，著有《亚历山大史》（*Historiae Alexandri Magni*）。——译者注
③ 库尔提乌斯：《亚历山大史》第五卷，第1节：Nihil urbis ejus corruptius moribus, nihil ad irritandas illiciendasque immodicas voluptates instructius. Liberos conjugesque cum hospitibus stupro coire, modo pretium flagitii detur, parentes maritique patiuntur [没有比这个城市的习俗更败坏的了，没有比这些无耻的荒淫无度更容易令人愤怒的了。父母和丈夫可以与陌生人通奸，但他们必须为这些罪行付出代价]。——谢林原注

迷信历史里都经常出现的心理学现象。尤其是，任何一个人只要仔细观察和梳理那些最初与神话一起产生出来的现象，都会指出——我们随后也会多次指出——，无论什么时候，对于最初显露出来的女性神祇的崇拜都是通过无拘无束、放纵无度的淫乐表现出来。因为每一个这样的女性神祇都意味着一个较早的本原被克服，意识突然觉得自己摆脱了这个本原的暴力压迫，反过来又觉得自己被出卖给它还不能把握的另一个本原，于是在这种情况下不能自控，变得晕晕乎乎。当一个暴力突然崩溃或被消灭，此前对它的畏惧和恐慌很自然地就转化为对它的嘲笑和蔑视。人们只需要看看一个奴性深重的民族是如何对待一位突然被推翻的君王或一位突然失去其为所欲为的权力的伟人，就很容易理解这一点。因此，如果那个公开的行为可以被看作对于此前的暴力的嘲笑，那么这只能说是人类本性的表现。尽管如此，从希罗多德的记载并不能看出巴比伦妇女是带着享受去履行那个法律，正相反，这无疑是一个给她们带来痛苦的献祭。这个献祭不是自愿的。根据伪经《巴录书》（*Baruch*）的一个记载①，妇女们是"被麻绳捆住"坐在米利塔的神庙前，因此看起来真正是 prava religione obstrictae [被捆绑在虚假宗教上的人]。那个看上她的男人不是她**选择**的男人，她不是出于崇拜而顺从他；因为就算是面目丑陋的男人，她也必须顺从；她也不是出于自利，因为只需要一点点钱就可以得到她，而且这些钱不是归属她，而是归属神庙金库。

在所有这些迹象里，我们看到的是意识无法拒绝那位在最初

XII, 247

---

① 《巴录书》第6章，第42节。——谢林原注

的排他的神之后出现的新神，这位新神的名字在巴比伦还没有被提到，而他的来临仅仅是间接地暗示出来。我们看到的是意识**第一次**受到第二位神的撩拨，而这位神还没有被真正说出来。所以，当这个仍然缄默的意识用一个庄重的行为来进行表达，这也不是偶然。正因为意识和它的观念之间不是一个自由的关系，正因为它还根本不能说出神的观念，所以它**必须**用一个外在的行为，确切地说用一个庄重的行为将这个观念表达出来。这样那些观念的实在性就以最确定的方式被认识到。因为实例在这里比推理更有效果，所以我希望用一系列实例，但不是用米利塔崇拜里的实例，而是首先用《旧约》里的一些实例来证明，在整个古代世界，年代愈是久远，那种想要用外在行为去表达观念的**冲动**就愈是强烈。之所以选择《旧约》，是因为我们此前已经看到它把以色列民族与耶和华的结合比拟为婚姻关系，而我在这里将要阐述的，甚至是耶和华**命令**做出的一个行为。

在《旧约》的全部先知里面，或许何西阿是最频繁地使用那个通奸比喻的人。在《何西阿书》的开篇，耶和华就对这位先知说："你去娶淫妇为妻，因为这地大行淫乱，背弃耶和华。"这个命令被**执行**了，因为书里接着说："何西阿去娶了滴拉音的女儿歌篾。"——到后面[①]，耶和华又对他说："你再去爱一个淫妇，就是她的情人所爱的；好像以色列人，虽然偏向别神，喜爱葡萄饼，耶和华还是爱他们。"在这里，葡萄饼是给异教诸神的祭品。书里接着又说："我便用银子十五舍客勒买她归我，并对她说：'你当多日为我独居，不可行淫，我向你也必这样。'"

[①] 《旧约·何西阿书》3:1。——谢林原注

在这个（确切地说两个）例子里，只不过是换了一个方式表现出我们在解释巴比伦的米利塔献祭时已经看到的情况。

今天的人们特别喜欢把这类行为称作**象征式**行为。但有很多行为不仅仅是象征式的。象征式行为只能被看作一些自由的、经过思考的行为，但这些行为不是自由的，而是通过一个内在的、现实的状态而直接被命令的，仿佛出于灵感而做出的行为。我们后面将会看到一些狂热的祭司，他们在一种神圣的躁狂之中把自己阉割了。克罗伊策对此的解释是，他们希望以此表现或呈现冬至时候太阳衰减的生殖力。但我不相信有哪一位祭司是出于对这种冰冷理念的爱而把自己阉割的。毋宁说，那个自宫行为是在模仿一位像乌兰诺斯那样被阉割的神。因为意识在这整个过程里和神是合为一体和纠缠不清的，以至于意识认为它自己所经历和感受到的一切就是神所经历的，反之亦然。

XII, 249

现在我就谈谈这个所谓的象征系统的另外一些实例，即在乌拉尼娅的范围里挑出的一些实例。

我们早就已经指出，乌拉尼娅仅仅是已经变成女性的乌兰诺斯。正因如此，这位最初的女性神祇的观念所指代的不是一位单纯的女性神祇，而是一位已经由男性变成女性的神祇。意识同样试图坚持这个规定。这个规定的表达方式，就是神性一会儿作为女性带有男性特征，一会儿又反过来作为男性带有女性特征。前一个类型的例子就是波斯的帕萨尔加德的那位全副武装和英勇善战的女性神祇（这同时也证明，米特拉对波斯人来说并不陌生），而我们可以拿她与鲍桑尼亚提到的塞浦路斯的那位英勇善战和全副武装的阿佛洛狄忒做比较。反过来的例子则是塞浦路斯的阿佛洛狄忒的那座雕像，因为据马克罗比乌斯说，这是一个长着胡须的男人的雕像，其手里拿着权杖，但又穿着女人的衣服；这显然是为了表明，这位女性神祇仅仅外在地看来是女性，但内在地看来始终是男性，即是说她仿佛只是一位女装打扮的男性神祇。正因如此，这位男性的阿佛洛狄忒也被称作Ἀφρόδιτος [阿佛洛狄托斯]。①关于一个仅仅相对而言是女性的存在者，意识仿佛通过一个内在的进程就直接被注入了它的概念，而这个概念又通过上述方式在神性的**雕像**里呈现出来。

但意识对此还不满足，毋宁说，因为从男性到女性的这个过渡只能被想象为一个不断揭示出来的过渡，所以产生出一个需要，额外通过**行为**把它表达出来。比如根据斐洛克鲁斯②的一个证词，在给那位男性的阿佛洛狄忒献祭时，男人都穿着女人的衣服，而女人都穿着男人的衣服。③在这里，你们又看到了以摹仿的方式呈现一个内在进程的例子。同样属于这个情况的还有尤利乌斯·菲尔米库斯关于亚述人的阿佛洛狄忒（实即米利塔）的祭司的一个记载，即这些祭司把自己化妆成女人的样子，磨平皮肤，并且用女人的衣服去羞辱男性，或者按照拉丁文原文的说法：aliter ei servire nequeunt, nisi effeminent vultum, cutem poliant, et virilem sexum ornatu muliebri dedecorent [他们唯一的献祭方式就是化妆成女人，磨平皮

---

① 马克罗比乌斯在《农神节》第二卷，第8节说：signum eius (Veneris) est Cypri: barbatum corpore, sed veste muliebri, cum sceptro ac statura virili, et putant, eundem marem et feminam esse. Aristophanes eam Ἀφρόδιτον appellat [塞浦路斯也有一座她（维纳斯）的雕像：她长着胡须，形状和衣着都像女人，手持权杖，生殖器是男性的，因此他们认为她既是男性又是女性。阿里斯托芬称她为阿佛洛狄托斯]。——谢林原注
② 斐洛克鲁斯（Philochorus，前340—前260），希腊历史学家。——译者注
③ 菲尔米库斯：《论异教宗教的谬误》（De errore profanarum religionum），第6页。——谢林原注（译者按，菲尔米库斯 [Julius Firmicus Maternus, 314—360]，罗马占星术士）

肤，并且用女人的饰品去扭曲男性]。①实际上不仅祭司是如此，而且全部崇拜这位神祇的人都是以这种方式穿着打扮，这个事实不仅得到了斐洛克鲁斯的那段文本的支持，尤其得到了摩西五经里的一个法律的证实，而这表明这个习俗在那个时代已经非常流行。这个法律就是："女人不应当穿男人的衣服，男人也不应当穿女人的衣服。"这个禁令不是针对一般意义上的穿着打扮（这种事情在今天都时有发生，并且得到容忍），而是针对那种与偶像崇拜意图联系在一起的穿着打扮，对此的证据就是那个法律附带的一句话："因为这都是你的神耶和华所憎恶的。"② XII, 251

通过这些非常清楚的例子，我们已经看到，那些沉迷于迷信中的人为什么要外在地而且是**自在地**就去模仿他们意识里的那个内在进程。

至于这种相对女性化的一个更为夸张的模仿，我就不打算多说了；它甚至比巴比伦的陋习更为过分。对此大家只要回想一下《旧约》提到的那些穿着阿斯塔洛特（即阿斯塔特，这是乌拉尼娅的另一个名字）的衣服的娈童（Kedischim）就够了。③那些**男性**的神庙侍女（Hierodule）的希腊名字看起来只不过是这个东方名字的翻译。

---

① 马克罗比乌斯《农神节》的那个段落也说道：Philochorus quoque in Atthide eandem affirmat esse Lunum, nam esti sacrificium facere viros cum muliebri veste, mulieres cum virili veste [斐洛克鲁斯在其《阿提卡地方史》里证实，她也是月亮，男人穿着女人的衣服向她献祭，而女人穿着男人的衣服向她献祭]。也参阅塞尔维乌斯的《埃涅阿斯纪评注》第二卷，第632行和迈蒙尼德《迷途指津》（*More Newuchim*）第三卷，第27节。——谢林原注（译者按，塞尔维乌斯[Maurus Servius]，公元4世纪的罗马语文学家）

② 《旧约·申命记》22：5。参阅斯宾塞：《希伯来人的献祭法》（*De legibus Hebraeorum ritualibus*），第二卷，第29节。——谢林原注

③ 比如《旧约·列王纪下》23：7。这里也包括赫西基奥斯指出的"提坦"（Τιτάν）的特殊意义。——谢林原注

斯特拉波在介绍卡帕多西亚的卡玛娜（Kamana）女神的祭礼时，专门提到有很多这样的男性神庙侍女。①斯特拉波把卡玛娜称作厄倪俄（Enyo），即罗马神话中的贝罗娜（Bellona），一位具有男性属性的女神，因此在她的祭礼上，人们跳着一种带有战争意味的舞蹈，而这个祭礼就是乌拉尼娅崇拜的最古老的分支之一。②属于这个类型的还有萨巴兹乌斯狂欢节的那些荒淫行为，对于这一点，整个古代的看法都是完全一致的。萨巴兹乌斯（Sabazios）的名字已经表明，他是萨比教的神，即天空之神，但现在已经是一位娇弱的、女性化的神，而关于他的秘仪里的那些淫乱情况，可以从罗马元老院对此采取的措施一探究竟，对此李维在其著作第39卷对此有详细的记载。③但上述事实应该说就足够了，因为我相信，这些例子已经足以消除一切怀疑，

---

① 其《地理志》第十二卷开篇就指出：Πλεῖστον μέντοι τὸ τῶν θεοφορήτων πλῆθος, καὶ τὸ τῶν ἱεροδούλων ἐν αὐτῇ [卡玛娜祭礼的重要性主要在于它拥有众多的狂热者、先知、神庙侍女或神圣奴隶]。——谢林原注

② 克罗伊策：《文集》，第二卷，第29页。普鲁塔克在其《苏拉传》里也对贝罗娜和雅典娜进行了比较。——谢林原注

③ 李维：《罗马史》，第三十九卷，第8—19章。这些所谓的秘仪确实与萨比教有关，但从它们的内容来看，后者已经是一种处于过渡中的萨比教。这个起源于亚洲的庆典很有可能保留到了下一个世纪，但或许已经被一个后来的宗教驱赶回秘仪之内，并且仅仅以秘仪的形式举行，进而堕落为彻底的淫乱。但对**罗马**意识而言，萨巴兹乌斯狂欢节曾经是完全陌生的东西；它大概是在公元前6世纪的时候打着秘仪的幌子渗透进罗马，但并没有坚持很久，因为罗马元老院对此有所耳闻之后，对此采取了严厉的惩罚措施。因此萨巴兹乌斯狂欢节在罗马始终只具有一个形式，即religio peregrina [外来宗教]的形式。这类被真正的罗马意识所拒斥的宗教带来的影响是罗马共和国的内在的道德堕落的一个标志，就和后来在皇帝执政时期那些在罗马帝国涌现出的外来宗教和仪式一样，但在后面这个时期，那些东西从未从晦暗的秘仪里暴露出来，仅仅是先辈宗教以及国家本身即将没落的征兆。在提比略皇帝执政的时候，罗马已经完全充斥着东方的迷信。在随后的几位皇帝执政的时期，密特拉斯庆典（即秘仪）尤其扩散到整个罗马帝国的范围。伊西斯庆典渗透进罗马的时间比这还要更早。当神话宗教趋向终结的时候，人们就开始追忆远古时期，并且像常见的那样希望用古老的形式去维持那些即将灭亡的东西。——谢林原注

并且证明我们对于巴比伦的那个习俗的解释是正确的。

正是基于我们现在所处的立场，才会出现那种以阉割男童的方式让男性变成女性的陋习，这种陋习自古以来就存在于东方，遗憾的是也传到了基督教世界，并且一直延续到今天。这个习俗起源于巴比伦人；至少在希腊人看来，这个习俗是从巴比伦流传到波斯的，而希罗多德曾经提到，巴比伦和其余的亚述地区必须每年给波斯国王上贡500个被阉割的男童。这似乎表明，波斯本身并没有被阉割的男童。

现在，从神话发展过程本身的内核出发，我已经通过事实和历史证明了两件事情：第一，乌拉尼娅是较早的非神话的萨比教和后来的神话多神论之间的一个转折点，是**她**造成了从前者到后者的过渡，因此希罗多德也认为她是那些最古老的，亦即最初过渡到历史生命的民族的远古神祇。第二，这位神祇并非原初地就是女性，而是从男性转变而来的女性。刚才所说的全部习俗无非是在模仿或重复那个从男性到女性的过渡；与此同时，这些习俗表明，那位女性仅仅是相对的女性，她就是那个相对于一个更高东西而言表现为女性，但自在地看来是男性的东西，而我们反过来也看到，那位女性神祇很快又变为男性神祇。由此可见，所有那些既男又女的神祇都不应当像通常那样被看作两个性别的一种古怪的同时存在或共同存在，或一种现实的雌雄同体；毋宁说，他们仅仅应当表达出那个**过渡**或坚持这样一个概念，即那个**现在**被设定为女性的东西不是一个原初的女性，而是一个仅仅转变为女性的男性，而这个男性在别的情况下能够**作为**男性显现出来。

XII, 253

只有通过一个不由自主的大分化，意识才获得一位降格为女性的神祇的观念，正因如此，意识必定会更加坚持单纯的**相对性**概念，并且比后来的科学更容易做到这一点。因为科学里有一个相对地非存在着,但在自身之内却存在着的东西的概念,而正如柏拉图强调指出的,如果没有掌握这个概念,就不可能在知识里取得稳妥的进步。

但那个转化之所以发生,仅仅是因为在这个进程里,意识面临着另一位更高的神。女性本性不可能离开她一直所在或一直追求的中心位置,除非在这个位置设定另一位神,或者说把这个位置留给另一位神,而不是留给她。这就是第三个环节。女性既非原初地,也非自在地,而是只有相对于一位更高的神而言才成为女性并来到边缘。关于女神和男神的这个必然联系和同时显现,我们在希罗多德关于巴比伦的米利塔祭礼的叙述里充其量只能找到一个间接的证明。反之如果我们按照希罗多德的指引——你们不要忘了,他认为波斯人的女性神祇是从亚述人和阿拉伯人那里学来的——,把目光转移到阿拉伯人,就会清晰无比地看到这种同时性。当然,我在说阿拉伯人的时候,和希罗多德一样都是把他们与那些生活在荒野的阿拉伯人区分开。因为众所周知,阿拉伯人分为两种,一种是生活在所谓的荒凉阿拉伯的游牧民族,另一种是生活在富饶阿拉伯的勤劳致富的农耕民族。

希罗多德是在《历史》第一卷叙述波斯人的时候顺便提到了阿拉伯人,然后在该书第三卷说:Διόνυσον δὲ θεὸν μοῦνον καὶ τὴν Οὐρανίην ἡγεῦνται εἶναι [他们仅仅认为狄奥尼索斯和乌拉尼娅是一位神]。① 在这里,他第一次提到了那位对亚述人来说未知的和未命名的神,而到目前为止,这位神在意识看来仅仅是一位陌生的和

---

① 希罗多德:《历史》第三卷,第8节。参阅狄奥多罗《历史文献》第七卷,第20节,斯特拉波《地理志》第十六卷,第1节(第741页)。——谢林原注

远道而来的神。希罗多德很自然地用希腊名字称呼这位神,因为他不像后世的神话学家一样认为所有这些概念都是偶然产生出来的,而是察觉到了这些概念的普遍性和必然性,所以当他发现这位神的时候,就毫不犹豫地用一个希腊名字称呼他;同理,如果事情的关键在于标示出一位神祇的普遍概念,即使我们并没有从一开始就想到他的全部规定(这些规定是后来才出现在希腊意识里),我们也会毫不犹豫地用希腊名字称呼他。——狄奥尼索斯(Dionysos),那第二位神,在整个神话过程里都是一位即将来临的神,因为只有到了这个过程的终点和目标,他才完整地实现自身。但这并不妨碍我们从一开始把他称作狄奥尼索斯,哪怕他在这里并不具有他在终点处才具有的那些规定。

XII, 255

尽管如此,为了让那些刚开始学习神话历史知识的人理解这件事情,我希望指出,人们在阅读某些陈旧的神话词典时,可能找不到狄奥尼索斯的名字,或者只能找到他的一个更常见的(因为对罗马人来说更常用的)名字,即巴库斯(Bacchus),而这个名字总是让人们想到酒神,并且经过很多蹩脚诗人滥用之后已经成了一个极具贬义的名字。诚然,巴库斯也是狄奥尼索斯的一个希腊名字,但对希腊人而言,它并非标示着整个狄奥尼索斯,而是标示着狄奥尼索斯的一个特定概念。正因如此,我们始终仅仅使用"狄奥尼索斯"这个同时具有普遍意义的名字。如果一个人习惯于阅读普通的神话词典或只读过赫西俄德的《神谱》,也会觉得我们对于诸神的顺序安排是很奇怪的。但我们在后面将会很自然地解释,为什么在诸神的谱系里,他们的出现顺序有时候是完全不同的。总的说来,克罗伊策的最伟大的贡献之一,就是他在近代第一个重提已经被遗忘的狄奥尼索斯，承认其合理的地位，并且一般地预感到狄奥尼索斯学说里面埋藏着整个希腊神话的解密钥匙。关于这一点就说这么多。至于希罗多德的那句话，"他们仅仅认为狄奥尼索斯和乌拉尼娅是一位神"，按照正确的语法本来应当是"他们仅仅认为狄奥尼索斯和乌拉尼娅是**两位神**"。但希罗多德不可能是偶然使用了这个在根本上自相矛盾的表述。因此我们用不着围绕词语大做文章，因为这句话的意思是，按照阿拉伯人的观念，这两位神祇仅仅被看作一位不可分的、相互所属的神祇，而他们实际上也是如此，即乌拉尼娅的存在只是为了持续地设定或生出另一位神，因此她作为母亲仿佛没有一瞬间能够脱离另一位神而被思考，反过来另一位神的存在同样只是为了持续地被乌拉尼娅设定或生出。乌拉尼娅不仅仅是乌拉尼娅，而是一位在自身之内隐藏着（孕育着）狄奥尼索斯的乌拉尼娅。

正如希罗多德给他们取的名字表明的，这不仅是他的观点，也是阿拉伯人自己的观点。希罗多德说："他们把狄奥尼索斯叫作**欧洛塔尔**（Urotal，按照通常的拼写），把乌拉尼娅叫作**阿利拉特**（Alilat）。"对于后一个名字，人们试图给出各种解释①，但很奇怪的是，他们竟然没有想到那个最简单的解释。众所周知，Al是阿拉伯语的一个冠词，并且和另外许多阿拉伯词语一样已经融入到近代的西方语言里面，比如"算术"（Algebra）。至于Ilat，则是Ilah或Elah的阴性形式，意味着一位神（这也解释了它在伊斯兰教著述家那里为什么没有出现），因此阿利拉特（Al-Ilat）不是一个nomen

---

① 有人认为这个名字来源于阿拉伯语里那个意味着"月亮"的"Hilal"（但这个词语真正说来仅仅意味着新月之后的最初月光）；但这里根本没有谈到月亮。——谢林原注

proprium [专名]，而是泛指**女神**本身。希罗多德在谈到波斯人的时候还提到了另一个阿拉伯语名字，即阿利塔（Alitta）；如果人们不想把这个名字看作阿利拉特的另一个形式，基本上就只能认为它来自阿拉伯语的Waleda或Walida，然后被希罗多德转写为Alitta，因为希腊语里面没有作为辅音的U，亦即W。按照这个解释，阿利塔无非是指"生育者"或"母亲"。——自从维瑟灵①以来，狄奥尼索斯的阿拉伯名字一般拼写为欧洛塔尔，但在更早的版本里则是拼写为欧洛塔尔特（Urotalt），甚至拼写为欧洛塔拉特（Urotalat），而这是波科克②依据一份波德林手稿主张的拼写方法。③我非常倾向于认为后面两个才是正确的拼写方法。如果接受了这一点，再考虑到r和l在很多名字里面经常是混用的，那么Urotalt，Ulodalt或Ulod-Allat（来自Allah的缩写形式）的意思无非就是女神的**儿子**或**孩子**。④也就是说，那个共属关系在他们的名字里已经表达出来。⑤

XII, 257

这样一来，我们不但从神话过程的必然进程里推导出第二位（相对精神性的）神是乌拉尼娅的必然相关者，而且从历史的角度证实了这一点。

---

① 维瑟灵（Petrus Wesseling, 1692—1764），德国历史学家。——译者注
② 波科克（Edward Pococke, 1604—1691），英国东方学家。——译者注
③ 甚至最新版本的编辑者都没有注意到这一点。——谢林原注
④ 为什么不使用常见的"儿子"（Ibn）这个词语呢？就是因为这个词语太普通和太常见了。在马龙家族和西方的阿拉伯人那里，虽然整个家族的名字都是以常见方式构成的，比如Beni Amer，但正如我们通过各种报刊看到的，更常见的做法是使用Ulod这个词，比如Uled-Maadi。除此之外，单独的名字里也会出现这种组合，比如博纳附近的一个贝都因家族的孩子就叫作Uled-Soliman；一位卡比利亚的首领叫作Uled-Uraba。在涉及整个家族时，这个词语要写出两次。——谢林原注
⑤ 谢林后来在一个标题为"论狄奥尼索斯的阿拉伯名字"的专题讲座里更详细地阐发了这些词源学解释。——原编者注

第十三讲
狄奥尼索斯作为更高的第二位神

当萨比教的原初统一体和原初排他性被打破，当意识放弃了它在波斯学说里仍然试图坚持的那个统一体，我们就从统一体来到现实的二元性，并且从现在起处于一个不可阻挡地向前推进的神话过程的开端。因此，当意识后来已经摆脱了萨比教的困境，从此完全投身到神话过程之内并与之难舍难分，随之把那位女性神祇的最初现象当作一个胜利来欢庆，这是不足为奇的；我只需要提到那位带来胜利的阿佛洛狄忒和罗马人的Venus victrix [胜利者维纳斯]就够了，她们都属于这类现象。正如我们看到的，这些情况都包含在米利塔的名字里，因为这个名字意味着避难所，并且真正说来意味着居所和定居之处。那个吞噬性的力量已经以超自然的方式臣服了。也就是说，**力量**仅仅立足于纯粹存在的**对立面**亦即那个纯粹的**能够**存在。纯净的存在是无能的，因为它是**能够**的对立面，相当于那位在自身之内不具有生命的儿子。这个最初的屈服或归根（Zugrundlegung），这个奠基（Katabole），只有在随后的过程里才被改造为一种基础或材料，而它在一种不依靠这个中介者就绝不可能进入具体现实性的科学里同样是一个转折点。

神话哲学虽然就意图而言不是自然哲学，但就事情本身而言却是如此，只不过当然是更高层面上的自然哲学。在这个进程里，那个起初不可接近的、排他的唯一者使自己成为材料或基础，正因如此，这个进程**同样**可以被看作唯一者的一个外露或 universio [颠转]。当神通过这个方式对意识而言已经质料化，意识就不再像从前那样坚持**自在的神**，而是把这位原本超于质料之上的神当作质料里的神或质料化的神。意识仿佛已经与神固定在一起了，因此只有从现在开始，它才真正可以叫作一种黏附在神身上的意识。质料化的神和从前一样在**自身之内**仍然是 B，仅仅相对于一位更高的神而言才使自己成为被动的、质料性的东西。只有通过他的让位和边缘化，他才使自己能够被那位更高的神接触（ei obnoxium）。在之前的环节里，意识把更高的神绝对地排除在外，对后者完全一无所知。但在当前的环节里，更高的神**只能**充当潜能，即一位尚且不是现实的，毋宁必须将自己加以实现的神。因此，当前的环节仅仅延伸到一位相对更高的神的**诞生**，这位神刚刚来到存在，作为潜能而被设定并且被意识到；他的作用还无从谈起。但神的作用和现实的过程立即与**这个点**结合在一起。因为正如我们所知，虽然他不具有去发挥作用或不去发挥作用的自由，但只要给了他空间或可能性，他按照自己的本性就必然会发挥作用。但他的作用仅仅在于，去克服那个与他对立的不应当存在的东西，使其成为非存在；他唯一的意愿就是重新扭转这个已经违背自己的规定而发挥作用的东西，使其重新成为纯粹的能够存在，随之重新成为其原初地所是的东西，即上帝的设定者。①

XII, 259

---

① 在第二位神的历史现象里，我们区分了两个环节，且每一个环节都以一个民族为代表。在第一个环节里，第二位神刚刚显露出来，还没有进入存在，因此也没有被命名（转下页）

因此，相对于更高的第二位神，那个被设定在自身**之外**的本原就显现为一个双重的本原。它是一个虽然被设定在自身之外，但能够被重新设定在自身之内，被带回自身的本原——不是通过它自己，而是通过另一位神的作用。因此这里仅仅是在相反的意义上重新确立了那个最初本性的不可克服的双重性；它在这里也重新成为Δυάς[二]。原本它是精神性东西，但能够是非精神性东西，而在这里，它是非精神性东西，但能够重新是精神性东西。神只能够和只愿意是一个东西，因此表现为"一"，相比之下，那个本原作为一个能够是两种情况的东西，就表现为与之对立的"二"，因此按照古老的学说，它是作为女性而与作为男性的"一"相对立。但这个本原在**自身之内**本身也是二者，因为从一方面来看，它是神可以接触的，并且倾向于让自己被神克服，因此表现为女性，从另一方面来看，它又与神对抗，企图坚持盲目的存在，而在这个意义上，它是男性。正是因为它的这个与更高的发挥作用的神相对立的地位，所以那些由之显露出来的神——我们称他们为实体性的神，因为他们是从那个现在变得可克服的本原或那个已经质料化的B里产生出来的，仅仅是B的不

（接上页）（通过一个名字而与别的神区分开）。我们在**巴比伦人**的意识里可以看到这个环节。在第二个环节里，这位神虽然也只是单纯的潜能，但毕竟已经现实地进入存在，因此也获得了名字。这个环节就在**阿拉伯人**的意识里。真正的过程是与这个环节直接结合在一起的，而之前的καταβολή [奠基] 环节（起初的精神性的神的质料化）仅仅为这个过程提供了材料或基础（ὑποκείμενον）。这位起初存在完全排除，但现在至少可以被设定为潜能或主体的神的任务在于，通过克服那个只允许他充当潜能，就此而言始终与他相对立的存在，实现自身，也就是说，把自己重新确立为原初的现实性（B是从潜能过渡到现实性的东西，但应当重新成为潜能，而A^2是从现实性被设定为潜能的东西，但应当重新成为现实性——因此二者是相互对立的）。那个被设定为潜能的东西，其自然地发挥的作用就是去现实地克服那个存在于自身之外的本原，那个直到现在都仍然只是有可能被克服的本原。——谢林原注

同形式和形态——在随后的整个过程里始终具有双重形态,即一会儿显现为女性,一会儿又显现为男性。

之所以说这个解释是正确的,还有一个证据,即特别是在希腊的神谱或诸神历史里,始终是一位女神(即主神的女性方面)去赞成和支持男性神祇所反对的那种进步。比如乌兰诺斯把后来出生的一些孩子(这些孩子其实属于乌兰诺斯根本不知道的一个更晚的时间)隐藏在大地深处,不让他们见到阳光,而该亚觉得受到侮辱,内心悲痛,于是安排一位无耻的儿子(克罗诺斯)埋伏起来,在父亲毫无戒备的情况下迅速将他阉割。在随后的时间里,残酷的克罗诺斯总是在一个孩子刚出生之后就将其吞噬,而他的妻子瑞亚同样对此感到愤怒,于是恳求古老的神祇该亚和乌兰诺斯为她想个办法——乌兰诺斯这个时候已经没有必要反对进步,正相反,他必定愿意那个曾经把他自己当作牺牲品的命运得以终结——,而他们劝说她把最小的儿子秘密地生下来。他们给她的建议成功了,逃过一劫的宙斯长大之后打败了自己的父亲,迫使他吐出了此前吞噬的孩子,同时也解放了那些更古老的、一直以来被隐藏在大地深处的乌兰诺斯之子,而他们就把雷霆和闪电赠送给宙斯,使他能够统治世界和诸神。——但在这一代最终的常驻的诸神里,整个关系必须颠倒过来。在前几代诸神里,**女性**神祇始终是不稳定和不安定的本原,而在最后一代诸神里,因为不可能再有变局,所以反而必须是女性神祇**畏惧**变动。赫拉,宙斯的妻子,恰恰在这种对于变局的畏惧中表现出她自己的与变动相似的本性;她敌视和迫害一切看起来昭示着一个新时代的东西,反之宙斯自己当然不畏惧任何东西,对自己的统治权也充满信心,而这些恰恰是男性气概的体现。

XII, 262　　如果人们想要解释后期诸神的性别问题，就必须同时也解释这些特殊的关系。在这里，人们同样不能满足于一个普遍的、大致如此的解释。

也就是说，通过这个与更高的神相对立的地位，就直接为一个新的过程提供了契机，而一个新的、与此前运动截然不同的运动也直接与前面发生的那个奠基事件联系在一起（正因如此，这个事件把那个本身仍然不具有神话意义的时间与神话时间区分开）。最古老的那些民族，包括刚才提到的阿拉伯人，都止步于意识的那样一个环节，在那里，更高的潜能阶次和从属的潜能阶次之间的关系仍然只是一个静止的、无作用的关系。真正的神话应当在另外一些民族里产生出来，而这些民族的意识所面对的是一个更深刻的斗争。关于这个斗争，我们现在仅仅尝试给出一个普遍的概念。

更高的神对意识产生的自然作用，就是去现实地克服意识的那个存在于自身之外的本原（那个从现在的发展过程来看仅仅被设定为可能克服的对象的本原），也就是说，把那个本原带到它的本质，带回到它的内在性乃至于它的真正的神性。但这个本原在意识里恰恰是与更高的神相对抗。它希望摆脱第二位神，而不是成为这位神的现实的质料。正因如此，它相对于这位神而言重新具有了**精神性**属性。当它被现实地克服时，就重新从被动变为主动——就此而言，它现在包含着双重的精神性：a) 一种是那位希望把它带回到自身，随之把它重新设定为精神的更高的神在它那里激发起来的精神性；b) 另一种是非精神性的精神性，而它就是凭借后面这种精神性而与前面那种在它身上激发起来的精神性相对抗。

当我们说随后的过程需要一个逐渐的克服时，人们可能会问，究竟为什么有一种反抗呢？人们可能会问，为什么这种向着精神性东西的回归不是一次性地，仿佛一刹那就发生的？我的答复是：这件事情的原因和为什么有一个发展过程的原因是一样的。为什么一切发展过程都有**延迟**？为什么在万物的普遍进程里，当目标看起来近在咫尺的时候，总是会冒出一些不确定要存在多久的中介环节挡在中间？对于这些问题，只有唯一的一个答案："因为从一开始就要考虑到万物的最高自由。"没有任何东西**应当**仅仅通过暴力就得到贯彻实施。最终说来，一切东西都应当**出自**对抗者自身，正因如此，对抗者必须具有**它自己的**意志，直到最后将其穷尽。我们在它那里预见到的转化，不应当从外面强加在它身上，而是应当在它内部这样发生，即它逐渐达到一个阶段，在那里自愿投身于这个转化。只有当意识经历了全部介于开端和终点之间的可能层次，我们所期待的最终认识才能够是一种完整的、无所遗漏的经验的产物。那个已经离开自己的本质的本原，本身按照一个包含在创世中的规定而言原本不是存在者，而是单纯的设定上帝者；现在它虽然被设定在自身**之外**，位于它的真正本质之外，但只有它才包含着真正的和最终的认识能力；只要认识本身不应当被摧毁，它就**不可以**被摧毁。这种渐进的、逐步的克服体现出法则，体现出那个支配着**整个**运动的神意。

XII, 263

当我们谈到神意的时候，这个研究里面必然会冒出一个问题，即神意为什么要让绝大部分人类走上这条——如我们现在已经看到和以后也将看到的——被如此之多的丑恶事物玷污了的道路，同时却把一个渺小的、微不足道的民族阻挡在这条道路之外？对于这类问题，唯一的答复是：这是上帝的不受任何法则约束的绝对自由，或者像一位使徒在类似情况下所呼喊的那样："他的判断何其难测，他的踪迹何其难寻！"① 但我唯一想要指出的是，那个渺小的、相比整个人类而言无关紧要的民族，为了神意看上去施加在它身上的偏爱，必须付出多么昂贵的代价。在它身上应验了"那在后的将要在前，在前的将要在后了"②这句话。因为两千多年来，这个民族恰恰沦为其他民族的猎物，并且直到今天都受到它们的践踏，反之那些曾经远远落后的异教民族，或者按照使徒的说法，上帝任凭他们逞着情欲而玷辱自己的身体的那些民族③，现在却被容许拥有那个民族自以为应当得到的全部恩赐，以至于这就像人类的第二位父亲④所预言的那样，雅弗真正住到了闪的帐篷里。⑤更何况我们已经指出，就连神意都做不到让这个作为上帝选民的民族抵挡异教徒的一切丑恶事物。如果我们阅读这个民族自己的历史著作，就会发现，他们中的绝大部分人在荒野里已经悄悄地做着巴比伦人、迦南人、腓尼基人和同时期的全部民族都在做的丑恶事情，到了士师时期和列王时期更是公开地胡作非为。正所谓"一神论是法律，多神论才是生活"。只有当以色列人从巴比伦流放回归之后，他们才从根本上坚定地反对一切偶像崇拜，但这并非像人们通常解释的那样是因为他们在巴比伦看到了一种更纯粹的宗教或一种精神性一神论的例子，而是因为恰恰在这个时代，神话过程在整个人类里面都已经失去自己的力量。

也就是说，意识的本原，作为有待克服的对象，应当和必须进

---

① 《新约·罗马书》11: 33。——译者注
② 《新约·马太福音》20: 16。——译者注
③ 《新约·罗马书》1: 24。——译者注
④ 指摩西。——译者注
⑤ 《旧约·创世记》9: 27。——译者注

行反抗。它的**自然的**意志——它在听从自己的时候具有的意志——就是要保持为一个纯粹的,亦即不受精神性①影响的盲目本原B。但由于它毕竟不能完全抵抗神的作用,所以它在某种程度上始终也受到精神性影响并等同于A,从而不再是**纯粹的**质料,而是受到精神性影响的质料,而且它也不再像从前那样是二者的同等可能性(即作为B也能够是A),毋宁现在现实地是一个精神性的非精神性东西,现实地是二者,或者说集二者于一身。这种结合了精神性的非精神性构成了具体事物。这个纯粹肯定的质料本原——我们当然在任何地方都**看不到**它,因为它为了被我们看见,就必须受到内在性影响——相对于现在产生出来的东西而言仍然始终是纯粹的正极,一个仅仅**可能**也是负极的东西。而现在产生出来的东西是现实地立足于正极和负极。所有学习过自然科学的人都必定知道这些表述的意思,因为自然科学里也会谈到磁性、电性等的正极和负极,而这些表述在这里也必须得到人们的认可,因为我们考察神话事物的方式和通常考察自然现象以及自然事物的方式是完全一样的。简言之,这里产生出来的东西不再是纯粹的质料,而是一些具体的质料性事物,因此我们可以把这里发生的过渡首先标示为一个向着全部具体事物的过渡,而在这里,自由的多样性和杂多性第一次产生出来。

下面将进一步解释这个过渡。

那位在最初的环节里唯一占据主导地位的神,相对于他此前排斥的一个更高的潜能阶次而言已经是可接触和可克服的,但并没有因此**在本质上**——请务必注意这一点——变成另一位神;有所变化

---

① 在这里,精神性等同于内在性。——谢林原注

的仅仅是他的相对于起初被排斥的潜能阶次而言的地位；只有针对后者，亦即在单纯相对的情况下，他才变成女性，但他在自身之内仍然始终是同一个B，并且**必须**是B，因为只有在这种情况下，一个过程才是可能的。当意识感受到更高的潜能阶次的作用，其最初的自然的运动就是去反抗这个潜能阶次，不是拒绝承认它的存在，而是拒绝承认它是神，因此仍然坚持认为，最初的神和过去一样是唯一的神。但意识并不能完全抵抗更高的潜能阶次的作用，它之内的B也不再仅仅是B，而是在某种意义上也是A，亦即也是精神性的。当自在地非精神性的神具有了精神性，同时就是具体的神。这是一个新的概念。因为前一个环节的神既不是绝对普遍的，也不是具体的，好比纯粹的火不是某种具体的东西；关于这样一位神，意识并不能形成一个形象或造出一个与之相似的东西；但这位此前普遍的神如今恰恰在意识之内首先转化为一位具体的神。因为具体的东西恰恰只有在过渡的时候才产生出来。正如神作为纯粹的B不是一位具体的神，同理，当神重新成为纯粹潜能或纯粹的A，也不可能是具体的神。具体的东西是一个同时是A的B，一言以蔽之，一种二分的东西。因此过程的出发点是一位作为纯粹的B的神，而过程的终点是一个完全被克服的B，而这个东西在被克服之后重新成为真正的设定上帝者。因为，对于已经被扰乱和撕裂的意识而言，真正的上帝只能以克服原初的非上帝为中介。但在这两个端点之间，必然有一些环节，我们必须把这些环节区分开，才可以大致通观整个从现在起不可阻挡地向着终点推进的神话过程。

第一个环节必然是那样一个环节，在那里，那种在实在本原亦即B身上激发起来的精神性仅仅显现为一种**激发行为**，也就是说，这个本原仍然强大到足以把这种在它身上激发起来的精神性重新设定为外在性,或将其颠转为质料,仿佛将其扼杀。在自然界里,这个环节呈现为形体事物的最初现象。形体事物不再是那种毫无精神性痕迹的纯粹质料。总的说来,针对肯定的质料本原,我们又可以区分出三个环节:1)这个本原仍然企图坚持自己是精神性的、超自然的本原,这是纯粹的萨比教之内设定的环节;2)这个本原已经从属于更高的、相对精神性的潜能阶次,因此哪怕仅仅是在相对的情况下,它终究已经质料化,而这个环节在神话里是以乌拉尼娅为标志;3)这个本原在更高的精神性力量的强迫下部分地已经回到自己的潜能状态,已经受到精神性影响。如果我们区分出这三个环节,那么只有形体事物才是第三个环节。因此从整个过程的推进运动来看,形体事物已经高于那个处于其尚未通过对立而被妨碍和限制的纯粹实在性中的肯定的质料本原。在形体事物里,一切不是单纯的盲目存在或纯粹质料的东西,一切显现为形式或概念的东西,都已经是另一个潜能阶次的作品,而我们可以说,虽然这个潜能阶次本身不是知性、努斯、精神——因为我们已经指出,它是一个非情愿或非自由的东西,亦即一个盲目地发挥作用的东西——,但它是知性的原因和生产者,也就是说,**B转变为**知性。

从这里你们同时也可以看出,有些人认为整个自然界仅仅是外在性或异在的形式,这是一个非常空洞的和流于形式的规定,并且真正说来没有表达出任何东西。仅凭异在根本不能解释自然界。异在的本原,另一个自主体,大致就是我们所说的B,但就B仍然是纯粹肯定的东西或仅仅有可能被克服而言,并不是现实的自然界,而是自然界的单纯前提。我们能够称作现实的自然界的东西,不是基于最初的外露活动,而是基于重新颠转或重新精神化的活动。一切形体事物实际上已经是一种精神化的、内在化的质料性东西。在形体事物那里,已经可以谈到一个内核。但人们不应当把这个内核理解为一个单纯相对的或偶然的内核,即一个可以通过机械的分解而暴露出来的内核。形体事物的真正内核是一种精神性的、不可见的,但促使形体成为可见的现象的东西。形体事物的第一个概念是"作为一个聚合的东西而存在"。因此这里有一个主体和一个客体;前者(相当于康德所说的吸引或收缩)是一个通过A^2而被设定的否定,后者相当于康德所说的质料的扩张力。形体事物在**每一个**点上面都是主体和客体,亦即吸引者和被吸引者;因此真正的依附性本身并不是一个形体上的联系,而是一个纯粹精神性的联系。真正的依附性其实是共生性(Concrescenz),但不是已有的形体部分或分子的共生性,而是精神性潜能阶次的共生性(在这里,精神性的意思是作为具体事物的对立面)。人们通常所说的依附性其实应当叫作可撕裂性。在这种外在的撕裂里,被分割的仅仅是具体事物或单纯的产物,但分割出来的部分本身不会变成别的东西,因此这种单纯外在的撕裂本身只有通过那个**内在的**不可撕裂性或不可分割性才成为可能,并且仅仅是后者的一个后果。假若人们能够分割身体和灵魂,质料和形式,假若人们能够分割那些非形体的潜能阶次,那么形体事物的现象本身就会被推翻。

因此在神话过程里,当前的环节就是那样一个环节,在这里,全部**具体的**、**有形体的**神第一次对意识而言产生出来。相对于早先的那些始终不具有形体的神而言(比如在元素那里,受到崇拜的始终只是普遍的、非形体的存在),这些有形体的神形成了一个很大的距离或落差。天空是同一性的,在任何地方都等同于自身。那里没有杂多性。但这里第一次产生出**现实的**,亦即非等同和非同类的多样性。我们走出了荒芜而空洞的存在的最初荒野。此前只有僵死的同一性的地方,出现了自由的杂多性。只要那个存在于**万物**之内的东西是唯一者(纯粹的正极),我们就只能思考一种抽象的多。但如果两个东西仿佛在争夺存在或分裂为存在,就会产生现实的多样性。因为在两个冲突的潜能阶次或本原之间,任何关系就其本性而言都是一回事,亦即一个无限地非等同的东西,一个能够具有无限差异性的东西,一个无界限的东西,即柏拉图所说的ἄπειρόν τι [不定的东西]。相应地,这里产生出来的同时式多样性也已经是一种非同类的、杂多的多样性,而这个环节的主神也不再是天空之神——天空相当于那个在任何地方都唯一而同一的存在——,而是丰富多姿的形体世界的神。但纯粹的形体事物本身仅仅是过渡。现在发动的过程的意图在于,让意识的那个本原,那个在意识之内已经违背原初规定而发挥作用,随之已经推翻意识的原初统一体的本原,带回到呼气,亦即让它放弃自己的存在,但不是放弃一般的存在,而是仅仅放弃这个不属于它的存在;不是让它成为彻底的无,而是让它在这个呼气中,在这种**本身**不存在的情况下成为一个更高本原的设定者,因为唯有这个本原是真正应当存在的东西,是A^3,即作为精神的精神。因此,为了从头至尾理解这个过程,我们必须考察**第三个潜能阶次**。

　　第一个潜能阶次是那个已经出离自身,被设定在自身之外,就此而言盲目的本原B,它应当通过一个过程而被归还给自己,被带回到自身,重新成为整体的原初状态。这个被带回到自身的原初状态就是知性，只不过是一个**转变而来的**知性。因此B也是知性的本原，或者说是那个仅仅处于**可能性**中的知性的本原。只有通过第二个潜能阶次的作用，它才成为现实的知性。因此，随后的整个过程对于盲目的本原或B而言就是从盲目性和无知性状态过渡到知性；这个过程在自然界里就是这样呈现出来的，并且在神话里也将这样呈现出来。

不可否认，在知性和完全的盲目性之间有一个居间者，而且我们并不是只有在动物的本性里才察觉到这个居间者（因为动物的盲目行为在某些方面类似于理智的和深思熟虑的行为），而是已经在所谓的僵死而盲目的自然界里，在无机物体的结构里，发现了这个居间者，比如那些对称的、有规律的结晶现象就明显带有知性的印记。——在那些纯粹形体式的自然事物里，我们同样看到了知性东西和无理智东西的这种不可否认的同一性，而这种同一性必定会让粗俗的唯物主义者和空洞的唯心主义者都感到绝望。如果那个**存在于**质料里的东西像唯心主义说的那样是一种绝对无理智的东西，如果那个东西不是至少能够具有知性或能够成为知性，人们如何能够解释那个在无机物体的形成过程中已经非常明显地与质料的本质结合在一起的知性，尤其是如何能够理解有机事物的形成过程里的那种明显的和不可否认的合目的性？没有人能够相信事物的这个知性印记仅仅是外在地烙印上去的。造物主在这里绝不可能被看作位于他的作品之外，他不可能像一位单纯的工匠那样，仅仅外在地给那些本身无理智的材料打上知性的印记；造物主必须被认为与他的作品是不可分割的，必须被看作寓居在作品之内，与之合为一体。这位从内部，从质料的**内核**里制造出一切东西的造物主不可能是外在的工匠式潜能阶次（即我们所说的A^2），因为这个潜能阶次本身不能塑造任何东西，除非它把那个内在的本原本身当作工具来使用。或许有人会说，这个本原是一个盲目的、无理智的本原。诚然，它本身确实是一个盲目而无理智的本原，但并非绝对地是如此，仿佛根本不可能成为理智；它也可以成为理智，但不是通过它自己，而是通过另外一个独立于它的、相对而言外在的潜能阶次。

也就是说，假若这个本原始终孤零零地坚持着自己的盲目性，就不能生产出任何确定的东西。但它不是孤零零的，而是接收到或接触到那个更高的潜能阶次的作用。因此在这个状态下，它不断地被另一个相对外在于它并且独立于它的潜能阶次照亮。我把它所处的这个状态称作照亮（Erleuchtung）的状态。当它被更高的潜能阶次带回到自身之内，回到自己的本质，它就仿佛获得了一个自由，可以放弃自己的盲目存在，但当它回到自己的盲目性，它也不可能绝对地抵消另一个更高的潜能阶次在它身上带来的作用。它仿佛只能够在质料里扼杀这些作用；通过这个方式，它表现为一个单纯工具性的、**本身**并不意愿知性东西的知性，表现为一个去生产、表达和使用单纯工具的知性。除非是通过这个关系，否则我不认为"工具性知性"这个概念已经得到解释，也不认为这个概念能够得到解释。我们在整个自然界里都察觉到一个单纯工具性的知性，这个知性只有通过那个原初盲目的、在质料里发挥作用的本原与一个更高的、仿佛一瞬间就将它照亮，但它却始终与之对抗的潜能阶次的关系才能够得到解释，也就是说，本原在它的产物里表现出的知性虽然是来自本原自身，就此而言看起来是一个寓居在事物之内的内在知性，但同时也显现为一个对本原而言陌生的知性。

XII, 271

如果我们把上述情况应用于神话过程的下一个环节，那么这个环节就是这样的，即盲目的本原仍然占据着优势，从而仿佛仅仅**忍受着**知性，以一种不情愿的态度对待那种在它身上激发起来的精神性。我们将证明**腓尼基人**、**迦南人**和所有与之相似的民族的神就是这个环节的神，这位神虽然已经取代了乌兰诺斯，并且显现为具体的形体自然界的神，但仍然排斥和完全拒绝第三个潜能阶次亦即精神。

在这个环节之后的第二个环节里，精神性和质料将达到势均力敌的平衡地位，从而包含在一个公开的斗争里。在这里，那个最高的潜能阶次亦即**精神本身**的某些闪亮虽然已经撕开意识的黑夜，但总是又被这个黑夜吞噬。如果我们可以把前一个环节比作自然界的无机创造，那么神话过程的现在这个环节就最适合被比作有机的、人类尚未出现之前的创造。属于这个环节的是**埃及人**和**印度人**的神话，但这些神话和一切特殊的神话一样，在这里只能作为一个普遍的发展过程的环节而得到考察。

最后出现的将是那样一个环节，这里蕴含着决定性的胜利，即那个立足于非精神性的本原作为这样的本原瓦解了，意识重新完全朝向精神。注意我说的是"**蕴含着**"，因为当那个本原已经被完全带回到纯粹的潜能状态，神话过程也就到达终点。终点本身只能是**这样一个终点**，其中蕴含着最终得到解脱和解放的意识，因此意识在这里完全并且彻底成为那个最高东西（精神本身）的设定者；也就是说，意识在这里虽然没有设定这个最高东西本身，但毕竟设定了一些作为这个最高东西（A^3）的形式或形态的神。这就是那些**纯粹精神性的**神的产生环节，而这样的神仅仅出现在**希腊人**的神话里。这个环节可以等同于自然界里人的形成（人的产生）的环节。

以上大概就是对我们接下来必须穿越的那条道路的一个大致勾勒（这个勾勒当然也包含着一切类似勾勒的错误）。这条道路的一端是我们在星辰诸神和元素诸神里认识到的那种纯粹**实在的**泛神论，另一端是希腊神话的那种纯粹观念的或纯粹精神性的多神论，而且这一端已经预先显现为目标。但在这个目标（一种纯粹观念的或纯粹精神性的多神论）和我们现在所处的位置之间，有一条漫长的道路，其中蕴含着一些最痛苦的斗争，甚至或许蕴含着人类在其整个漫长道路上经历的那些最深沉的痛楚。因为直到目前为止，意识仍然依附于一位质料性的神，而这位神即将没落，并且应当让位给一位非质料性的和精神性的神，因此意识害怕在失去质料性的神的同时也失去全部的神，而且只有伴随着内在的创痛感和撕裂感，甚至可以说只有伴随着一种生离死别，意识才能够摆脱质料性的神。当质料性的神本身回到不可见的世界，并且让位给一位非质料性的神，他所经历的这种转化或消亡仿佛就是意识感受到的最初苦难。希罗多德提到了一种在腓尼基、塞浦路斯和另外许多地方有着不同名称的哀歌，而希腊人把这种哀歌称作里诺斯（Linos）；希罗多德同时说[①]，这种哀歌是埃及人所唱的最古老的歌，它是献给那位远古之前就沉沦的乌兰诺斯的，但后来的传说认为这是人们为他们的第一位国王亦即他们的第一位神的夭折的儿子创作的。整个神话都贯穿着这种献给已失去的神的哀歌，它所渴望和召唤的是那位被驱逐到远方和大地尽头的神，或者按照赫西俄德《工作与时日》

[①] 希罗多德：《历史》第二卷，第79节。——谢林原注

所说，那位远离当前败坏的人类的神①；一位希腊人在谈到被驱逐的克罗诺斯时说，他为了躲避上升的神就逃到**下降**的地方（ἐν τοῖς ἑσπέραν τόποις συστήσας τὴν βασιλείαν）②；西塞罗同样也说：Saturnus quem vulgo maxime colunt ad Occidentem [**西方**的普通人最崇拜的是萨图恩]。③简言之，神为了躲避后来的无耻人类，就逃到大地的尽头，一个四面环海的安全小岛，在那里用温和的治理方法抚育一个更虔敬的人类，维持着他们的黄金时代，而整体上的人类早就已经失去了这个黄金时代。

XII, 274　　人类很难摆脱那位直接存在于存在之内的神，把自己重新提升到一位不可见的神。通过意识的一个最深刻的谬误，甚至这种提升本身看起来就是一种无耻的做法。至于处于这个状态下的意识会如何看待那位精神化的神，那位逐渐把实在的、质料性的神驱逐到意识之外的神，这是很明显的。但为了更准确地认识这个关系，还需要考察以下情况。

　　只要最初时间的神祇和随后的神之间是那个安静的并且在某种程度上平衡的关系，就像乌拉尼娅和狄奥尼索斯在阿拉伯人那里一样，他们对于意识而言就融合为**一位**神；他们不是两位神，而是同一位神祇的两个方面。乌拉尼娅是母亲方面的神，狄奥尼索斯是男性方面的神。但整个运动的意图不允许这种安静共存持续下去。毋宁

---

① Ζεὺς τηλόθι ναίων - εἰς πείρατα γαίης - διχ᾽ ἀνθρώπων [宙斯为他们安置了位于大地尽头的远离人类的住所]。——谢林原注
② 狄奥多罗：《历史文献》第三卷，第61章。——谢林原注
③ 西塞罗：《论诸神的本性》III, 17。——谢林原注（译者按，萨图恩是克罗诺斯在罗马神话里的名字）

说，整个运动的意图是让意识的那个最初本原经历一个转化，被带回到绝对的内在性和纯粹的本质性。只要这个转化真正开始了，也就是说，当两位神祇不是仅仅一般地进入一个活动关系，而是进入整个运动的法则和意图所要求的那个活动关系，他们对于意识而言就不再是**一位神**，不会再像希罗多德说的阿拉伯人那样仅仅把乌拉尼娅和狄奥尼索斯当作一位神（而不是两位神）。从**现在**起，他们是分裂的、彼此对立的乃至彼此敌对的潜能阶次。诚然，在这种情况下，最初的本原**不可能**把第二个潜能阶次从**存在**排除出去，但能够把后者从**神性**排除出去，**于是**第二个潜能阶次看上去就不是作为神而存在着。这位对意识而言全新的神，这位与前一位神作斗争的神，不可能被看作**实体性意义**上的另一位神；因为神性仍然仅仅归属于前一位神，只有他才是神性的力量和质料；为了让新神作为**神**显现出来，他必须让新神分享神性，也就是说，他必须为后者腾出空间，反过来认识到自己仅仅是神性的一个**潜能阶次**。但他既不愿意腾出空间，也不愿意仅仅成为神性的一个潜能阶次，而是希望作为普遍的神本身，不与任何别的东西分享他的神性。简言之，第二位神起初看起来被排除在神性之外，他必须克服第一位神或普遍的神，使其成为神性的一个潜能阶次，即A^1。就此而言，第二位神不是显现为已经存在着的神，而是显现为一位**必须**通过克服第一位神而**获得神性**的神，但这不是指取消第一位神的神性，而是指取消后者的排他的神性。对意识而言，第二位神或新神不像第一位神那样**自在**和**自发**地就是神，毋宁在根本上只有通过**行动**才能够成为神。但即使第二位神克服了第一位神，也**还没有**实现自身，毋宁说，只有当他真正取消了第一位神的排他的神性之后，意识才会承认他是神。因此在他还没有显现为神的时候，他在意识看来就只能是人和神之间的一个不可理解的居间存在者，即**精灵**（比如狄奥尼索斯最开始确实就是显现为这样一个东西，只有在过程的终点才成为神）。除此之外，对于仍然依附于第一位神的意识而言，第二位神的转化也只能显现为一个**偶然的转化**。正因如此，那种与第二位神的附加成分相似的东西，也只能呈现为某种纯粹偶然的，亦即属人的东西，所以这位神本身起初只能显现为一个有朽本原的儿子。在希腊神话里，狄奥尼索斯就显现为一个凡间女子塞墨勒（Semele）的儿子，而在神话的终点，二者都被承认具有神性，不仅是神，而且是意识之内的神的设定者，正如《神谱》所说："**现在**二者都是神。"①

因此，意识最初的自然的运动，就是与第二位神对立，拒绝承认后者是神。不管怎样，他仅仅是一位让意识感受到**苦难**的神，他与意识之间不是一种自由的关系，而是像一个判决或命运一样打破最初的意识的宁静，并且不是以他的本来面目亦即一位带来解放的神而出现，而是仅仅显现为一位**制造混乱**、带来无尽的折磨，从而与疯狂形影不离的神。为了理解这个感觉，我们必须回想起一点，即神不具有去发挥作用或不发挥作用的自由，而是就其**本性**而言发挥作用，**只能**发挥作用，因而是盲目地发挥作用。从最初的时代一直到罗马诗人的余晖时期，比如当贺拉斯说Quo me rapis Bacche [噢！巴库斯，你要带我去哪里]时，谁不知道狄奥尼索斯是一位致人疯狂的神呢？对意识而言，这位神的作用是一种带来灾厄的作用，但意识又不能将

---

① Καδμηὶς δ᾽ ἄρα οἱ Σεμέλη τέκε φαίδιμον υἱὸν-ἀθάνατον θνητή· νῦν δ᾽ ἀμφότεροι θεοί εἰσιν.[卡德摩斯之女塞墨勒生下一位出色的儿子……现在二者都是神。]赫西俄德：《神谱》，第940、942行。——谢林原注

其摆脱；在这种情况下，意识虽然觉得这位神是一个更高的、不被它理解的力量，但又把他看作那位**排他的**唯一神的**对立面**；意识不觉得他是神，反而觉得他是神的敌人，进而认为那位排他的神仿佛也是把他当作敌人来对待（比如在荷马那里）。

就此而言，我们首先看到腓尼基的赫拉克勒斯就是这样一位受难的神。因为赫拉克勒斯只有在**终点**才被理解为神，所以他在意识看来比所有那些从最初的神的实体里产生出来的质料性的神都更年轻；但由于在意识里起初只有这些神产生出来，而那位将他们生出来的神作为**原因本身**始终位于意识**之外**，所以总的说来，这位只有在完全被克服的意识里才作为**神**而得以实现的神，就将**显现**为诸神当中**最年轻的**神，不仅比克罗诺斯更年轻，而且比宙斯以及所有那些和宙斯同时被设定的神更年轻；这并不是指他真的比后面这些神更晚出现（因为假若没有他，假若没有他的作用，意识根本就不会推进到这些更具有精神性的神），而是指他只有在**完成**自己的任务之后，即只有在整个神话过程的终点，才被认识到是一个神性的人格性。正因如此，即便在赫西俄德的《神谱》里，也不应当在我们刚才提到狄奥尼索斯的地方去寻找他，而是应当在很后面的地方，当所有别的神都已经存在着之后，才去寻找他；因为只有当狄奥尼索斯对于神话意识而言已经作为神而得以实现之后，诸神历史才**能够**把他吸纳进来。但只有当那个盲目的、依附于实在的神的本原被克服之后，也就是说，只有当纯粹精神性的和纯粹观念的多神论被设定下来之后，他对于神话意识而言才得以实现。

XII, 277

希罗多德明确指出，佩拉斯吉人（亦即原初的希腊人）是知道**所**

有别的神的名字之后才知道狄奥尼索斯的名字①;至于这位神(不言而喻,其所指的是这位已经**作为**神而被认识到的神)的出生时间,希罗多德认为大概是在他那个时代之前1600年。②

既然如此,我们必须区分两件事情:一个是神在意识里的最初**显现**或作用,另一个是意识第一次承认这位神是神。因为当神在意识里一般地显露出来或开始发挥作用时,不可能立即被认识到是神,而他作为一个对意识而言直到目前为止都不可理解的本质,也不可能立即被**命名**。这个区分是极为重要的。约翰·海因里希·福斯就没有搞清楚这个区分,因此他针对克罗伊策而提出的争吵令每一位行家都感到厌恶。诚然,克罗伊策把整个狄奥尼索斯学说当作与神话的开端同时出现的东西,甚至当作最原初的东西,这无疑是错误的。作为**神**的狄奥尼索斯是很晚才出现的。但福斯对于科学的了解基本上没有超出他的那些绝大多数以日常生活为题材的诗歌作品的范围,因此他也是以这样的方式去理解希腊神话,认为狄奥尼索斯原本只是一位具有日常生活意义的神,其更高的意义只不过是后来的奥菲欧教派、神秘主义者、神职人员等灌输进去的私货。不可否认,这类说辞确实能够造成某种影响;因为无论在什么时代,都有很多这样的人,他们自诩为启蒙主义者,但对于启蒙的意识却是如此之微弱,对于自己的知性又是如此之不自信,以至于他们哪怕只**听到**"神职人员"或"反启蒙主义者"之类词语,马上就勃然大怒。但这种以通俗影响为目标的说辞不可能吓倒科学。因为福斯根本就没有

---

① 希罗多德:《历史》第二卷,第52节。——谢林原注
② 希罗多德:《历史》第二卷,第145节。——谢林原注

完整而忠实地理解整个研究的历史方面，不知道近代的各种研究只不过愈来愈证实了希罗多德的无与伦比的精确性。比如希罗多德在埃及的奥西里斯那里看到了一位与希腊的狄奥尼索斯相似和相近的神，因而也在狄奥尼索斯那里看到了某种更高的东西，而福斯却宣称这种东西属于神秘主义，随之把希罗多德称作一个被埃及祭司欺骗的胡编乱造者。这种说法当然会影响一些精神薄弱的人。只可惜这位正直的人士忘了，希罗多德同样看到了阿拉伯的狄奥尼索斯和希腊的狄奥尼索斯之间的一致性。这么说来，难道希罗多德也受到了阿拉伯祭司的欺骗，虽然这些祭司讲述的事情和埃及祭司讲述的事情是不一样的？但不可能是阿拉伯人告诉希罗多德："那位被我们看作女神的孩子（因为'欧洛达尔特'不是一个名字）的神，是狄奥尼索斯。"——阿拉伯人怎么可能知道希腊的狄奥尼索斯！

因此这是希罗多德自己得出的判断，而他这样做只是为了表达出同一性的概念，而且他无疑比近代人更有能力和更有资格认识到**概念**的这种同一性。希罗多德在狄奥尼索斯那里看到了某种普遍的东西，这种洞察力是福斯永远望尘莫及的，因为他在狄奥尼索斯身上只能看到某种偶然的和局限于希腊的东西。对希罗多德而言，狄奥尼索斯之所以是一个普遍的和永恒的概念，是因为他是一位**神**，而按照福斯和那些与之想法相同的人的想象，古人总是把那些没有包含任何普遍必然性的偶然想象物当作神，并且把它们当作神来崇拜，但这种想法的荒谬性根本不值一驳。古人只会把一个永恒的和必然的概念看作神。希罗多德之所以在看到狄奥尼索斯的时候就认出他来，只不过是因为狄奥尼索斯对他而言是一位神，随之是一个永恒的而非偶然的概念，反之福斯等人之所以在这个概念里没有认识到普遍性和永恒性，则是因为他们只看得到偶然事物，从而根本不是在讨论狄奥尼索斯。我们没有办法和这些人争辩，因为他们对于争论的事物缺少一个概念。

简言之，我的意思是：那个作为这里开始的运动的原因的潜能阶次，是**一位神**，即希腊人所说的狄奥尼索斯，塞墨勒的儿子，至于他们是什么时候才认识到这位神并给他命名，这并不重要。我们不关心这个名字，也不打算围绕这个名字大做文章，人们尽可以随心所欲把我们所说的那位神称作x或y，或者采用我们选择的那个更贴切当前意思的标示，即A^2；只要意识选择了神话运动，进入了我们称作奠基的那个进程，从这个瞬间开始，这位神在神话里的**存在**和作用就是显而易见的，进而呈现出一个从神话的本性和必然进程里产生出来的过程本身。狄奥尼索斯并非就名字而言，而是就概念和本质而言，和乌拉尼娅一样古老，和人类脱离萨比教的进程一样古老。在巴比伦人的那个从伦理概念来看应当被谴责的习俗里，我已经证明了狄奥尼索斯的在场和他的最初的存在，虽然这个存在还没有被认识到并被说出来（因为在任何一个时间和任何一个时代，都有一个暂时未知的本原在发挥作用，只有当它已经发挥出自己的作用，才会被认识到；一切原因都只有在已完成的作用里才被认识到，所以作用仿佛是先于原因而出现），而希罗多德明确指出，阿拉伯人虽然不知道这位神的名字（因为"欧洛达尔特"不是名字），但毕竟具有了这位神的**概念**。至于希腊人的狄奥尼索斯，通过迄今所述本身就可以看出，在这个发展过程还没有到达终点之前，我们对于整个狄奥尼索斯学说不可能具有一个完整的认识。

我们既然已经指出狄奥尼索斯只有在终点才完全显露出来，就必须提到福斯和那些与之想法相同的人的另一个自信十足的方法，因为这个方法在事实上导致神话不可能有一个更高意义上的尤其是哲学意义上的发展过程。也就是说，他们让自己的学生牢记这样一个行为准则，即为了在根本上研究和认识神话的历史进程，必须严格遵循著述家的编年顺序。比如人们必须从荷马开始，除了荷马本人的言论之外，不把任何东西纳入狄奥尼索斯的原初概念，至于后来的著述家所说的话，则必须果断地把它们看作补充和发挥，甚至看作一种逐渐附会进来的扭曲等。正如前面所说，福斯认为通过这个原理就掌握了一个无往而不利的方法，可以力保他的那些平庸枯燥的观点屹立不倒，但他提出的这个原理恰恰表明，他根本没有掌握一个有机的产生过程的概念，或者说他不知道除了通过堆积的方式之外还有别的什么产生过程。因为在一切有机的生成过程里，开端都只有在终点才变得清晰。人们看不出一个小孩会成为什么样的男人，还裹着尿布的牛顿也没有展现出一个将来让数学和天文学改换形态的创造性精神。哪怕是最伟大的植物学家，如果我把一堆不同类型的种子放在他面前，他恐怕也很难说出这些种子的名称；任何一株新发现的植物的种子都是一个完全未知的东西；如果植物学家想要对此做出科学的规定，就必须把种子撒入土中，等待其开花结果，然后才能够规定植物，进而给种子命名。在所有这些例子里，都是后来的东西证实了先前的东西的意义。如果人们完全无视我们所说的那种意义而去观察神话的有机生成过程，如果人们仅仅通过与今天出现的其他事物的类比去评价神话的生成过程和产生过程，那么那些遵循刚才所说的编年学原理的人就必定会永远把那些直接报道日常事件的报纸看作历史本身乃至全部历史评价的最重要的源泉,但每一个人都知道,恰恰对于一些最重要的事件,经常是一个相当遥远的未来才揭示出真正的背景和真实的原因,而对于这里讨论的神话,恰恰也是后来的著述家比同时期的著述家揭示出更丰富的意义。

现在回到狄奥尼索斯。他看起来直到今天都发挥着灾难性的影响,这表现在某些人只要一谈到他,就立即在某种程度上变得疯疯癫癫。但我早就已经表明,这位神本身比他的**名字**更古老,他的**影响**先于他之**被承认**为神,他在意识里的**临在**(Gegenwart)也先于他在意识里的**完满**实现。

狄奥尼索斯当初是在充满争议的情况下被接受的,他的最初影响也曾经遭遇到最激烈的反抗。纯粹从**人**的角度看,这位神起初仅仅显现为一切伟大而单纯的或和谐的东西的败坏者;因此对意识而言,他必定不是什么伟大的东西,充其量就像无边的荒漠和孤寂的大海,或者像寂寥的天空和荷马用"贫瘠"一词去形容的以太。任何一个时代,当一个单纯而伟大的状态走向没落,开始让位于一个在精神性方面更复杂的时间,都会重复出现狄奥尼索斯的最初影响带来的那些现象。当看到更早期的远古世界的巨大山脉时,谁不会感到心潮澎湃呢?但为了让有机生命乃至真正的人类生命完全充分地扩散开来,这些巨大山脉必须坍塌,给一些不太高的山脉腾出空间,最终过渡到舒缓的平原。历史里面也是一样。我们德国远古时期的巨石堡垒的废墟总是让我们想到一个勇武的时间,和一个在某些方面比我们现在的德国人更强大和更辉煌的族类,但恰恰是这个时间摧毁了那些堡垒,将其转化为开阔的田野,促进城市的行业发展和财富积累,就好像一个自由的市民阶层只有在那些废墟之上才能够崛起。

在我们这个时代，有些人根本不能理解，那些曾经整合和维护人类生命的实在关系，为什么会一个接一个地瓦解，那个在许多方面整齐一致，但正因如此雨露均沾的伟大体系，为什么也开始失去最后的痕迹，以至于从一切迹象来看，人类社会就像许多人抱怨的那样，开始消解为原子。但我们不要忘了，在这里，在一个完全**不同的**层面里，就像在萨比教里一样，仅仅存在着一个走向没落的**实在**统一体，但这个统一体之所以走向没落，仅仅是为了让位给一个更高的观念统一体。如果没有统一体，人类和人类社会就不能立足，因此一个统一体的没落只不过昭告着另一个必然更高的统一体。有人说，我们这个时代①的最受欢迎的那些努力大部分都仅仅是为了一步步削弱国家，并且把国家的庄严进程消解为纯粹个别的和微小的运动。然而在这个伟大状态的瓦解中真正得到教训的人只能认识到那个更高的精神的痛楚，对这个精神而言，整个国家机器，甚至这个宇宙王国本身，都仅仅是它按照各种具体情况和**它自己的**目的而搭建、改造乃至完全推倒的框架，因为它实际上不是为了这些框架本身而搭建它们，而是为了建造出一个完全不同的、永恒屹立的、不可能被摧毁的王国。那种在任何事情上都排斥国家的做法体现出一种奴性思维。自由的旨趣不在于像人们通常想象的那样应当限制国家的主导性力量（这种力量其实强大不到哪里去），而是在于应当限制国家本身。但通常说来，无论是那些仅仅充当工具的破坏者，还是那些对这种破坏叫苦连天的人，都不知道神所意愿的是什么，而希罗多

---

① 这一段文字写于1842年。——原编者注

德早就说过，神允许每一个人追求的伟大东西仅仅是神自己。

除此之外，真正的未来只能是同时进行的破坏性力量和维护性力量的共同产物。正因如此，真正的未来的创造者不是那些软弱的、仅仅倾心于一个新时代的各种福音的人，毋宁只能是那些强大的、同时坚守着过去的人。在狄奥尼索斯引发的那个过程里，从本性上来看，真正创造未来的也仅仅是那个进行反抗的意识，而从历史来看，所有那些出现在狄奥尼索斯传说中的记载都表明，恰恰是通过那些反抗者，这位神的事业才最终达到自己的真正终点。

既然这里提到了神话发展过程和任何一个伟大的发展过程的相似性，我希望再补充一点，即从希腊哲学史来看，在那些通常看起来完全偶然的和彼此不相干的开端里，我们也很容易证实一条类似的发展道路。比如最早的那些希腊哲学家，即通常所说的自然哲学家，当他们相信在元素里认识到事物的普遍者，岂非就是作为元素崇拜者而反对民间宗教里的神人同形论？赫拉克利特的深奥思想仍然完全专注于那个生产出世界的永恒活火，那种在他看来交替着燃起和熄灭的火。在埃利亚学派那里，κόσμος [宇宙]凝缩为抽象的普遍者或"一"的概念。但恰恰在这种情况下，一与多形成尖锐对立，而人们可以把芝诺称作哲学里的克罗诺斯，因为他致力于让一切东西保持静止不动，并且与多样性进行斗争。希腊哲学的前狄奥尼索斯时期一直延续到埃利亚学派。——真正破坏统一体的是那个男人，他在哲学精神的历史里的划时代意义不亚于狄奥尼索斯在神话运动里的划时代意义，也就是说，哲学里的真正的狄奥尼索斯是那个精灵般的男人，即苏格拉底，是他第一次通过一种**现实的**、破坏性的辩证法（而非一种直接回归自身的，从而纯粹虚假的辩证法）瓦解了埃利亚学派的那个静止不动的统一体，为自由的生命和丰富多姿的杂多性提供了空间。一位古人说，苏格拉底嬉笑怒骂之间就把埃利亚学派和那些**仅仅发源于埃利亚学派**的智者的浮夸言辞当作一阵轻烟吹走，也有人赞美苏格拉底，说他最终把哲学从天上带到人间，而这句话的意思无非就是我们刚才说过的意思。也就是说，正如一位类似于苏格拉底的神让宗教从那个只有无限而单纯的唯一者的天空领域降临到大地，降临到杂多而变换的生命舞台之上，苏格拉底也把哲学从实体性的、不自由的知识的局促境地带到理智的、进行区分和分解的知识的开阔而自由的局面，而只有在这个局面里，才有可能出现一位亚里士多德。除此之外，苏格拉底借助神话来阐述问题的方式也另有深意，而不是像那些平庸普通的人以为的那样仅仅意味着**科学**的缺失。苏格拉底的伟大之处在于他意识到，对于某些问题，没有理性的答案，毋宁只有历史的答案。假若他当时掌握了我们现在获得的大量必要的资料，他肯定会愿意用现实的历史代替神话进行阐述。

人们无论在想到狄奥尼索斯还是在想到苏格拉底的时候，都必定会想到阿里斯托芬。众所周知，狄奥尼索斯也首先出现在一个卑微的并且让某些骄傲人士感到愤怒的形态里，而在阿里斯托芬身上也能够看到这种愤怒的一丝痕迹。同样，正如赫尔曼所说，苏格拉底被判死刑意味着他配得上先知和正义之人共同的最终命运，而这个死刑证明他对于他的民族而言是陌生的，仅仅被他的少数学生理解，因此他对于他那个时代而言只能显现为一个将人们**带入混乱**的精神，而阿里斯托芬之所以迁怒于苏格拉底，只不过是因为他在后者身上认识到了那个**本原**的整个力量，这个本原会导致当时的国家和公众生活的发展过程里面出现一个不可阻挡的过渡,于是古老时间的单纯而和谐的东西必须让位给各种愈来愈混乱的繁复杂多的关系。

以上已经阐明了神话过程的那些最切近的和直接的原因。伴随着实在的神和相对精神性的、观念的神之间的对立,我们也得到了两个本原,因此我可以立即进入**真正的**过程的第一个环节。

第十四讲
腓尼基神话中的克罗诺斯

我们将要阐述的过程有一个前提,即这个过程最后会一直延伸到神话或者说完整的多神论的最终出现。因此我想指出,在这个过程的开端,意识虽然还没有能力完全摆脱精神性的神在它身上激发起来的东西,但它已经强大到足以一再地消灭这位神带来的影响,因为它是立足于一个盲目的存在,而这个存在是它一直以来唯一承认的并且与之纠缠不清的那位神赠予它的。因此在这个环节,虽然精神性不断地闪现出来,但又总是被盲目存在的黑夜重新吞噬。诚然,当实在的神与另一个潜能阶次相对立,**在这种情况下**就不再显现为一个排他的东西,但精神性潜能阶次的这个影响仅仅是为了把早先的宁静和漠然激发为一个**活动的**对立,激发为一个针对全部精神性东西的斗争。意识察觉到其一丝气息的那位神之所以开启自身,只是为了重新封闭自身。因此这里是精神性东西的不断交替的产生和消灭,即精神性东西不断地被设定下来,但总是又重新沉入质料性。

在神话里,一个仿佛交替着开启自身和封闭自身的意识的矛盾是通过一位神的形态表现出来的。我把这位神称作**克罗诺斯**,但并没有因此在这里已经谈到希腊人的克罗诺斯。在希腊神话里,克罗诺斯是作为一个单纯的过去而出现的,但这里所说的克罗诺斯却是一位仍然活在人类意识里的、临在的神。因为这位对希腊人而言仅仅已经过去的神,对早期民族而言恰恰是一位临在的神。**最终的神话**或最后完成的诸神历史吸纳了早期民族的诸神学说,将其当作它的过去环节。正如我已经指出的,与那个概念相对应的神实际上就是**腓尼基人和所有与之平行的民族**的神,这些民族已经蕴含在精神性多神论的最初转化中,在最初提到的几个民族之后第一次出现在历史的光明里。乌拉尼娅仅仅是过渡,而克罗诺斯仅仅是另一个形态(一个已经更具有精神性的形态)下的乌兰诺斯。就实体而言,克罗诺斯并不是他的先行者乌兰诺斯之外的另一位神,只不过乌兰诺斯仍然是一位绝对普遍的神,反之克罗诺斯已经是一位具有对立面的神,属于一个特定时间的神,他是已经受到精神性作用的乌兰诺斯,就此而言是一位具体的神。

在这整个推进过程里,实在的神始终是同一位神,仅仅接纳了不同的形式,比如克罗诺斯和乌兰诺斯——**二者**仅仅是同一位实在的神在不同环节的现象。二者那里占据主导地位是同一个反抗运动的本原,它不想要相继性,充其量只能容忍一种同时式多神论。但恰恰在与相对精神性的神的对立中,这个反抗相继性的本原被迫接受了某种相继性,从一个形态推进到另一个形态。如果说我们早先满足于仅仅一般地区分同时式多神论和相继式多神论[1],那么我们现在必须区分两种意义上的相继式多神论,一种是单纯相对的或处于

---

[1] 参阅谢林:《神话哲学之历史批判导论》,第120页以下(XI, 120 ff.)。——谢林原注

关联中的相继式多神论，另一种是绝对的相继式多神论。

  单纯处于关联中的相继式多神论是通过一些前后相继的形式产生出来的，而这些形式是实在的神在与精神性的神的斗争中，在反抗转化的时候所经历的形式，比如乌兰诺斯和克罗诺斯就是这种单纯处于关联中的相继式多神论的最初环节。与此相反，绝对的相继式多神论是在三个作为原因的潜能阶次之间出现的，在这些潜能阶次当中，实在的神就其**全部**形式而言也仅仅是一个潜能阶次。但到目前为止，只有**我们哲学家**知道有这种绝对的相继式多神论，它还没有进入意识自身，因为这个仿佛与实在的神纠缠在一起的意识还在拒绝第二个潜能阶次的神，仍然执着于把观念的神排除到自身之外，随之排除到神性之外。——简言之，克罗诺斯在某种意义上始终是乌兰诺斯，只不过他现在已经可以被另一位神亦即观念的神触及，但还根本没有被后者克服。在克罗诺斯那里，星辰仍然占据着重要地位，因此克罗诺斯本人有时候也被看作一位具体的天空之王。最初的时间的神，或者说纯粹的萨比教的神，是一位没有矛盾而盲目地存在着的神；克罗诺斯也是这位神，只不过已经部分地回转到自身之内或回到内核，但他并没有因此就放弃存在，反而是带着盲目存在里的**意志**和**意念**坚持自身，并且热切地维护着这个存在。也就是说，克罗诺斯是一位比乌兰诺斯更具有精神性的神，但他仿佛只是利用这个情况，以便带着精神和意志成为他此前就其本性而言所是的那个东西，即一位立足于盲目存在的神。

  我们迄今提出的克罗诺斯的普遍概念，也可以从这个过程的必然进程里正确地推导出来；但为了表明另外一些哲学家也已经提出这个概念，我希望引用新柏拉图主义者的一些文本，而在我看来，

XII, 288

克罗伊策并没有完全正确地使用这些文本。针对荷马用于克罗诺斯身上的ἀγκυλομήτης [诡计多端的]这个形容词，一位新柏拉图主义者说："荷马在介绍克罗诺斯的时候，不是把他看作一位向外发挥作用的、发出声音的神，而是看作一位真正ἀγκυλομήτης [诡计多端的]神，一位向后弯曲的、回转到自身之内的神（ὡς εἰς ἑαυτὸν ἐπεστραμμένον）。"① 用我们的话来说就是，这个形容词表明，克罗诺斯只不过是利用他获得的内在性把自己更深地封闭起来，仅仅自私地专注于自己，正因如此外在地看起来是沉默的，回转到自身之内的（这是关键之所在），仿佛在暗中策划什么阴谋诡计，去扼杀一位自由的、爱护分离的生命的神带来的影响。正是因为ἀγκυλομήτης [诡计多端]这个词语同时也意味着"狡猾的思想"，所以我不可能像克罗伊策那样认为它所指的是一位仍然完全隐藏起来的、绝对的神，因为这样的神根本没有出现在神谱里，而且假若他出现的话，也必须位于神谱的开端，而不是位于中间位置。克罗伊策似乎是把克罗诺斯回转到自身内的情况理解为一个沉思和决断的状态，即上帝还没有决定创世之前所处的那个状态。但这些概念属于一个完全不同的思想体系，不可以掺和到神话里面，而且正如之前所说，这个词语本身附带的"狡猾"意思不允许我们赋予它一个如此崇高的释义。克罗诺斯并非如克罗伊策解释的那样是一位没有完全启示出来的神，正相反，他已经是一位**外在的神**，甚至是一位**绞尽脑汁**想要坚持外在性并反抗精神性激励的神。这种**绞尽脑汁**恰恰

---

① 出自普罗克洛：《柏拉图〈克拉底鲁篇〉注释》，参阅克罗伊策：《象征系统与神话》（*Symbolik und Mythologie*）第一卷，第523页，注释307。——谢林原注

是他的属性。假若人们像克罗伊策那样企图在每一位特殊的神和每一个具体的形态里总是只看到一位绝对的神,那么神话里的一切相继性因素都会被推翻,而人们很快就会在神话里看不到任何区别。这里同样适用一条准则,即每一位神的解释或正确概念都是由他在先后顺序里占据的位置所规定和得出的;离开这个位置之后,克罗诺斯就不是克罗诺斯,他仅仅是这个位置的神,不是这个位置之外的神,因此不是绝对的神。

关于克罗诺斯在我们所说的发展过程里占据的位置,另一个支持我们的解释的释义是:"他是无理智性,是知性的掩盖(ἡ ἀνοησία καὶ ἡ τοῦ νοῦ συνθόλωσις)。"① 这个释义的正确之处在于,克罗诺斯并不是知性的完全缺失,毋宁只是知性的掩盖。因为他不能完全阻挡向着精神性的开启,但知性在他那里之所以显现出来,只是为了很快被重新掩盖。内在性在每一个瞬间都显现出来,但总是立即被反转为外在性并遭到消灭。知性还不能掌控盲目的本原,正相反,盲目的本原囚禁了知性,使之僵硬和石化,比如那些有规律地对称形成的结晶体就是这样一种已经僵硬和石化的知性。精神性东西遭受的最大掩盖恰恰就是位于这个地方,因为一方面看来,存在不再处于它的纯净性里,因此也不再处于它的相对的精神性里——因为纯粹的存在,作为尚未具体化的存在,相对于具体化的存在而言仍然始终是一种精神性东西——,但这里所设定的不再是纯粹的存在,而是一个受到对象影响,仿佛受到伤害的存在,另一方面看来,知性终究会掌控这个存在,因此可以得出,无论是存在还

XII, 290

---

① 参阅克罗伊策:《文集》第二卷,第439页。——谢林原注

是知性都不再是纯净的,毋宁说,二者显现为相互暗化和相互掩盖的东西,而形体性质料恰恰是这种掩盖的外在现象。

柏拉图笔下的苏格拉底曾经以开玩笑的方式从κόρος [吃饱]推导出克罗诺斯,而赫尔曼是更加一本正经地从κραίνω [完成]推导出这个名字,但这个词语原本仅仅意味着"填满"。罗马人用satur [丰收]解释萨图恩,当然,这仅仅是指annis [每年的]丰收。假若人们觉得这种推导是有价值的,就不妨说:克罗诺斯意味着一位吃饱了质料的神,而在这个词语的化学意义上,就是指一个与质料结合起来的精神,反之可以说质料是一个吃饱了知性的质料,或者说一个与知性结合起来的质料。

另一个同样由克罗伊策提出的解释是,克罗诺斯是一位在自身之内**看到了**προχειρισμός [天意]的神,亦即一位在自身之内看到了未来创世的基础和规划的神。不可否认,克罗诺斯在自身之内已经包含着全部未来将要出生的神,至少就基础而言是如此——这种未来的诸神多样性必须被看作与自然界里的自由的多样性和杂多性完全平行的。而且按照希腊的神谱,在克罗诺斯身上,未来的精神性诸神仿佛已经隐约可见,但他们仅仅是隐约可见,并没有从他那里走出,因此他们的显现缺乏一个现实的分离和分化,仍然被封闭和隐藏在黑暗的诞生地和那位仅仅围绕自身转圈,却没有真正进行生产的神之内。在克罗诺斯那里,精神性多神论仍然只是一种若隐若现的东西,但正因如此,克罗诺斯更加强硬地封闭自身,不让这些产物见到光明。

但克罗诺斯不仅**内在地**压制多样性,而且外在地与**多数性**针锋相对,也就是说,他不容忍自身之外有任何神,而是坚持独占实在的存在，不愿意与任何别的神分享。换言之，精神性的神虽然被容许存在，但只能作为潜能，而**现实的**存在仍然是专属于克罗诺斯，不会被他拿来与精神性的神分享。就此而言，克罗诺斯始终包含着一种形式上的一神论，因此如果人们只愿意坚持个别环节，同时对相继性视而不见，他们就很容易像早先的神学家一样，在一切神话观念里面都只看到启示真理的扭曲，甚至在克罗诺斯身上看到了最高的神的理念。对于**他的**时间而言，克罗诺斯当然是最高的神，并且在某种意义上也是唯一的神，而这种唯一性是由于他独占了存在。从克罗诺斯念念不舍的这种唯一性也可以看出，他不容忍自己之后和之外有任何神，不愿意进入相继性，不愿意进入历史，而这种对于一切相继性的反抗恰恰表明，克罗诺斯在什么意义上既是又不是时间之神。

也就是说，克罗诺斯并非如人们通常理解的那样是**现实的**时间的神，正相反，**他**是一位否认现实时间的神，一位本身就拒绝时间，不愿意进入时间的神。他既然不愿意成为过去，就反对区分过去、现在和未来，亦即反对**现实的**时间；因为只有当过去、现在和未来uno eodemque actu [在同一个活动里]被设定下来，才会设定现实的时间，也就是说，只有当某个东西被设定为过去，才会有现实的时间。因此克罗诺斯仅仅是尚未开启的现实时间的神，仅仅是一个将自己的产物总是又吞噬的**混沌**时间的神。总而言之，他是一种与时间**搏斗**，对时间严加拒斥的同时性，因此他绝不是一种不断前进并产生出万物，然后将万物重新吞噬的时间。因此，克罗诺斯吞噬自己的子女，这和时间重新收回自己的产物是不同的意思。因为克罗诺斯根本**不生产**任何东西，他在刚出生的孩子见到光明之前就将他们吞

XII, 292

噬，而不是像时间那样生出自己的孩子之后先让它们存在，然后再重新把它们吞噬。因此我想借这个机会预先指出，我们后面在希腊神谱里将要看到的那种吞噬自己的孩子的做法，绝不是一个偶然选择的表述，而是某种明确得多的东西，而这是为了表达出时间的那个普遍特性，即时间总是在进行生产，然后又把生产出来的东西重新吞噬。基于时间之神的理念，人们也觉得可以解释为什么克罗诺斯在古代的雕像作品里拿着一把镰刀；据说这就是时间的那把收割一切的镰刀。比如布特曼①就持这个观点。我记得在近代的一些隐喻里曾经看到过时间的这种寓托式呈现，至于这是否也是一个古代的隐喻，我就不太清楚了。但一切迹象都表明，镰刀仅仅意指克罗诺斯用来阉割其父亲乌兰诺斯的那件著名工具，比如赞克尔岛还陈列着这样一把镰刀。

正因为克罗诺斯是一种既没有被外在的（相继式的）多神论打败，也没有被内在的（同时式的）多神论打败的唯一性，所以他始终是一种严格忠于唯一性的崇拜的对象。这种崇拜是一种相对的一神论，仅仅崇拜排他的唯一神，就此而言当然不是崇拜真正的唯一神。正如我们看到的，这样的神就是迦南人、腓尼基人、推罗人的那位被称作天空之王（巴力、摩洛克）的神，因此这些民族的神话完全属于神谱运动的这个环节。尽管如此，他绝不等同于乌兰诺斯，而是一位具有更明确的规定并且受到限制的乌兰诺斯。因此，当早期时间的那位无限的、填满一切的，正因如此无形象的神在克罗诺斯这里凝聚为一位确定的、个体的神祇，我们当然可以预料到，意识在这里已

---

① 布特曼（Philipp Buttmann, 1764—1829），德国古典语文学家。——译者注

经敢于迈出第一个步伐，对神做出一个**形象化的**呈现。

毋庸多言，这是一个伟大而重要的进步。但同样自然的是，这些形象看起来仍然是极为不正式的，但不是如人们通常解释的那样因为当时的工艺还很粗陋，而是因为意识拒绝把神封闭在人的形态之内，反过来又认为在呈现神的时候只要尽量剔除一切属人的东西，尽量避免把人类特征放在神身上，这就不算是渎神。关于迦南人、迦太基人甚至以色列人那里的摩洛克神像，我们知道的一切都符合这一点。相比所有这些神像，那些完全不正式的、无机的、完全未经人手加工的石块则是展示出一种更古老的、属于最早时间的崇拜。这些无生命的、天然的和未加工的石块几乎没有任何形式，或者仅仅偶然具有一个形式，并且看起来在最大程度上扼杀和掩盖了内在的精神性东西，因此人们觉得这些东西最适合呈现那位封闭在自身之内的、反抗全部精神性的、立足于质料的神。希腊远古时期的 λίθοις ἄργοις [白色石头]，即那些未雕琢的，尤其没有被人手碰过的石头，也体现出这种崇拜。与排他的神相对立的是那位相对精神性的神，后者显现为全部人类事物的主人和朋友；甚至在狄奥尼索斯的名字里，一位阿拉伯语行家也能够轻松地揭示出这个意义，因此我在这里毫不犹疑地再重复一遍我此前已经强调的一个观点①，即希罗多德明确指出，是阿拉伯人第一次把狄奥尼索斯作为一个特殊的人格性区分出来，因此这位神另外还有一些名字，比如巴萨瑞俄斯（Bassareus），而在波科克看来，巴库斯（Bachos）这个名字明显是起源于阿拉伯人。即使不考虑上述情况，即使没有这些词源学分析，

XII, 294

---

① 参阅谢林：《神话哲学之历史批判导论》，第149页。——原编者注

狄奥尼索斯也是真正的人类生命的主人和创造者,是一位爱护人类和人性的神。现在,正因为克罗诺斯首先是一位排斥狄奥尼索斯的神,所以他就显现为一位与人类事物对立的神,反过来,一切人类事物也显现为克罗诺斯的敌对者。人注定要在那个本原里死去和呼气,或者借用赫拉克利特的一个大胆表述,人和这位神(这位虚假的神,这位非神)之间注定是一种你死我活的关系。正因如此,人显现为这位神的敌人,只有那些距离人类事物最为遥远的东西,才仿佛能够呈现出这位封闭的、敌视一切分离的生命(尤其是人类生命)的神。

尽管如此,只要这种对于无形式的石块的崇拜仍然是神谱运动的一个环节,就不应当被看作拜物教(Fetischismus)。总的说来,拜物教这个词语在近代已经被完全滥用了。最初是葡萄牙人从塞内加尔的黑人语言里借用了这个词语,并把它带到欧洲。在黑人语言里,Fetisso所指的是一个有魔力的木块。因此一般而言,人们在使用拜物教这个词语的时候,只能针对那种以无机的块状物或形体为对象的崇拜。但从德布罗斯①——他的《论拜物教崇拜》(*Sur le Culte des Dieux Fetiches*)是关于这个题材的一部代表作——开始,拜物教这个词语才广泛流传开来,并且在违背其原本意义的情况下遭到滥用,因为德布罗斯自己已经把这个词语扩大到动物崇拜。后来的一些人更为夸张,认为那种把太阳当作神来崇拜的做法也是拜物教,最近一段时间以来,甚至有人企图把希腊诸神解释为一种仅仅

---

① 德布罗斯(Charles De Brosses, 1709—1777),法国历史学家,"拜物教"一词的发明者。——译者注

改头换面的偶像,进而宣称希腊祭礼是一种仅仅观念化的拜物教;对于这类做法,我只能认为是真正的野蛮行径。因为,第一,人们应当把这个词语重新回溯到或仅仅应用于那种以无机物体为对象的崇拜;第二,在这个意义上,人们也应当把这个词语仅仅应用于那些恰恰在神谱的**这个**环节脱离出去的部落,也就是说,这些部落不再算作这个过程的活生生的成员,而是已经落入过去,因此我们发现拜物仪式作为一个固定的、长久不变的形式仅仅出现在那样一些部落里,他们自远古以来就被那个唯一维护着人类本身的活生生的运动完全排除出去,成为一些非历史的民族,比如绝大部分黑人部落就是如此,而既然这个词语是来自他们的语言,我们就应当用这个概念专指他们。

由此也可以看出,真正的拜物教,即那种确实只崇拜僵死的木块、石块、鸟的羽毛或爪子之类东西的拜物教,不应当被看作真正的神话运动的一个**现实的**环节。不可否认,拜物教的根基处有一个神话环节,但这个环节在它那里恰恰不再是神话运动的环节。拜物教仅仅存在于那样一些民族里,它们在神谱运动的这个点仿佛作为单纯的,因而完全**僵死的**和静止的**产物**被排除出去。在这整个发展过程里,意识的任何感受都只有在其专属的位置才具有意义;一旦意识的这个位置或这个环节被抛在后面,那些感受就仿佛变得没有意义,好比一块石头虽然在它的时间里对于运动而言曾经有一个意义,但对于现在的我们而言没有说出任何东西,对我们来说无关紧要,因此就变得没有意义。同理,当神谱运动的一个环节成为过去,这个转化和我们在地球的伟大发展史里看到的那些转化也是类似的,而地质学家之所以不能解释那些转化,就是因为他们以为每一

XII, 296

个事物或每一个构造**原初地**就是现在的样子,殊不知它们是通过一个持续的发展过程而被设定为过去之后才是这个样子。简言之,当一个东西作为过去而脱离出去,本身就变成了另一个东西,不再是它以前所是的那个东西,不再是发展过程的活生生的成员——这个极为重要的观点可以解释许多现在不可理解的东西,但只有当那些关于生成和产生的普遍法则,那些虽然在当前的研究里没有被明确说出,但在任何地方都暗示出来并且在应用中体现出来的普遍法则,得到普遍的承认之后,人们才会懂得如何运用这个观点。

虽然在某种意义上,希腊人也崇拜λίθοις ἄργοις [白色石头],但这种意义和真正的拜物教的意义是完全不同的,因为后者止步于这个层次,且正因如此脱离了活生生的过程。同样,在原初的精神性萨比教那里,当神谱运动离开这个环节之后,单纯的**质料性**的星辰崇拜也仿佛作为一种残余物或caput mortuum [枯骨]保留下来。造成混乱的原因在于,人们错误地混淆了那些被历史排除出去,就此而言**非**历史的民族(拜物教徒也属于此类)和那些**前**历史的民族。正是基于这个错误,人们才理直气壮地把拜物教徒看作最原初的民族,而这不仅是赫尔曼的看法,也是他之前和之后的绝大多数解释者的看法。我实在不明白,为什么这个猜想在近代会达到这样一种确定性或自明性,以至于最近甚至有人理直气壮地把它纳入一种基督教的教义学。如果人们企图把这些被一切历史生命排除在外的种族,这些如之前所说仅仅作为一个早先的、他们自己都不理解,甚至根本回想不起来的过程的僵死的残余物而保留下来的种族,吹捧为原初人类的范本,那么我就不明白,为什么人们不干脆更进一步,在拉普拉塔河畔的那些野人身上搜寻最早的宗教形象,因为阿萨拉①已经指出，这些野人**根本没有**任何崇拜，也就是说，他们不崇拜任何东西，当然也不崇拜木头或石头。

相应地，这里必须顺带谈谈"偶像崇拜"（Götzendienst）的真正概念。在原初的、仍然活生生的神谱意识里，没有偶像。意识在面对那些以不受它控制的方式产生出来的神时，它所意谓和意愿的真正说来始终只是一位活生生的神。但是，当最初的活生生的生产活动的环节成为过去，当这些形象仅仅作为产物和过去摆在那里，它们就变成了偶像。尽管如此，当人们通过一些僵死的自然形式去崇拜神的时候，这些自然形式**本身**就是非精神性的东西，反之希腊人的那些和人一样美的神像不但本身是精神性的，而且总是能够作为精神性东西而被理解和复制。就此而言，我并不反对那个观点，即前一类的所有的神都是偶像，只有希腊人的神才是真正的神。

但在离开这个问题之前，我还要补充一个普遍的，因此也适用于类似情况的观点。

如果人们比较一下那种针对具体的自然对象的崇拜和那种原初的、以天空的纯粹力量为对象的崇拜，就会发现人类在前一种崇拜里处于一种深沉的沉沦状态，反之后一种崇拜要纯粹得多，并且更具有精神性。无论如何，只要人们不是专注于个别情况，而是通观整个发展过程，就会发现意识的这个环节确实处于过渡点，即将推进到一个更高的东西，亦即一种观念的多神论，而这种多神论肯定要高于开端的那种纯粹实在的多神论。你们从这里可以得出一个适用于许多情况的规则，即在一个逐步推进的运动里，一个更高层次的

---

① 阿萨拉（Don Felix Azara, 1746—1811），西班牙冒险家和科学家。——译者注

开端必然是落后于一个早先层次的终点，也就是说，从**各自的**层次来看，新的开端的完满程度必然是不如过去的终点，因此任何进步都是伴随着一种表面上的退步，而这种退步只能被看作一个必不可少的助跑，这样才能够达到更高层次上的目标。这个观点可以消除人们在构思动物史或植物史的自然体系时可能遇到的一些错觉；它也可以在某些情况下宽慰我们，比如当我们看到一些早就应该被摒弃的想法或倾向又出现在一个更高的层次上时，我们会安心等待它们最终得到**完满的**克服。属于这类情况的还有那个问题，即人类的进步究竟是一路推进的呢，还是说可以通过一种表面上的退步而中断。

迄今为止，我们已经尝试去规定一位与意识的当前环节相对应的神的本性。现在我们进一步考察**意识**本身的状态。意识夹在两位神中间，一边是一位盲目的、完全回转到存在之内的神，另一边是一位精神性的、散发出不可抗拒的气息的神，因此意识显现为一个迷茫的、疑惑的、畏惧的、真正意义上的进退两难的东西。难以后退，因为它不可能完全听从盲目的存在和外在性，不可能完全抵抗另一位相对精神性的神的激励；但也难以前进，因为它不可能抛下那个使它和神纠缠在一起的存在，除非是伴随着最痛苦的感受。意识感到脱离神的做法是一个血腥的撕裂，而在某些属于这个环节的宗教里，这种脱离甚至是通过一些现实的外在伤害而呈现出来的。比如《旧约·列王纪上》说，巴力的祭司因为没有听到他们的神的回音，就大声求告，并且按着他们的规矩用刀枪自割自刺，直到身体流血。①这里的"按着他们的规矩"表明，这不是某种偶然的或非同寻

---

① 《旧约·列王纪上》18：28。——谢林原注

常的做法，而是一个惯常的习俗。那里还说，这些祭司一瘸一拐地绕着他们为巴力建造的祭坛走路。此前我已经一般地指出，并且用一些代表性的例子表明，意识如何凭借一种内在的必然性，仿佛通过模仿的方式，用一些外在的言行举止去表达它对于神的感觉，而我们在这里可以准确无误地说，这种一瘸一拐并不是无意义的；它所表达出的岂非就是那样一种感觉，即那位曾经是唯一的、排他的存在者的神在面临另一个潜能阶次时，不再像从前那样是一位全方位的神，而是已经成为一位片面的神？同样，在希腊神话里，赫淮斯托斯在奥林波斯众神聚会的时候也是以跛子的形象出现，因为他虽然曾经是无所不能的巧匠，但在观念的诸神世界产生出来之后，他就仿佛变成了一位片面的神。与此相关的是那个神话传说，即赫淮斯托斯是因为被宙斯（天空的观念诸神之神，亦即唯一全能的神）摔到大地上才变成跛子。神话的所有这些暗示都具有一种无限的朴实性，而我们这个只知道钻牛角尖的时代已经没有能力去正确地理解这种朴实性。

因此，假若意识可以抛下那个使它与神纠缠在一起的存在，这件事情就只能伴随着一个血腥的撕裂而发生；但如果意识执着于存在，就会感受到那位精神性的神给它带来的痛楚，以至于它既不能抛下存在，也不能执着于存在。这里我们第一次看到了希腊人所说的Deisidämonia状态的全部特征和现象，而我们的德语直到现在都没有一个完全与之对应的词语。人们通常将其译为"迷信"，但这个译法实在是过于宽泛。另一个译法是"对神的敬畏"，问题在于，"敬畏"指的是一个真实而正当的东西，即人类按道理本来就应当具有的一个意念，但Deisidämonia仅仅是这个意念的一个虚假的和颠倒的现象，更重要的是，"对神的敬畏"仅仅表现出一种**面对神的时候的畏惧**，然而Deisidämonia是某种完全不同的东西，也就是说，这是一种**为了神**才生出的敬畏和恐惧，即害怕失去神；因为Deisidämonia的概念明显包含着一种疑惑的感觉，所以《词源学大辞典》和《苏伊达斯词典》都把δεισιδαίμων这个词语完全正确地解释为"一个由于对自己的信仰感到疑惑而陷入畏惧的人"（ἀμφίβολος περὶ τὴν πίστιν καὶ οἰονεὶ δεδοικώς），这个人仿佛出于恐惧就去做一切事情，只为坚持神的实在性并且向自己证实这种实在性，因此他就像亚历山大里亚的克莱门在解释这个词语的时候所说的那样，把一切东西包括木头和石头都当作神，而精神和一个按照理性而生活的人都完全被这些东西奴役（ὁ πάντα θειάζων, καὶ ξύλον καὶ λίθον, καὶ πνεῦμα ἄνθρωπόν τε λογικῶς βιοῦντα καταδεδουλωμένος）。①就此而言，Deisidämonia是一种**顾虑神**而生出的畏惧，因此我们必须把它翻译为"**为神而恐惧**"（Gottesangst）。唯有这个译法才表达出意识的那样一个状态，它已经对实在的神感到疑惑和**迷茫**，但又始终想要紧紧抓住这位神。换言之，意识充满了恐惧和嫉妒，甚至用致命的武器去守护那个已经沉入存在的宝藏，而且当它的心灵为一位带来解放的神开启自身，也充满了恐慌，以至于当它第一次预感到要**摆脱**那位带来压迫的实在的神，就觉得这种最初的转化是一个**需要用血来偿还的过失**。正因如此，这里第一次出现了血腥的赎罪；实在的神如同烈火般吞噬一切威胁到他的唯一性的东西（乌兰诺斯不

---

① 参阅苏伊策尔：《文集》第一卷，第828页。人们在翻译这句话的时候，考虑过把καταδεδουλωμένος [被奴役]这个词语里的κατα放在πνεῦμα [精神]和ἄνθρωπόν [人]前面。——谢林原注

具有自身之外的潜能阶次），而自由的人第一次成为这位神的祭品，仿佛是为了让这位神与那位更温柔的作为人类之友的神和解，而在用鲜血偿还了过失之后，人就可以脱身而出，给另一位神打开空间。总而言之，在克罗诺斯之前，用人来献祭的时候是不流血的。关键在于，这绝不是一般地把人献祭给神，而是一种**特定的**、主要针对着克罗诺斯的献祭，而这个非常奇怪的特征是不应被忽视的，因为它或许可以为我们揭示出克罗诺斯学说的一个迄今不为人知的方面，并且只有这样才能够做到前人一直没有做到的事情，即完整地理解克罗诺斯学说。到目前为止，我主要是从哲学的角度一般地谈论意识的状态，但接下来的研究才最终让我们认识到克罗诺斯学说的特殊意义和历史意义。

也就是说，基于一些最确凿无疑的证据，在刚才提到的那些属于意识的这个环节的民族里，是用儿童给这位神亦即克罗诺斯献祭，而且在儿童里面主要是用**男孩**，在男孩里面又主要是用长子甚至独生子去献祭。特别是在面临严重灾难和天下大乱的时候，需要用最宝贵的**长子**（甚至是国王的长子）去献祭。比如《旧约·列王纪下》①谈到了摩押人（一个属于迦南人直系的民族）的一位国王，他被联合起来的以色列、犹大、以东三位国王驱赶到自己的最后一座城市；正如书中所说，他把那位本来应当接替他当王的长子在城墙上献为燔祭。三位国王对这个残酷的行为感到震惊，就各回本国去了，但在余下的时间里仍然对这件事情心有余悸。希腊人多次提到了迦太基人的类似情况，而且他们明确地说这种惨无人道的献祭的对

---

① 《旧约·列王纪下》，第三章。——谢林原注

象是克罗诺斯。比如赫西基奥斯保存的一份索福克勒斯残篇里面就是这样说的,除此之外,那篇号称出自柏拉图之手的《米诺斯》的作者也提到这些事情。①人们不应当找些借口来忽视这些言论,比如希腊人只不过是把他们的克罗诺斯的名字转嫁给迦太基人用男孩来献祭的那位神,如此等等,仿佛克罗诺斯的概念仅仅是一个偶然的概念,而不是一个在神话发展过程中必然出现的概念,而他们更不知道唯有这个概念才可以解释同时期的那些完全不同的民族里出现的同样现象。除此之外,希腊人的那些言论之所以值得重视,还因为它们展现出一些从希腊神谱里得出的关于克罗诺斯的观念,而这些观念正如之前所说对希腊人而言是一个单纯的过去,因此古代的一座宏大构思的雕像仅仅通过一个空荡荡的王座和一个由精灵扛着的破碎轮子——其象征的是一个始终回到自身(而非向前推进)的运动②——就呈现出了克罗诺斯,而普鲁塔克的一个文本也证实,克罗诺斯的那些残暴行为仅仅在神秘学里被偶尔提及③(也就是说在公开的神话里已经消失了)。无论如何,这样给迦太基人的神命名的做法体现出一个正确的感觉,即希腊人已经觉察到,**他们的**神谱里的那些最古老的神恰恰就是野蛮民族主要崇拜或唯一崇拜的神。

---

① 柏拉图:《米诺斯》,315C。亦参阅格劳秀斯对《旧约·申命记》18:10的解释。——谢林原注

② 另一份更早的手稿里还有这样一句话:"虽然破碎的轮子所暗示的东西并不是《神谱》(第179—180行)里明确提到的那把巨大**镰刀**。"——原编者注

③ 普鲁塔克:《伊西斯和奥西里斯》,第25节:Κρόνου τινὲς ἄθεσμοι πράξεις - οὐδὲν ἀπολείπουσι τῶν Ὀσιριακῶν καὶ Τυφωνικῶν [克罗诺斯的某些残暴行为……与奥西里斯和提丰的经历没有什么不同]。——谢林原注

西西里岛的狄奥多罗——他的叙述得到了拉克坦提乌斯①所引用的佩斯切尼乌斯·尼格尔②的证实——在谈到迦太基人的时候特地指出,他们有一次在被阿加索克勒斯国王③打败之后,把高等级贵族的两百个儿童献祭给克罗诺斯。④尤斯汀努斯⑤在谈到一次瘟疫的时候也说了类似情况,并且意味深长地补充道:Quippe homines ut victimas immolabant et impuberes (quae aetas etiam hostium misericordiam provocat) aris admovebant, pacem Deorum sanguine eorum exposcentes, pro quorum vita Dii rogari maxime solent [然后男人们被当作牺牲品献祭,处女们(这个年龄甚至会激起敌人的怜悯)被带到祭坛,用她们的鲜血宣告诸神的和平,因为诸神最珍视她们的生命]。⑥众所周知,恩尼乌斯⑦有一句诗:

Et Poeni soliti sos sacrificare puellos.　　　　　　　　　XII, 303

[迦太基人习惯于用少女献祭。]

---

① 拉克坦提乌斯(Lactantius, 240—320),基督教神学家,号称"基督教的西塞罗"。——译者注
② 尼格尔(Pescennius Niger, 135—194),罗马贵族,193年自称罗马皇帝,翌年失败后被杀。——译者注
③ 阿加索克勒斯(Agathokles, 前361—前289),西西里岛国王,多次与迦太基人交战。——译者注
④ 狄奥多罗:《历史文献》第二十卷,第14章。拉克坦提乌斯:《神学研究》第一卷,第21章。——谢林原注
⑤ 尤斯汀努斯(Justinus),公元3世纪的罗马历史学家。——译者注
⑥ 尤斯汀努斯-庞培·特罗格斯:《腓立比历史》(*Historiae Philippicae*),第十八卷,第6节。——谢林原注(译者按,庞培·特罗格斯[Pompeius Trogus],公元1世纪的罗马历史学家,其失传的《腓立比历史》通过尤斯汀努斯的摘录得以保存下来)
⑦ 恩尼乌斯(Quintus Ennius, 前239—前169),罗马诗人和戏剧家。——译者注

按照尤西比乌①的君士坦丁大帝赞词的一处说法，迦太基人（腓尼基人）甚至习惯于**每年**都要把一些最宝贵的独生子献祭给克罗诺斯（Κρόνῳ Φοίνικες καθ' ἕκαστον ἔτος ἔθουν τὰ ἀγαπητὰ καὶ μονογενῆ τῶν τέκνων）。②至于这种献祭的方式，虽然不能证明有一个普遍的和永远如此的情况，但至少从《旧约》的明确证词来看，我们不应当怀疑，那些专门献祭给摩洛克（即迦南人的克罗诺斯）的男孩是被活活烧死的。③

那么人们应当如何解释这个从所有方面来看都令人毛骨悚然的习俗呢？这不是一般意义上的人祭（Anthropothysie），而是用儿子献祭，且不是把普通的儿子，而是把最宝贵的儿子亦即长子乃至独生子当作祭品。最后这个特征不应当被看作是偶然的，因为这种拿长子去献祭的做法在整个属于克罗诺斯的时间都是通行的。摩西律法同样起源于这个时间，并且规定畜牲的头生子必须庄重地献祭给耶和华；人的头生子可以例外，但也必须被赎出来。④

---

① 尤西比乌（Eusebius, 260—339），公元4世纪的罗马历史学家，撰写了基督教的第一部《教会史》。——译者注
② 尤西比乌：《君士坦丁大帝赞词》（Oratio de laudibus Constantini），第756页。——谢林原注
③ 这一点也可以通过《桑楚尼亚松残篇》（J. C. Orelli编辑，第41页）里的一个记载得到证实，那里描述了一位国王在整个国家遭到战争威胁时如何以隆重的方式烧死了自己的独生子。这个记载是这样的：ἐξ ἐπιχωρίας Νύμφης Ανοβρὲτ λεγομένης, υἱὸν ἔχων, μονογενῆ, ὃν διὰ τοῦτο Ιεοὺδ ἐκάλουν, τοῦ μονογενοῦς οὕτως ἔτι καὶ νῦν καλουμένου παρὰ τοῖς Φοίνιξι, κινδύνων ἐκ πολέμου μεγίστων τὴν χώραν, βασιλικῷ κοσμήσας σχήματα τὸν υἱόν, βωμὸν δὲ κατασκευασάμενος κατέθυσεν [国王和本国一位名叫阿诺布雷特的仙女生了一个独生子，并把他称作耶伊德（腓尼基人都是这样称独生子），而当整个国家面临巨大的战争危险时，国王给儿子仔细梳妆打扮，然后把他放在一个准备好的祭坛上予以献祭]。——谢林原注
④《旧约·出埃及记》13: 2; 亦参阅该篇整个第29章。——谢林原注

尤其值得注意的是，这个残暴的习俗也完全控制了以色列民族；更值得注意的是，按照一位先知的说法，耶和华至少在三处不同的地方①都谴责犹大的子民在欣嫩子谷为巴力修建祭坛，为其焚烧自己的儿女。其中一处地方说："这并不是我所吩咐的，也不是我心所起的意料。"另一处地方说："他们行这可憎的事，不是我心所起的意。"这些言辞明确表明，以色列人在这样献祭自己的子女时，居然以为这是在履行一个神圣的诫命，甚至以为这是在执行耶和华的吩咐。由此我们也可以看出，那段时间的人类意识是如何深陷于这个错误。

正如《旧约·创世记》所说，在这段时间的最初开端，亚伯拉罕受到试探，不是被这里没有提到的耶和华试探，而是被以罗欣亦即以色列人和异教徒共有的那位神②试探，后者对他说："你带着你所爱的独生的儿子，往摩利亚地去，在我所要指示你的山上，把他献为燔祭。"当亚伯拉罕已经拿着刀准备杀掉儿子并献为燔祭的时候，显现的耶和华，即耶和华的使者（不是以罗欣）从天上呼叫他把手从儿子身上拿开；因为天使说："现在我知道你是敬畏神的了，因为你没有将你独生的儿子留下不给我。"③

无论我们怎么解释这一切，它们至少都表明，那个把儿子尤其是把独生子和长子拿去献祭的习俗有着一个比人们通常设想的要深刻得多和普遍得多的理由。所有那段时间的民族，包括以色列人和犹大人，哪怕是顶着最明确的禁令，也要听命于它。

在希腊神话里，克罗诺斯的形象是吞噬自己的子女，因为这些

① 《旧约·耶利米书》7：31；19：5；32：35。——谢林原注
② 参阅谢林：《神话哲学之历史批判导论》，第164页。——原编者注
③ 《旧约·创世记》22：12。——谢林原注

神属于后来的一个注定要把他驱逐的时间。既然如此，我们很自然地会想到，这些儿子是作为祭品被献给一位对自己的儿子都不能容忍的神。西西里岛的狄奥多罗已经是这个看法。[①]反之近代的一些人，比如布特曼（他的一篇讨论克罗诺斯的论文被收录于柏林科学院的年鉴），却反过来认为可以用习俗去解释希腊神谱的那个观念，也就是说，正因为人们把儿童献祭给克罗诺斯，所以才把他看作一位吞噬男童的神。但这就出现了一件更加难以理解的事情，即人们在没有解释这个习俗本身的情况下，却认为必须用它来解释一个清晰得多的并且只能容许一个解释的东西，即希腊神谱的那个观念。这件事情证明，绝大多数语文学家最关心的是去解释古代世界的文献，而不是去解释古代世界本身。至于神谱为什么要说克罗诺斯吞噬自己的子女，对此的解释必须留给将来关于希腊诸神历史的讨论。但就狄奥多罗的观点而言，却不能把希腊神谱里的克罗诺斯吞噬自己的子女这个说法当作论据，去解释那个在如此之多的**先于**希腊人的民族那里占据支配地位的献祭儿童的习俗。因为，第一，这些先于希腊人的民族的诸神学说根本不知道有这种吞噬自己的子女的情况，而且不可能知道这种情况，因为希腊神谱所说的那些被克罗诺斯吞噬的子女是现实的、后期的神，比如宙斯、波塞冬、哈得斯，而那些止步于克罗诺斯的民族并不知道这些在克罗诺斯后面出现的神；第二，这始终没有解释那个特殊的情况，即为什么要拿长子和独生子去献祭。在神谱里，克罗诺斯是无差别地吞噬自己的全部子女，也就是说既吞噬他的**儿子**，也吞噬他的女儿。诚然，《旧约》也提到

[①] 狄奥多罗：《历史文献》第二十卷，第14章。——谢林原注

以色列人把女儿献祭给巴力，但刚才引用的那些圣书文字已经确凿无疑地表明，在那些最隆重的祭祀（比如迦太基人的祭祀）里，主要是用独生子或长子去献祭。现在，假如这个特殊情况确实具有我们所说的那种重要性，我们又该如何解释它呢？

XII, 306

坦白地说，这不是一个轻易的解释，而且有可能看起来比迄今所说的一切都更令人震惊。但我们必须做出尝试，因为这里至少已经有一个不容置疑的事实，即尤西比乌在那个赞词中提到的，腓尼基人甚至每年都要举行这种献祭，因此这是一种长期重复举行的庆典。除此之外，我们通过许多例子已经看到，另外一些祭拜一位神的庆典行为是对于神自身的行为举止或处境的模仿，所以看起来那种每年举行的献祭仅仅是针对一位为了维护人类而献出了自己的独生子的神。也就是说，我们在这里第一次发现了"儿子"的理念，而且是"**克罗诺斯之独生子**"的理念。那么如何证实这一点呢？我们将在哪一位神祇或哪一个类似于神的本质里认识到这个儿子呢？我们可以把他放到什么地方，哪一个位置才是自由地为他开放的？作为独生子，他不可能是克罗诺斯的儿子之一，因为这些儿子是**多数的**；——他不可能是一位实体性的神，而希腊神谱所说的克罗诺斯的儿子们却是实体性的诸神。

实际上，意识的当前环节已经不再仅仅属于克罗诺斯。另一位带来解放的神，即那位顶着"狄奥尼索斯"这个普遍名字的神，也已经介入到当前的状态。自从那个奠基环节以来，我们已经在全部神话里证实了这位神的存在。既然如此，他怎么可能不出现在克罗诺斯学说里？如果他出现在其中，那么他除了是克罗诺斯的儿子而且是独生子之外，二者还能有什么别的关系？无论如何，这位带来解放

XII, 307 的神第一次显现的时候，是乌拉尼娅的孩子，亦即那位现在已经相对潜能化或女性化的神的孩子。我们已经证明，他在巴比伦人那里已经存在（至少已经以间接的方式存在），而在阿拉伯人那里，他的存在得到了公开承认。那么，腓尼基人作为一个稍晚的、紧接着刚才提到的那些民族而在历史里出现的民族，它那里怎么可能没有狄奥尼索斯的痕迹呢？

实际上，即使人们还在怀疑这位带来解放的神是不是这个神话里的克罗诺斯的儿子，但至少有一点是无可置疑的，即他**一般地**已经出现在这个神话里。他离不开这个神话，这个神话也离不开他，哪怕他不像在别的地方那样第一眼就被我们认出来。既然他与实在的神的关系并非始终是同一个关系，那么他在每一个环节的地位当然也会发生变化。也就是说，在这个环节里，他必定会与那位已经重新男性化的神（克罗诺斯）形成对立，不再像在前一个环节里那样对意识而言和女性的乌拉尼娅融合为一个统一体。在前一个环节里，女性神祇和与之对立的男性神祇仅仅表现为彼此包容和彼此需要的关联者，而不是表现为彼此的对立面；那时候还没有爆发出我们在当前环节认识到的斗争。克罗诺斯取代了乌拉尼娅。克罗诺斯虽然不再能够把这位出生于早先环节的带来解放的神排除到存在之外，但还是可以把他排除到**神性**之外，不让后者分享他独占的神性，于是后者被迫舍弃神性，接受奴仆的形态，并且一直舍弃神性。正如我已经指出的，这位带来解放的神在这个环节**只能接受或展现出这个形态**，而从这个形态来看，他不是一位神，而是一个介于神和人之间，仿佛为二者**服务**的人格性，一个不得不通过斗争而为自己争取神性的居间存在者。这样我们就看到，这位神**确实**在腓尼基神话里出现了。他的腓尼基名字是**梅尔卡特**（Melkarth），即希腊人所说的梅利卡托斯（Μελίκαρθος）：能够被拿来与二者做比较的，而且实际上被拿来做比较的，是希腊的赫拉克勒斯。我在后面会专门解释这个亲缘性或类似性，因此请你们暂时不要关注这件事情。

梅尔卡特这个名字的意思是很清楚的，无需任何猜测。我们对于腓尼基语言的了解大体上是来源于当地的各种纪念碑、钱币、墓志铭等等（格塞尼乌斯①的渊博著作已经搜集了目前已知的全部腓尼基语言和文学的遗迹）。腓尼基的语言就是迦南的语言，如果不考虑少许差异性的话，可以说和希伯来语是同一种语言。因此对于梅尔卡特这个名字的解释在绝大多数情况下都是一致的。简言之，这个名字是由"国王"（מֶלֶךְ）和"城市"（קֶרֶת或קִרְיָה）组成的，因此梅尔卡特的意思是"城市之王"。除此之外，腓尼基的一枚钱币上面还有 Malaeh Korth 这个名字。但这个名字究竟是什么意思呢？如果他被称作城市之王，这是要表达什么呢？这里我们应当想起，只有当人类走出星辰宗教，才决定建造固定的居所并从事农耕。这就摆脱了早期时间的那种自由地四处奔走、与动物类似的生活。值得注意的是，每当希腊人谈到狄奥尼索斯的善行和那位与他同时来临的女性神祇德墨忒尔时，都会说 θηριωδῶς ζῆν [像动物那样生活]。也就是说，先是从早期时间的那种四处奔走、与动物类似的生活过渡到固定的居所，然后过渡到一些为了保障共同的市民生活而围建起来的城市。同样值得注意的是，荷马经常提到 ἐϋκτιμένη ἐν ἀλωῇ [井井有条的果园]，并且总是赞美那些以坚固城墙著称的城市，仿佛他那个时代

---

① 格塞尼乌斯（Wilhelm Gesenius, 1786—1842），德国神学家和希伯来语言学家。——译者注

最看重的就是安全而坚固的城市,除此之外,每当他诗兴大发的时候,都要用各种最美好的修饰语去祝福城市。

简言之,无论什么时候,这种从原初时间的四处奔走的、不稳定的生活向着宁静市民生活的过渡都被归功于那些与狄奥尼索斯相似的神祇,因此那个与狄奥尼索斯相对应、在腓尼基神话里仿佛代表着他的人格性,作为城市的奠基者,作为城市联盟的第一位奠基者,就叫作梅尔卡特。正因如此,他的主神庙也位于首都迦太基城,甚至梅尔卡特(Melkarth)和迦太基城(Karthago)这两个名字里都有同样的音节,即karth。如果说巴比伦和波斯是一种类似于父权状态的君主制,那么迦太基就是今天意义上的第一个具有非常明确的制度(寡头制)的**国家**。但城市作为国家的核心还具有更大的意义。全部迦太基殖民地的所谓的参观者和使者每年都会来到迦太基城,只为向神效忠和献祭,因为真正说来,只有神才是这个由许多国家和部落组成的布匿体系的守护者。即使人们只愿意把梅尔卡特这个名字解释为κατ' ἐξοχήν [真正意义上的]城市亦即首都迦太基城之王,这对事情本身来说也没有影响。无论如何,这个名字表明他是首都的守护神,而首都是一个把国家整合起来的核心。但这个名字已经暗示出他和克罗诺斯的关系。直到现在为止,克罗诺斯仍然是一位**普遍的**神,亦即一位居住在广阔的普遍者之内的神,荒野之神,广阔的自然界之神,即以莎代(El Sadai),而我过去和现在都致力于把这个很难解释的名字理解为以色列人的先辈心目中的那位神的名字,那时候他还没有叫作耶和华。① 也就是说,克罗诺斯是广阔的自然界

---

① 参阅谢林:《神话哲学之历史批判导论》,第168页。——原编者注

之神，但梅尔卡特是**城市**之神，是一位维护着密切而稳定的人类同盟的神。这一点规定了他与克罗诺斯的关系，而由于狄奥尼索斯是真正的人类生活之神，所以这些情况已经足以表明梅尔卡特是一个与狄奥尼索斯相对应的人格性。

现在涉及一个根本问题：在腓尼基神话里，梅尔卡特也是克罗诺斯的儿子吗？对此请容许我反问一下：如果他不是克罗诺斯的儿子，又应当是谁的儿子呢？如果这个人格性在腓尼基神话里不能缺失——实际上也没有缺失——，如果这第二个人格性此前已经被看作一位女性神祇的儿子（这位神祇仅仅相对地女性化了，仅仅**显现为女性**），那么梅尔卡特就**只能**是最高的神亦即克罗诺斯的儿子，他和克罗诺斯享有完全相同的崇拜，或更确切地说，在公开的崇拜里，他和克罗诺斯的并列关系只能是儿子与父亲的那种关系。凡是克罗诺斯受到崇拜的地方，都有梅尔卡特（希腊人称其为腓尼基的赫拉克勒斯）的一座神庙，反之亦然。他在爱琴海的萨索斯岛上拥有一座辉煌的神庙，按照希罗多德的说法[①]，这座神庙是由腓尼基人出海寻找欧罗巴的时候（按时间推算是公元前1600年）建造的，他们在这个岛上还建立了一座城市，而希罗多德在这里还见过腓尼基人发现和开采的金矿。在作为腓尼基人的最远航行点而著称的加德斯（卡迪克斯），斯特拉波除了提到克罗诺斯的一座神庙之外，还明确提到了赫拉克勒斯亦即梅尔卡特的一座著名神庙。[②]也就是说，这一切都不反对，而是支持我们这样去思考梅尔卡特和克罗诺斯的关系。他

---

① 希罗多德：《历史》第二卷，第44节。——谢林原注
② 斯特拉波：《地理志》，第二卷，第44节。——谢林原注

早就和乌拉尼娅一起存在着,但仿佛与后者融为一体;那位在乌拉尼娅之后崛起的男性神祇重新把他排除出去,但恰恰因此把他**设定**下来。

当然,如果人们一定要追问,究竟有什么文本如此明确地把梅尔卡特称作克罗诺斯的儿子,我只能承认我不知道有这样的文本。但这部分是因为我们现在掌握的材料有限,部分是因为这件事情无疑承载着一个秘密;因为正如我们已经指出的,这第二个人格性不是显现为神,而是显现为一个介于神和人之间,为二者**服务**的存在者,并且首先是在一个**舍弃**了神性的奴仆形态中显现出来,正如弥赛亚在《旧约》里也不是被称作上帝的**独生子**,而是被称作上帝的奴仆,并且仅仅表现为奴仆。总的说来,问题主要不在于梅尔卡特表现为什么东西,而是在于这个与他有关的观念最初是如何**产生出来**的。但我们已经看到,克罗诺斯(那位已经重新变成男性的实在的神)**必须**将他排除出去,亦即必须把他**设定**下来。至于他究竟是不是出于这个原因被称作克罗诺斯的儿子,这是非常可疑的,因为他根本不是以神的形态显现出来。和他是否在神的形态中显现出来一样是可疑的。总的说来,正如我早先已经说过的,只有在他的第一个现象里,那个对意识而言不可理解的居间存在者,那个人格性,才可以启示自身,把自己作为它所是的东西,作为克罗诺斯的儿子,作为神,加以实现。

因此,我们在别的民族那里也发现了同一个人格性作为一个谜一般的存在者。关于埃塞俄比亚人,斯特拉波谈到了这样一个值得注意的现象[①]:他们认为那个不朽的、作为万物的原因的东西是神

[①] 斯特拉波:《地理志》,第三卷,第5节(第169页)。——谢林原注

(Θεὸν δὲ νομίζουσι τὸν μὲν ἀθάνατον, τοῦτον δ᾽ εἶναι τὸν αἴτιον τῶν πάντων)，而这就是最高的神；此外还有一个有朽的、没有名字的东西(τὸν δὲ θνητὸν, ἀνώνυμόν τινα)，这个东西在其当前的形态中虽然也是神，却是有朽的，因此埃塞俄比亚人不知道该如何称呼它，只能说它的名字是不确定的(καὶ οὐ σαφῆ)或没有名字，是一个很难认识的东西(nec cognitu facilem)。但斯特拉波后来专门谈论梅罗伊人的时候，还是点出了那个名字，即梅罗伊人所崇拜的是赫拉克勒斯、潘和伊西斯(Οἱ δ᾽ ἐν Μερόῃ καὶ Ἡρακλέα, καὶ Πᾶνα, καὶ Ἶσιν σέβονται)。伊西斯是女性神祇的通名；潘在这里大致取代了古老的乌兰诺斯；但赫拉克勒斯却是他们的神话里的那个总是被希腊人等同于梅尔卡特的人格性的**名字**。斯特拉波随后补充道：他们此外也崇拜一些蛮族的神(πρὸς ἄλλῳ τινὶ βαρβαρικῷ θεῷ)。这就是他刚才提到αἴτιον τῶν πάντων [万物的原因]的时候所称的神，但他并不认为这是**克罗诺斯**，因为克罗诺斯在希腊神话里**不是**最高的神，不是αἴτιος τῶν πάντων [万物的创造者]，所以他简单地把那位神称作βαρβαρικόν τινα [蛮族的神]。 XII, 312

人们之所以没有勇气或没有把握**宣称**梅尔卡特是克罗诺斯的儿子，可能是考虑到桑楚尼亚松①残篇的一个说法，这个说法乍看起来可以**反驳**我们的观点，但细看之下实际上是赞成我们的观点。不过我首先必须介绍一下桑楚尼亚松残篇的情况。桑楚尼亚松是一位腓尼基作家的名字，尤其是用腓尼基语言撰写了他们国家的

---

① 桑楚尼亚松(Sanchuniathon)，约生活于公元前14至公元前13世纪的腓尼基历史学家。——译者注

神话历史。这部著作大概是由比布罗斯的腓罗①翻译为希腊文的，而这个译本的残篇又保存在尤西比乌的《静待福音》(*Praeparatio evangelica*)里。关于这些残篇的价值和特点，一般而言清楚地体现在这个方面，即要么是桑楚尼亚松，要么是他的译者（他大概也不是逐字逐句翻译的），致力于用欧赫美尔②的方式去解释腓尼基人的全部神话观念，比如把诸神看作本土的国王，把诸神的遭遇和命运看作普通历史意义上的人类活动。这种处理方式当然会扭曲神话里的事实，因此我们在使用这些残篇之前，必须首先恢复这些事实的原初意义。自古以来，虽然关于这些残篇的意义众说纷纭（这是很自然的），但它们在绝大多数情况下都不允许我们把它们看作纯粹的虚构。

简言之，这些残篇里有一个文本指出，梅尔卡特不是克罗诺斯的儿子，而是克罗诺斯的同父异母的兄弟德玛罗恩（Demaroun）的儿子。③这些残篇又说，德玛罗恩是乌兰诺斯和一个女人同房后生出来的。对此我首先要指出，按照这个说法，至少克罗诺斯和梅尔卡特之间的血缘关系得到了承认，也就是说，梅尔卡特的出身并不简单，而是出自克罗诺斯的同父异母的兄弟；但从另一方面来看，这里确实包含着一个麻烦，让后人很难把梅尔卡特看作克罗诺斯的直接后代。但这里的问题不在于后人是怎么看待梅尔卡特，而是在于他的原初表现，而按照原初表现而言，梅尔卡特**只能**是克罗诺斯的儿

---

① 腓罗（Philo von Byblos），公元1世纪的腓尼基历史学家和语文学家。——译者注
② 欧赫美尔（Euemeros），生活于公元前4世纪至公元前3世纪的希腊哲学家，主张希腊诸神原本是岛国潘凯亚（Panchaia）的国王，后来才被拔高为神。——译者注
③ 尤西比乌:《静待福音》I, 17 (Fragm. S. ed. Orelli p. 28)。——谢林原注

子。因为，既然那个潜能阶次曾经作为那位已经女性化的实在的神的孩子而出现，那么我所说的情况就是同一个潜能阶次的**早期**现象的一个必然的后果。如果梅尔卡特确实是克罗诺斯的**儿子**（请注意这一点），那么他必然是克罗诺斯唯一的儿子或独生子。因为他不是质料性的或实体性的诸神之一（这些神能够是多数的），而是一个与克罗诺斯相对立的纯粹精神性的、纯粹原因性的潜能阶次，而这个潜能阶次就其本性而言只能是唯一的。除此之外，最后我还想指出，关于存在着克罗诺斯的一个独生子，我本来也可以引用桑楚尼亚松残篇的一个文本，那里说道："当瘟疫产生并带来巨大的灾难，克罗诺斯把他的独生子给他的父亲乌兰诺斯献为燔祭（Λοιμοῦ δὲ γενομένου καὶ φθορᾶς τὸν ἑαυτοῦ μονογενῆ υἱὸν Κρόνος Οὐρανῷ πατρὶ ὁλοκαρποῖ）。"① 但这里明显带着欧赫美尔的意味。克罗诺斯是一位国王，和腓尼基民族后来的那些国王一样，在国家遭遇巨大灾难的时候把自己的独生子拿去献祭。至于后来的那个习俗，即在国家遭遇灾难的时候把独生子当作祭品，从历史的角度来看大概就是起源于作为原初国王的克罗诺斯，应当是后来的习俗，在公开的灾难把独生子当作祭品，历史的看来自原初的克罗诺斯，因此克罗诺斯在这里开了一个先例。

  西西里岛的狄奥多罗说过，人们在把儿子献祭给克罗诺斯时，是把后者当作一位吞噬自己的儿子的**神**，而我们既然已经证实克罗诺斯有一个独生子，现在就可以说，这些祭品是献给一位**不容忍自己的独生子**的神，确切地说，这位神不愿意为了人类而容忍自己的

---

① 尤西比乌：《静待福音》（L. I, p. 38, ed. Colon.）。——谢林原注

独生子。因为只有这件事情（不容忍自己的独生子）完全符合实际情况，克罗诺斯确实不容忍自己的儿子，而且是不容忍自己的独生子，这体现在他拒不承认儿子的神性，把儿子排除在神性之外，从而强迫后者接受奴仆的形态，并且在这个形态中为人类服务，甚至成为人类的一位造福者和救世主。简言之，所有那些确保人类形成一个市民联盟的善行，不管是消灭危害人类的怪物，还是照料田地，庇护住所，促成那种不仅扩散到偏远国家，甚至扩散到茫茫大海上的商业贸易，甚至那些发明温馨的缪斯技艺等等（请不要忘了，希腊神话也把赫拉克勒斯看作缪斯技艺的守护者），所有这些善行都不是归功于那位严密封闭的克罗诺斯——他始终是一位普遍的神，甚至可以说是一位野蛮的、顽冥不化的神，整个天体仍然始终在他之内活着——，而是归功于那个被克罗诺斯排斥的、仿佛被剥夺了神性的儿子，是他在奴仆形态里为人类服务，并且现实地成为人类的造福者和救世主。他在任何地方都被看作救世主；刚才我提到了一个小岛城市萨索斯，腓尼基人在远古的时候就把对于赫拉克勒斯或梅尔卡特的崇拜带到那里，而在这个城市的钱币上，他的名字总是带有一个修饰语σωτήρ，即"解放者"或"救世主"。斐洛斯特拉图斯[①]也把这位腓尼基的赫拉克勒斯描述为一位造福人类（τοῖς ἀνθρώποις εὔνους）的神。[②]

以上是对于前面那个从**名字**出发得出的证明的补充，即腓尼基神话里的梅尔卡特是一个与狄奥尼索斯相对应的或代表着他的人格

---

① 斐洛斯特拉图斯（Flavius Philostratus, 170—245），罗马帝国时期的希腊作家。——译者注
② 斐洛斯特拉图斯：《阿波罗传》（*Vita Apollonii*），第八卷，第9章。——谢林原注

性。西西里岛的狄奥多罗还说,赫拉克勒斯给人类行善的时候不为自己的劳作收取报酬(ὐεργήτησε τὸ γένος τῶν ἀνθρώπων, οὐδένα λαβὼν μισθόν)。①因此他也直接叫作"行善者赫拉克勒斯",而这位救世主的普遍概念甚至扩大到这个范围,把治病救人也包括进来,从而与医神阿斯克勒庇俄斯(Asklepios)相结合。因此很自然地,每当人们发现一些带有疗效的温泉,就说这是赫拉克勒斯的馈赠。但最有意思和最具特色的一个修饰语出现在赫西俄德的《赫拉克勒斯之盾》(Schild des Herakles)这首诗里,诗人在那里说,赫拉克勒斯替擅长发明的人类抵挡诅咒。②人类只有走出那个无忧无虑的黄金时代之后才变得擅长发明,但这个出走本身也附带着**诅咒**。因此赫拉克勒斯的使命是替人类抵挡诅咒,给他们的充满操劳的生活带来轻松和欢愉。赫拉克勒斯的最普遍和最固定的修饰语是Ἀλεξίκακος,即"抵抗灾厄者"。

我们只要想到一位不愿意为了人类而容忍自己的独生子的神,就不可避免会想到一个更高的、对我们而言庄严神圣的领域。单纯去否定这里确实出现的联系是一个不明智的做法,但关键是要真正理解这个联系。我希望再次提醒大家注意全部现实的宗教的那个必然的、通贯式的统一体。因为现实的宗教不可能不同于现实的宗教,而神话又是一个现实的宗教,所以我们在其中认识到的那些力量或潜能阶次,必定也是启示宗教里的那些力量或潜能阶次,只不过它们的存在方式有所不同罢了。当人们说,异教是虚假的宗教,这恰恰

XII, 315

---

① 狄奥多罗:《历史文献》,第四卷,第14节。——谢林原注
② 赫西俄德:《赫拉克勒斯之盾》,第29行。——谢林原注

意味着异教并非毫无真理可言，毋宁说，异教仅仅是真正的宗教的颠倒。神话观念包含着一些概念，这些概念的**真理**及其真实形态和本质只有在《新约》里才呈现出来。因为，正如异教（这是指在其整个进程和联系中来看的异教）仅仅是一个**自然地**生产出自身的基督教（若非如此，从异教到基督教的过渡怎么可能如此轻松，并且在如此之多的人那里取得成功），犹太教也仅仅是一个未展开的基督教。同一个人格性，在各个民族亦即异教那里显现为拯救者和救世主，在《旧约》里显现为**弥赛亚**。神话里的诸神不是单纯想象出来的东西，毋宁同时是现实的存在者。狄奥尼索斯在他的全部形态里（同一个形态作为狄奥尼索斯是神，作为梅尔卡特则是奴仆），都是一个现实的、神性的潜能阶次，与意识有一个**现实的**关系。在这个意义上，神话的真理已经通过基督教完全启示出来。《旧约》里面的弥赛亚起初看起来也是一个单纯想象出来的人格性[①]，但随后的情况已经表明他是一个现实的存在者，他在整个过程的终点现实地**显现出来**，显现为父亲的**独生子**。"我们见证他的——整个先行的时间都没有看到的——荣耀。"[②] 这个人格性不仅显现为πλήρης χάριτος [充满恩典]，而且显现为πλήρης ἀληθείας [充满真理]；后面这个词语一般是很难解释的，但从我们的观点来看却很容易解释。

弥赛亚是"受膏者"的意思；作为这样一位受膏者，他从一开始就被规定为全部存在的国王和主人。但是，正如大卫受膏于撒母耳并被预定为国王之后，还不是现实的国王，《旧约》里的弥赛亚也

[①] 在腓尼基人那里，梅尔卡特与作为父亲的克罗诺斯之间的关系就很典型地是通过行动而不是通过言语而表达出来。——谢林原注
[②] 参阅《新约·约翰福音》1: 14："我们也见证过他的荣光。"——译者注

没有显现为一个现实的统治者，而是如以赛亚的那个著名预言所说的，仅仅掩藏他的神性并显现为上帝的**奴仆**。只有我们这个狂妄自大的时代才会否认他的弥赛亚意义，遗憾的是，很多人虽然拥有渊博的语言学知识，却对于整个古代世界的深刻背景和伟大联系一无所知，最后只能拿全部解释里面最夸张的那个解释当作遁词，断言上帝的那个受难的奴仆是指整个先知群体乃至于以色列民族本身。不是这样的！那个人格性是一个现实的人格性，尽管确实不是普通历史意义上的人格性。任何人只要有能力联系到那些规定着整个古代世界的理念（它们和《旧约》的理念一样都不可能是纯粹偶然的理念）去阅读文献，就一刻都不会怀疑那个奴仆的弥赛亚意义。当然，那个预言并不是像人们通常解释的那样仅仅谈到弥赛亚的最终受难。因为当人类在自身之内重新树立起那个在自然界里已经被克服、已经被带回到潜能的本原，使其发挥作用，从这一刻开始，弥赛亚就在受难，或者说被设定在受难状态中。在一篇名为《传道者释经》（*Midrasch Koheleth*）的希伯来语文献里，造物主对刚刚被创造出来的人说："你不要推动和摇动我的世界，否则你会将它败坏到无人能够恢复的境地，而你将把圣者本人（弥赛亚）带向死亡。"

XII, 317

弥赛亚并非如某些狭隘的基督徒想象的那样是从化身为人的时候才开始受难，而是从一开始就在受难，也就是说，自从他在人的意识之内——他只有在人的意识之内实现自身——重新被设定为潜能，亦即被排除到现实性之外，他就被设定在一个被否定的、**受难的**状态之中。第二个潜能阶次只有在克服B之后才得以实现并获得荣耀；因此，**一旦**B被重新唤醒，第二个潜能阶次就被剥夺了荣耀，亦即被设定在受难状态之中，因为受难和荣耀是相互对立的，就像那句名言所说的那样:"若一个肢体受苦,所有的肢体就一同受苦;若一个肢体得荣耀,所有的肢体就一同快乐。"①

在犹太教的秘传学说里,原罪被解释为人类针对弥赛亚的统治权发起的暴动。也就是说,当那个在人之内已经被克服的B重新摆脱第二个潜能阶次的控制,就发生了堕落。一旦这件事情发生,人就受控于一个不应当存在的东西,与此同时,那个更高的潜能阶次也被排除到人的意识之外,并且必须再一次在人的意识之内实现自身。因此从《旧约》的立场来看,弥赛亚的受难不是一种未来才有的受难,而是一种当前的受难,正如在刚才提到的以赛亚的预言也是将其刻画为一种当前的受难,而不是刻画为一种即将来临的受难;真正属于**未来**的,毋宁是荣耀。格塞尼乌斯企图用受难是一种当前的受难来证明这件事情与弥赛亚无关。但正如前面所说,弥赛亚并不是化身为人之后才受难,而是从一开始就受难,而以赛亚的预言之所以对于人类和宗教发展的整个时期来说都是一个异常珍贵的文献,就是因为它与异教的平行发展是完全一致的,也就是说,异教并没有把弥赛亚呈现为国王和主人本身,而是仅仅将其呈现为上帝的**奴仆**,一个受难的、充满操劳的奴仆。"他生长如嫩芽——也就是说,在那个骄傲地统治整个世界的黑暗势力面前如此娇弱——,像根出于干地。他无佳形美容,我们看见他的时候,也无美貌使我们羡慕他。"② 很明显,他的歪曲样子(他的面目全非的存在)和卑微状态不是呈现为某种未来的东西,而是呈现为某种当下存在着的

---

① 《新约·哥林多前书》12:26。——译者注
② 参阅《旧约·以赛亚书》53:2。——译者注

东西，甚至可以说是某种早就已经存在着的东西。从后果来看，由于人类的过失，他被否认具有神性，失去了自己的地位，**正因如此**，尤其在这个特别可怜而卑微的形态里，他以一种极为特殊的强调方式被称作**人子**。作为这个被设定在神性之外的潜能阶次，他**是**人子。

"他**担当**——历经整个时间都担当——我们的忧患，背负**我们的痛苦**。"①

时间之内的人的意识的状态，尤其是生成中的异教的状态，那个在自身之内**生产出**神话观念的过程，是一种有规律地不断发生危机的忧患，而意识在经历这些忧患之后才会达到原初的健康。同样，弥赛亚所背负的痛苦是一个受伤的、内在撕裂的意识的痛苦。"他担当我们的忧患，背负我们的忧患，我们却以为**他受责罚，被上帝击打苦待了**。"② 这些句子完全表达出了当前环节的一个迷茫的意识，这个意识以为弥赛亚是被暴怒的上帝驱逐了，被迫去操劳，但真正让弥赛亚操劳的，其实是意识的那个通过人类的过失而发挥影响的虚假本原。"他为**我们**的过犯受害，为我们的罪孽压伤。因他受的刑罚，**我们**得平安；因**他受的**鞭伤，我们得医治。"③ 那个在希伯来语里意味着"罪"或"犯罪"的词语，意思其实是 a scopo deflectere [偏离目标]，而在希罗多德的那个关于克洛伊索斯国王的儿子在狩猎时被刺死的著名传说中，也使用了 ἁμαρτάνει [迷失目标] 这个词语。④ 但目标或终点也是中心点。人的原初堕落就是**偏离目**

XII, 319

---

① 参阅《旧约·以赛亚书》53：4。——译者注
② 参阅《旧约·以赛亚书》53：4。——译者注
③ 参阅《旧约·以赛亚书》53：5。——译者注
④ 希罗多德：《历史》第一卷，第43节。——谢林原注

标；因为当人获得一个除了上帝之外的（praeter Deum）自由，如果他配得上这个自由，无疑就应当自由地抓住他为之而被创造出来的那个地方，而当他迷失目标，a scopo deflectere [偏离目标]，这就是最初的罪。**正因如此**，《旧约》里面所说的罪主要是指异教和那种对于假神的崇拜，而按照犹太人的说话习惯，异教徒就是 κατ᾽ ἐξοχήν [真正意义上的]罪人或 ἁμαρτωλοί [迷失目标者]。因此，当人们谴责基督与放贷者和罪人交往时，其实是谴责他与异教徒交往。相应地，"他担当我们的罪"，意思就是他替我们承担了**偏离**上帝的后果，那个贯穿着整个异教的后果。这些意思通过下面这段话无比清楚而直接地表现出来："我们都如羊走迷（因此罪在这里等同于迷失），各人偏行**己路**（路在《旧约》里尤其也指宗教，所谓走巴力的路，意思就是追随巴力的宗教，而多神论本身就带有很多路），但耶和华使我们的罪孽都归在他身上（让他去操劳）。"①

经过以上解释，我可以毫不犹疑地宣称，《旧约·以赛亚书》这篇先知书是理解异教的关键文献。值得注意的是，在《新约·使徒行传》第8章里，埃塞俄比亚女王干大基（最新的埃及考古队已经在一些文物里找到她的名字）手下的银库总管读的正是《以赛亚书》。为什么是读这篇先知书呢? 这位总管来自埃塞俄比亚，而前面已经提到（虽然还不太清楚）②，埃塞俄比亚所崇拜的也是上帝的那个奴仆，而且与先知所说的奴仆极为相似，因此使徒欢欢喜喜地开始给总管布道，因为他知道，理解的大门**在这里**已经为异教徒打开了。经过布

---

① 参阅《旧约·以赛亚书》53：6。——译者注
② 参阅本书第311页。——原编者注

道之后,埃塞俄比亚人受洗了,他的告白是:"我信耶稣基督是上帝的儿子。"① 使徒不需要给他解释上帝的儿子的概念,而是只需要表明,**耶稣基督**就是那位无名者(ἀνώνυμος),或者说上帝的儿子不是梅尔卡特,而是耶稣基督。因为不管怎样,是同一位无名者在漫长的时间里显现为**神性的**人格性,在异教里作为自然的人格性发挥作用。这不是亵渎,因为人们在异教的扭曲折射中也认识到并且证实了那些在《旧约》里仍然部分遮蔽着的、只有伴随着基督教才完全显露出来的真理。很早以来,人们已经认识到这一点,确切地说是早期教父第一次认识到这一点,尽管他们还没有掌握一些真正终极的概念去解释这个联系。在我们看来,基督教理念在异教里的这种折射(虽然这是一个扭曲的折射,还需要得到纠正)恰恰证明了基督教理念的必然性和永恒性。如果人们像通常那样,仅仅从历史的角度把这个联系解释为一件在远古时间也被异教徒知道的事情(比如弥赛亚的卑微状态)的扭曲,那么那些和世界一起诞生并且和世界拥有共同根据的真理就必定会显现为一些纯粹偶然的、仅仅偶然地存在于人类之内的真理。其实绝大多数仅仅假装是正统派的神学家也是这种看法,至于那些从功利的角度看待事物的人,他们的概念和知识早就已经过时了,同时丝毫没有表现出学习新事物的兴趣,因此他们今天还在夸夸其谈,明天就变得毫无声息。

XII, 321

    现在我回到当前研究的主题。在这整个发展过程里,我们的出发点都是那个已经通过许多最一致和最确凿的证据而得到证实的习俗,即在遭遇到非同寻常的巨大灾难时,或者在每年的一个固定

---

① 《新约·使徒行传》8:37。——译者注

日子,必须把一些男童尤其是长子或独生子献祭给克罗诺斯。从早期经验来看,这些行为无非是对于神自己的行为或境况的模仿,因此我们预先已经指出,这些祭品是献给一位不愿为了人类而容忍自己的独生子的神。因此我们必须证明克罗诺斯有一个独生子,而我们发现这个独生子就是梅尔卡特。为了理解这个献祭的更明确的意义,你们不妨这样设想这个关系:克罗诺斯就其本性而言是一位残暴的、敌视人类的神,但当他剥夺了第二个潜能阶次的神性,使其接受奴仆形态,他的本质对于意识而言就变得缓和了;因为在这种情况下,那个奴仆把全部善行施加给人类,而克罗诺斯自己是不会施加这些善行的。换言之,克罗诺斯自己并非**绝对**是克罗诺斯,对于意识而言,**他**始终是以一位绝对排他的神为根据,因此在意识看来,他之所以设定或生出梅尔卡特,不是出于一种包含在**绝对的**神的本性之内的必然性,而是仅仅出于一种包含在克罗诺斯**自己的**本性之内的必然性。克罗诺斯身上的那种敌视人类文明生活的野蛮因素不是来自他当下的存在,而是来自他更早的古老本性。作为野蛮而残暴的神,他不是专门意义上的克罗诺斯,而是那位普遍的、吞噬一切的神。只有当他生出了梅尔卡特,他才是专门意义上的克罗诺斯。但意识在克罗诺斯身上仍然总是感受到那位普遍的神,它担心克罗诺斯不再是克罗诺斯,重新暴露出他的绝对地吞噬一切的古老本性。当出现一些普遍的巨大灾难时,尤其会产生出这种担心,因为这些灾难威胁到了整个国家的存在,也就是说,威胁到了梅尔卡特建立的秩序和制度;每当战场上的一次重大失利或一场广泛流行的瘟疫导致普遍的恐慌,迦太基民族就担心古老的时间会回归。因此那些祭品不是献给克罗诺斯自己,而是献给那位在他**之内**虽然已经成为过去，但仍然始终临在的原初神，即**乌兰诺斯**，正如在桑楚尼亚松的那个文本里，是克罗诺斯把自己的独生子给乌兰诺斯献为燔祭（克罗诺斯为了调和自己与乌兰诺斯的**差别**，才给后者献祭，并把自己的儿子设定在奴仆状态中；这体现出他对乌兰诺斯的认可）。

克罗诺斯只有舍弃自己的儿子，才能够相对于乌兰诺斯而言存在着。也就是说，那位威胁到他的整个当前的制度和伦常的神应当通过这个祭品而被**和解**，而且这个祭品是用火烧掉的（这个特殊情况也需要一个专门的解释），因为那位有待和解的神是一位用烈火吞噬一切的神。通过这个祭品，乌兰诺斯就会让人类拥有克罗诺斯，进而拥有那位带来平安与和平的梅尔卡特，不让那个吞噬一切的原初统一体再度取代二元性，而在意识看来，只要它**之内**的那个原初统一体是**完整**而未分裂的，就没有那么可怕；但只要意识已经获得对立，随之获得对立带来的解放，人类必然会担心重新回到绝对的统一体。在那些最古老的习俗里，甚至在那些最古老的诗歌里，我们都可以看到，人类一旦走出了史前时代，就是如何执着于如今获得或赢得的市民-历史生命，同时又如何时时刻刻回忆起过去的状态，担心再一次失去当前的存在，重新落入那个过去。正是这种**担心**促使人们给神献祭，希望通过这个方式感动神，让他保持为克罗诺斯，不再重新回到过去。

因此，这种献祭主要是**和解式**献祭，而不是感恩式献祭。诚然，人类**感谢**那位把克罗诺斯赐予人类的神，这是很自然的。这种自然的感恩本身是毋庸置疑的。但如果以此为前提，我们就必须认识到如下情况。人类所感谢的仅仅是一种自愿地表达出来的善，一种本来也可能拒绝做出的善行。因此，为了完整地理解那个时代的感觉，

XII, 323

我们必须同时假设那个时代的意识之内有这样一个观念,即神给出的那位行善者本来也可能**拒绝**行善。克罗诺斯不一定**仅仅**有可能把第二个人格性排除到**神性**之外(这是我们**迄今为止唯一**假设的可能性),他也有可能把第二个人格性排除到**存在**之外,亦即将其完全吞噬(这样一来,他当然不再是克罗诺斯,而是保持在无差别和不可认识的状态中)。诚然,我们已经假设克罗诺斯仅仅把第二个人格性排除到神性之外,而不是也排除到存在之外,而且这个假设作为**事实**也是完整正确的,但我们仅仅把它作为事实接受下来,根本没有理解这件事情。我们之所以会这样假设,是因为正如之前所说,第二个潜能阶次已经通过一个早先的环节而获得了空间或地位;因此从根本上看,我们之所以会这样假设,只不过是因为我们假定在这个过程里,凡是已经发生的事情都不会被重新收回,运动不会倒退,已经设定的东西不会被重新推翻。但如果人们要问为什么会这样(而不是问这究竟是怎样),我们就只能回答说,是那个更高的力量,是那个从一开始就提到的numen [神意]在引导这整个过程,是神性生命和神性存在的那个力量始终**抓着**已经异化和背离的人类意识通过一个必然的过程重新回到原初的关系。毋庸置疑,神性也可以让迷失的东西继续迷失,让破碎而内在地颠三倒四的东西继续处于其必然的、不可避免的自身破坏中,从而让人类即使不至于在物理的意义上从生物序列里消失(虽然这也是极有可能的),但至少不再是一种意识到**上帝**的存在者,充其量仅仅是最高等级的动物。假若没有这个更高的力量,我们就根本不能理解,既然第二个人格性或相对精神性的神之进入存在仅仅是因为此前那位排他的、绝对中心的神自己来到了边缘,既然这位已经相对地潜能化的神又重新崛起为一个现实的男性（就像克罗诺斯那样），为什么这第二个人格性没有被直接重新排除到存在之外。因此，只有借助于一个位于意识自身之外，但正因如此对意识而言不可理解的力量，才可以解释为什么第二个人格性在当前的意识里和那个已经重新变得排他的人格性**同时存在**，即他虽然被排除到神性之外，但没有也被排除到存在之外。

如果我们把意识自身之内的东西称作自然的东西，我们就可以说：按照自然的方式，即对于**意识自身**而言，第二个人格性确实有可能被**完全**排除，亦即也被排除到存在之外，而由于意识觉得克罗诺斯是一位像无情烈火一样珍视自己的唯一性的神，所以它必然也会觉得，克罗诺斯在本性上就倾向于完全吞噬另一个要求具有神性**或要求分享**神性的人格性（这是第一个环节，即A^2作为对立面存在着），因此这个帮助人类和服务于人类的人格性的存在即使得到了克罗诺斯的**认可**，也附带有一个条件，即他必须放弃现实的神性存在，放弃一切尊严，接受奴仆的形态。但由于神话意识里没有什么稳定的和常驻的东西，毋宁一切都处于永恒的开启和发生中，所以梅尔卡特仍然只是**永远地**被克罗诺斯生出来，而克罗诺斯也永远在本性上倾向于完全吞噬他，并且不是仅仅作为一位排他的**克罗诺斯**，而是作为一位绝对排他的、吞噬一切的神（作为乌兰诺斯）显露出来。对于这件事情的担心主要是在遭遇一些普遍的巨大灾难时表现出来。这个时候就需要平息克罗诺斯的愤怒，让他不要吞噬给人类带来和平与安宁的梅尔卡特（让他不要在**他自己的**存在里完全崛起），而人们唯一能够做的，就是把自己的独生子献给**他**，而且是用燔祭的方式，这样克罗诺斯（真正说来是乌兰诺斯）的烈火才不会爆发出来从而把他自己的儿子都吞噬掉，而是仍然把这个儿子交给世界和人类。因此这种献祭实际上不是感恩式献祭，仿佛在感谢神连自己的儿子都不**容忍**（虽然这个观点听起来很诱人，而且也很自然，甚至得到了西西里岛的狄奥多罗的类似言论的支持），而是**和解式**献祭，即与愤怒的神达成和解，让神以意识本身不可理解的一个方式把另外那个人格性赐予人类，这个人格性虽然不具有神的形态，但正因如此居住在人类里面，直接给人类带来服务和帮助；也就是说，这种献祭应当感动神，让他不会剥夺人类的这位救助者。简言之，人们之所以对克罗诺斯做出这种残忍的献祭，不是因为他不容忍自己的儿子，而是为了让他容忍这个儿子，让他允许后者作为一个舍弃了神性的人格性继续存在。

通过以上所述，我认为已经解释清楚了那种属于最可怕的并且按照通常的观点完全不可理解的现象的献祭。

至于最后这部分研究的**普遍**收获，主要就是在于，我们在克罗诺斯学说里也证实了第二个人格性，即那个类似于狄奥尼索斯或真正说来代表着狄奥尼索斯的人格性。诚然，正如之前所说，这仅仅是狄奥尼索斯的模型或原型，尚且不是具有完整神性的狄奥尼索斯，但这个形态毕竟是我们预先能够看到的形态，因为我们已经指出，对意识而言，这个人格性不可能立即显现为神，而是只能显现为一个不可理解的居间存在者。

第十五讲
关于赫拉克勒斯的插叙

至于刚才的推演过程的**特殊**收获,就是我们已经指出**赫拉克勒斯**的那个谜一般的形态在神话过程里的位置,随之也揭示出了它的真正的意义和来源,而普通的解释者在这件事情上仅仅是徒劳地折腾。简言之,赫拉克勒斯和梅尔卡特是同一个人格性,这已经得到普遍承认。

真正说来,赫拉克勒斯**仅仅**属于当前的、目前正在讨论的这个环节;他首次出现在腓尼基人那里——值得注意的是,《旧约》并没有提到梅尔卡特的名字,仅仅提到巴力,而这是最高的神(克罗诺斯)在迦太基城和所有腓尼基殖民城市里的名称;在更晚的一个环节里,比如在埃及神话和希腊神话里,赫拉克勒斯的地位已经被另一个更高的人格性占据。其实赫拉克勒斯作为一个出现在奴仆形态里的人格性,在后期神话里已经成为一个**陌生的**形态;一方面看来,这个情况让人们很难解释他在后期神话里的孤独地位,但另一方面看来,正因为他在这些后期诸神学说里始终仿佛是其余神话的一个完结形态,所以对我们而言有一个好处,即某些发源于他的**最初**存在的特征在后期记载中保存下来,不至于遭到扭曲,

XII, 328 因此如果我们合理利用希腊的赫拉克勒斯传说,或许可以找到一个工具,在赫拉克勒斯的**原初**形象里重新提炼出某些由于年代久远而不可能通过一些更直接的证据或事实而加以证实的特征。出于这个理由,我认为恰当的做法是在**这里**解释一下希腊的赫拉克勒斯。

但在谈论希腊的赫拉克勒斯之前,我想简单谈谈**埃及的**赫拉克勒斯。因为赫拉克勒斯崇拜后来也扩散到了埃及,而且按照希罗多德的说法,他属于十二位古老的神之一,反之狄奥尼索斯(即那个在埃及与狄奥尼索斯相对应的人格性)仅仅属于第三代的神。① 这表明赫拉克勒斯虽然与埃及的狄奥尼索斯有着最亲密的关系,但还是比后者更古老,属于一个更早的时间,而在马克罗比乌斯的一个文本里(这个文本的证据效力当然不可能和希罗多德相提并论),埃及人甚至把赫拉克勒斯当作一位不知其开端的神来加以崇拜:Secretissima et augustissima religione Aegyptii eum venerantur, ultraque memoriam, quae apud eos longissima est, ut carentem initio colunt [埃及人把他当作最神秘和最庄严的神来崇拜,这个崇拜超出了最久远的记忆,仿佛一直以来就存在着],也就是说,在埃及人的意识里,他甚至比奥西里斯更古老,因为后者已经是他们的 longissima memoria [最久远的记忆]。

正如希罗多德所说,希腊人所崇拜的那位仅仅作为人类英雄,同时又作为不朽者居住在奥林波斯山的赫拉克勒斯,在埃及是毫无

---

① 希罗多德:《历史》第二卷,第145节,亦参阅第43节。——谢林原注

踪迹的,更何况埃及根本没有什么英雄。①至于究竟是埃及意识更早达到了腓尼基意识所处的位置,还是腓尼基人把赫拉克勒斯的概念**移植**到埃及,对此我不想下一个绝对的断言。但我们都知道,腓尼基人确实是把他们的神祇和神庙移植到一切地方,不但移植到爱琴海的岛上,甚至移植到西班牙海岸,而可以确证的是,希罗多德提到的埃及唯一一座赫拉克勒斯神庙就位于尼罗河的卡诺包斯河口的一个叫作塔里凯伊阿伊的地方,亦即建在海岸边,仿佛是一座为飘洋过海而来的异乡人建立的神庙;至于这个国家的内陆地区,看起来没有这样的神庙。正如希罗多德所说②,那座神庙的特殊之处在于,如果逃到这里的奴隶把自己献给神并在自己身上打上一个印记,他们就因此获得了自由;由此可见,赫拉克勒斯是一位带来解放的神。不同于在本土那里受到充满嫉妒心的克罗诺斯的监视,赫拉克勒斯在国外受到的崇拜很有可能是完全不同的,而且在所有民族里面最先敢于飘洋过海的腓尼基人看来,旅途的引领者和庇护者不是克罗诺斯,而是赫拉克勒斯,正如其他民族也在印度和富饶的阿拉伯之间或埃塞俄比亚和埃及之间的陆上贸易通道上修建了很多狄奥尼索斯神庙。对热爱航海的腓尼基人而言,赫拉克勒斯是真正的神,而鲍桑尼亚在描述厄立特利亚的著名的赫拉克勒斯神像时,也提到了这些属性。但加德斯的赫拉克勒斯大神庙却没有他的雕像,如西利乌

XII, 329

---

① 关于埃及的赫拉克勒斯及其与奥西里斯的关系,可参阅吉格尼奥(Guignaut)《荷马语言词典》第一卷,第420页。——谢林原注 (译者按,吉格尼奥[Joseph-Daniel Guignaut, 1794—1876],法国古典学家,以在法国介绍和宣传德国学界的神话研究成果而著称)
② 希罗多德:《历史》第二卷,第113节。——谢林原注

斯·伊塔利库斯①所说：

Nulla effigies simulacrave nota Deorum
Majestate locum et sacro implevere timore.
[没有雕像或人们熟悉的神像，
这里充满了庄严和神圣的敬畏。]②

至于这件事情的原因，或许是因为赫拉克勒斯是一位尚未**作为神**而实现自身的神，因此不适合在雕像中呈现出来，或许是因为意识还在犹豫究竟是去呈现他的神性呢，还是去呈现他的人性。但推罗必定曾经有一座赫拉克勒斯的雕像，因为鲍桑尼亚告诉我们，推罗人的梅尔卡特雕像不是仅仅在灾难年代，而是几乎一直都被**捆绑着**。人们可以对这种捆绑做出各种解释。赫拉克勒斯是一位支持运动或进步的神，因此恰恰是那位拒绝时间的克罗诺斯的对立面。就此而言，当奥菲欧教派把赫拉克勒斯解释为永不衰老的时间，至少也有一定道理：他**曾经是**那个在克罗诺斯之内躁动，最终取得胜利的时间。相应地，人们可以指出一个平行的现象，即意大利民族也捆绑着他们的萨图恩雕像，仅仅在某些日子（比如一个文献指出的 gratis diebus [感恩日]）才解开它身上的绳索。也就是说，这里似乎可以认为克罗诺斯已经被征服，并且投身到运动中，而那个执着于过去的意识却仍然企图阻止这个运动。但人们稍加研究就知道，萨

---

① 西利乌斯（Silvius Italicus, 26—102），罗马诗人，其创作的17卷共12000行的《布匿志》（*Punica*）是拉丁文学中最长的诗歌。——译者注
② 西利乌斯：《布匿志》，第三卷，第30节。——谢林原注

图恩是被**朱庇特**捆绑的，至少按照西塞罗的记载，一位斯多亚主义者曾经说: Vinctus autem a Jove Saturnus, ne inmoderatos cursus haberet, atque ut eum siderum vinclis alligaret [萨图恩被朱庇特捆绑，是为了不让时间胡乱运行，也是为了用星辰来束缚萨图恩]。① 后面两句话是斯多亚主义者的解释，跟我们无关。我们只看前一句话。也就是说，克罗诺斯之所以被捆绑，是因为他已经受到一位更高的神的约束，并且从属于后者。即便是那些与克罗诺斯并列的提坦神，也是受到宙斯约束。就此而言，推罗的那位被捆绑的梅尔卡特是受**克罗诺斯**约束的，而在被捆绑者的这种雕像里，我们恰恰认识到梅尔卡特的奴隶形态或奴仆形态。因此从上述理由来看，无论是说加德斯的神庙里没有赫拉克勒斯的雕像，还是说埃及人完全把赫拉克勒斯当作神来崇拜，都不排除埃及的这座神庙是起源于腓尼基人的可能性；无论如何，赫拉克勒斯在埃及虽然跻身于最古老的神之列，但正因如此在当前的意识和当前的宗教里没有位置。当然，这些都是次要的问题，这些问题在本性上就不可能得到完全确定的解答，因此我也不打算提出什么确凿无疑的论断。对我们来说，最重要的是确定埃及的赫拉克勒斯**先于**狄奥尼索斯，但他不是后者的对手或敌人，而是后者的类似形态和先行者。 XII, 331

至于**希腊的**赫拉克勒斯，现在我就可以进行更详细的讨论。

在整个希腊神话内部，赫拉克勒斯传说别具一格，仿佛是一个自足的神话。因此在我们谈到**希腊**诸神学说的发展过程时，其中就不可能有这个传说的位置。这里的关键在于两件事情: 1) 赫拉克勒

---

① 西塞罗:《论诸神的本性》，第二卷，第25节。——谢林原注

斯是否确实是一个与腓尼基的梅尔卡特相对应的人格性？2)他如何进入希腊神话，而我们应当如何解释他在希腊神话中发生的变化？关于第一个问题，正如之前所说，我认为没有什么理由可以反对把希腊的赫拉克勒斯解释为梅尔卡特的一个现实的摹本，因为后者的一些最根本的属性在希腊的赫拉克勒斯传说中至少已经足够清楚地体现出来，因此很有可能在一个极为遥远的、已经过去了的时间里，那些后来构成了希腊民族的族类恰恰处于这个与赫拉克勒斯的理念相对应的立场，是他们把那个保存在**他们的**记忆里的赫拉克勒斯理念转而在希腊神话里改造成我们现在看到的**样子**；也就是说，他们是从腓尼基人那里获得了这个观念。虽然我很反感那种认为希腊艺术和希腊神话起源于外国的观点，但赫拉克勒斯传说确实是个例外。我们可以真正称之为"希腊神话"的那个整体，是一个完全有机地从独立的萌芽里生长起来的东西，在根本上没有受到外来的影响。但赫拉克勒斯传说虽然构成了一个与后来的希腊诸神学说有联系的领域，但这个领域对于希腊神话而言是完全偶然的；即使没有这个传说，希腊神话也没有任何损失，也不会变得不完满，反之如果人们从希腊神话里拿走克罗诺斯和宙斯，或者拿走狄奥尼索斯、德墨忒尔和其他神祇，就会摧毁希腊神话本身。因此我们可以认为，赫拉克勒斯传说和希腊神话之间的这个单纯外在的联系已经证明前者是从外面添加到后者身上的，亦即作为一个偶像崇拜式的腓尼基传说被接纳进来，然后按照希腊的方式发生转化。因为腓尼基人在爱琴海的全部海岸的存在是一个不容争辩的历史事实，反之那些总是喜欢在印度寻找源头的人却说不出印度观念是如何以及在何种情况下传到希腊。希腊人的文字和字母名称都是来源于腓尼基人，但他们的独立发展并没有因此被破坏,因为他们是自由地按照**自己的**方式把接纳进来的东西(比如赫拉克勒斯理念明显就是如此)加以改造,并与他们自己的观念结合起来。比如,腓尼基的梅尔卡特是克罗诺斯的儿子,并且与后者结合在一起;但希腊神话并不需要这种结合关系中的儿子,因为正如之前所说,克罗诺斯在希腊神话里已经归隐了,是一个彻底的过去,最好是对这个过去保持沉默而不是去谈论它。因此希腊神话把赫拉克勒斯改造为宙斯的儿子,并且让他的整个经历在宙斯统治下的王国里发生。希腊人在发展出狄奥尼索斯学说之前已经知道了赫拉克勒斯理念,这无论如何是确凿无疑的;因为我们已经说过,狄奥尼索斯是后来才成为神,严格说来是**最后**才成为神,这件事情不会先于荷马,或真正说来是**和**荷马**一起**发生的,亦即是伴随着一个以"荷马"这个名字为标志的大分化而发生的,而我在后面将要详细讨论这个大分化。

《赫拉克勒斯纪》这部叙事诗无疑在《伊利亚特》和《奥德赛》之前已经存在着。在这部叙事诗里,希腊意识摆脱了赫拉克勒斯理念,从此以后,狄奥尼索斯完全取代了赫拉克勒斯。因为,如果说希腊意识里曾经保留着一个与腓尼基的赫拉克勒斯类似的观念,即一位救助人类,但又完全舍弃了自己的神性的神的观念,那么这个来自较早环节的观念就必须被清除出意识,转变为另一个东西,这样狄奥尼索斯的更深刻的理念才会浮现出来,自由地启示自身和显露自身。在这种情况下,人们才可以说,希腊神话意识已经通过《赫拉克勒斯纪》摆脱了那个更早的观念,把赫拉克勒斯置于一个更晚的时间,即宙斯的时间。就此而言,可以说《赫拉克勒斯纪》对于一个较早的时间而言的意义,相当于《伊利亚特》和《奥德赛》对于一个更

XII, 333

晚的时间而言的意义。诚然，不同于公开的诸神学说，神秘学仍然保持着对于过去的记忆，而这或许是因为赫拉克勒斯在神秘学里有着不同的形象。正如此前已经指出的，根据普鲁塔克的记载，神秘学里谈到了克罗诺斯的胡作非为；这些胡作非为难道和赫拉克勒斯就没有关系吗？在某些神秘学里，赫拉克勒斯被算作伊达的达克提尔神（Daktylen）和卡比里神（Kabiren）当中的一位，也就是说，他仍然被算作那些纯粹精神性的潜能阶次当中的一个，因为卡比里神是一些形式上的神，即通常所说的Deorum Dii [诸神之神]，**通过这些神**，另一些神（实体性的或质料性的神）才被设定下来，因此他们是神话的原因性潜能阶次。因此在这些**极为**古老的神秘学里，赫拉克勒斯不是后世描述的一位英雄，而是一个神性的潜能阶次，而这就表明赫拉克勒斯确实属于希腊人**自己**的记忆。鲍桑尼亚明确谈到了特斯皮亚的一座赫拉克勒斯神庙①，他认为这座神庙比安菲特律翁之子赫拉克勒斯的神庙更古老（亦即比已经希腊化的赫拉克勒斯的神庙更古老），因此其供奉的是跻身于伊达的达克提尔神（作为神性的潜能阶次）之列的赫拉克勒斯，而且他在**推罗**也看到过对于这位赫拉克勒斯的崇拜。鲍桑尼亚还说，在维奥蒂亚的厄立特利亚和米卡莱索斯，这位赫拉克勒斯与德墨忒尔也有某种关系，亦即是德墨忒尔的神庙司事②；按照当地人的传说，他在早上打开这座神庙的门，在晚上又把门关上。虽然这些说法仍然是很模糊的，但人们至少可以在其中察觉到赫拉克勒斯和狄奥尼索斯之间的某种相似性。

---

① 鲍桑尼亚：《希腊行记》，第九卷，第27节。——谢林原注
② 同上，亦参阅第八卷，第34节。——谢林原注

所有这些事实都表明,赫拉克勒斯比后期改造过的叙事诗传说里的形象包含着更多的东西,既然如此,人们只需要关注这个传说本身,就可以在其中认识到那个最古老的、起源于克罗诺斯的时间的观念的各种改造过的特征。布特曼在其讨论赫拉克勒斯传说的论文中认为,这个传说完全是诗人的发明,而诗人的意图是通过赫拉克勒斯的人格性而呈现出人的完满性的理想,呈现出一位道德英雄。但布特曼完全没有做到从这个一般的意图出发去解释赫拉克勒斯传说中的那些**特殊的**特征;反过来,只要人们承认这个传说所包含的是赫拉克勒斯的原初的——东方的——观念的改造,仅仅是这个概念的拟人化,那么那些特征是很容易解释的。此外需要指出的是,我和很多人一样对这个名字的通常的希腊语词源学解释是非常怀疑的,但我也不赞成那个常见的做法,即从希伯来语或腓尼基语里那个意味着viator[旅行者]或mercator[商人]的לָכַד(加上冠词就是הַלָכַד)推导出这个名字。蒙特尔①认为这与赫拉克勒斯的四处奔走有关(לָכַד的意思是像一个犹太商人那样四处奔走),或者与他对腓尼基商贸业的庇护有关,而克罗伊策在这里仍然沉迷于他关于太阳的猜想,认为这个名字指的是赫拉克勒斯在太阳轨道里的运行,因为在他看来,赫拉克勒斯和密特拉斯一样都是太阳。如果一定要我认可这个名字起源于东方,那么我认为最合适的做法是用לֹא יַעַרְכֶנָּה来解释这个名字②,即它的字面意思是similitudo Dei[神的形象]或μορφὴ θεοῦ[神的形态],而在一个著名的关于基督的文本里,使徒

---

① 蒙特尔(Friedrich Münter, 1761—1830),德国神学家。——译者注
② 这个词来源于עָרַךְ,即"等同",比如לֹא יַעַרְכֶנָּה דֵעָה的意思就是"没有什么等同于你",参阅《旧约·约伯记》28:17。——谢林原注

就使用了这个表述。① 既然这个词源学解释完全符合赫拉克勒斯的**原初**概念和**原初**关系,我就可以据此宣称,希腊的赫拉克勒斯传说不是诗人发明出来的,毋宁仅仅是一个早就存在于东方的观念的改造。

如果要依据希腊的赫拉克勒斯传说的某些具体特征来证明这件事情,那么从刚才已经指出的理由就可以看出,希腊的赫拉克勒斯是被置于宙斯的王国之内。他是宙斯的儿子,但他的母亲却是凡人,正如狄奥尼索斯也是凡人塞墨勒的儿子。宙斯化作一个凡人亦即忒拜国王安菲特律翁(注意狄奥尼索斯的母亲塞墨勒也是忒拜人),和他的妻子阿尔克墨涅生出了赫拉克勒斯。与赫拉克勒斯相对立的,不可能是宙斯这位统治着一个更自由的、更好的时间的神,同样也不可能是那位已经归隐的克罗诺斯。正相反,愤怒而充满嫉妒心的赫拉仿佛代表着过去的本原。宙斯的妻子在赫拉克勒斯出生的时候就已经在迫害他,因为她使用魔法手段延迟了赫拉克勒斯的问世(分娩),从而把宙斯规定给他的统治权交给了另一个人,即欧律斯透斯。至少《伊利亚特》是这样叙述的。② 赫拉克勒斯与欧律斯透斯的关系所表达出的普遍概念,就是一个注定要成为统治者的人却被另一个人霸占了他的统治权或他的王国。实际上,希腊人**仅仅**在讲传说,亦即仅仅把偶然的思想结合在一起,假若他们的赫拉克勒斯传说没有包含着最古老的观念的一个变形,其中怎么可能恰恰出现这个特征呢?

---

① 参阅《新约·腓立比书》2:6:"他本有上帝的形像,不以自己与上帝同等为强夺的。"——译者注
② 《伊利亚特》第十九卷,第91行以下。——谢林原注

在腓尼基的赫拉克勒斯那里，神性，亦即统治权、荣耀、王国（因为这些是现实的神性的体现），也被克罗诺斯霸占了；而在希腊的那个改造后的传说里，克罗诺斯必定被一位凡人国王欧律斯透斯取代。赫拉克勒斯之所以被夺走由他的父亲规定给他的统治权，一方面是因为赫拉的阴谋，另一方面是因为宙斯不小心立下的一个誓言，即谁在这一天看到阳光，谁就注定要统治爱琴海。赫拉利用这个誓言，以违背自然的方式加速了欧律斯透斯的出生，把赫拉克勒斯留在后面。由于这个欺骗，宙斯的怒火不仅撒向赫拉，也撒向那位同样欺骗了他的阿忒女神（即"轻率"和"粗心"的拟人化）。宙斯心如刀割，他冲过去抓着阿忒的美丽蓬松的头发，在怒火中立下了隆重的誓言："阿忒，这位欺骗所有人并诱人犯罪的阿忒，永远不得再返回凡人头顶上的奥林波斯山。"总而言之，赫拉克勒斯之所以被夺走统治权并经受后来的苦难，是由欺骗导致的，但他不是为自己的轻率，而是为别人的轻率承担这个后果。以上就是这个传说包含的普遍思想。假若赫拉克勒斯不是一个原初地具有普遍意义的存在者，他的命运就不会与某些普遍的东西联系在一起，比如阿忒被逐出奥林波斯山之后就总是接近人类，欺骗一切；她的脚步是轻柔的，从不接触地面，而是在人们头上行走，伺机去诱惑和伤害人们。在这种情况下，她也叫作πρέσβα Διὸς θυγάτηρ [宙斯的老女儿]①，即宙斯的最老的、不可预思的女儿。这里我想不需要再提醒你们，我们在整个发展过程里看到的人类意识的崩溃是一个不可预思的欺骗带来的意想不到的后果。置于那个霸占了赫拉克勒斯的王国的人，则

XII, 336

---

① 《伊利亚特》，第十九卷，第91行。——谢林原注

是一个通过邪恶魔法而添加到后者的存在中的人（添加到A^2之内的B）。归根结底，这个命运是源于两个本原的原初关系，即非正义的一方就存在而言先于正义的一方而出现。你们不妨想想，关于赫拉让欧律斯透斯加速出生和赫拉克勒斯延迟出生的传说，除了包含在我们所说的理念里的动机之外，还能有别的什么动机。

对赫拉克勒斯而言，随后需要做的就是作为奴仆而服务于那个把本应属于**他**的王国霸占了的人，即欧律斯透斯。这对他来说是很困难的，因为正如狄奥多罗所说，赫拉克勒斯觉得按照自己的美德根本不应当为下等人服务（Τὸ τε γὰρ τῷ ταπεινοτέρῳ οὐδαμῶς ἄξιον ἔκρινε τῆς ἰδίας ἀρετῆς）①，但如果不服从父亲宙斯，也会伤害自己，而且这是不可能的；因此他作为奴仆服务于欧律斯透斯。后者虽然掌握着全部权力或荣誉，有无数的随从簇拥在周围，却**害怕**这个现在如此弱小和无权无势的强者。在希腊的传说里，明确地刻画了欧律斯透斯的这种可笑的担忧的特征，任何人只要认识到这些带有嘲讽意味的特征就是一个后来获得解放的意识对待早先的黑暗势力的压迫的态度，马上就会知道这些特征是从哪里来到传说里，也就是说，这些特征来源于传说的原型，即那位疑心重重的神，他压迫赫拉克勒斯，同时又害怕赫拉克勒斯。接下来是赫拉克勒斯为欧律斯透斯服务而必须完成的全部任务。关于这些任务的具**体数目**和性质，没有一个完全一致的说法，但这些任务都是要么消灭一个危害人类生命的怪物，要么清除某种对人类有害的东西。我们很容易看出，赫拉克勒斯消灭的所有怪物都象征着一个威胁着人

---

① 狄奥多罗：《历史文献》，第四卷，第11节。——谢林原注

类自由的黑暗势力的阴森力量和现象。布特曼在某些方面也认识到了这一点,但无论是就整体而言,还是就那些阴森力量而言,他都只愿意在其中认识到一种道德意义。赫拉克勒斯的最伟大的行为是潜入阴间,把三头怪物刻耳柏洛斯扛到地面上,甚至打伤了哈得斯。这个行为从古代希腊的任何概念来看都超越了一个纯粹的人类英雄的界限。也就是说,虽然后来也有一些英雄潜入阴间,但这个特征很明显只是从赫拉克勒斯那里借用过来的。通过这个行为,赫拉克勒斯表明自己也有**能力**统治阴间,或者如《新约》所说的,掌管着地狱的**钥匙**,能够战胜阴间的恐怖,而在欧里庇德斯那里,赫拉克勒斯实际上是通过与Θάνατος[死神]搏斗才解救了阿尔刻斯提斯。哈得斯原本是一位脾气暴躁的神;因为那位野蛮而残暴的神最终被征服之后,就转化为阴间之神,亦即过去之神;就此而言,赫拉克勒斯既然战胜了哈得斯,当然也有能力统治阴间之神。假若不是传承自一个更高的意义,希腊人根本不敢把这样的超越人类能力的行为算在赫拉克勒斯身上。在赫拉克勒斯为欧律斯透斯服务的整个期间,宙斯一边看着辛劳的儿子,一边唉声叹气。天上的赫尔墨斯,尤其是帕拉斯①(她是宙斯最钟爱的女儿,也是最后出生的女神),不但在赫拉克勒斯工作的时候扶稳他站直,而且救他脱离险境,正如她在《伊利亚特》里这样说的:

> 宙斯不记得我曾多次救过他的儿子,
> 当他悲叹欧律斯透斯的任务带来的折磨,

---

① 帕拉斯(Pallas)是雅典娜的别名。——译者注

仰天大哭时。但上天很快派我

从克罗尼翁①的天空高处下来帮助他。

就此而言,虽然通常主要强调的是赫拉克勒斯在面对艰难任务时的坚定毅力,但我们现在也要注意到他在身处卑微地位时不能摆脱的一些弱点。布特曼认为,赫拉克勒斯的这些弱点本身是一种道德神话所需要的诗歌效果,这从他的立场来看是完全合理的。假若一位英雄摆脱了人类的一切弱点,那么他确实不适合担当榜样,因此诗人**必须**让他的英雄堕落,这样普通人就会觉得英雄虽然高高在上,但毕竟和他们是同类人,就会去尽力效仿他。但布特曼很难证明一点,即为什么诗人选择这些特征而非别的特征去满足那个道德意图,更何况如果所有其余的关系都暗示着赫拉克勒斯传说的一个更高的起源,那么赫拉克勒斯的那些独特的弱点就不是随便如此,而是或许具有决定性的意义。赫拉克勒斯不能摆脱的弱点当中首先是生病。这一点让我们立即想到上帝的那个同样被**疾病**折磨的奴仆,而《旧约》的一个预言说过:"他承担我们的疾病。"② 但正如亚里士多德的《问题集》的一处地方表明的③,赫拉克勒斯的特殊疾病是希波克拉底以及其他希腊医生所说的一种"神圣疾病"(ἱερὰ νόσος),实即一种癫痫,而这个说法似乎也拓展到一切与强直性昏厥、出离状态或一种"出离自身的存在"结合在一起的疾病。人类的

---

① 克罗尼翁(Kronion)是宙斯的别名。——译者注
② 参阅《旧约·以赛亚书》53:4。中译本《圣经》(和合本)译为:"他担当我们的忧患。"——译者注
③ 亚里士多德:《问题集》(*Problemata*),Sylburg版第212页,第9行。——谢林原注

救世主自原初以来就患上的这种疾病，确实是一种神圣疾病（ἱερὰ νόσος）或宗教性疾病（morbus sacer），因为它来自意识的一种出离状态。那种κατὰ ζῆλον Ἥρας [由于赫拉的嫉妒]而施加在他身上的疯狂或躁狂同样也是如此（因为克罗诺斯的原初嫉妒在拟人化的赫拉克勒斯传说里已经转移到赫拉身上，只有她那里才残留着这种嫉妒，而乐于成为诸神和人类的父亲的宙斯对这种嫉妒是一无所知的）。

我们此前已经指出，狄奥尼索斯同样显现为一位躁狂的，**因此**仿佛被疯狂附身的神，而从他的整个地位来看，他确实是一位被设定在自身之外（他的神性之外）的神。那么在传说里，这种疯狂是因为什么表现出来的呢？答案是：在赫拉克勒斯把自己的孩子和他的兄弟伊菲克勒斯的孩子投入火中时。这里也可以非常清楚地看出希腊的赫拉克勒斯和梅尔卡特的关系，因为腓尼基人是**为了**梅尔卡特而把自己的孩子作为燔祭献给克罗诺斯。迦南人在摩洛克神像伸出的双手上面把自己的孩子投入烈焰，他们也相信这些孩子虽然是献给摩洛克，却是**为了**梅尔卡特。就此而言，梅尔卡特是这种献祭的原因，因此这种焚烧孩子的做法虽然也归于赫拉克勒斯，但实际上仅仅是归于那个被设定在自身之外的或者说本身已经处于迷茫和疯狂中的意识。因为真正的、等同于自身的赫拉克勒斯毋宁会阻止这种做法，会保护这些被拿去献祭的孩子，比如在另一些希腊传说里，他把被献祭的人赶下血腥的祭坛，代之以不流血的祭品。

但是，当赫拉克勒斯在为吕底亚的一位女王翁法勒服务时变成女性，甚至穿戴上女人的服饰，他的光辉形象仿佛遭到了最大的抹黑。在某些传说里，这个服务是为过去的一件罪行赎罪。但这仅仅是一个刻意制造出来的联系，正如他在第二次服务期间承担的任务仅仅是此前已经做过的事情的一种无聊而麻木的重复。关键始终在于，他变成了**女性**。这件事情在希腊传说里面根本没有意义，而人们几乎想说，对于人类完满性的理想或一个道德英雄而言，赫拉克勒斯在这件事情上面太过于堕落。但如果我们把希腊的整个赫拉克勒斯传说仅仅看作一个以更高意义为基础的传说的拟人化改造，那么这个特征就以清楚的方式得到解释。也就是说，赫拉克勒斯在意识之内是狄奥尼索斯的先行者，是狄奥尼索斯的一个较早的现象，而且是紧接那个环节（那时狄奥尼索斯和乌拉尼娅仍然融合为唯一的神祇）之后出现的第一个现象。换言之，最后这个特征起源于那样一个环节，在那里，对于神的意识仍然是虚弱的，因此神本身也仍然是虚弱的，仿佛迷失和隐藏在女性的神祇里；因此在那个时候，仍然是穿着女人服装的男人和穿着男人服装的女人为乌拉尼娅献祭；这些情况与吕底亚的约翰①的说法——这个说法又是来自一位更早的作家亦即尼各马可②——完全符合，即在**赫拉克勒斯**秘仪里，男人也是穿着女人的衣服。这个事实首先告诉我们，曾经存在着赫拉克勒斯秘仪。这些秘仪可能是起源于最久远的时间。因为，只要一位神仍然是虚弱的，在意识里还没有伴随着**力量**而出现，他就仅仅被秘密地献祭，而且人们也只敢在秘仪里承认他。尽管是一位后世的作家提到这些秘仪，这也不妨碍我们使用这个文本。任何人只要通过另外一些例子认识到各种宗教习俗是凭借怎样一种柔韧性而从最晦

---

① 吕底亚的约翰（Johannes der Lydier, 490—565），拜占庭作家。——译者注
② 尼各马可（Nikomachos von Gerasa, 约60—120），希腊哲学家，属于新毕达哥拉斯学派。——译者注

暗的古代时间一直延伸到后来的最光明透彻的历史时间（比如萨比教秘仪就起源于同样早或许甚至更早的时间，而且这些秘仪在罗马建城560年之后仍然渗透进来），任何人只要回想起这些例子，就会承认某些地区仍然有可能保留着来自黑暗时间的赫拉克勒斯秘仪。这些秘仪崇拜的是那位还没有从女性神祇那里完全显露出来的赫拉克勒斯，其中的男人都穿着女人的衣服，而赫拉克勒斯在为吕底亚女王服务的时候，正是这个**情况**，而且吕底亚人这个民族的极为放荡的性格明显是首先来自一个prava religio [虚假宗教]，来自迷信观念。

赫拉克勒斯的卑微地位还包括，他看起来**具有**一切通过敌对本原的反作用——他的任务本来是应当克服这个本原——产生出来的放纵而下流的、违背人性的缺点，并且因此承担罪责。因为他必须首先深入这个本原，才能够将其克服。在这种情况下，他不由自主地成为那些孩子被烧死（以献祭给敌对的神）的原因，**不情愿地**成为盲目疯狂的原因，而这种疯狂是那个威胁着他的存在，随之激昂愤怒的本原在意识里激发起来的。通过他的地位本身，他具有人类的全部弱点和全部病态现象，尽管自己并没有犯罪，但必须承担罪责。

在传说里，赫拉克勒斯的最终受难是下面所说的情况。**嫉妒**是整件事情的诱因：这不是赫拉的神性嫉妒，而是人性的嫉妒，但后者在这里只不过是取代了神性嫉妒，或者说代表着神性嫉妒。关键因素始终是嫉妒。嫉妒既是赫拉克勒斯的最终受难的原因，也是他的整个操劳的一生的原因。事情缘起于一个名叫涅索斯的人头马；毋庸多言，人头马的本性无非是那个粗野的、无拘无束的，但能够接受约束的人类本性本身；正因如此，人们没有用不可驯化的野兽，而

XII, 342

是用马去刻画他的形象；他一半是人，一半是马，或者像那些一看到人就仅仅想到基督徒的罗马人描述的那样，一半是基督徒，一半是马（mezzo Christiano mezzo cavallo）；至于中世纪的那个虽然没有马身，但至少有马蹄的魔鬼形象究竟是来自人头马观念还是来自别的地方，我不打算去研究。简言之，一个名叫涅索斯的人头马驮着赫拉克勒斯的妻子黛安妮拉渡过河之后，企图强暴她，结果被赫拉克勒斯从远处一箭射中；涅索斯在临死前把自己的血衣作为礼物送给站在身边的黛安妮拉，并且向她保证，如果赫拉克勒斯穿上这件血衣，即使他将来对她不忠，最后还是会回到她的身边。接下来就是对这种无中生有的不忠的描述。在一个持续推进的运动中，一切都是相对的。这个运动中的每一个点或环节**自在地**看来或绝对地看来（即在与随后的环节无关的情况下）**隶属于**进步，就此而言是肯定的；但对于后一个点而言，前一个点的本性就变了，变成了否定的东西，即一个与后一个点对立的、起阻碍作用的本原；于是那个敌视运动和进步的暴力就把前一个点当作阻碍工具，仿佛把自己的全部力量都倾注于这个点上面。这就是一切人类进步的众所周知的进程，每一个推动进步的人都会经验到，他所召唤出来的东西，这些没有**他**就根本不会存在的东西，总是在他前进的时候站出来反对他。

赫拉克勒斯引发的运动是一个持续推进的**转化**。那个在**某一个**环节归属于他的意识，觉得自己在随后的环节里被他抛弃了，于是带着嫉妒成为那个敌视赫拉克勒斯的力量的工具。当黛安妮拉接受涅索斯的礼物，这就已经展示出一个对赫拉克勒斯不再完全信任的意识。人头马预言赫拉克勒斯会抛弃她，离开她；当她相信这些言语，这就表明她仅仅在某一个环节与赫拉克勒斯结合（与他结婚），但不是无条件地委身于他。在这里,是一个与赫拉克勒斯亲近并且属于他本身的东西取代了那个原初地与他敌对的力量,这个变奏不仅从诗歌的角度来看是合理的(因为这样就避免了令人厌恶的重复),而且从事情本身的角度来看也让人深刻地感受到这个中介作用和合理性。当赫拉克勒斯真的离开黛安妮拉去到远方,她就把人头马的那件血衣送给他;赫拉克勒斯在毫无防备的情况下穿上衣服,刺骨的痛苦立即贯穿他的整个身体。被杀死的、与死亡搏斗的人头马仿佛已经把他的本性的全部毒素注入到他流出的血液里。恶人死了,但恶本身没有死,直到把赫拉克勒斯最终可能遭受的灾祸现实地制造出来。布特曼非常正确地指出,侵蚀赫拉克勒斯的身体的不是一种自然的毒素,而是一种超自然的毒素;它是恶本原本身的毒素;它不再仅仅是一个敌对的本原,而是一种通过非人的-人的本性而提升为真正的恶的毒素,一种已经精神化的毒素,这种毒素用火烧般的痛苦折磨赫拉克勒斯,最终让他经受最大的苦难。这是因为赫拉克勒斯在此期间已经逐渐摆脱实在的神;假若是在一个更早的环节,毒素反而不会给他带来这么大的折磨。但这仅仅是与实在的神分离之前最后的痛苦,而最大苦难的这个环节恰恰是向着他的最终升华的过渡,用席勒的话来说就是:

XII, 344

>　　神脱下凡尘衣物,
>　　在火焰中与人类分离。①

---

① 出自席勒:《阴影王国》(*Das Reich der Schatten*)。——译者注

极端的痛苦让赫拉克勒斯做出最终决定。他坚信,只有通过他的死亡,亦即只有让那些使他仍然依赖于克罗诺斯的质料性东西和凡尘东西完全死去,才能够找到医治可怕疾病的办法;因此这位英雄亲自搭建起一座柴堆,让烈火吞噬他的自然生命,但烈火吞噬的仅仅是他从他的凡人母亲那里获得的东西,即他的自然方面,而在柴堆燃烧的时候,根据阿波罗多罗①从一些更早的历史学家那里听来的说法,从天空中降下一团带着雷电的云,带着已经摆脱全部凡尘材料的赫拉克勒斯回到天上,他在那里与赫拉和解,娶了她的女儿青春女神赫柏。从现在起,**他自己**是一位不朽的神,但他的单纯与他分离的影像(εἴδωλον)则是在阴间和那些失去灵魂的、类似于幽灵的凡人生活在一起。

赫拉克勒斯传说的这个最终结局彻底证实了它的原初的更高的意义。在宙斯和凡人母亲生出的大量儿子当中,没有哪一个像赫拉克勒斯这样是以死亡的方式成为神。只有狄奥尼索斯那里才有某种类似的(但并非完全相同的)情况。当我们进一步考察赫拉克勒斯传说的那个结局的原初意义,就会看清这里的区别。为了说明这一点,有必要再提到那些已经包含在我们早先的推演过程里的规定。赫拉克勒斯是第二个潜能阶次的神——带来解放的、相对精神性的神——,但他并非绝对地、无条件地是这样一位神,而是仅仅对于意识的一个特定环节而言是如此。他**是**第二个潜能阶次的神,但这是从原初观念来看(希腊神话仅仅是这个原初观念的一个转化,而且这个转化是自行发生的,本身不可理解的),也就是说,他虽然从原

---

① 阿波罗多罗(Appolodor von Athen),公元前2世纪的希腊历史学家。——译者注

初观念来看是这样一位神（A^2），但仍然完全依赖于克罗诺斯。他在那个本身尚未完全获得自由的、**仍然**依赖于实在的神的意识里**具有**这种依赖性，而这种依赖性恰恰是他的**有朽的**方面。他从**母亲**那里获得的这种不纯净的东西必须在他之内死去，或更确切地说，他之内的**神**，那种在他之内是**神**的东西（τò ἐν αὐτῷ θεῖον），必须吞噬这种质料性东西，这样他才完全作为神而显露出来，并且通过这个方式摆脱针对克罗诺斯的艰苦劳役，而他过去仅仅是通过那种不纯净的、起源于不自由的意识的东西才在自身之内听命于这种劳役。当他在极端的痛苦中做出最终决定，就通过这个决定而摆脱了与那位敌对的神的全部关系，进入那个把克罗诺斯放逐为过去的世界，即奥林波斯山的宙斯世界。只有那种在意识里始终延续着的、始终未被克服的对于实在的本原的依赖性才是赫拉克勒斯的苦难及其奴仆状态和卑微地位的原因。这种对于实在的神的依赖性必须消灭，这样他才升华为神。但人们一般在**说到**狄奥尼索斯的时候，已经把他当作神，也就是说，他不需要像赫拉克勒斯那样被火烧死之后才成为神，而这件事情的原因仅仅在于，他的凡人母亲塞墨勒刚刚怀孕就在宙斯的拥抱中被吞噬。①在这里，谁看不出赫拉克勒斯和狄奥尼索斯的相似性，看不出赫拉克勒斯传说的原型呢？但区别同样是很清楚的。因为狄奥尼索斯早就已经摆脱了有朽性，所以他刚出生就被**称作**神。与此相反，赫拉克勒斯属于意识的一个更早的环节，

---

① 塞墨勒在嫉妒的赫拉唆使之下，一定要宙斯露出真身，以此来证明他对她的爱情；很自然地，当雷电之神无奈露出真身，塞墨勒立即就死于五雷轰顶。宙斯把胎儿缝在自己大腿里，直到足月之后才把他挖出来，取名狄奥尼索斯（字面意思是"瘸腿的宙斯"），因为宙斯在此期间走路都是一瘸一拐的。——译者注

从而仍然受到实在的神的束缚，因此他只有通过自愿的死亡才能够解开这个纽带，并获得狄奥尼索斯在刚出生的时候已经拥有的那种神性。

至于赫拉克勒斯传说的这个最终结局是不是发源于一个原初的东方理念，或这个理念是不是只有在后期希腊意识里才得到这种实现，这是很难判断的。诚然，在迦南人和腓尼基人的意识里，尚未出现赫拉克勒斯的那种升华和解脱。因此它不可能是作为某种已经发生的事情而流传下来。但这并不妨碍我们假设，在意识处于最大**张力**中的那个时间，赫拉克勒斯的那种升华已经被设想为未来的东西，也就是说，它作为一种未来的、被预言的升华，可能已经出现在最早的意识里。因为，尽管意识在每一个环节里都被迫服务于占据统治地位的神，仿佛依附于他，但意识并非绝对不可能感受到这种劳役或这个关系的虚妄性和飘渺性。正是这种悲剧因素，正是这种深沉忧郁的特征，贯穿着整个异教世界，即人类在一种不可克服的臆想支配之下，被迫完全依赖于诸神并为其服务，同时又觉得诸神是一种有限的东西。我不想引用斯堪的纳维亚人的《埃达》①预言的众神之死，因为我对这本书毫无兴趣；但即使在希腊传说里，乌兰诺斯和克罗诺斯对于自己的儿女的畏惧无非也是对于一种未来的不可避免的灭亡的预感；甚至在埃斯库罗斯的《被缚的普罗米修斯》里，普罗米修斯也清楚地预言了宙斯的灭亡，正如他对着合唱队所说的：

---

① 《埃达》(*Edda*) 是一部成书于13世纪的冰岛史诗，是现代日耳曼神话的源头。——译者注

去恳求、呼唤和献媚你那位永恒的统治者吧！①
我对宙斯毫不关心。
他在这短短的时间里叱咤风云，
随心所欲。但他不会永远是
众神之主。

在这之前，普罗米修斯已经说：

无论如何反抗，克罗尼翁终将　　　　　　　　　　XII, 347
倒下；他所企盼的联姻，
将让他从宝座上跌落。
然后诅咒将完全应验，
那是他的父亲克罗诺斯从古老的王座跌落时，
曾经对他的诅咒。

——只有普罗米修斯知道宙斯如何才会从王座跌落的秘密，但他在获得解放之前，不会公开这个秘密。

由此可见，众神的王国是建立在一个代代相传的诅咒之上。

但即使是一般地看来或从纯粹科学的角度来看，那种预言性质的、预见未来的东西在神话运动中也是一个必然的环节。诚然，那个制造出神话的意识是沿着特定的环节而向前推进，但从一开始，从意识最初的自身羁绊开始，就已经设定一个只能逐渐舒缓的

---

① 注意这里的嘲讽意味。——谢林原注

张力,而伴随着最初的张力,一切东西(整个序列)也立即被设定下来。意识的各个环节不是通过它们的绝对的**内容**而区分开的,而是和每一个时间的内容一样真正说来始终是同一个内容,因此,正如一个时间或时间的一个环节之区别于另一个环节的地方仅仅在于,那在后一个环节里仍然是未来的东西,在前一个环节里已经是现在或过去,反过来,那在后一个环节里是现在或过去的东西,在前一个环节里仅仅是作为未来而被设定下来;同理,神话意识的内容始终是同一个内容,那在后来的环节里才成为现在的东西,在早先的环节里并非**不存在**,而是也存在着,仅仅是**作为**未来而被设定下来。既然如此,在一个较早的、仍然以奴仆的方式服务于克罗诺斯的意识里,赫拉克勒斯的未来的升华和神化可能已经显现出来,正如在《旧约》的那个预言里,虽然弥赛亚并未被看作国王和主人,而是被看作一个与克罗诺斯的环节完全平行的奴仆,但不能因此说他身上没有预示出弥赛亚的一个甚至更为遥远的升华之死。除此之外,预言的天赋和那个在神话意识中设定下来的张力是一起出现的。启示本身以预言为中介。基督既是异教的终点,也是启示的终点。因为只有这样,当基督教兴起一个世纪之后,异教的预言才会沉寂,而对于这个现象,众所周知普鲁塔克专门写了一篇论文;甚至在教会里,也只有当意识的那个张力逐渐舒缓下来,预言的天赋才和另外一些奇迹天赋以及灵魂出窍现象一起消失。就此而言,赫拉克勒斯传说的这个最终结局至少有可能已经作为未来的东西包含在原初的东方观念里,但同样可能的是,这个最终实现完全是专属于希腊意识的,亦即只有希腊意识才推进到赫拉克勒斯的升华之死。

我不会后悔把时间花在这个推演过程上面。因为赫拉克勒斯传说在希腊神话里构成了一个如此重要的领域，以至于假若我们对赫拉克勒斯的形态一笔带过，人们必定会谴责我们的推演过程，并对这个推演过程的手段产生怀疑。我相信我已经澄清说明，虽然这个传说不是布特曼否认的那种意义上的**历史**（亦即把赫拉克勒斯当作一位现实的英雄、王子或诸如此类的人物），但它也不是纯粹的诗人作品，而布特曼主要是依据智者的一个关于十字路口的赫拉克勒斯的传说而主张后面这个观点。赫拉克勒斯传说确实是一个历史，但这个历史高于单纯的人类历史；它是现实的诸神历史的一个部分。我们的结论是：赫拉克勒斯和他的早期原型亦即腓尼基的梅尔卡特都是第二个人格性的形态，与这个形态相对应的，是早期环节的那位相对精神性的、比狄奥尼索斯更晚显露出来的神祇。总而言之，神话让我们愈来愈聚焦于这第二位神的受难史和行动史。

除此之外，即使这第二个人格性在神话意识的一个较早环节（我希望把这个环节简称为克罗诺斯环节）里已经存在着，也不足以让我们改变对于这个环节的一般看法。在这里，第二个人格性看起来仍然完全依赖于克罗诺斯，献媚于他，服务于他。虽然我们已经预见到一个更自由的、更好的时间，但我们还是必须再度回到意识的那个状态，回到克罗诺斯至少作为神始终占据着排他的统治地位的那个时间。在这个时间里，正如卢克莱修在一个字字珠玑的文本里面描述的，人类意识或人类看起来真的处于如下情形：

XII, 349

    oppressa gravi sub religione,
    Quae caput e coeli regionibus ostendebat,
    Horribili super adspectu mortalibus instans.

[宗教从高空之中探出头来，
以阴森的目光逼视
卑微臣服的凡人。]①

人类承受着残暴而沉重的宗教带来的压力，gravi sub religione[卑微地臣服于宗教]，因为在这个宗教里，仍然始终是星辰力量在发挥作用，而在克罗诺斯那里，星辰仍然始终占据着统治地位，也就是说，这种宗教仍然始终威胁着来自天空的凡人。现在我们必须再度回到那里（回到这个时间）。因为赫拉克勒斯之死已经先行掌握了随后的时间。

但克罗诺斯的血腥统治最终也必定会走向终点，而我们接下来必须考察这个过渡的各种现象。

---

① 出自卢克莱修：《物性论》第一卷，第63—65行。——译者注

人名索引

（说明：条目后面的页码指德文《谢林全集》的页码，即本书正文中的边码。因本卷内容全部集中在第XII卷，故只给出页码。）

A

Abraham 亚伯拉罕 182, 304
Adam 亚当 166
Adrasteia 阿德拉斯忒亚 146
Adrastos 阿德拉斯托斯 146
Aeschylos 埃斯库罗斯 346
Aeskulapios 阿斯克勒庇俄斯 315
Aether 以太 281
Agathokles 阿加索克勒斯 302
Ahriman 阿利曼 216, 218-224, 234
Alilat 阿利拉特 256
Alitta 阿利塔 209, 256
Alkestis 阿尔刻斯提斯 338
Alkmene 阿尔克墨涅 335
Al-Shahristani 沙赫拉斯塔尼 220

Amphitryon 安菲特律翁 333, 335
Anaxagoras 阿那克萨戈拉 17
Anquetil-Duperron 安奎提尔 215, 220
Apathe 阿帕忒 148, 150, 153
Aphrodite 阿佛洛狄忒 194, 204, 238, 249-250, 258
Aphroditos 阿佛洛狄托斯 249
Appolodor 阿波罗多罗 344
Aristophanes 阿里斯托芬 249, 284
Aristoteles 亚里士多德 60, 114, 143, 148, 234-235, 284, 339
Arrian 阿里安 237
Astarte 阿斯塔特 194, 200, 201, 210, 251

Astharoth 阿斯塔洛特 201, 251
Ate 阿忒 336
Athena 雅典娜 251, 338
Azara, Don Felix 阿萨拉 297

B

Baal 巴力 293, 298, 304, 305, 320, 327
Bacchus 巴库斯 255, 276, 294
Bassareus 巴萨瑞俄斯 294
Bellona 贝罗娜 251
Bohlen, Peter 博伦 180
Brandis, Ch. A. 勃兰迪斯 197
Brisson, Barnabé 布里松 206
Budda 佛陀 36, 235-236
Buttmann, Philipp 布特曼 292, 305, 334, 343, 348, 337, 338

C

Canz, Israel 康茨 14
Cerberos 刻耳柏洛斯 337
Christus 基督 52, 214, 319-320, 348
Cicero 西塞罗 273, 330
Clemens von Alexandria 克莱门 6, 151, 187, 195, 300
Creuzer, Friedrich 克罗伊策 148, 149, 161, 207, 212-213, 220, 224, 245, 249, 255, 277, 288-289, 291, 334
Curtius 库尔提乌斯 246

D

David 大卫王 316
Daub, Carl 道普 12
De Brosses, Charles 德布罗斯 294
Demaroun 德玛罗恩 312
Demeter 德墨忒尔 308, 331, 333
Dejanira 黛安妮拉 342-343
Derketo 德尔克托 204
Descartes, René 笛卡尔 72
Diblaims 滴拉音 248
Dionysos 狄奥尼索斯 224, 254-256, 274-284, 294, 306, 308-316, 326, 328-348
Diodor von Sizilien 狄奥多罗 237, 254, 302, 305, 314, 325, 337
Dupuis, Charles 杜普伊 214

D

Duris 杜里斯 212

E

Eichhorn, Johann 埃希霍恩 215

Elohim 以罗欣 47, 95, 97, 98, 166, 304

El Sadai 以莎代 309

Ennius 恩尼乌斯 302

Enyo 厄倪俄 251

Eros 厄若斯 50

Esau 以扫 232

Euemeros 欧赫美尔 312, 313

Euripides 欧里庇德斯 338

Europa 欧罗巴 310

Eurystheus 欧律斯透斯 335-338

Eusebius 优西比乌 303, 306, 312, 313

F

Fichte, J. G. 费希特 6, 37, 74

Firmicus 菲尔米库斯 250

Fortuna 福耳图娜 153, 158, 160

Fréret, Nicolas 弗雷 226, 231

G

Gaia 该亚 261

Gerhard, Johann 格尔哈特 13, 27, 100, 102

Gesenius, Wilhelm 格塞尼乌斯 231, 237, 308, 318

Goethe, J. W. von 歌德 6, 222

Gomer 歌篾 248

Grotius, Hugo 格劳秀斯 26, 301

Gruter, Jan 格鲁特尔 211

Guigniaut, Joseph 吉格尼奥 328

H

Hades 哈得斯 163, 305, 337-338

Hamann, J. G. 哈曼 74

Hebe 赫柏 344

Hegel, G. W. F. 黑格尔 40, 60, 115

Hephästos 赫淮斯托斯 299

Hera 赫拉 261

Herakles 赫拉克勒斯 276, 308, 310, 311, 314-315, 327 ff.

Heraklit 赫拉克利特 6, 197, 283, 294

Hermann, Gottfried 赫尔曼 15,

128, 136, 284, 290, 296

Hermes 赫尔墨斯 338

Herodotos 希罗多德 97, 146, 195-204, 205-217, 233-235, 237 ff., 273-279, 294, 310, 319, 328-329

Hesiod 赫希俄德 97, 145-150, 153, 163, 255, 273-275, 315

Hesychios 赫西基奥斯 211, 251, 301

Hieronymus 哲罗姆 227

Hinkelmann, Abraham 辛克尔曼 200

Hippokrates 希波克拉底 339

Homer 荷马 276, 280, 281, 288, 308, 332

Horaz 贺拉斯 147, 276

Hoseas 何西阿 248

Humboldt, Alexander von 洪堡 129

Humboldt, Wilhelm von 洪堡 149

Hyde, Thomas 海德 212, 217, 226

I

Iphikles 伊菲克勒斯 339

Isis 伊西斯 78, 216, 251, 302, 311

J

Jacobi, F. H. 雅各比 70-71, 74-75

Jakob 雅各 182, 232

Japhet 雅弗 264

Jehovah 耶和华 47-48, 106, 137, 165, 180, 187, 210, 242, 248, 251, 304, 309, 320

Jesias 以赛亚 316, 318

Johann von Damask 大马士革的约翰 46, 100

Johannes der Lydier 吕底亚的约翰 340

Johannis der Täufer 施洗约翰 181

Julianus 朱利安 230

Justinus 尤斯汀努斯 302

K

Kademos 卡德摩斯 275

Kamana 卡玛娜 251

Kandake 干大基 320

Kant, Immanuel 康德 5, 77, 95, 268

Kleuker, J. F. 克洛伊克尔, 215, 220-221

Kore 科勒 157

Kronion 克罗尼翁 338, 347

Kronos (Saturn) 克罗诺斯（萨图恩） 194, 224, 230, 261, 273, 276, 283, 286 ff., 327-335, 339, 344-349

Krösus 克洛伊索斯 319

Kyros 居鲁士 206

L

Lactantius 拉克坦提乌斯 302

Leibniz, G. W. 莱布尼茨 5, 14, 117

Lessing, G. E. 莱辛 179

Livius, Titus 李维 137, 251

Lucretius 卢克莱修 90, 349

M

Macrobius 马克罗比乌斯 237, 249-250, 328

Maimonides 迈蒙尼德 181, 250

Meiners, Chrisoph 迈纳斯 227

Melikarthos 梅利卡托斯 308

Melkarth 梅尔卡特 308-327, 329-332, 339, 348

Mephistopheles 梅菲斯特 222

Messias 弥赛亚 311, 316-320, 347

Mithras 密特拉斯 202, 205-235, 251, 334

Mitra 米特拉 200-218, 228, 234, 249

Mylitta 米利塔 194, 200-201, 209-212, 238-254, 258

Mohammed 穆罕默德 180, 187

Moloch 摩洛克 232, 293, 303, 340

Moses 摩西 95, 99, 157, 264, 303

Münter, Friedrich 蒙特尔 334

Muratori, L. A. 穆拉托里 214

N

Neander, August 尼安德尔 181

Nemesis 涅墨西斯 143, 145-148, 150, 152

Nessos 涅索斯 342-343

Newton, Isaac 牛顿 280

Nikomachos 尼各马可 340

Niger 尼格尔 302

Nyx 纽克斯 145-146, 153

O

Omphale 翁法勒 340

Orpheus 奥菲欧 83, 162, 277, 330

Ormuzd 奥穆德 212, 216, 218-222, 224, 234

Osiris 奥西里斯 78, 216, 278, 302, 328

Otanes 欧塔涅斯 231

P

Pachymeres, George 帕希梅尔斯 100

Pan 潘 311

Parmenides 巴门尼德 71

Paulus 保罗 144, 201

Pausanias 鲍桑尼亚 237, 249, 329, 333

Persephone 佩耳塞福涅 155-163

Philo von Byblos 腓罗 312

Philochorus 斐洛克鲁斯 250

Philostratus 斐洛斯特拉图斯 314

Pindar 品达 83, 147, 158

Platon 柏拉图 6, 50, 64, 83, 113, 174, 206, 227, 234, 253, 269, 288, 290, 301

Plutarch 普鲁塔克 6, 78, 203, 216, 218, 224, 230, 251, 302, 333, 348

Pococke, Edward 波科克 256, 294

Pompeius 庞培 230

Poseidon 波塞冬 305

Porhyrios 波菲利奥 211

Proklos 普罗克洛 288

Prometheus 普罗米修斯 346-347

Proserpina 普洛塞宾娜 160

Pseudo-Dionysius 伪狄奥尼索斯 100

Pythagoras 毕达哥拉斯 60, 83, 100, 112, 113, 142, 155, 157-161

Q

Quintilianus, Marcus 昆提连 54

R

Reinhard, Franz 莱因哈特 73

Rheia 瑞亚 261

S

Sabazios 萨巴兹乌斯 251

Sacy, Silvestre 萨西 215, 227, 228

Samuel 撒母耳 316

Sanchuniathon 桑楚尼亚松 303, 312-313, 322

Schlegel, August 施莱格尔 149

Schlegel, Friedrich 施莱格尔 19

Schleiermacher, F. D. 施莱尔马赫 22, 26

Seldenus, Johannes 塞尔登 200

Sem 闪 264

Semele 塞墨勒 275, 279, 335, 345

Servius 塞尔维乌斯 250

Silvius 西利乌斯 329

Sokrates 苏格拉底 6, 71, 284-285, 290

Sophokles 索福克勒斯 158, 301

Spencer, John 斯宾塞 181, 251

Spinoza, Baruch 斯宾诺莎 35-41, 63, 64, 68, 71-74, 77, 95, 100

Storr, Gottlob 斯托尔 26

Strabo 斯特拉波 196, 214, 237, 238, 245, 251, 254, 310, 311

Suicer, Johann 苏伊策尔 62, 91, 300

T

Tactius 塔西佗 217

Themistokles 特米斯托克利 203-204, 211

Theodor 特奥多罗 223

Tiberius 提比略 252

Tiedge, Ch. A. 蒂奇 194

Titan 提坦 251, 330

Trogus 特罗格斯 302

Typhon 提丰 224, 232, 302

U

Urania 乌拉尼娅 179, 194-201, 206-210, 228, 237, 246, 249-257, 267, 274, 279, 287, 307, 310, 340

Uranos 乌兰诺斯 194, 208, 249, 261, 271, 273, 287-288, 292-293, 300, 311-313, 322, 325, 346

Urotal 欧洛塔尔 256

V

Venus 维纳斯 250, 258

Voß, Gerhard 福斯 181

Voß, J. H. 福斯 277-278, 280

W

Weissmann, Christian 魏斯曼 18

Wesseling, Petrus 维瑟灵 256

Wolff, Christian 沃尔夫 14

X

Xenophanes 克塞诺芬尼 36

Xenophon 色诺芬 206, 237

Xerxes 薛西斯 203

Z

Zenon 芝诺 283

Zeus (Jubiter) 宙斯（朱庇特） 162-163, 196, 206, 261, 276, 299, 305, 330, 332, 335-339, 344-346

Zoroaster 琐罗亚斯德 202, 206, 216, 218, 219, 223, 231, 234

Zerduscht 塞尔杜西特 202, 204, 224-225, 234, 236

Zeruane 祖尔宛 220, 223

主要译名对照

Abfall 堕落
Abseits 彼岸世界
das Absolute 绝对者
Absolutheit 绝对性
Ahndung 憧憬
Actus 现实性
All 大全
allegorisch 寓托式的
das Allgemeine 普遍者
Allheit 大全性
Anderes 他者
Anderssein 异在
Anschauung 直观
An-sich 自在体
an und für sich 自在且自为的
an und vor sich 自在且先于自身
anziehen 吸引，拉扯
Atheismus 无神论

Band 纽带
Befreiung 解放，摆脱
Begriff 概念
Bejahung 肯定
Beschreibung 描述
Bestimmtheit 规定性
Bestimmung 规定，使命
Beziehung 关联
Bild 形象，图像，肖像

Chaos 混沌，卡俄斯

Dämon 神明，精灵
darstellen 呈现，表现
Darstellung 呈现
Dasein 实存，存在
Dauer 延续，绵延

Deismus 理神论
Denken 思维
Dialektik 辩证法
Dichtung 诗歌
Differenz 差异
Dogma 教义
Dreieinigkeit 三位一体
Dualismus 二元论

eigentlich 本真的
Eigentlichkeit 本真性
Ein- und Allheit 大全一体
Einbilden 内化
Einbildung 内化, 想象
Einbildungskraft 想象力
Einheit 统一体
Einweihung 参悟, 祝圣仪式
einzig 唯一的
Einzigkeit 唯一性
Emanation 流溢
Emanationslehre 流溢说
Empirismus 经验论
Endabsicht 终极目的
das Endliche 有限者

Endlichkeit 有限性
Entschluß 决断
Entstehung 产生过程
Entwicklung 发展, 推演
Entzweiung 分裂
Epos 叙事诗, 史诗
Erde 大地, 地球
Erfahrung 经验
Erfindung 发明
Erinnerung 回忆, 深入内核
Erkennen 认识活动
Erkenntnis 认识
Erklärung 解释
Ereignis 事件
Erscheinung 现象
esoterisch 隐秘的
ewig 永恒的
Ewigkeit 永恒, 永恒性
Existenz 实存, 存在
Expansion 扩张
exotersich 显白的
Exspiration 呼气, 咽气

Folge 后果, 顺序

Form 形式
Freiheit 自由
für sich 自为, 自顾自, 独自

das Ganze 整体
Gattung 种属
Gebot 诫命
Geburt 诞生, 降生
Gedanke 思想
Gedicht 诗, 诗作, 诗歌
gegeben 给定的
Gegenbild 映像
Gegenstand 对象
Gegenwart 临在
gegenwärtig 当前的
Geist 精神
geistig 精神性的
Geschichte 历史
Geschlecht 族类
Gesetz 法则
Gestalt 形态, 人物形态
Glaube 信仰
Gott 上帝, 神, 神祇
Götter 诸神

Göttergeschichte 诸神历史
Götterlehre 诸神学说
Götterwelt 诸神世界
gottgleich 等同于上帝
Gottheit 神性
göttlich 上帝的, 神性的, 神圣的
Grund 根据
Grundlage 基础, 根基

Handlung 行动
Heidentum 异教
Hellsehen 通灵
Hervortreten 显露
Hingabe 献身
Historie 历史学
historisch 历史学的
Hylozoismus 物活论

Ich 我, 自我
Ichheit 自我性
ideal 观念的, 观念意义上的
Ideal 理想
das Ideale 观念东西
Idealität 理念性

Idealismus 唯心论
Idee 理念
ideell 观念的
Ideenwelt 理念世界
Identität 同一性
in sich selbst 自身之内，基于自身
Incarnation 化身
Indifferenz 无差别
Individualität 个体性
das Innere 内核
Irreligiosität 宗教败坏状态

Katebole 奠基
Kirche 教会
Konstruktion 建构
Krisis 大分化
Kritizismus 批判主义
Kunst 艺术

Leben 生命
Lehre 学说，教导
Leib 身体，载体

Macht 权力，力量

Materie 物质，质料
materiell 质料性的
Mehrheit 多数性
Mittel 中介，手段
Mitteilung 分有，分享
Möglichkeit 可能性
Moment 环节
Monotheismus 一神论
Mysterien 神秘学，秘仪
Mysterium 奥秘
Mystik 神秘学
Mythen 神话传说
Mythologie 神话

Nachahmung 摹仿
naiv 素朴的
Name 名字，名称
Natur 自然界，本性
Naturen 自然存在者
Naturphilosophie 自然哲学
Naturwissenschaft 自然科学
Nicht-Gott 非上帝，非神
Nichtigkeit 虚妄，虚无
Nichtphilosophie 非哲学

Nichts 虚无
Notwendigkeit 必然性

Objekt 客体
objektiv 客观的
Offenbarung 启示
öffentlich 公众的
Organ 官能
Organisation 有机组织
Organismus 有机体
Originalität 原创性

Pantheismus 泛神论
Phänomen 现象
Poesie 诗，诗歌，创制
Polytheismus 多神论
positiv 肯定的
Potentialität 潜能状态
Potenz 潜能阶次，潜能
Prinzip 本原
Produzieren 创造，生产
Prozeß 过程

Raum 空间

real 实在的
das Reale 实在东西
Realismus 实在论
Realität 实在性
Reflexion 反映，反思
Reinigung 净化
Religion 宗教
Resultat 结果

Sache 事情
Schauen 直观
Schicksal 命运
schlechthin 绝对的
Schwere 重力
Seele 灵魂
Sehnsucht 渴慕
Sein 存在，是
das Seiende 存在者
Selbst 自主体
Selbstbewußtsein 自我意识
Selbsterkennen 自我认识
selbstgegeben 自行给定的
Selbstheit 自主性
selig 极乐的

Seligkeit 极乐
setzen 设定
das Setzende 设定者
Sinnenwelt 感官世界
sinnlich 感性的
sittlich 伦理的
Sittlichkeit 伦理性
Spannung 张力
Spekulation 思辨
Sphäre 层面
Staat 国家
Stamm 部落
Standpunkt 立场
Stern 星辰
Sterngott 星辰神祇
Sternverehrung 星辰崇拜
stetig 持续不断的
Stetigkeit 延续性
Streben 努力，追求
Subjekt 主体
subjektiv 主观的
Substanz 实体
Substrat 基体
Sukzession 相继性

sukzessiv 相继性的
Sündenfall 原罪
Symbol 象征
Symbolik 象征系统
System 体系

Tat 行为
tätig 主动的
Tatsache 事实
Theogonie 神谱
Theologie 神学
Theismus 有神论
Totalität 总体性
Tugend 美德
Tun 行动

Übel 灾难
übergeschichtlich 超历史的
Übergang 过渡
Überlieferung 传承
das Unendliche 无限者
Unendlichkeit 无限性
universio 颠转
Universum 宇宙

unmythologisch 非神话的
Unphilosophie 非哲学
Urbewußtsein 原初意识
Ursein 原初存在
Ursprung 起源
Ursprünglich 原初的
Urwesen 原初本质
Urwissen 原初知识

Verehrung 崇拜
Verfassung 制度
Vergangenheit 过去
Verhängnis 厄运, 灾厄
Vernunft 理性
Verstand 知性
Verwirrung 变乱
Vielheit 多样性
Volk 民族
Volksglaube 民间信仰
Volksreligion 民间宗教
Vorsehung 天命
Vorstellung 表象, 观念

das Wahre 真相
Wahrheit 真理

Welt 世界
Weltbild 世界图景
Weltgeist 世界精神
Weltsystem 世界体系
Werkzeug 工具
Wesen 本质, 存在者
widerstehen 反抗
Wille 意志
Willkür 意愿选择
Wirklichkeit 现实性
Wissen 知识
Wissenschaft 科学
Wissenschaftslehre 知识学
Wollen 意愿
Wunder 奇迹

Zabismus 萨比教
Zeit 时间
zeitlich 应时的, 短暂的
zeitlos 与时间无关的
Zentralpunkt 中心点
Zentrum 核心
Zeugung 生殖
Zukunft 未来